资源与环境经济复杂系统：模型与应用

Resource and Environment Economic Complex System Models and Applications

朱帮助　江民星　张三峰　晋　乐等　著

科学出版社

北京

内 容 简 介

当前全球经济社会与自然系统正发生复杂和深刻的新变化，资源与环境双重约束已成为人类可持续发展的重大挑战。这些新变化对资源管理与利用、环境改善、气候变化治理和经济政策制定提出了新的要求，这其中既蕴含全球共性问题，也具有中国独有问题。本书聚焦资源与环境经济复杂系统相关前沿问题，应用扎实规范的经济管理理论方法，直面问题，揭示规律，探索机制，提出优化的政策启示。

本书可为从事资源与环境经济管理研究和决策管理的理论研究工作者及政府管理部门提供素材、研究方向和决策参考。

图书在版编目(CIP)数据

资源与环境经济复杂系统：模型与应用 = Resource and Environment Economic Complex System Models and Applications / 朱帮助等著. —北京：科学出版社，2020.3

ISBN 978-7-03-064504-3

Ⅰ. ①资… Ⅱ. ①朱… Ⅲ. ①资源经济学－研究 ②环境经济系统－研究 Ⅳ. ①F062.1 ②X196

中国版本图书馆CIP数据核字(2020)第033314号

责任编辑：刘翠娜 陈姣姣 / 责任校对：王萌萌
责任印制：徐晓晨 / 封面设计：无极书装

科学出版社 出版
北京东黄城根北街 16 号
邮政编码: 100717
http://www.sciencep.com
北京虎彩文化传播有限公司 印刷
科学出版社发行 各地新华书店经销
*
2020 年 3 月第 一 版 开本：720 × 1000 1/16
2021 年 4 月第三次印刷 印张：21
字数：420 000
定价：128.00 元
(如有印装质量问题，我社负责调换)

本书主要撰写人员

朱帮助　江民星　张三峰
晋　乐　何文剑　盛济川
汪　峰　张明扬　李　亮

前　　言

资源和环境约束已经成为人类经济社会可持续发展的重大挑战。节能减排和应对气候变化已经纳入中国经济社会中长期发展战略。不断深入的能源资源革命和应对气候变化实践，对经济学和管理学提出了新的挑战和要求。其中既有国际范围的课题，也有中国特有的问题。本书围绕资源与环境经济复杂系统的现实挑战，应用扎实规范的经济学和管理学理论方法，直面问题，揭示规律，探索机制，提出优化的政策启示，以期为解决资源与环境经济复杂系统若干管理科学问题，实现经济社会可持续发展提供有力的科学依据。

本书共 16 章。第 1 章测算了能源效率，探寻了能源效率提升途径；第 2 章刻画了能源效率动态特征，探寻了能源效率差距扩大的内在机理；第 3 章识别了植树造林社会经济关键驱动力，揭示了其空间演变模式；第 4 章识别了信息与通信技术和企业能源强度间的因果关系，揭示了信息与通信技术对企业能源强度的影响机制；第 5 章定量考察了制度环境、企业家精神配置、企业家生产性活动与非生产性活动对企业绩效的影响机理；第 6 章从气候变化政策视角识别了能源行业员工离职意愿影响因素和作用机理；第 7 章探寻了农业基础设施投资对粮食生产成本、生产率增长的影响及其路径，揭示了农业基础设施对主要粮食品种国际竞争力的影响；第 8 章评估了公众对增强型城市气象灾害防御策略的支付意愿；第 9 章评估了区域间贸易导致的 COD、氨氮、SO_2、NO_x 环境损害转移效应；第 10 章构建了省际和排放源碳市场排放权初始分配非线性规划模型；第 11 章构建了相空间重构和最小二乘支持向量回归同步优化的碳市场价格预测模型；第 12 章多尺度分析了碳市场价格形成和结构特征；第 13 章构建了融合集合经验模态分解、核函数原型和自适应粒子群优化最小二乘支持向量回归的碳市场价格多尺度预测模型；第 14 章建立了考虑碳排放权交易和电价风险的发电商优化调度模型；第 15 章构建了拍卖模型，考察了非完全竞争市场下碳市场配额初始分配有效性；第 16 章定量揭示了跨期碳市场配额动态调整和最优排放路径控制。

本书由朱帮助总体设计、策划、组织和统稿，是能源经济与气候政策研究团队集体智慧和辛勤工作的结晶。第 1 章、第 2 章主要由朱帮助等完成，第 3 章主要由盛济川等完成，第 4 章主要由张三峰等完成，第 5 章主要由何文剑等完成，第 6 章主要由李亮、朱帮助等完成，第 7 章主要由晋乐等完成，第 8 章主要由张明扬等完成，第 9 章主要由汪峰等完成，第 10 章主要由朱帮助、江民星等完成，第 11～14 章主要由朱帮助等完成，第 15 章、第 16 章主要由江民星、朱帮助等完成。

在本书研究过程中，得到了盛昭瀚、徐伟宣、于景元、李善同、汪寿阳、陈晓田、杨列勋、刘作议、杨晓光、胡军、宋献中、田立新、严晋跃、潘家华、周德群、毕军、朱晶、李仲飞、张卫国、王兆华、余乐安、张炳、周鹏、廖华、苏斌等国内外专家学者的指点和帮助；Julien Chevallier、魏下海、王平、陶雪萍、刘思东、刘蓓蓓、陈宇岭、苗妙、张红霄、吴谦等参与了部分章节的讨论和撰写；科学出版社刘翠娜编辑对本书做了大量工作。当然，点滴的研究进展都离不开恩师魏一鸣教授的引路、指点和提携。在此向他们表示衷心的感谢并致以崇高的敬意！

感谢本书所引用文献的所有作者。

感谢国家社会科学基金重大项目（16ZZD049）、国家自然科学基金项目（71303123、71473180、71603130、71771105、71904088、71903099、71974077）、江北新区发展研究院和江苏人才强省建设研究基地对本书研究工作的资助。

我们期望本书的出版能够进一步推进中国资源经济学、环境经济学和资源环境管理的学科发展，推动中国资源环境决策的科学化和国际化。必须指出的是，相对整个资源与环境经济复杂系统研究体系的发展，我们的工作依然是初步的，尚有大量更深入、更广阔的拓展空间。我们诚挚地欢迎国内外专家、学者和同行对我们研究的不足之处给予批评和指正，这些将是我们研究不断深化和完善的动力源泉。

朱帮助

2019 年 8 月 16 日

目　录

第1章　基于SBM-Undesirable和Meta-frontier的APEC能源效率研究

1.1　APEC能源效率度量研究的必要性

能源在一个国家或地区的经济发展过程中起到非常重要的推动作用，伴随能源消费过程中产生的一系列环境问题，对人类的生存产生了极大的负面影响，引起了世界各国的关注和研究。亚洲太平洋经济合作组织（APEC）是当前全球规模最大的多边区域经济集团化组织，其经济增长很大程度上依赖于能源的大量消耗，2012年APEC各成员内生产总值之和约占全球总量的55%，能源消费量约占全球总量的50%，CO_2排放约占全球总量的60%，因而APEC各成员应积极承担起节能减排的责任。提高能源利用效率是解决“经济发展”和“环境保护”两难问题的一个有效途径，因此，准确测算APEC成员能源效率与提升潜力可以为制定适合各国家或地区实际情况的节能减排策略提供科学依据。

数据包络分析（DEA）是一种研究多投入与多产出情况下决策单元的相对效率的方法，该方法充分考虑能源利用过程中各投入要素的替代作用，揭示一个国家或地区要素禀赋结构对能源效率的影响。近年来，越来越多的研究证实了DEA方法测度的科学性、严谨性和普适性（Hu and Wang，2006；Benyamin et al.，2013；Chang et al.，2013；Song et al.，2013；Wang K et al.，2013；Yang and Wang，2013；Bi et al.，2014；Cui and Li，2014）。一些学者在全要素能源效率框架下应用DEA方法探索了APEC成员能源效率及能源技术差异（Hu and Kao，2007；Jin et al.，2014）。现有成果为制定相关节能减排政策提供了重要依据，但仍存在一些需要改进之处。第一，大多研究虽然考虑了环境影响，但基于相同的标准来评价具有不同技术水平的国家或地区的能源效率，不能真实地反映不同国家或地区的技术差异。第二，多数文献采用径向的、导向的DEA方法进行研究，此时假设投入和产出要素严格按比例变化，不符合实际；而从投入导向或产出导向的研究文献仅考虑了投入的减少或期望产出的增加，实际上可能同时存在投入和产出冗余，期待能够同时考虑投入的减少和非期望产出的减少。第三，大多数研究没有挖掘不同国家或地区能源无效率的深层次原因，进而无法提供提升各自能源效率有针对性的政策建议。为进一步完善跨国研究中由于技术异质性导致的能源效率测算偏差，本章采用SBM-Undesirable模型和Meta-frontier生产函数，测算了1990～2012年期间 APEC 17 个成员的能源效率。进一步地，采用“共同技术率”定量考察了各成员能源利用的技术差距，并从“生产技术”和“管理”两个维度将能源利用无效率分解为“技术差距无效率”和“管理无效率”来探寻能源效率提升途径。

本章的研究目的是进一步探索 APEC 成员能源效率及能源技术差异，并从三个方面拓展已有的研究工作：第一，从“节能”和“减排”的双重角度，基于无导向、非径向、能够考虑非期望产出的 DEA 模型构建非参数的共同前沿和群组前沿，试图同时减少能源投入和非期望产出，进而测算了 1990～2012 年 APEC 17 个成员的能源效率。第二，充分考虑到发达国家或地区与发展中国家或地区资源禀赋和能源利用技术的差异，将 APEC 17 个成员划分为发达国家或地区和发展中国家两个群组，采用“共同技术比率”分析不同技术环境下各成员能源效率及能源技术差异。第三，从“生产技术”和“管理”两个维度将能源利用无效率分解为“技术差距无效率”和“管理无效率”，以进一步挖掘不同国家或地区能源利用无效率的深层次原因，为制定适合各国国情的节能减排策略提供科学依据。结果发现，发达国家或地区在共同前沿和群组前沿下的能源效率没有差异，发展中国家在两种前沿下的能源效率有显著差异；发展中国家与潜在的最优技术水平之间的差距有扩大的趋势；发达国家或地区主要从管理方面提高能源效率，发展中国家则要从技术和管理两个方面提高效率，各个国家或地区的侧重各有不同。

1.2 研 究 方 法

1.2.1 SBM-Undesirable 模型

DEA 方法通过建立线性规划模型来评价多投入、多产出情况下决策单元(DMU)的相对效率，近年来，DEA 方法逐渐成为能源效率测度研究的主流方法。传统的 CCR-DEA、BCC-DEA 等模型大多需要投入与产出同比例的变化，且单纯从“投入导向”或“产出导向”研究效率，而大多数情况下投入与产出是不能严格按比例变化的，且可能同时存在投入与产出的冗余；在规模报酬不变的假设下，投入导向和产出导向得到的效率结果没有差异，但在规模报酬可变的假设下，投入导向和产出导向得到的效率结果往往有差异。Tone(2001)提出一种无导向、非径向 DEA 模型，即 SBM(slacks based measurement)模型，不需要考虑导向的选择问题，且投入与产出不需要严格按比例变化，能够更真实地衡量各决策单元的效率。

设 $x \in R^m, y \in R^s$ 分别为投入和产出要素，定义举矩阵 $X = [x_1, \cdots, x_n] \in R^{m \times n}$，$Y = [y_1, \cdots, y_n] \in R^{s \times n}$，假定 $X > 0, Y > 0$，生产可能性集 $P: P = \{(x, y) | x \geqslant X\lambda, y \leqslant Y\lambda, \lambda \geqslant 0\}$，SBM 模型定义为

$$\rho^* = \min \frac{1 - \frac{1}{m}\sum_{i=1}^{m}\frac{s_i^-}{x_{i0}}}{1 + \frac{1}{n}\sum_{r=1}^{s}\frac{s_r^+}{y_{r0}}} \tag{1-1}$$

$$\text{s.t.}\quad x_0 = X\lambda + s^-;\quad y_0 = Y\lambda - s^+;$$

$$\lambda \geqslant 0;\ s^- \geqslant 0;\ s^+ \geqslant 0$$

式中，s^-、s^+ 分别为投入变量的冗余和产出变量的不足，当且仅当 $s^- = 0$、$s^+ = 0$，即 $\rho^* = 1$ 时决策单元是有效率的。

尽管 SBM 模型具有诸多优点，然而 SBM 模型不能处理具有非期望产出的效率评价问题；如将非期望产出作为投入要素纳入 SBM 模型，或将数据转换为期望产出，势必会扭曲要素之间的关系，并破坏模型的约束条件。为了更真实地衡量环境问题等负的外部性对效率的影响，Cooper 等(2007)提出了基于 SBM 模型的 SBM-Undesirable 模型：

设 $x \in R^m, y^g \in R^{s_1}, y^b \in R^{s_2}$ 分别为投入、期望产出、非期望产出要素，矩阵 $X = [x_1, \cdots, x_n] \in R^{m\times n}$，$Y^g = [y_1^g, \cdots, y_n^g] \in R^{s_1\times n}$，$Y^b = [y_1^b, \cdots, y_n^b] \in R^{s_2\times n}$，假定 $X > 0, Y^g > 0, Y^b > 0$，生产可能性集 $P: P = \left\{\left(x, y^g, y^b\right) \middle| x \geqslant X\lambda, y^g \leqslant Y^g\lambda, y^b \geqslant Y^b\lambda, \lambda \geqslant 0\right\}$，$\lambda \in R^n$，基于规模报酬不变假设下的 SBM-Undesirable 模型定义为

$$\rho^* = \min \frac{1 - \frac{1}{m}\sum_{i=1}^{m}\frac{s_i^-}{x_{i0}}}{1 + \frac{1}{s_1 + s_2}\sum_{r=1}^{s_1}\frac{s_r^g}{y_{r0}^g} + \sum_{r=1}^{s_2}\frac{s_r^b}{y_{r0}^b}} \tag{1-2}$$

$$\text{s.t.}\quad x_0 = X\lambda + s^-;\quad y_0^g = Y^g\lambda - s^g;$$

$$y_0^b = Y^b\lambda + s^b;\ \lambda \geqslant 0;$$

$$s^- \geqslant 0;\ s^g \geqslant 0;\ s^b \geqslant 0$$

式中，s^-、s^g、s^b 分别为投入变量的冗余、期望产出、非期望产出的松弛变量，当且仅当 $s^- = 0$、$s^g = 0$、$s^b = 0$，即 $\rho^* = 1$ 时决策单元是有效率的，此时决策单元处于前沿面上；当 $\rho^* < 1$ 时，表示决策单元是处于前沿面的下方，可以减少投入、降低非期望产出或扩大期望产出来使决策单元到达有效率的前沿面上。

1.2.2　Meta-frontier 生产函数

Battese 等(2004)基于共同边界生产函数分析框架，利用随机前沿分析(SFA)

构建出共同边界和群组边界，在此基础上分析共同技术效率和群组技术效率，并将两者的比值设定为共同技术比率，用以衡量不同技术水平下的技术差距。在此基础上，O'Donnell (2008) 基于共同边界生产函数分析框架利用 DEA 方法构建共同边界和群组边界。

设 $x \in R^m, y \in R^n$ 分别为投入和产出向量，包含所有投入和产出的共同技术集合为：$T^{\text{meta}} = \{(x, y): x \geqslant 0, y \geqslant 0, x\text{可生产}y\}$，所对应的生产可能性集为：$P^{\text{meta}}(x) = \{y: (x, y) \in T^{\text{meta}}\}$，共同技术效率 (MTE) 等价于共同距离函数 (D^{meta})：

$$0 \leqslant D^{\text{meta}}(x, y) = \inf_{\theta}\left\{\theta > 0; \left(\frac{y}{\theta}\right) \in P^{\text{meta}}(x)\right\} = \text{MTE}(x, y) \leqslant 1 \tag{1-3}$$

群组技术集合为：$T^k = \left\{(x, y): x \geqslant 0; y \geqslant 0; \text{在群组}k\text{中}x\text{可生产}\ y\right\}$，所对应的生产可能性集为：$P^k(x) = \{y: (x, y) \in T^k$，则群组技术效率 (GTE) 等价于群组距离函数 (D^k)：

$$0 \leqslant D^k(x, y) = \inf_{\theta}\left\{\theta > 0; \left(\frac{y}{\theta}\right) \in P^k(x)\right\} = \text{GTE}(x, y) \leqslant 1 \tag{1-4}$$

式中，距离函数 D^{meta} 和 D^k 分别用共同前沿和群组前沿下式 (1-2) 所示的 SBM-Undesirable 模型进行测算。

共同前沿框架下的共同技术比率 (MTR) 反映了群组前沿与共同前沿技术水平之间的差距，MTR 越大，表示实际利用的生产技术越接近潜在的生产技术水平，MTR 越小，表示实际利用的生产技术离潜在的技术水平越远，MTR 可以表示为

$$0 \leqslant \text{MTR}(x, y) = \frac{D^{\text{meta}}(x, y)}{D^k(x, y)} = \frac{\text{MTE}(x, y)}{\text{GTE}(x, y)} \leqslant 1 \tag{1-5}$$

即共同技术效率可以分解成群组技术效率和共同技术比率两者之间的乘积：$\text{MTE}(x, y) = \text{GTE}(x, y) \times \text{MTR}(x, y)$。

1.2.3　能源利用无效率分解

尽管 MTR 指标可分析各个国家或地区的能源利用水平与潜在最优能源利用水平之间的差距，但仍无法判断不同地区能源效率差异的真正原因，给政策的制定与实施带来困难。为了更好地挖掘各个国家或地区能源效率提升的推动和制约因素，本书参考 Chiu 等 (2012) 的方法进一步将共同前沿下 APEC 成员的能源利用

无效率(IE)分解为技术差距无效率(TIE)与管理无效率(MIE)。

$$IE = 1 - MTE = TIE + MIE \tag{1-6}$$

$$TIE = GTE \times (1 - MTR) \tag{1-7}$$

$$MIE = 1 - GTE \tag{1-8}$$

通过这种分解可以进一步发现发达国家或地区群组与发展中国家群组能源效率提升的制约因素，为科学制定共同而有区别的节能减排政策提供理论依据。

1.3　样本、数据与变量

本章选取 1990～2012 年 APEC 17 个成员(文莱、巴布亚新几内亚和越南在样本期的统计数据存在严重缺失，中国台北的数据无法从国际组织处直接获得，因此本章没有将这 4 个成员纳入研究样本中)的投入和产出数据为研究样本，并将研究样本按照经济发展水平分为发达国家或地区和发展中国家两个群组，发达国家或地区群组包括美国、日本、中国香港、新加坡、澳大利亚、新西兰、加拿大、韩国；发展中国家群组包括中国、俄罗斯、印度尼西亚、马来西亚、菲律宾、泰国、墨西哥、智利、秘鲁。以资本、劳动和能源为投入变量，GDP 为期望产出，CO_2 为非期望产出，在共同前沿下分析 APEC 成员能源效率和能源技术差异。投入产出指标说明如下：

(1) 期望产出。选取各国家或地区的 GDP 作为期望产出的指标，并利用 GDP 平减指数以 2005 年的不变美元价格表示。GDP 数据来自世界银行数据库。

(2) 非期望产出。选取各国家或地区的 CO_2 排放量为非期望产出指标，这是因为 CO_2 排放量约占温室气体排放总量的 80%。CO_2 排放量数据来自《BP 世界能源统计年鉴 2013》。

(3) 劳动投入。选取各国家或地区的就业人员数量为劳动投入的指标。就业人员数据来自世界银行数据库。

(4) 能源投入。选取各国家或地区一次能源量消费量为能源投入的指标，一次能源消费量数据来自《BP 世界能源统计年鉴 2013》，折算成标准油。

(5) 资本投入。选取各国家或地区的资本形成总额为资本投入指标，以 2005 年的不变美元价格表示。资本形成总额数据来自世界银行数据库。

1990～2012 年 APEC 17 个成员的投入产出数据的描述性统计分析见表 1-1。

表 1-1 1990～2012 年 APEC 17 个成员的投入产出数据的描述性统计(2 个群组)

地区	指标	单位	最小值	最大值	平均值	标准差
发达国家或地区	GDP	亿美元	490.61	142315.70	23071.81	509125.67
	CO_2 排放量	百万吨	28.98	6523.79	1132.00	25835.64
	劳动投入	万人	155.31	15868.65	3370.38	63785.61
	资本投入	亿美元	102.04	31112.97	5113.90	107881.99
	能源消费	百万吨油当量	11.77	2372.70	423.81	9435.08
发展中国家	GDP	亿美元	437.85	45221.40	4716.70	101346.84
	CO_2 排放量	百万吨	18.10	9208.05	843.60	23082.09
	劳动投入	万人	500.71	78763.23	11454.91	312655.83
	资本投入	亿美元	73.23	21799.67	1558.05	45751.65
	能源消费	百万吨油当量	8.36	2735.16	273.17	6860.04
APEC	GDP	亿美元	437.85	142315.70	13354.40	549817.40
	CO_2 排放量	百万吨	18.10	9208.05	979.30	34761.57
	劳动投入	万人	155.31	78763.23	7650.43	328921.10
	资本投入	亿美元	73.23	31112.97	3231.39	122325.05
	能源消费	百万吨油当量	8.36	2735.16	344.06	11759.73

1.4 实证结果分析

DEA 方法求解要求决策单元数至少是投入产出指标数的两倍以上，由于分组后的决策单元数较少，不能构造合适的前沿面，本章参考 Tulkens 和 Vanden(1995)“跨时期前沿方法”(intertemporal frontier)，将决策单元在样本期的所有投入产出作为当期的参考技术集。

1.4.1 共同技术效率和群组技术效率分析

表 1-2 是在共同前沿和群组前沿下 1990～2012 年 APEC 成员能源效率的测算结果。可见，发达国家或地区群组的平均 MTE 为 0.763，表明如采用潜在的最优生产技术，发达国家或地区群组还有 23.7%的效率提升空间，平均 MTE 表现最好的是新西兰，其平均 MTE 达到了 0.978，最差的是韩国，其平均 MTE 仅为 0.326；发达国家或地区群组的 GTE 与 MTE 差距很小，表明发达国家或地区群组本身就代表了先进的能源利用水平。发展中国家群组的平均 MTE 仅为 0.358，表明在共同前沿下发展中国家群组能源效率有 64.2%的提升空间，表现最好的秘鲁和表现

最差的中国分别有 18.2%和 89.1%的效率提升空间。发展中国家群组的平均 GTE 较 MTE 有较大提高，达到 0.611，这意味着在群组前沿下发展中国家群组依然还有 38.9%的效率改善空间，表现最好的智利和表现最差的泰国分别还有 1.2%和 67.9%的效率提升空间。在共同前沿下，中国的能源效率较低，约是美国的 1/7、日本的 1/8 和中国香港的 1/8.6。在群组前沿下中国能源效率平均为 48.8%，表明在发展中国家群组现有的能源利用水平下，中国的能源效率还有 51.2%的效率提升空间。

表 1-2　共同前沿和群组前沿下 1990～2012 年 APEC 成员能源效率

群组	国家或地区	MTE				GTE			
		平均值	标准差	累积能源效率提升率/%	平均能源效率提升率/%	平均值	标准差	累积能源效率提升率/%	平均能源效率提升率/%
发达国家或地区	美国	0.782	0.116	52.749	1.859	0.782	0.116	52.749	1.859
	日本	0.857	0.080	27.968	1.078	0.857	0.080	27.968	1.078
	加拿大	0.476	0.059	38.777	1.435	0.476	0.059	38.777	1.435
	澳大利亚	0.905	0.058	7.813	0.328	0.917	0.051	6.160	0.260
	新西兰	0.978	0.028	0.000	0.000	0.978	0.028	0.000	0.000
	新加坡	0.838	0.140	–40.777	–2.252	0.838	0.140	–40.777	–2.252
	中国香港	0.942	0.057	0.000	0.000	0.942	0.057	0.000	0.000
	韩国	0.326	0.038	25.123	0.979	0.326	0.038	25.123	0.979
	平均值	0.763	0.072	13.957	0.428	0.765	0.071	13.75	0.420
发展中国家	墨西哥	0.412	0.010	2.237	0.096	0.976	0.024	5.414	0.230
	智利	0.661	0.164	–55.041	–3.416	0.988	0.025	0.000	0.000
	马来西亚	0.348	0.049	–40.832	–2.256	0.510	0.036	13.683	0.559
	秘鲁	0.818	0.135	–47.876	–2.793	0.927	0.067	–16.400	–0.776
	泰国	0.201	0.020	–30.749	–1.585	0.321	0.023	4.951	0.210
	中国	0.109	0.035	172.454	4.454	0.488	0.303	533.541	8.358
	菲律宾	0.384	0.042	–11.995	–0.554	0.514	0.074	22.487	0.886
	印度尼西亚	0.176	0.013	–19.406	–0.934	0.333	0.017	8.521	0.356
	俄罗斯	0.112	0.021	77.087	2.516	0.439	0.211	71.995	2.386
	平均值	0.358	0.054	5.098	–0.497	0.611	0.087	71.577	1.357

图 1-1 进一步展示了 1990～2012 年共同前沿下 APEC 成员的能源效率变化趋势。在共同前沿下，新西兰、澳大利亚、中国香港一直处于能源效率的较高

位置；美国、日本紧随其后，在样本期分别以平均每年 1.86%和 1.08%的速度提升；加拿大、韩国的能源效率处于发达国家或地区群组中的较低位置，且在样本期提升幅度很小。秘鲁是发展中国家群组中能源效率最高的国家，但在样本期能源效率以平均每年 2.793%的速度下降；中国是发展中国家群组中能源效率最低的国家，但其能源效率以平均每年 4.454%的速度提高。

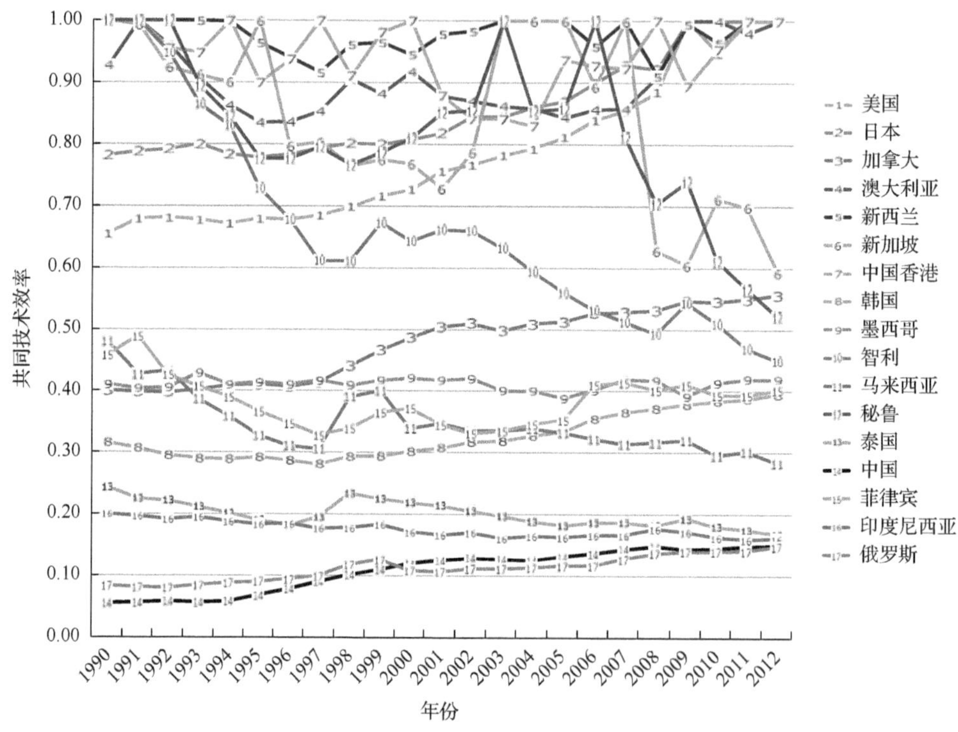

图 1-1 1990～2012 年共同前沿下 APEC 成员的能源效率变化趋势

图 1-2 展示了 1990～2012 年群组前沿下 APEC 成员的能源效率变化趋势。在群组前沿下，发达国家或地区群组成员的能源效率与图 1-1 中共同前沿下的能源效率几乎没有差异。发展中国家群组成员在群组前沿下的能源效率比共同前沿下的能源效率高，墨西哥、智利、秘鲁的能源效率一直处于较高的位置，代表着发展中国家群组先进的能源利用水平；菲律宾、马来西亚次之；泰国、印度尼西亚、俄罗斯及中国的能源效率处于相对偏低的位置，印度尼西亚和泰国的能源效率在样本期没有出现显著改善，俄罗斯的能源效率在样本期出现较大的波动，中国的能源效率以平均每年 8.358%的速度提升，并在 2008 年后达到了发展中国家群组较高水平，超过了能源消费增长速度和 CO_2 排放速度，表明中国在提高能源效率方面做出了非常大的努力。

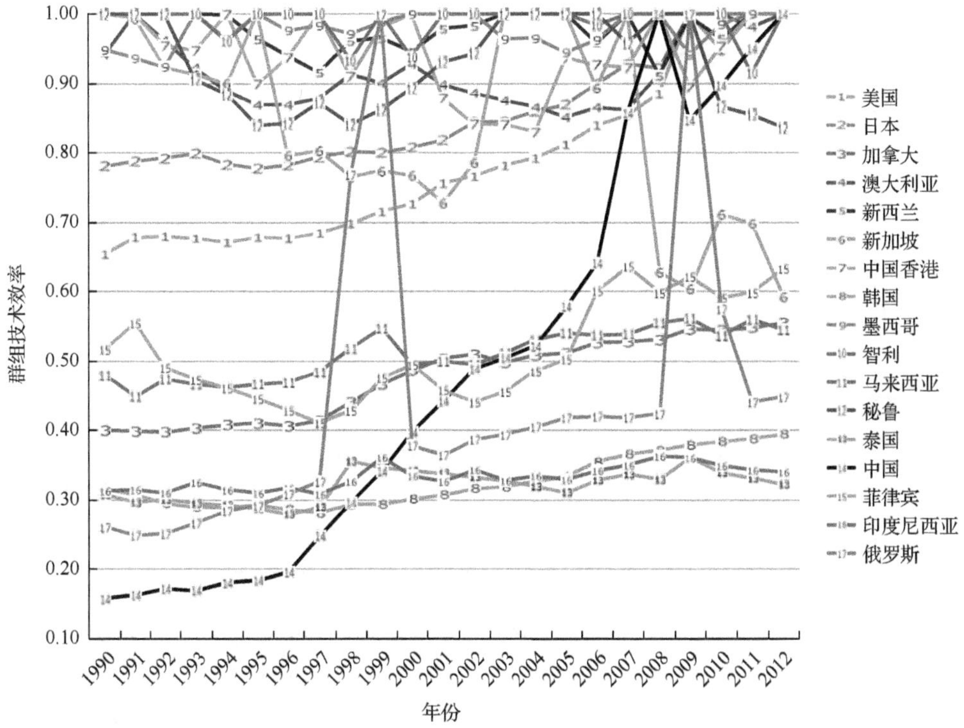

图 1-2　1990～2012 年群组前沿下 APEC 成员的能源效率变化趋势

1.4.2　能源效率差异的显著性检验

本章应用非参数的 Mann-Whitney 检验来分析发达国家或地区群组与发展中国家群组在不同的前沿面下，能源效率是否存在显著性差异，结果如表 1-3 所示。发达国家或地区群组在两种前沿下的能源效率没有显著差异，发展中国家群组在两种前沿下的能源效率在 1%水平上存在显著差异，这是因为群组前沿是以各发展中国家的现有技术水平构造技术前沿，而共同前沿是以 APEC 所有成员的潜在最优能源利用水平为参考构造前沿面，从检验结果可知，在群组前沿下发展中国家群组的能源效率明显被高估，发展中国家群组与发达国家或地区群组在能源利用水平上存在很大差距。

表 1-3　两种前沿下发达国家或地区群组与发展中国家群组能源效率差异的 Mann-Whitney 检验

指标	发达国家或地区群组	发展中国家群组
Z 值	–0.107	–8.919
*A*smp.sig	0.915	0.000**

**表示在 1%水平上显著

1.4.3 共同技术比率分析

共同技术比率(MTR)反映了特定群组技术水平与潜在共同前沿技术水平之间的差距。MTR 越高，表示该决策单元的实际技术水平越接近潜在的最优技术水平。由表 1-4 可知，发达国家或地区群组的 MTR 较大，其中除澳大利亚以外，其他国家或地区的 MTR 平均都达到了 1，表明发达国家或地区群组的技术水平基本上代表了潜在最优的技术水平。而发展中国家群组的 MTR 较小，表明发展中国家群组与潜在最优技术水平的差距较大，且发展中国家群组中除俄罗斯以外，MTR 平均增长率都为负值，表明发展中国家群组与潜在最优技术水平之间的差距有扩大的趋势。

表 1-4 1990～2012 年 APEC 成员共同技术比率

群组	国家或地区	MTR			
		平均值	标准差	累积增长率/%	平均增长率/%
发达国家或地区	美国	1.000	0.000	0.000	0.000
	日本	1.000	0.000	0.000	0.000
	加拿大	1.000	0.000	0.000	0.000
	澳大利亚	0.987	0.012	1.557	0.067
	新西兰	1.000	0.000	0.000	0.000
	新加坡	1.000	0.000	0.000	0.000
	中国香港	1.000	0.000	0.000	0.000
	韩国	1.000	0.000	0.000	0.000
发展中国家	墨西哥	0.422	0.006	–3.014	–0.133
	智利	0.669	0.163	–55.041	–3.416
	马来西亚	0.689	0.131	–47.954	–2.799
	秘鲁	0.880	0.116	–37.652	–2.033
	泰国	0.629	0.077	–34.016	–1.791
	中国	0.271	0.082	–56.995	–3.602
	菲律宾	0.755	0.081	–28.152	–1.427
	印度尼西亚	0.531	0.058	–25.734	–1.285
	俄罗斯	0.281	0.059	2.960	0.127

图 1-3 进一步展示了 1990～2012 年 APEC 成员共同技术比率变化趋势。美国、日本等发达国家的 MTR 一直处于最高位置，总体上代表着最优的生产技术。在发展中国家群组中，秘鲁、菲律宾、马来西亚、智利、泰国等 MTR 较高，墨西哥和印度尼西亚次之，中国和俄罗斯的 MTR 较低。发展中国家群组的 MTR 都有

不同程度的下降趋势，其中中国、智利分别以平均 3.602%和 3.416%的速度在下降，马来西亚、秘鲁、泰国、印度尼西亚等国的 MTR 都有下降的趋势，因此需要进一步研究发展中国家群组与发达国家或地区群组能源效率差距扩大的根源。

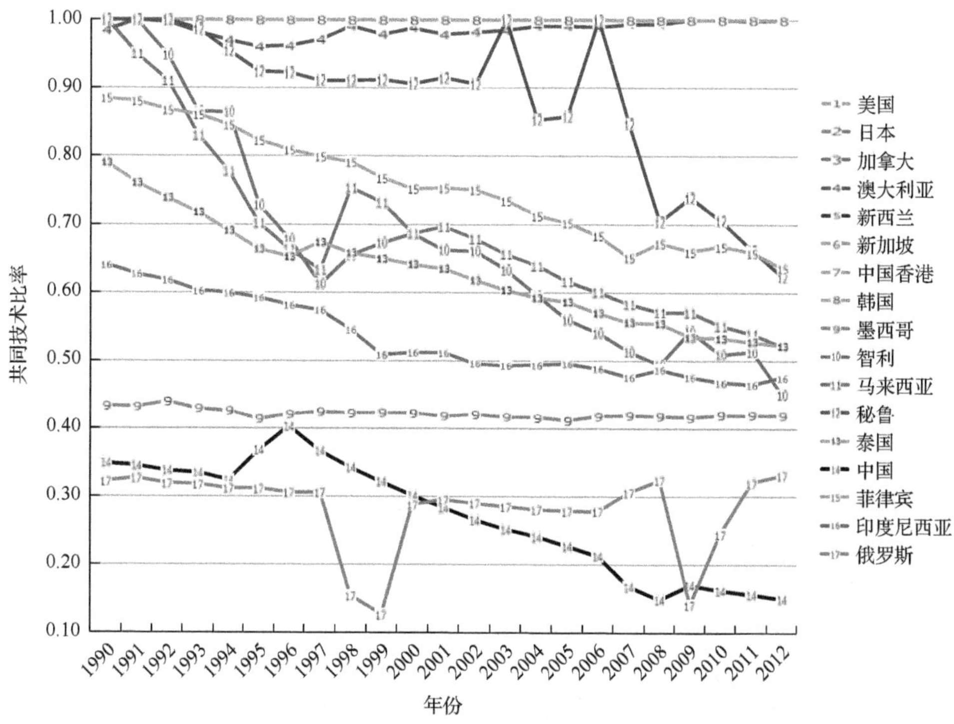

图 1-3　1990～2012 年 APEC 成员共同技术比率变化趋势

1.4.4　能源利用无效率分解

为了进一步剖析发展中国家群组与发达国家或地区群组能源效率差距扩大的根源，挖掘能源效率提升的制约因素，本章分析了 1990～2012 年 APEC 成员共同前沿下的 IE、TIE 和 MIE，分解结果见表 1-5。美国、日本、加拿大、新西兰、新加坡、中国香港、韩国等发达国家或地区群组的 TIE 均为 0，MIE 为 100%，澳大利亚的平均 MIE 为 87.7%，TIE 只占整个能源利用无效率的 12.3%。这表明发达国家或地区群组拥有最好的经济发展环境，代表了潜在最优的能源利用水平，能源利用无效率都是管理无效率造成的，发达国家或地区群组应该进一步提升管理能力。而发展中国家群组中墨西哥、智利的能源利用无效率主要来自 TIE，TIE 对能源利用无效率的贡献达到 90%以上，这些国家的能源利用技术严重不足，这些国家今后的能源效率的提升主要依赖于能源技术环境的改善。马来西亚、泰国、菲律宾、印度尼西亚等国的能源利用无效率主要来自 MIE，MIE

均占 75%以上，这些国家应该加强管理能力的提升。秘鲁、中国、俄罗斯等国的 TIE 和 MIE 均占较大比例，因而需要从技术和管理两个方面共同努力，提升能源利用效率。

表 1-5　1990～2012 年 APEC 成员能源利用无效率均值和提升效率的重点策略

群组	国家或地区	1990～2012 年无效率均值及所占比重					提升效率的重点	
		IE	TIE		MIE		提升生产技术	提高管理能力
			均值	比重/%	均值	比重/%		
发达国家或地区	美国	0.2179	0.0000	0.0	0.2179	100.0		√
	日本	0.1434	0.0000	0.0	0.1434	100.0		√
	加拿大	0.5239	0.0000	0.0	0.5239	100.0		√
	澳大利亚	0.0952	0.0117	12.3	0.0835	87.7	√	√
	新西兰	0.0224	0.0000	0.0	0.0224	100.0		√
	新加坡	0.1617	0.0000	0.0	0.1617	100.0		√
	中国香港	0.0582	0.0000	0.0	0.0582	100.0		√
	韩国	0.6742	0.0000	0.0	0.6742	100.0		√
发展中国家	墨西哥	0.5884	0.5649	96.0	0.0235	4.0	√	
	智利	0.3390	0.3273	96.6	0.0117	3.4	√	
	马来西亚	0.6518	0.1618	24.8	0.4900	75.2	√	√
	秘鲁	0.1815	0.1090	60.0	0.0725	40.0	√	√
	泰国	0.7995	0.1200	15.0	0.6795	85.0	√	√
	中国	0.8910	0.3795	42.6	0.5115	57.4	√	√
	菲律宾	0.6159	0.1294	21.0	0.4865	79.0	√	√
	印度尼西亚	0.8240	0.1567	19.0	0.6673	81.0	√	√
	俄罗斯	0.8881	0.3266	36.8	0.5615	63.2	√	√

√表示需要重点提升的能力

表 1-5 从平均意义上分析了能源利用无效率的两个方面，为了了解样本期各国家或地区在管理和技术上的变化，需要进一步分析 1990～2012 年 APEC 成员管理无效率和技术差距无效率的变化趋势，分别如图 1-4 和图 1-5 所示。

由图 1-4 可知，美国、日本、澳大利亚、新西兰等发达国家的管理无效率较低；且美国、日本的 MIE 以平均每年 1.86%和 1.08%的速度减少，结合表 1-5，表明美国和日本的管理效率的提升是其能源效率提升的主要原因；加拿大、韩国的管理无效率较高，且在样本期变化较小，这是加拿大和韩国在样本期能源效率较低的原因。发展中国家群组中的泰国、印度尼西亚、菲律宾的管理无效率较高，且在样本期没有明显的降低，这些国家的管理无效率是其能源效率低的重要原因。墨西哥、智利的管理无效率较低，表明管理无效率并不是这些国家能源效率较低的主要原因。俄罗斯的管理无效率波动最大；尽管中国的管理无效率平均为 0.3795，但在样本期，中国的管理无效率降低的速度最快，在 2008 年后达到较低的水平，表明中国政府制定的一系列节能减排、环境保护措施是有效的。

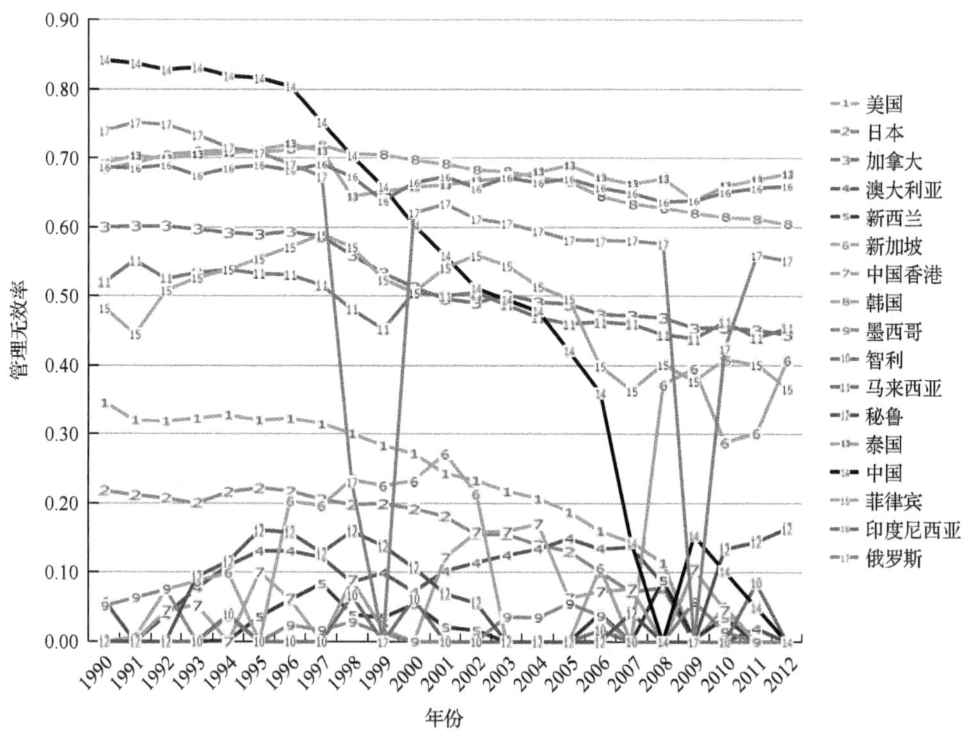

图 1-4　1990～2012 年 APEC 成员管理无效率

由图 1-5 可以发现，美国、日本、新西兰、澳大利亚等发达国家的技术差距无效率几乎都为 0，这些国家拥有最先进的生产技术。墨西哥、中国、俄罗斯、智利等发展中国家的技术差距无效率较大，且都有上升的趋势，表明发达国家或地区群组与发展中国家群组的能源利用技术差距有扩大的趋势。综合表 1-5、图 1-4 和图 1-5 分析可知，发达国家或地区群组可以通过提升管理水平进一步提高能源效率，发展中国家群组提高能源效率的侧重点各有不同，智利和墨西哥应该加大技术创新工作。泰国、菲律宾、印度尼西亚、马来西亚等国的技术差距无效率较低，而管理无效率较高，这些国家应该注重管理水平的提升，制定更加有效的节能减排政策。中国的技术差距无效率在样本期出现大幅上升的趋势，抵消了由于管理效率提高带来的能源效率提升；表明中国政府制定的一系列强有力的节能减排政策取得了一定效果，管理能力有了一定的提高；中国与潜在最优能源利用水平差距扩大的主要原因是技术差距无效率的提高，中国应该加大节能减排技术的创新和推广工作。

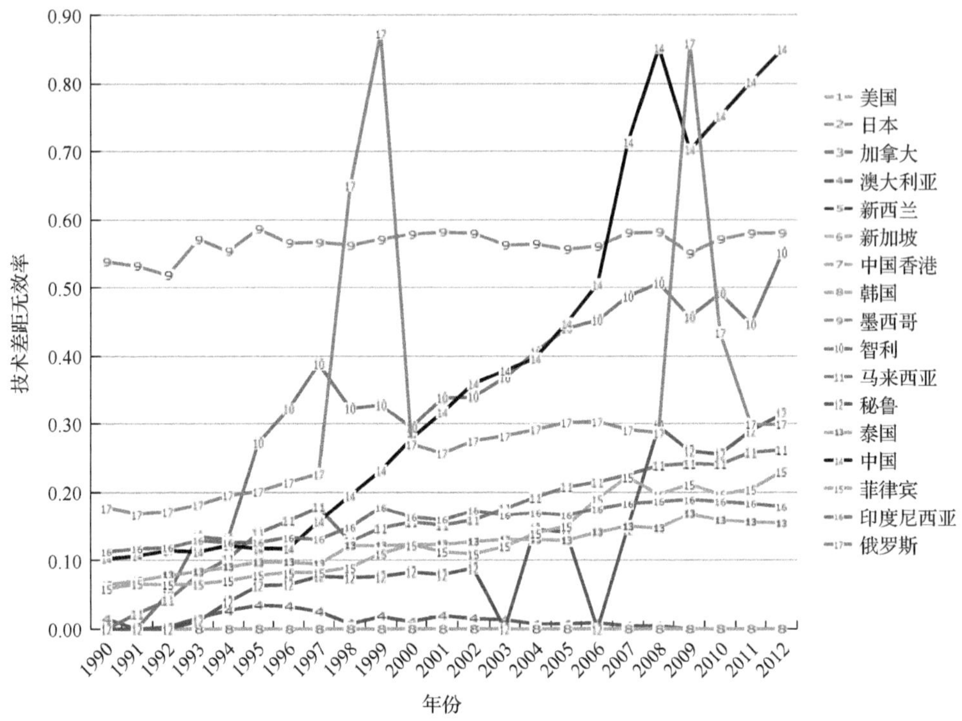

图 1-5　1990～2012 年 APEC 成员技术差距无效率

美国、日本、新西兰、澳大利亚等发达国家的技术差距无效率几乎都为 0，所以在图上显示不出

1.5　主要结论与启示

本章在非参数共同前沿分析框架下，比较分析了 1990～2012 年 APEC 成员能源效率，以及发达国家或地区群组和发展中国家群组的共同技术比率。得出以下主要结论：①发达国家或地区群组在共同前沿和群组前沿下的能源效率没有差异，发展中国家群组在两种前沿下的能源效率有显著差异，在共同前沿下的能源效率低于群组前沿下的能源效率，这是因为发达国家或地区群组本身就代表了 APEC 最优秀的能源技术，发展中国家群组与发达国家或地区群组在能源利用水平上存在很大差距。②发展中国家群组的共同技术比率较低而且存在下降的趋势，表明发展中国家群组与潜在的最优技术水平的差距有扩大的趋势。③发达国家或地区群组的能源利用无效率主要是管理无效率造成的，这些国家或地区应该进一步提升管理能力以提高能源效率；总体上发展中国家群组的技术差距无效率有上升的趋势，技术差距无效率是发展中国家群组与潜在的最优能源利用水平之间差距扩大的主要原因，发展中国家群组的能源利用无效率也有管理方面的原因，各个国家或地区的侧重各有不同：墨西哥、智利的能源效率提升依赖于技术的进步，泰

国、菲律宾、印度尼西亚、马来西亚等国应该注重管理能力的提升，秘鲁、俄罗斯等国需要从技术和管理两方面共同努力；中国的管理无效率降低的幅度很大，中国与先进能源利用水平差距扩大的主要原因是技术差距无效率的提高；因此，中国应该加大节能减排技术的创新和推广工作。

发达国家的历史碳排放和人均碳排放都比发展中国家高出很多，虽然发展中国家只占全球温室气体排放量的 1/3，却承受了气候变化所造成损失的 75%～80%。发达国家应该进一步加大节能减排技术研发，特别要提升管理水平以提高能源利用效率；发展中国家目前为了消除贫困发展经济，对煤炭等资源的依赖很强，而发展中国家低碳技术远远落后与发达国家，因此发达国家应该兑现国际承诺，对发展中国家进行资金和技术援助，帮助发展中国家进行技术更新，发展中国家自身也应该努力提升管理水平、大力开展节能减排技术创新工作，为应对全球气候变化等环境问题做出共同而有区别的努力。

第2章　基于Super-SBM和Malmquist指数的APEC能源效率动态变化研究

2.1　APEC能源效率动态特征的研究诉求

近年来，亚太地区作为世界能源需求中心的地位越来越突出，能源安全与环境气候问题受到广泛关注，2014年第11届APEC能源部长会议重申“2035年亚太地区总能源强度比2005年降低45%”的目标(国家能源局，2014)。为了实现这一目标需要充分挖掘APEC成员的节能减排潜力。提高能源效率不仅关注能源投入的减少，而且关注能源与其他要素的综合合理使用，目前已成为解决“经济”与“环境”协调发展的一个有效途径。

很多学者在全要素能源效率框架下基于DEA方法探索了不同国家或地区的能源效率(Hu and Kao，2007；Zhou et al.，2010；Bian et al.，2013；Lin et al.，2013；Toshiyuki and Mika，2013；Wang K et al.，2013；Behrouz and Emrouznejad，2014；George et al.，2014；Jin et al.，2014；Zhang and Choi，2014；王兵和谢俊，2015)，并取得了一些有价值的成果。但传统的DEA模型只能从单一的投入导向或产出导向评价效率值，不能同时考虑投入的减少和产出的增加。方向性距离函数(DDF)能够同时考虑投入和产出的松弛变量，但其要求投入和产出严格按比例变化。SBM模型能够同时考虑投入和产出的松弛变量，且投入要素和产出要素不需要严格按比例变化(Tone，2001)，能够更好地反映要素的实际情况，近年来逐渐成为能源效率研究的有效方法(Choi et al.，2012；Rao et al.，2012；Lee et al.，2014)。现有成果为评价能源效率提供了重要参考，但仍存在一些需要改进之处。首先，目前对APEC成员的能源效率研究要么基于传统DEA模型，要么基于DDF或SBM模型，在这些模型中当多个决策单元同时处于生产前沿面上时，没有办法进一步比较其效率值的大小，不能有效区分各成员的效率。其次，大多数研究基于相同的标准来评价具有不同技术水平的国家或地区的能源效率，不能真实地反映不同国家或地区的技术差异。最后，已有研究没有从动态角度分析APEC成员能源效率变化。为进一步完善跨国研究中各国家或地区能源效率测算及能源效率动态变化研究，本章在共同前沿框架下基于Super-SBM模型，测算1990～2012年APEC 17个成员的能源效率；并采用Malmquist指数分析各成员的能源效率动态变化，以探寻能源效率提升途径。

本章的研究目的是进一步探索 APEC 成员的能源效率及其动态变化，并从三个方面拓展已有的研究工作：第一，在规模报酬可变的假设下，基于 Super-SBM 模型构建非参数的共同前沿和群组前沿，分别测算了 1990～2012 年 APEC 17 个成员的能源效率，同时考虑投入和产出松弛变量，且能有效区分同时处于生产前沿面上的决策单元之间的效率差异；第二，充分考虑到发达国家或地区、东亚新兴经济体和发展中国家或地区在资源禀赋和能源利用技术的差异，将 APEC 17 个成员划分为发达国家、东亚新兴经济体和发展中国家三个群组，采用共同技术比率分析不同技术环境下各成员能源效率及能源技术差异；第三，运用基于 Super-SBM 和 Malmquist 指数分析各成员的能源效率动态变化，解决以传统的 DEA 模型为基础对 Malmquist 指数进行分解时，可能产生线性规划无解问题，以进一步有效挖掘不同国家或地区能源效率差距的深层次原因，为制定适合各国国情的节能减排策略提供科学依据。结果发现，发达国家群组和东亚新兴经济体群组在共同前沿和群组前沿下的能源效率没有差异，发展中国家群组在两种前沿下的能源效率有显著差异；发展中国家群组与潜在的最优技术水平的差距有扩大的趋势；发达国家群组和东亚新兴经济体群组的能源效率起点较高，且提升速度较快，而发展中国家群组的能源效率起点低，提升速度较慢，这是发展中国家群组与潜在最优技术之间差距扩大的主要原因。

2.2　研究方法

2.2.1　Super- SBM 模型

DEA 通过建立线性规划模型来评价多投入、多产出情况下决策单元的相对效率，相比传统的 DEA 模型和 DDF 模型，SBM 模型能同时考虑投入和产出松弛变量，且投入与产出不需要严格按比例变化，能够更真实地反映各生产要素的实际情况，更准确地衡量各决策单元的效率。但当多个决策单元同时处于前沿面时，其效率值同为 1，不能进一步比较其效率值的大小；Super-SBM 模型在计算某个决策单元的效率值时将其排除在生产可能性集之外，进而能够区分同为 SBM 有效的决策单元之间的效率差异(Tone，2002)。

设 $x \in R^m$， $y \in R^s$ 分别为投入和产出要素，定义矩阵 $X = [x_1, \cdots, x_n] \in R^{m \times n}$，$Y = [y_1, \cdots, y_n] \in R^{s \times n}$，假定 $X > 0, Y > 0$，$\overline{X}$，$\overline{Y}$ 分别表示将 (x_0, y_0) 排除在 (x, y) 之外的投入和产出矩阵，定义新的生产可能性集合 $P \setminus (x_0, y_0) = \{(\overline{x}, \overline{y}) \mid \overline{x} \geqslant \sum\limits_{j=1, \neq 0}^{n} \lambda_j x_j,$ $\overline{y} \leqslant \sum\limits_{j=1, \neq 0}^{n} \lambda_j y_j, \overline{y} \geqslant 0, \lambda \geqslant 0\}$，规模报酬可变假设下的 Super-SBM 模型定义为

$$\delta_{\mathrm{v}}^{*}=\min_{\bar{x},\bar{y},\lambda}\frac{\frac{1}{m}\sum_{i=1}^{m}\bar{x}_i/x_{i0}}{\frac{1}{q}\sum_{r=1}^{q}\bar{y}_r/y_{r0}} \tag{2-1}$$

$$\begin{aligned}\text{s.t.}\quad & \bar{x}\geqslant\sum_{j=1,\neq 0}^{n}\lambda_j x_j\\ & \bar{y}\leqslant\sum_{j=1,\neq 0}^{n}\lambda_j y_j\\ & \sum_{j=1,\neq 0}^{n}\lambda_j=1\\ & \bar{x}\geqslant x_0,\bar{y}\leqslant y_0,\bar{y}\geqslant 0,\lambda\geqslant 0\end{aligned}$$

2.2.2 Meta-frontier 生产函数

基于 DEA 的 Meta-frontier 生产函数可表示如下：

设 $x\in R^m, y\in R^n$ 分别为投入和产出向量，包含所有投入和产出的共同技术集合为 $T^{\text{meta}}=\{(x,y):x\geqslant 0,y\geqslant 0,x\text{可生产}y\}$，所对应的生产可能性集为 $P^{\text{meta}}(x)=\{y:(x,y)\in T^{\text{meta}}\}$，共同技术效率（MTE）等价于共同距离函数（$D^{\text{meta}}$）（Battese et al.，2004；O'Donnell，2008）。

$$\text{MTE}(x,y)=D^{\text{meta}}(x,y)=\inf_{\theta}\left\{\theta>0;\left(\frac{y}{\theta}\right)\in P^{\text{meta}}(x)\right\} \tag{2-2}$$

群组技术集合为 $T^k=\{(x,y):x\geqslant 0;y\geqslant 0;\text{在群组}k\text{中}x\text{可生产}\ y\}$，所对应的生产可能性集为 $P^k(x)=\{y:(x,y)\in T^k\}$，群组技术效率（GTE）等价于群组距离函数（$D^k$）（Battese et al.，2004；O'Donnell，2008）。

$$\text{GTE}(x,y)=D^k(x,y)=\inf_{\theta}\left\{\theta>0;\left(\frac{y}{\theta}\right)\in P^k(x)\right\} \tag{2-3}$$

共同前沿下的共同技术比率反映了群组前沿与共同前沿下技术水平之间的差距（Battese et al.，2004；O'Donnell，2008），MTR 定义为

$$\text{MTR}(x,y)=\frac{\text{MTE}(x,y)}{\text{GTE}(x,y)}=\frac{D^{\text{meta}}(x,y)}{D^k(x,y)} \tag{2-4}$$

MTR 越大，表示实际利用的生产技术越接近潜在的生产技术水平；MTR 越小，表示实际利用的生产技术离潜在的技术水平越远。

2.2.3 Malmquist 指数

Malmquist 指数既可衡量在 t 时期的技术条件下，从 t 到 t+1 时期的效率变化，也可衡量在 t+1 时期的技术条件下，从 t 到 t+1 时期的效率变化。从 t 到 t+1 时期的 Malmquist 指数(MI)定义为

$$\mathrm{MI}=\left[\frac{D^{t}(x^{t+1},y^{t+1})}{D^{t}(x^{t},y^{t})}\times\frac{D^{t+1}(x^{t+1},y^{t+1})}{D^{t+1}(x^{t},y^{t})}\right]^{1/2} \tag{2-5}$$

式中，$D^{t}(x^{t+1},y^{t+1})$，$D^{t}(x^{t},y^{t})$ 分别为以 t 时期的技术为参照 t+1 时期和 t 时期的投入产出的距离函数；$D^{t+1}(x^{t+1},y^{t+1})$，$D^{t+1}(x^{t},y^{t})$ 分别为以 t+1 时期的技术为参照 t+1 时期和 t 时期的投入产出的距离函数。

对于规模报酬不变假设下 t 时期到 t+1 时期的 Malmquist 指数可以表示为

$$\mathrm{MI_c}=\left[\frac{D_{\mathrm{c}}^{t}((x_0,y_0)^{t+1})}{D_{\mathrm{c}}^{t}((x_0,y_0)^{t})}\times\frac{D_{\mathrm{c}}^{t+1}((x_0,y_0)^{t+1})}{D_{\mathrm{c}}^{t+1}((x_0,y_0)^{t})}\right]^{1/2} \tag{2-6}$$

Malmquist 指数可以进行不同形式的分解(Fare et al.，1992，1994；Ray and Desli，1997；Wheelock and Wilson，1999)，本章参照 Fare 等(1994)的方法分解 Malmquist 指数：

$$\mathrm{MI_c}=\underbrace{\frac{D_{\mathrm{c}}^{t+1}((x_0,y_0)^{t+1})}{D_{\mathrm{c}}^{t}((x_0,y_0)^{t})}}_{\text{技术效率}}\times\underbrace{\left[\frac{D_{\mathrm{c}}^{t}((x_0,y_0)^{t+1})}{D_{\mathrm{c}}^{t+1}((x_0,y_0)^{t+1})}\times\frac{D_{\mathrm{c}}^{t}((x_0,y_0)^{t})}{D_{\mathrm{c}}^{t+1}((x_0,y_0)^{t})}\right]^{1/2}}_{\text{技术进步}} \tag{2-7}$$

技术效率可进一步分解为纯技术效率和规模效率，因此 Malmquist 指数可表示为

$$\begin{aligned}\mathrm{MI_c}=&\underbrace{\frac{D_{\mathrm{v}}^{t+1}((x_0,y_0)^{t+1})}{D_{\mathrm{v}}^{t}((x_0,y_0)^{t})}}_{\text{纯技术效率}}\times\underbrace{\frac{\dfrac{D_{\mathrm{c}}^{t+1}((x_0,y_0)^{t+1})}{D_{\mathrm{v}}^{t+1}((x_0,y_0)^{t+1})}}{D_{\mathrm{c}}^{t}((x_0,y_0)^{t})/D_{\mathrm{v}}^{t}((x_0,y_0)^{t})}}_{\text{规模效率}}\\&\times\underbrace{\left[\frac{D_{\mathrm{c}}^{t}((x_0,y_0)^{t+1})}{D_{\mathrm{c}}^{t+1}((x_0,y_0)^{t+1})}\times\frac{D_{\mathrm{c}}^{t}((x_0,y_0)^{t})}{D_{\mathrm{c}}^{t+1}((x_0,y_0)^{t})}\right]^{1/2}}_{\text{技术进步}}\end{aligned} \tag{2-8}$$

式(2-6)～式(2-8)中的下标 c 表示规模报酬不变(constant returns to scale)，v 表示规模报酬可变(variable returns to scale)。MI_c 表示规模报酬不变假设下的 Malmquist 指数。$D_c^{t+1}((x_0,y_0)^{t+1})$，$D_c^t((x_0,y_0)^t)$，$D_c^t((x_0,y_0)^{t+1})$，$D_c^{t+1}((x_0,y_0)^t)$ 分别表示规模报酬不变假设下的距离函数。$D_v^{t+1}((x_0,y_0)^{t+1})$，$D_v^t((x_0,y_0)^t)$ 分别表示规模报酬可变假设下的距离函数。对于不同时期距离函数的计算，可通过 DEA 模型求出，但在规模报酬可变假设下传统 DEA 模型在求解跨时期距离函数 $D_v^{t+1}((x_0,y_0)^t)$ 时可能出现线性规划模型无解的情况，进而影响到 (x_0,y_0) 决策单元 Malmquist 指数的分解，而 Super-SBM 模型可以解决此种线性规模无解的问题。

2.2.4 跨时期距离函数的计算

本章在计算 Malmquist 指数的四个要素 $D^t((x_0,y_0)^t)$、$D^{t+1}((x_0,y_0)^{t+1})$、$D^t((x_0,y_0)^{t+1})$ 和 $D^{t+1}((x_0,y_0)^t)$ 时，首先采用如下跨时期 SBM 模型(Tone，2002)。

$$\delta^t((x_0,y_0)^s)=\min_{\lambda,s^-,s^+}\frac{\left(1-\dfrac{1}{m}\sum_{i=1}^{m}\dfrac{s_i^-}{x_{i0}^s}\right)}{\left(1+\dfrac{1}{q}\sum_{i=1}^{q}\dfrac{s_i^+}{y_{i0}^s}\right)} \tag{2-9}$$

$$\text{s.t. } x_0^s=X^t\lambda+s^-;\quad y_0^s=Y^t\lambda-s^+$$

$$\lambda\geqslant 0, s^-\geqslant 0, s^+\geqslant 0$$

当存在线性规划无解的情况时，在式(2-1)的基础上采用如下跨时期 Super-SBM 模型(Tone，2002)：

$$D^t((x_0,y_0)^s)=\min_{\lambda,s^-,s^+}\frac{\left(\dfrac{1}{m}\sum_{i=1}^{m}\dfrac{\overline{x_i}}{x_{i0}^t}\right)}{\left(\dfrac{1}{q}\sum_{i=1}^{q}\dfrac{\overline{y_i}}{y_{i0}^t}\right)} \tag{2-10}$$

$$\text{s.t. } \overline{x}\geqslant X^t\lambda;\quad \overline{y}\leqslant Y^t\lambda$$

$$\overline{x}\geqslant x_0^s, \overline{y}\leqslant y_0^s;\quad \sum\lambda_j=1$$

$$\lambda\geqslant 0, \overline{y}\geqslant 0, s^-\geqslant 0, s^+\geqslant 0$$

式中，s 与 t 分别为两个不同的时期；$D^t((x_0,y_0)^s)$ 为以 t 时期的技术为参照 s 时期决策单元的距离函数；X^t，Y^t 分别为 t 时期的投入和产出要素矩阵；x_0^s，y_0^s 分别为 s 时期 (x_0,y_0) 决策单元的投入和产出要素，$\overline{x}$，$\overline{y}$ 分别为将 (x_0,y_0) 排除在 (x,y) 之外的投入和产出；s^-，s^+ 分别为投入和产出的松弛变量。

2.3　样本、数据与变量

本章选取 1990～2012 年 APEC 17 个成员(文莱、巴布亚新几内亚和越南在样本期的统计数据存在严重缺失，中国台北的数据无法从国际组织处直接获得，因此本章没有将这四个成员纳入研究样本中)的投入和产出数据为研究样本，依据世界银行对各国家或地区的分类标准将研究样本分为发达国家、东亚新兴经济体和发展中国家三个群组，发达国家群组包括美国、日本、澳大利亚、新西兰、加拿大；东亚新兴经济体群组包括中国香港、新加坡、韩国；发展中国家群组包括中国、俄罗斯、印度尼西亚、马来西亚、菲律宾、泰国、墨西哥、智利、秘鲁。以资本、劳动和能源为投入变量，绿色 GDP 为产出，在共同前沿下分析 APEC 成员能源效率和能源技术差异。投入产出指标说明如下：

(1)产出。以各国家或地区的绿色 GDP 作为产出的指标，绿色 GDP 是指从 GDP 中扣除自然资源损耗和环境污染损失后剩余的国内生产总值，能够更好地反映一个国家或地区的可持续发展能力。本章参考联合国《2012 年环境经济核算体系中心框架》，从 GDP 中扣除森林资源净损耗、矿产资源损耗、能源损耗、二氧化碳损害和颗粒物排放损害以得到绿色 GDP，并以 2005 年的不变美元价格表示。GDP 数据以及自然资源损耗和环境污染损失数据来自世界银行数据库。

(2)劳动投入。选取各国家或地区的就业人员数量为劳动投入的指标。就业人员数据来自世界银行数据库。

(3)能源投入。选取各国家或地区一次能源消费量为能源投入的指标。一次能源消费量数据来自《BP 世界能源统计年鉴 2013》，折算成标准油。

(4)资本投入。选取各国家或地区的资本形成总额为资本投入指标，以 2005 年的不变美元价格表示。资本形成总额数据来自世界银行数据库。

1990～2012 年 APEC 17 个成员的投入产出数据的描述性统计分析见表 2-1。发达国家群组在经济发展过程中消费了大量的能源，1990～2012 年 APEC 5 个发达国家成员共消费了 72155 百万吨油当量的能源，比 9 个发展中国家成员消费的

表 2-1　1990～2012 年 APEC 17 个成员的投入产出数据的描述性统计(3 个群组)

群组	指标	单位	总量	最小值
发达国家	能源消费	百万吨油当量	72155	627
	资本	亿美元	874692	7606
	劳动	万人	555063	4827
	绿色 GDP	亿美元	3958625	34423

续表

群组	指标	单位	总量	最小值
东亚新兴经济体	能源消费	百万吨油当量	5826	84
	资本	亿美元	66266	960
	劳动	万人	65087	943
	绿色 GDP	亿美元	224651	3256
发展中国家	能源消费	百万吨油当量	56548	273
	资本	亿美元	322517	1558
	劳动	万人	2371168	11455
	绿色 GDP	亿美元	890385	4301

能源总量多出近 30%，更是东亚新兴经济体的 12 倍多。发达国家群组平均能源消费量约为发展中国家群组的 2 倍，为东亚新兴经济体群组的 7 倍多，因此，发达国家应为全球气候变化承担更多的责任。

2.4　实证结果分析

2.4.1　共同技术效率、群组技术效率及共同技术比率分析

DEA 方法求解要求决策单元数至少是投入产出指标数的两倍以上，由于分组后的决策单元数较少，不能构造合适的前沿面，本章参考 Tulkens 和 Vanden（1995）“跨时期前沿方法”（intertemporal frontier），将决策单元在样本期的所有投入产出作为当期的参考技术集。

本章在非参数共同前沿框架下，采用 Super-SBM 模型测算了 APEC 成员的能源效率，表 2-2 显示了群组前沿和共同前沿下 1990～2012 年 APEC 成员能源效率的测算结果及共同技术比率。

在共同前沿下，发达国家群组的 MTE 平均为 0.823，表明若采用潜在最优的生产技术，发达国家群组平均还有 17.7%的效率提升空间；表现最好的是澳大利亚，其能源效率在样本期一直处于较高位置，平均效率为 0.945，新西兰的能源效率处于次高位置，但新西兰的能源效率在样本期以平均 1.368%的速度下降；加拿大的能源效率是发达国家群组中最低的，但在样本期提升速度较快。发达国家群组在群组前沿下的能源效率值与其在共同前沿下的效率值并无太大差异。

表 2-2　1990～2012 年 APEC 成员共同技术效率、群组技术效率及共同技术比率

群组	国家或地区	MTE				GTE				MTR			
		平均值	标准差	累积提升率/%	平均提升率/%	平均值	标准差	累积提升率/%	平均提升率/%	平均值	标准差	累积提升率/%	平均提升率/%
发达国家	美国	0.870	0.077	32.649	1.293	0.870	0.077	32.649	1.293	1.000	0.000	0.000	0.000
	日本	0.868	0.073	29.278	1.174	0.868	0.073	29.278	1.174	1.000	0.000	0.000	0.000
	加拿大	0.542	0.056	32.649	1.293	0.542	0.056	32.649	1.293	1.000	0.000	0.000	0.000
	澳大利亚	0.945	0.045	11.323	0.489	0.964	0.044	9.791	0.425	0.981	0.022	0.000	0.000
	新西兰	0.892	0.093	−26.142	−1.368	0.959	0.041	−10.408	−0.498	0.929	0.066	−17.561	−0.874
	平均值	0.823	0.069	15.951	0.576	0.841	0.058	18.792	0.737	0.982	0.018	−3.512	−0.175
东亚新兴经济体	新加坡	0.888	0.100	−28.608	−1.520	0.912	0.109	−28.156	−1.492	0.976	0.052	−0.629	−0.029
	中国香港	0.955	0.053	−3.225	−0.149	0.962	0.054	−2.274	−0.105	0.992	0.014	−0.972	−0.044
	韩国	0.393	0.054	38.866	1.504	0.789	0.140	71.588	2.485	0.502	0.034	−52.094	−3.290
	平均值	0.745	0.262	2.344	−0.055	0.888	0.129	13.719	0.296	0.823	1.910	−17.898	−1.121
发展中国家	墨西哥	0.417	0.011	4.150	0.185	0.977	0.031	9.958	0.432	0.427	0.008	−58.949	−3.966
	智利	0.573	0.179	−60.201	−4.101	0.961	0.064	−1.630	−0.075	0.591	0.158	−59.542	−4.030
	马来西亚	0.263	0.021	−18.346	−0.917	0.597	0.050	24.882	1.015	0.445	0.061	−61.028	−4.193
	秘鲁	0.698	0.171	−58.064	−3.873	0.916	0.083	−27.086	−1.426	0.755	0.140	−42.486	−2.483
	泰国	0.188	0.018	−29.149	−1.554	0.411	0.039	12.235	0.526	0.462	0.074	−61.780	−4.278
	中国	0.146	0.046	186.247	4.896	0.569	0.284	413.850	7.724	0.284	0.059	−81.829	−7.459
	菲律宾	0.374	0.047	−7.805	−0.369	0.597	0.067	15.922	0.674	0.628	0.050	−40.659	−2.344
	印度尼西亚	0.181	0.012	−3.844	−0.178	0.400	0.028	18.920	0.791	0.455	0.054	−56.213	−3.684
	俄罗斯	0.124	0.022	61.486	2.202	0.486	0.210	75.180	2.581	0.275	0.052	−69.454	−5.248
	平均值	0.329	0.209	8.275	−0.412	0.657	0.252	60.248	1.360	0.480	2.435	−59.104	−4.187

东亚新兴经济体群组的 MTE 平均为 0.745，表明在共同前沿下东亚新兴经济体群组的能源效率还有 25.5%的提升空间，中国香港和新加坡的能源效率平均分别为 0.955 和 0.888，处于共同前沿中的较高位置；但韩国的能源效率处于相对较低的位置，在样本期其效率值平均仅为 0.393，以平均每年 1.504%的速度提升。在群组前沿下，中国香港和新加坡的能源效率值与其在共同前沿下的效率值，无太大差异；韩国能源效率值较其在共同前沿下的效率值有较大差异，平均 GTE 达到 0.789。

发展中国家群组的整体能源效率较低，在样本期平均 MTE 为 0.329，能源效率提升的潜力很大。共同前沿下表现最好的秘鲁和表现最差的俄罗斯在样本期分别还有 30.2%和 87.6%的效率提升潜力。在群组前沿下，发展中国家群组的 GTE

较 MTE 有较大提升，达到 0.657，这意味着在发展中国家群组现有的技术水平下，发展中国家群组的能源效率依然有 34.3%的提升空间，表现最好的墨西哥和表现最差的印度尼西亚分别还有 2.3%和 60%的效率改善空间。墨西哥的 GTE 是发展中国家群组中最高的，表明墨西哥的能源效率代表了发展中国家潜在最优生产前沿，且不管是在共同前沿下还是在群组前沿下，墨西哥的能源效率都呈现上升的趋势。

在共同前沿下，中国能源效率较低，约是美国、日本等发达国家的 1/6，而在群组前沿下，中国能源效率均值达到了 0.569，在 2007 年和 2012 年分别达到了 1.005 和 1.098，表明在发展中国家现有的能源技术水平下，中国从 2007 年以后接近甚至达到发展中国家群组的前沿面；且中国的能源效率在共同前沿下以平均每年 4.896%的速度提升，在群组前沿下以 7.724%的速度提升，超过了能源消费速度和 CO_2 排放速度，表明中国政府在提高能源效率方面做出了非常大的努力。

经 Kruskal-Wallis 检验，在 5%水平上三个群组具有显著的技术异质性，如表 2-3 所示。

表 2-3　Kruskal-Wallis 检验

指标	MTR
Chi-square	8.906
df	2
Sig.	0.012

注：Kruskal-Wallis 检验用于检验多个独立样本的总体均值是否相等

MTR 反映了特定群组技术水平与潜在共同前沿技术水平之间的差距，MTR 越高，表示该群组的实际技术水平越接近潜在最优技术水平。

在发达国家群组中，美国、日本、加拿大的 MTR 都为 1，澳大利亚、新西兰的 MTR 分别达到 0.981 和 0.929，表明发达国家的技术水平基本代表了潜在最优的技术水平。但从图 2-1 可知，新西兰的 MTR 在样本期有下降的趋势，表明新西兰的能源利用技术与潜在最优技术相比差距在扩大。

在东亚新兴经济体群组中，中国香港和新加坡的 MTR 较大，分别为 0.992 和 0.976，而韩国的 MTR 较小，为 0.502，且在样本期以平均每年 3.290%的速度下降，从图 2-1 可知韩国与潜在最优生产技术之间的差距有扩大的趋势。

发展中国家群组的 MTR 较小，平均为 0.480，表明发展中国家与潜在最优的生产水平有较大的差异，从图 2-1 可知所有发展中国家的 MTR 都有下降的趋势，表明发展中国家与发达国家的能源效率差距有扩大的趋势，因此需进一步研究其能源效率差距扩大的根源。

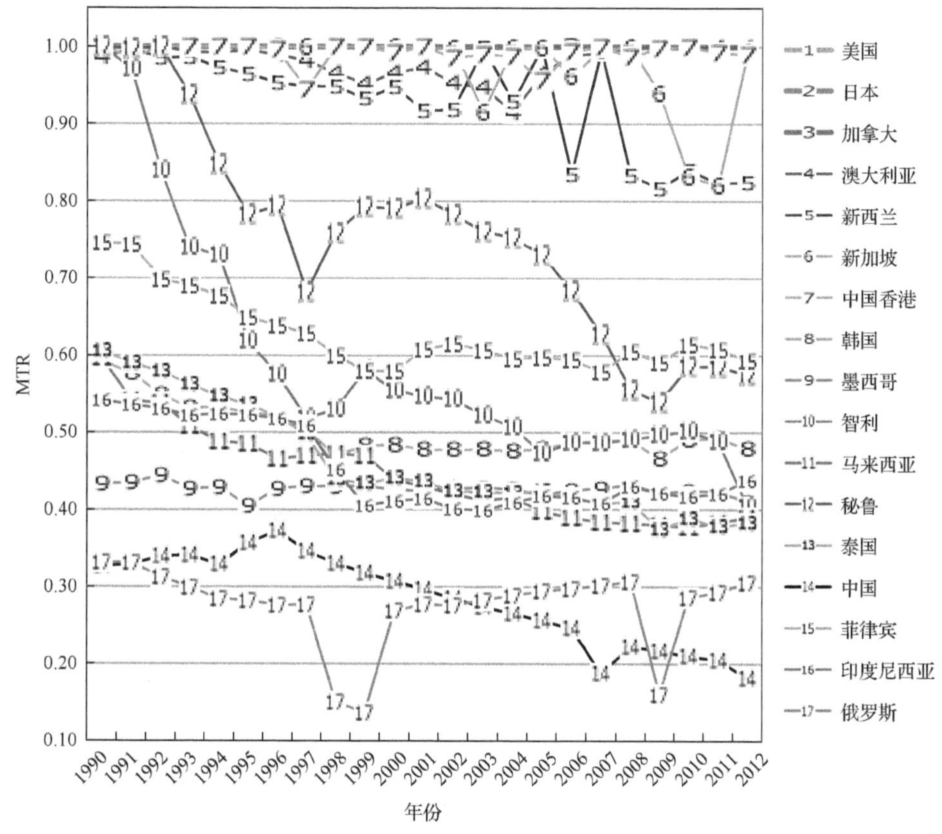

图 2-1　1990～2012 年 APEC 成员 MTR

2.4.2　能源利用效率动态分析

Malmquist 指数主要反映了效率动态变化的大小和趋势，Malmquist 指数可以分解为技术效率变化指数和技术进步指数，技术进步指数测度了从 t 到 t+1 时期边界的移动情况，是以规模报酬不变假设下的 t+1 时期的技术变动值与 t 时期的技术变动值的几何平均，表明技术进步或创新的程度，若技术进步指数大于 1，技术水平有所进步，反之则有下降的趋势。技术效率变化指数，表示决策单元在 t 至 t+1 时期的效率变动程度，决策单元 t+1 时期技术为参照衡量的 t+1 时期投入产出量的效率值除以该决策单元 t 时期技术为参照的 t 时期投入产出量的效率值，表示的是决策单元对生产可能性边界的追赶程度，若技术效率变化指数大于 1，说明该决策单元离前沿面更近了；若技术效率变化指数等于 1，表明效率没有发生改变；若技术效率变化指数小于 1，则说明该决策单元离前沿面更远了。技术效率变化指数可以进一步分解为纯技术效率变化指数和规模效率变化指数。规模效率测度了规模报酬不变的生产前沿与规模报酬可变的生产前沿之间的距离，纯技术效率衡量了在规模报酬可变假设下投入和产出的效率，表明由于不能在规模报酬不变假设下生产而造成的无效率的程度，主要反映了决策单元的管理水平对能源效率的影响。

从图 2-2 可以看出，发达国家群组的整体能源效率以平均每年 1.1%的速度提高，东亚新兴经济体群组的整体能源效率以平均每年 1.3%的速度提升，发展中国家群组的整体能源效率以平均每年 0.9%的速度提升，是三个群组中效率提升最小的，发展中国家群组的能源效率起点比较低，提升的速度又慢，这是发展中国家群组与潜在最优技术水平差距扩大的主要原因。除泰国外，各成员的能源效率在样本期都有提升，提升最快的是中国，以平均 3.1%的速度提升。因此，需进一步从技术进步、纯技术效率和规模效率等方面分析 APEC 成员能源效率差异的原因。

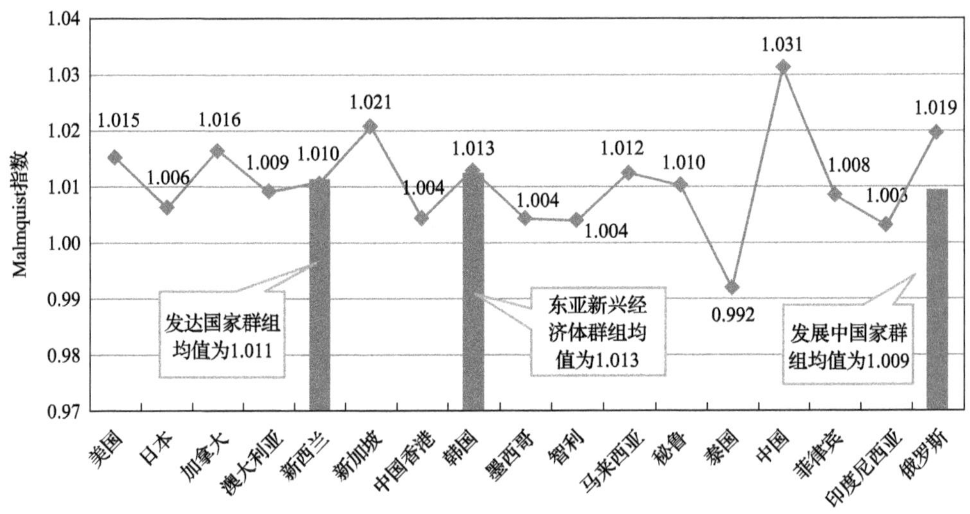

图 2-2　APEC 成员各阶段 Malmquist 指数均值

综合图 2-3～图 2-5，美国的能源效率提高主要来自技术进步和纯技术效率的提升；但规模效率小于 1，表明美国规模不宜继续扩大，而应该适当降低生产规模。日本的能源效率提升主要来自技术进步和规模效率的提升，其纯技术效率在大部分阶段小于 1，表明日本需要进一步提升管理水平，适当扩大生产规模来提高能源效率。加拿大在大部分阶段技术进步大于 1，纯技术效率波动是引起加拿大能源效率出现较频繁波动的主要原因，消减了技术进步对加拿大能源效率的提升作用，因此，加拿大应该进一步加强管理能力的提升。新西兰能源效率提升主要来自技术进步和管理能力的提升，但其规模不宜继续扩大，而应该适当降低生产规模。澳大利亚技术进步在大部分阶段大于 1，但纯技术效率和规模效率出现频繁波动，且小于 1 的阶段多于大于 1 的阶段，表明澳大利亚的管理水平和资源配置能力出现倒退，且生产规模不经济，可以通过提升管理水平和资源配置能力、降低生产规模以提高能源效率。

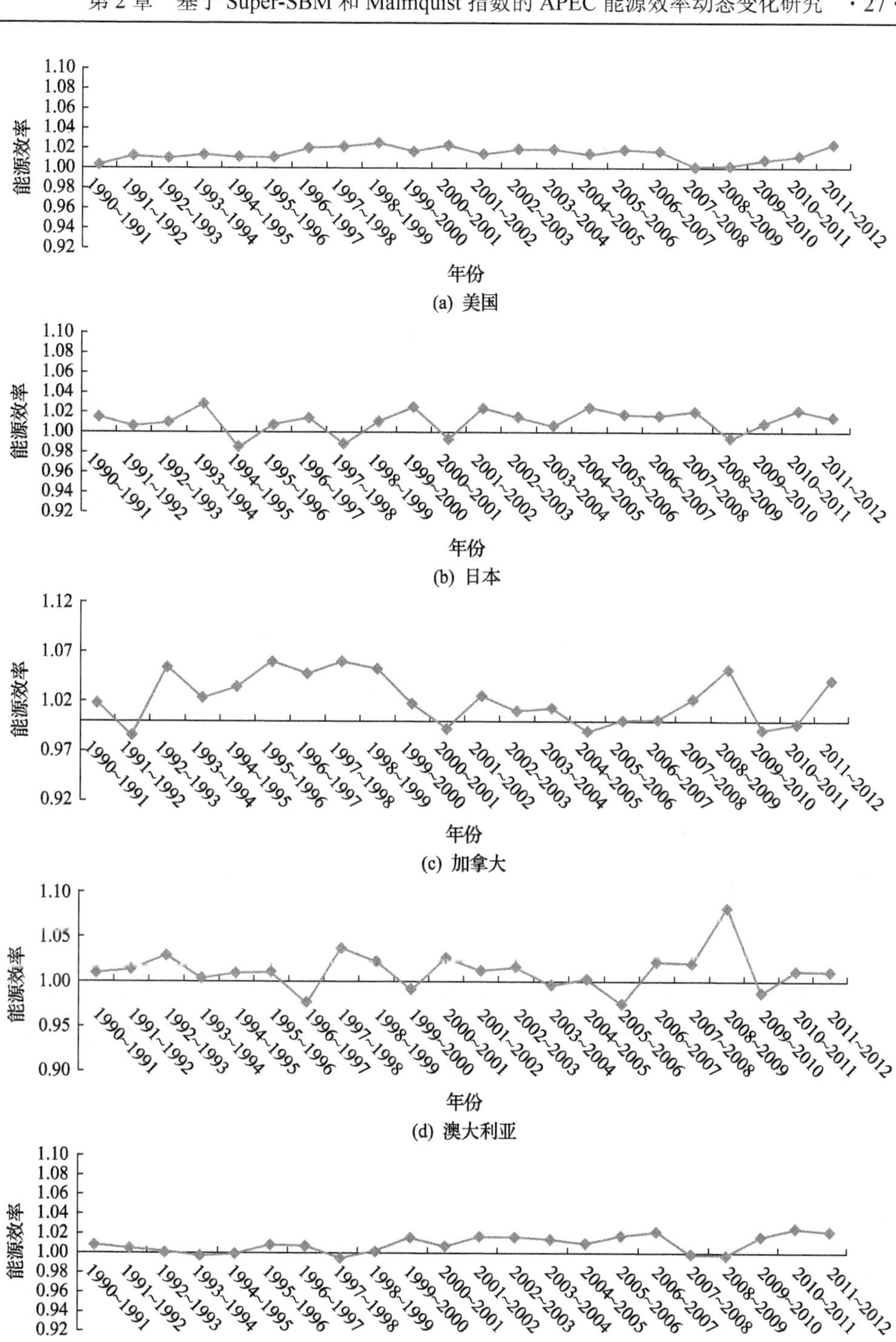

(a) 美国

(b) 日本

(c) 加拿大

(d) 澳大利亚

(e) 新西兰

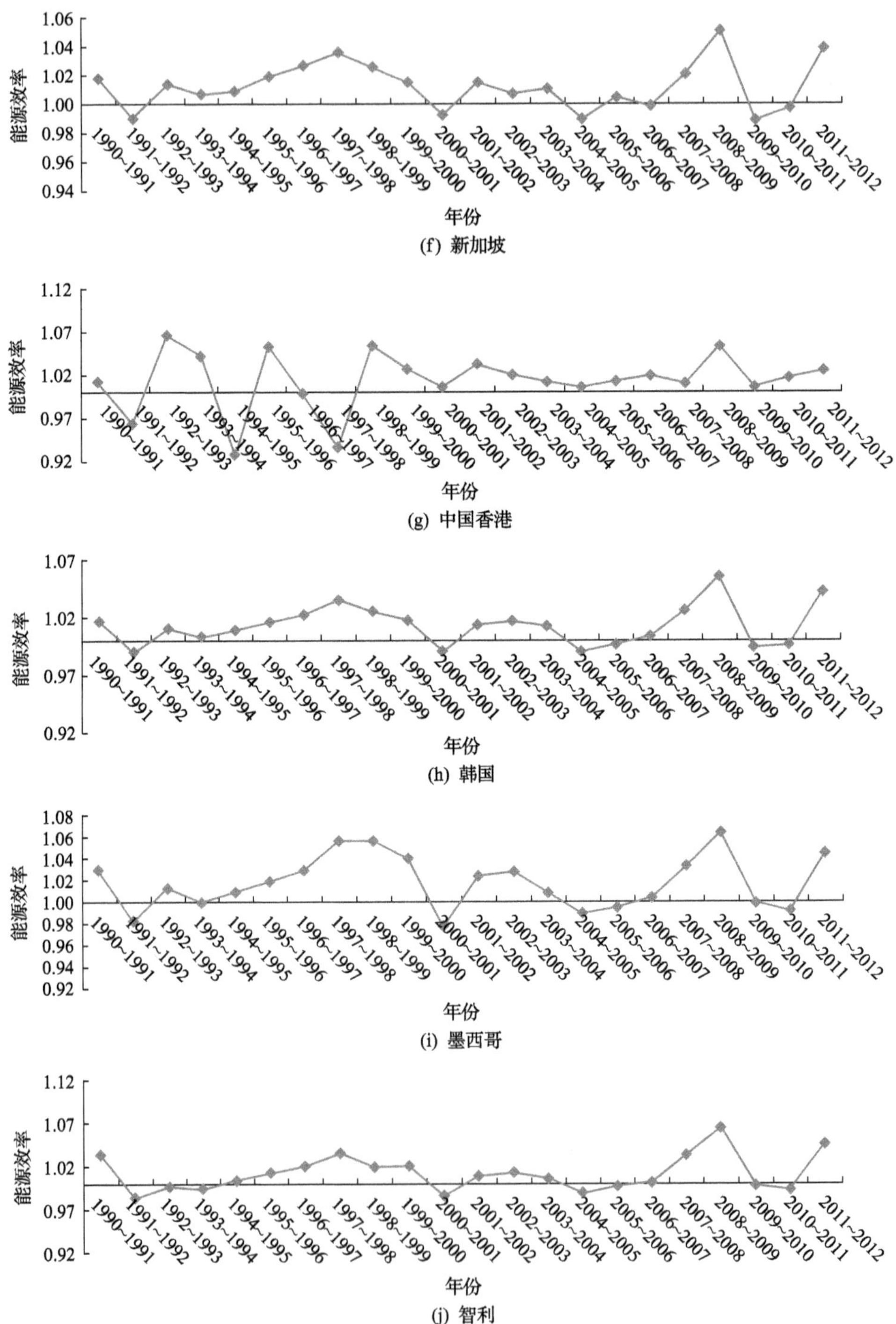

(f) 新加坡

(g) 中国香港

(h) 韩国

(i) 墨西哥

(j) 智利

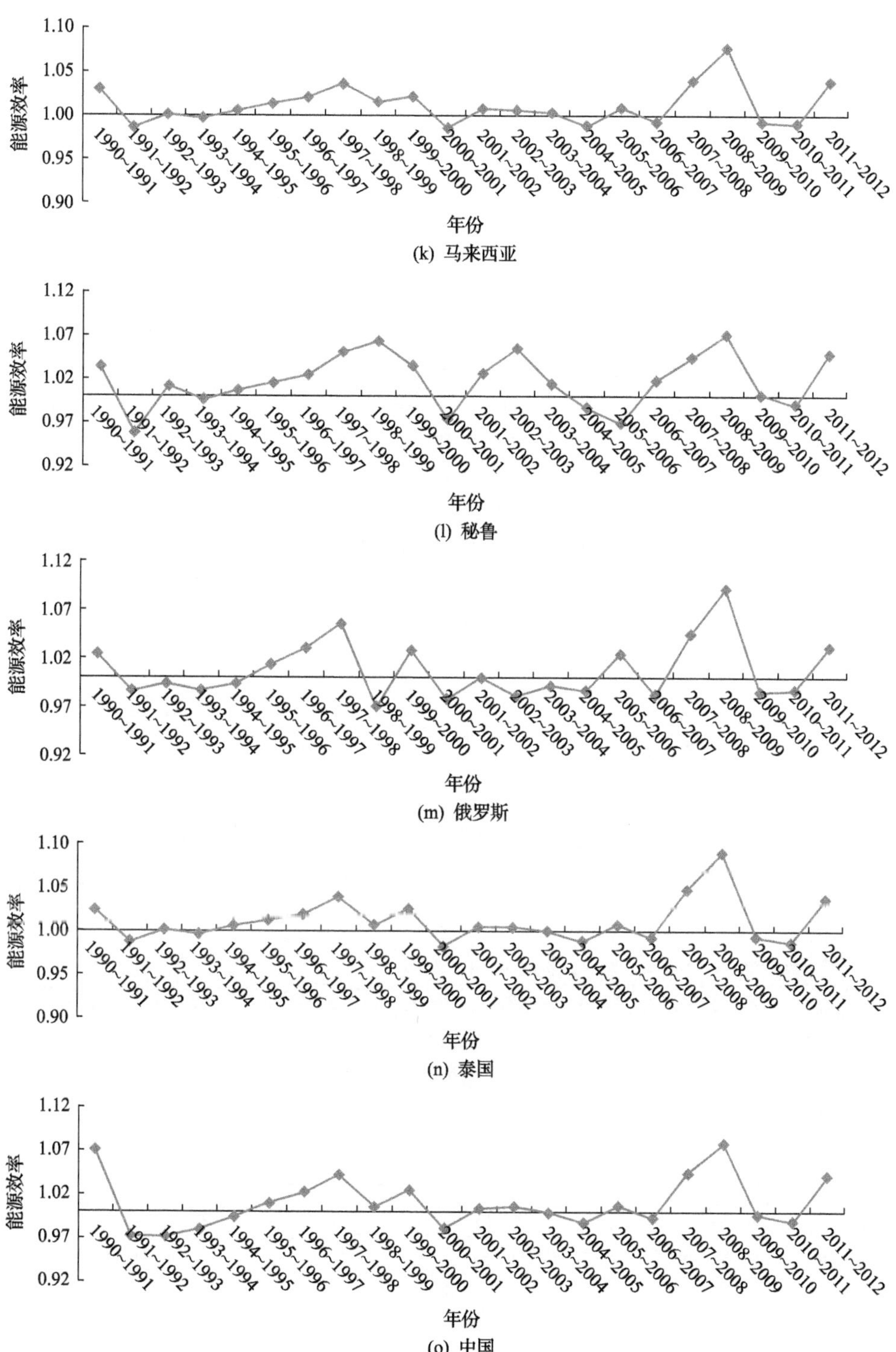

(k) 马来西亚

(l) 秘鲁

(m) 俄罗斯

(n) 泰国

(o) 中国

(p) 菲律宾

(q) 印度尼西亚

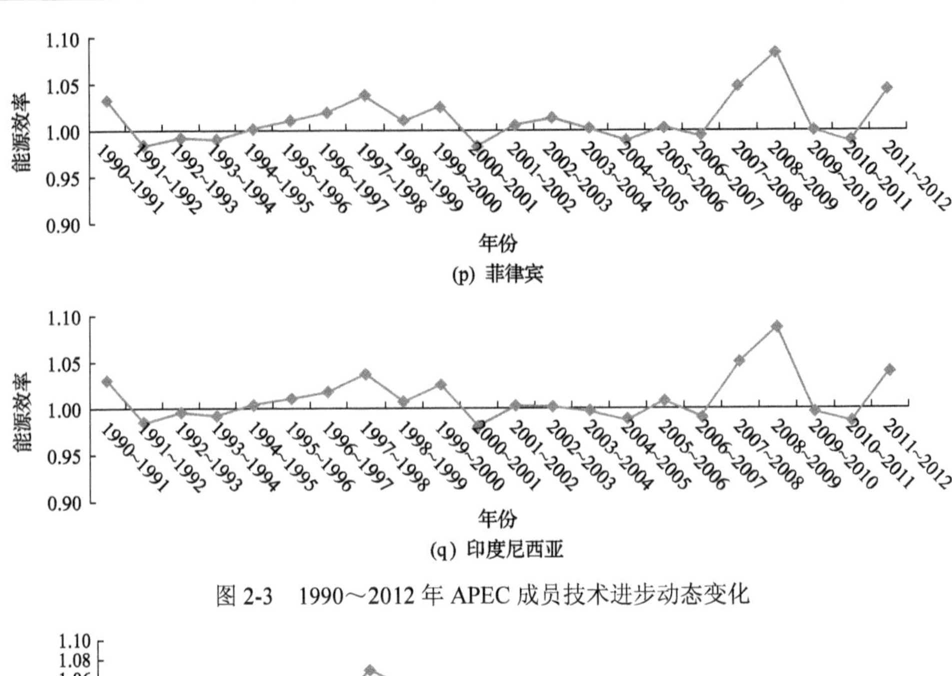

图 2-3　1990～2012 年 APEC 成员技术进步动态变化

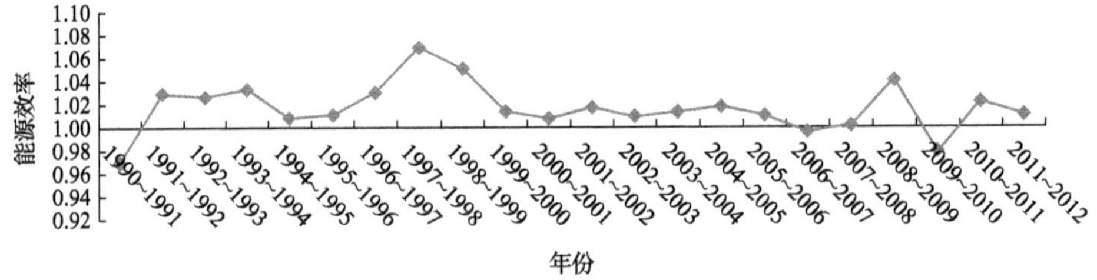

(a) 美国

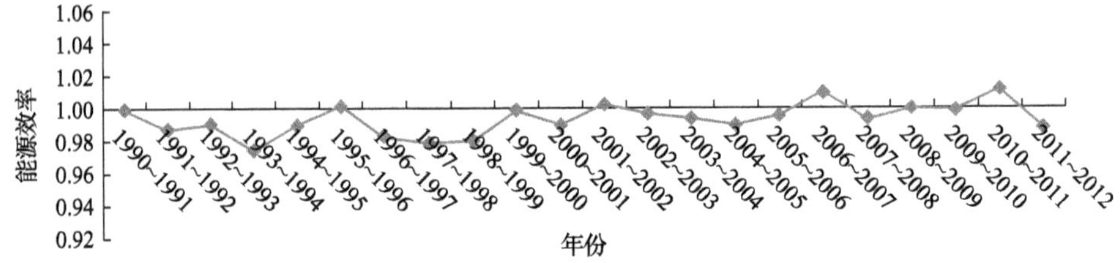

(b) 日本

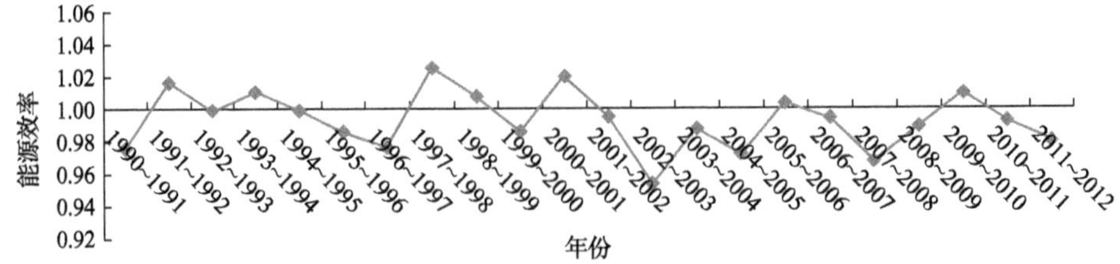

(c) 加拿大

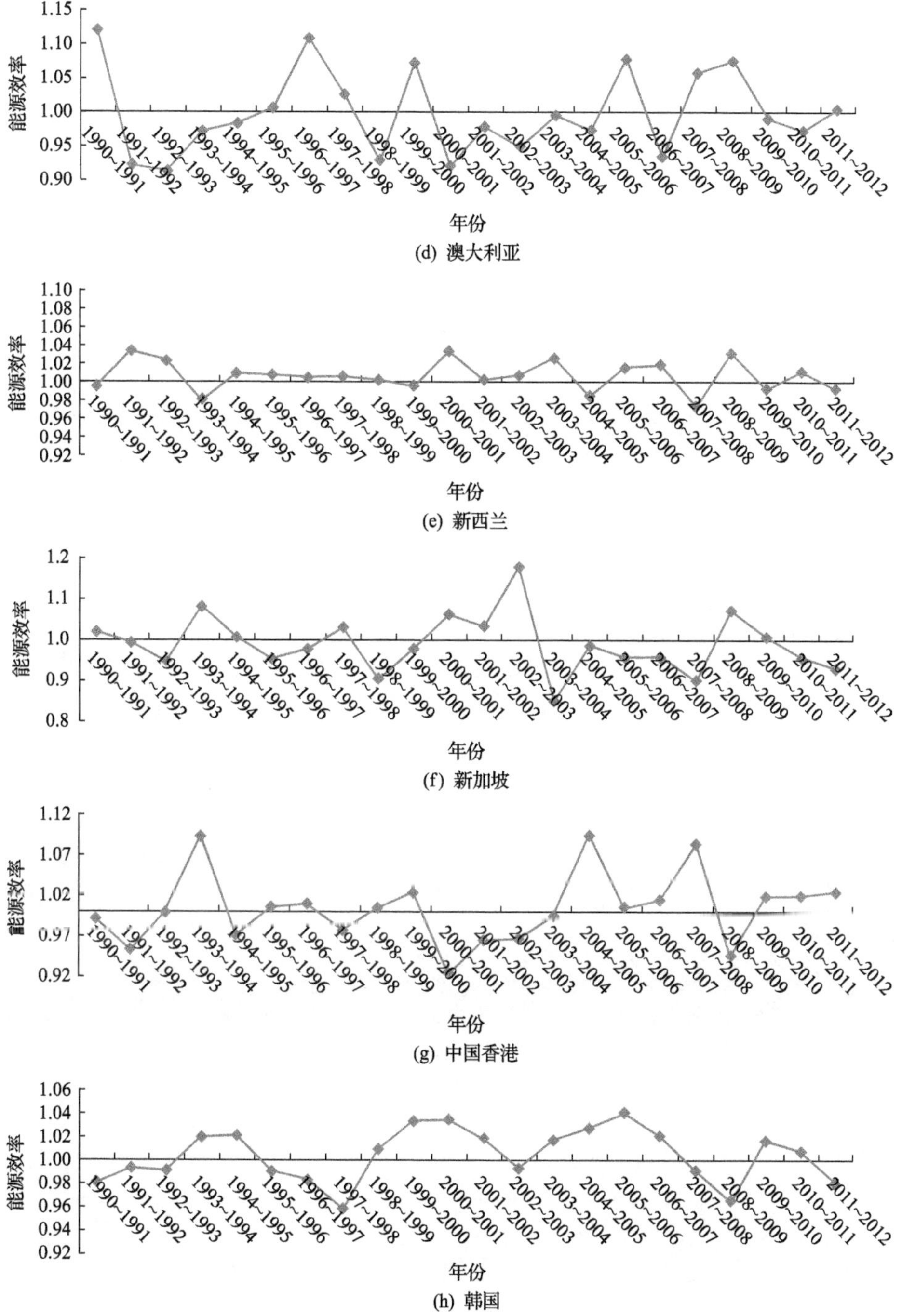

(d) 澳大利亚

(e) 新西兰

(f) 新加坡

(g) 中国香港

(h) 韩国

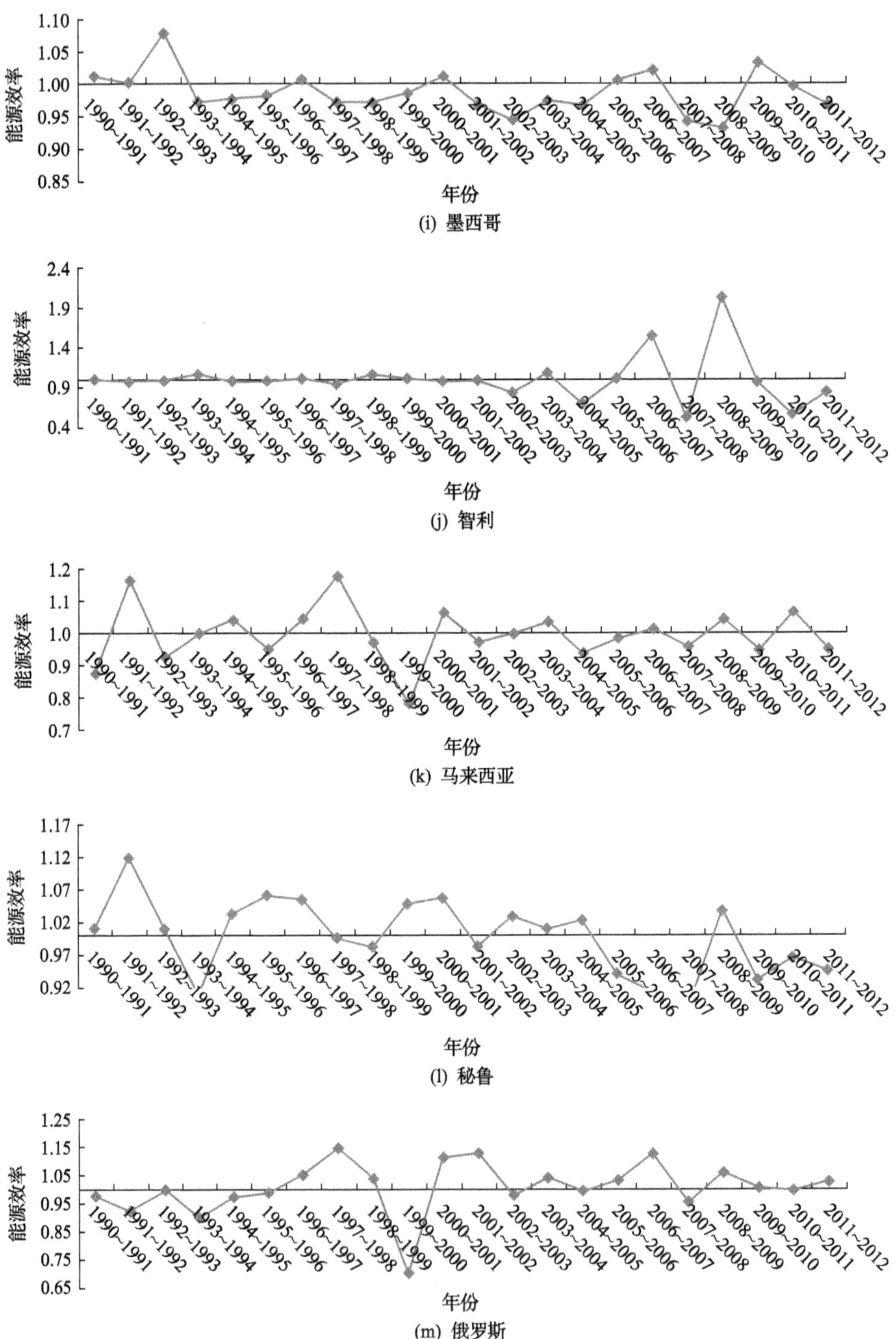

(i) 墨西哥

(j) 智利

(k) 马来西亚

(l) 秘鲁

(m) 俄罗斯

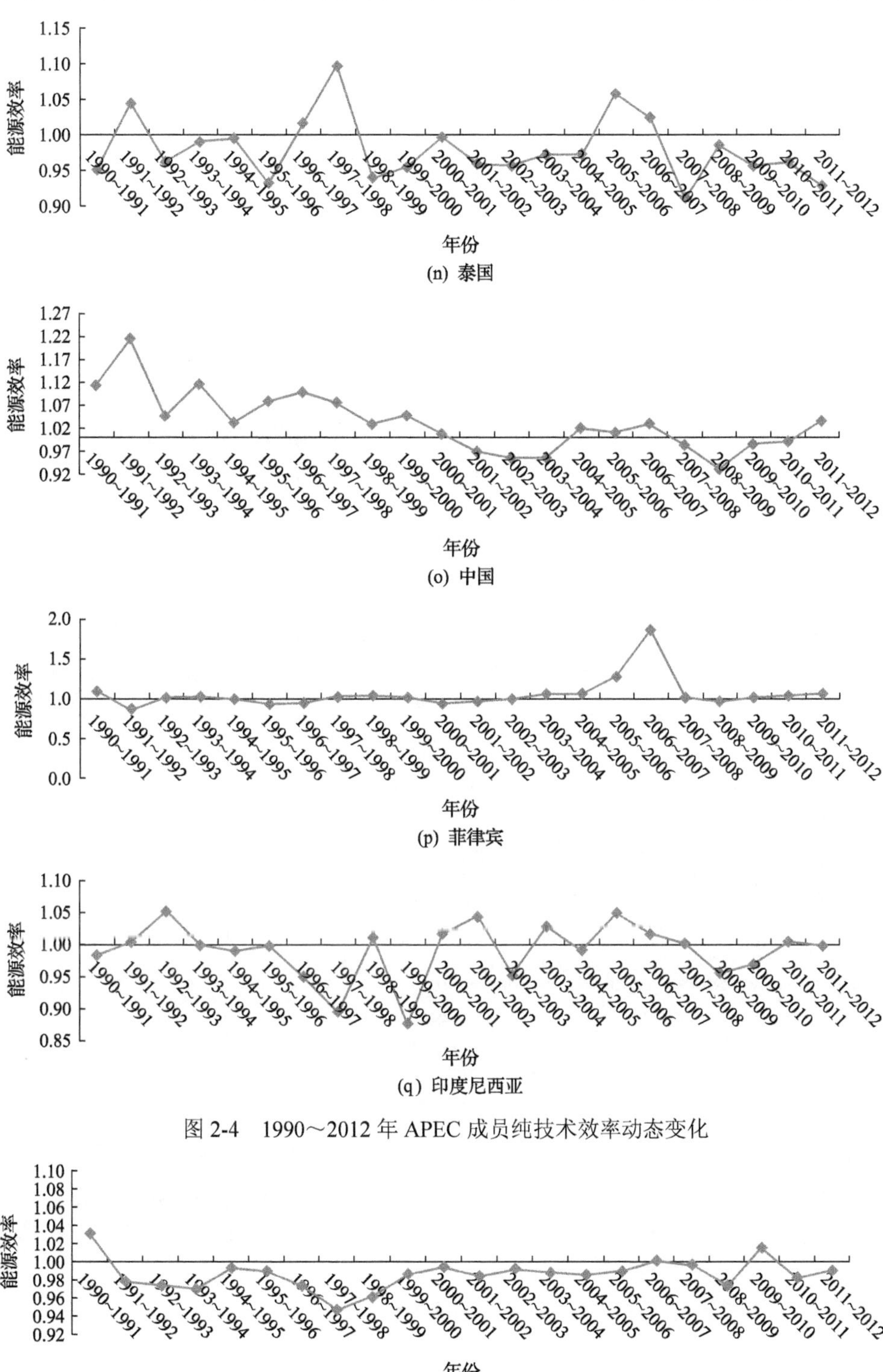

(n) 泰国

(o) 中国

(p) 菲律宾

(q) 印度尼西亚

图 2-4　1990～2012 年 APEC 成员纯技术效率动态变化

(a) 美国

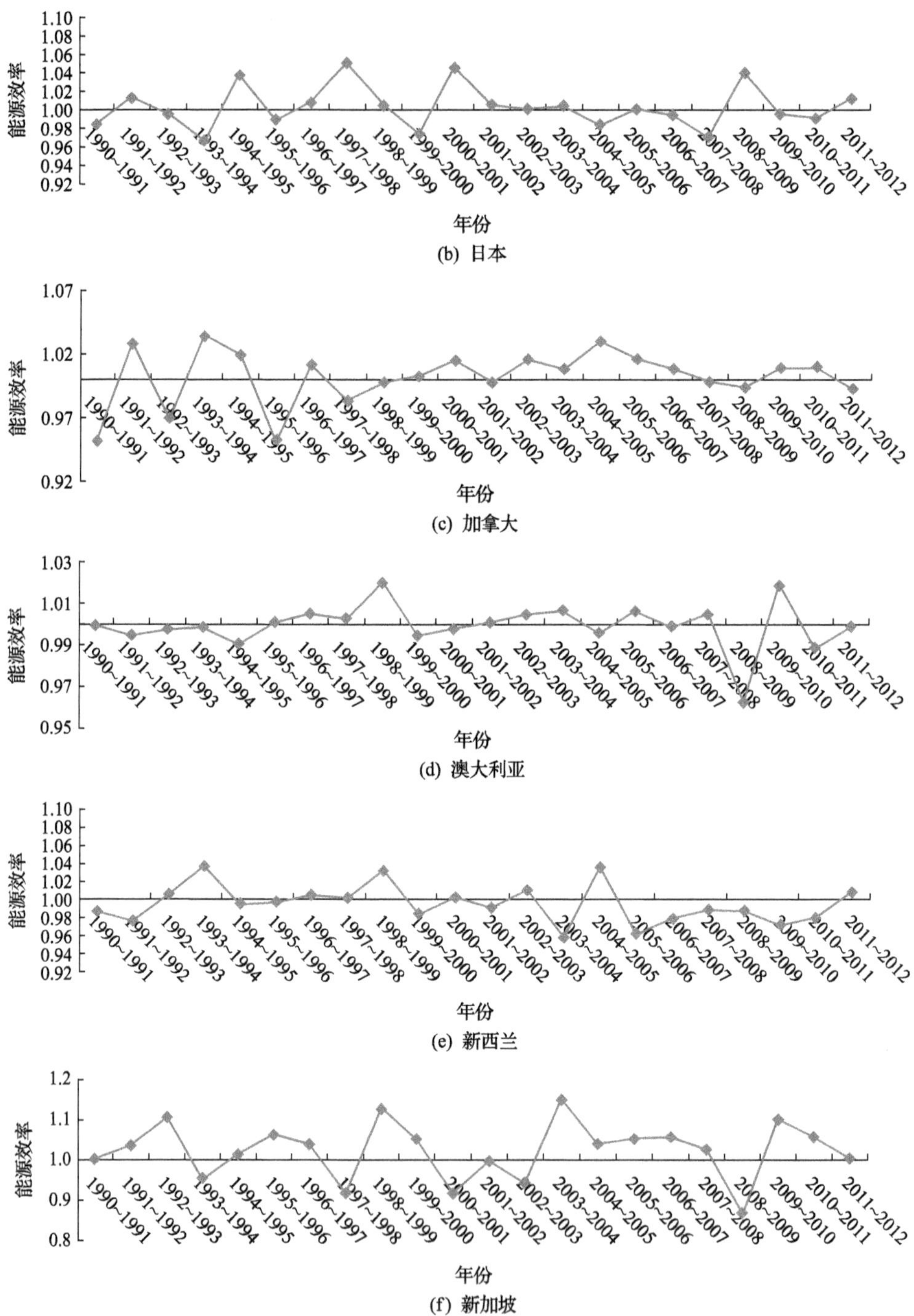

(b) 日本

(c) 加拿大

(d) 澳大利亚

(e) 新西兰

(f) 新加坡

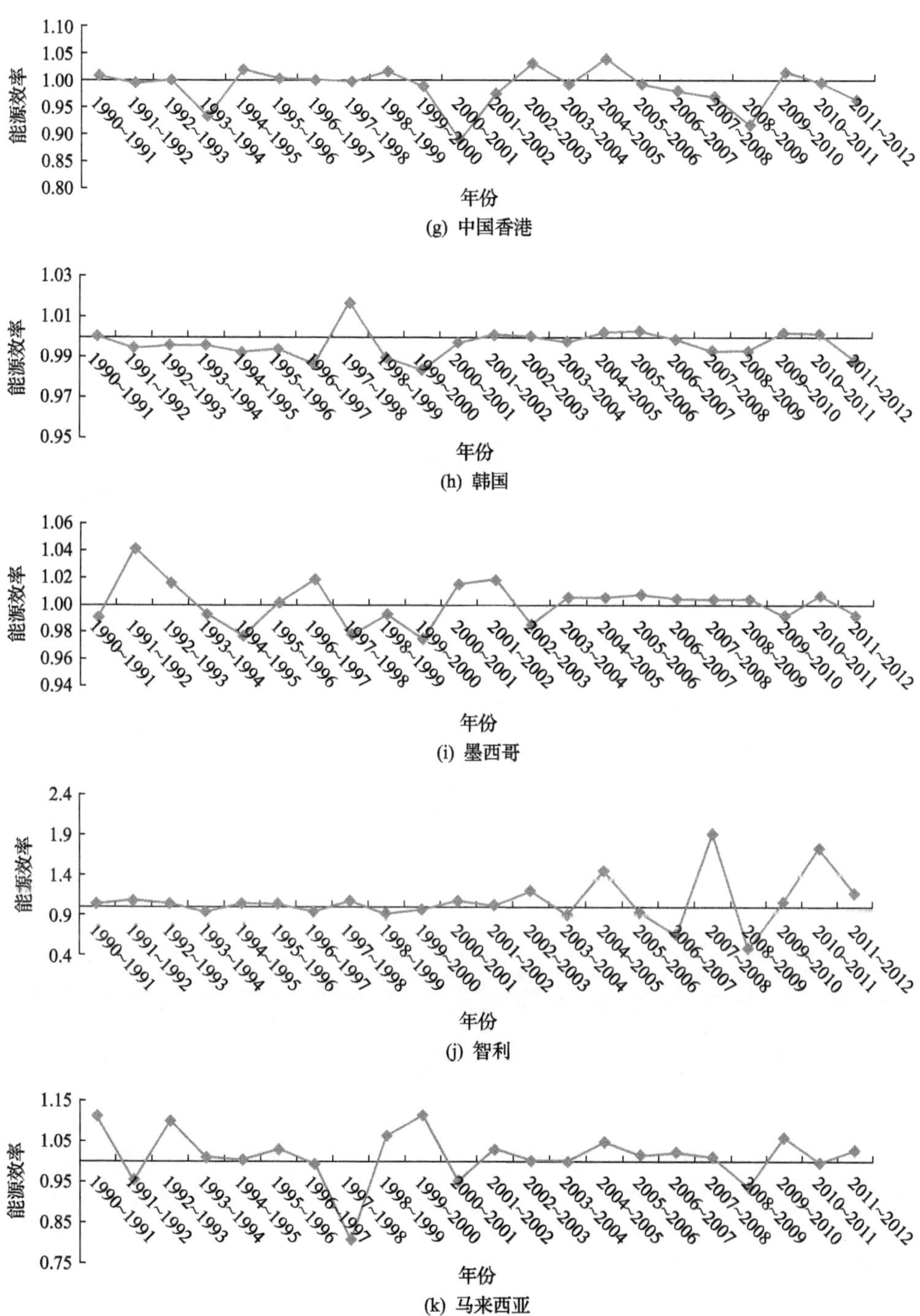

(g) 中国香港

(h) 韩国

(i) 墨西哥

(j) 智利

(k) 马来西亚

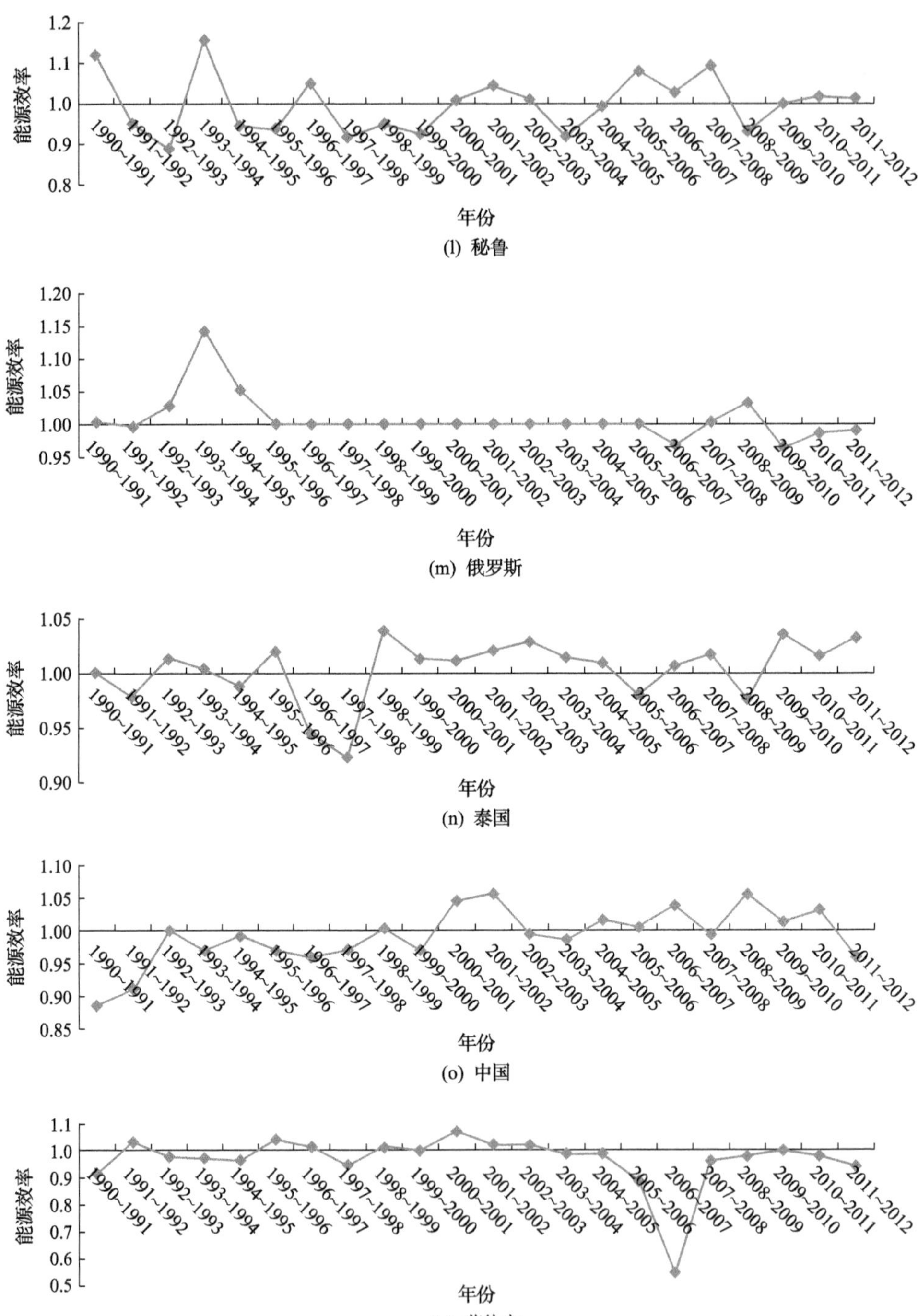

(l) 秘鲁

(m) 俄罗斯

(n) 泰国

(o) 中国

(p) 菲律宾

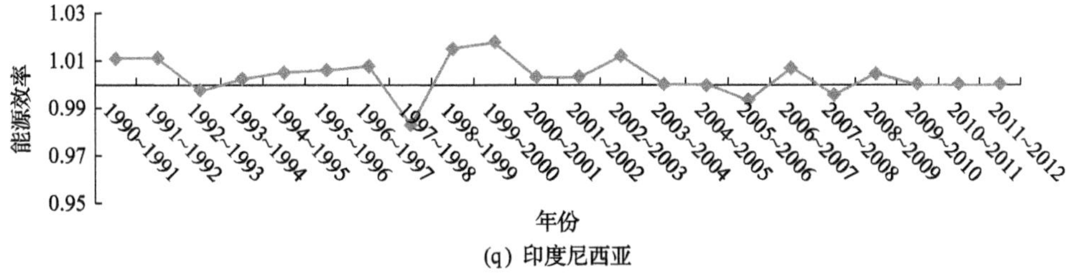

(q) 印度尼西亚

图 2-5　1990～2012 年 APEC 成员规模效率动态变化

东亚新兴经济体群组中新加坡和韩国的效率提升在样本期有所提升，新加坡和韩国的能源效率提升主要来自技术进步，其纯技术效率和规模效率出现频繁波动，韩国的规模效率在大部分阶段都小于 1，表明韩国的能源利用技术出现了规模不经济，应该适当降低规模，以提高能源效率。中国香港的效率提升主要依靠技术进步，其纯技术效率小于 1 的阶段多于大于 1 的阶段，表明中国香港应该进一步提升其管理水平；其规模效率在样本期出现较大波动，表明在部分阶段中国香港的能源利用出现了规模不经济的现象，不宜再盲目扩大生产规模。

发展中国家的技术进步指数在大部分阶段都大于 1，表明发展中国家在样本期都有不同程度的技术进步，墨西哥、智利、秘鲁的技术进步在样本期有较大的提升。墨西哥的纯技术效率在样本期的大部分阶段出现了退步，其规模效率在样本期的大部分阶段有所提升，表明墨西哥应该加强管理能力的提升，并适当扩大生产规模以提高能源效率。智利的纯技术效率和规模效率在 2005 年以前各阶段有较小的波动，但 2005 年后的各阶段出现大幅的波动，且出现下降趋势，表明智利需要从生产和管理上进行改进，并适当调整生产规模以降低规模不经济的程度。秘鲁的纯技术效率在样本期大部分阶段有所进步，但其规模效率在大部分阶段小于 1，表明智利应该适当调整生产规模以提高能源效率。中国的纯技术效率在样本期各阶段有较大的提升，表明其在能源利用过程中的资源利用和管理水平进步了，但规模效率有较多阶段小于 1，表明生产过程中出现了规模不经济，目前不宜再盲目扩大生产规模，而应该开展集约化的生产。

2.5　主要结论与启示

本章在非参数共同前沿分析框架下，比较分析了 1990～2012 年 APEC 成员能源效率及其动态变化，得出以下主要结论：①发达国家群组和东亚新兴经济体群组在共同前沿和群组前沿下的能源效率没有差异，发展中国家群组在两种前沿下的能源效率有显著差异，在共同前沿下能源效率低于群组前沿下的能源效率，表明发达国家群组和东亚新兴经济体群组本身就代表了 APEC 地区最优秀的能源技术，发展中国家群组与发达国家群组在能源利用技术水平上存在很大差距。②Kruskal-Wallis 检验结果表明发达国家、东亚新兴经济体和发展中国家三个群组具有明显的技术异质性。③发展中国家群组的 MTR 较低而且存在下降的趋势，表明发展中国家群组与潜在的最优技术水平的差距有扩大的趋势。④发达国家群组和东亚新兴经济体群组的能源效率起点较高，且提升速度较快，而发展中国家群组的能源效率起点低，提升速度较慢，这是发展中国家群组与潜在最优技术之间差距扩大的主要原因。各国家或地区可以从提升技术水平、提高管理水平和资源配置能力、调整生产规模等方面提升能源效率，但不同国家或地区各有侧重，具体到各国家或地区，美国和新西兰应该适当降低生产规模；日本、加拿大和澳大利亚应该提升其管理水平和资源配置能力，并适当扩大生产规模。东亚新兴经济体群组中的中国香港和韩国能源效率提升有技术进步和管理水平进步的双重因素，但其应该适当降低生产规模，以减少规模不经济的影响；新加坡则应该适当扩大生产规模。发展中国家群组中的墨西哥、智利、马来西亚和泰国应该加强管理水平和资源配置能力，并适当扩大生产规模；秘鲁、中国和菲律宾则应该避免生产规模的盲目扩张，适当降低生产规模，以提升能源效率。

近一个世纪以来，发达国家消耗了大量的包括能源在内的自然资源，先后完成了工业化的过程，在此过程中采用了先污染后治理的环境发展模式，因此发达国家应该积极开展节能减排工作，为历史排放承担国际责任；而发展中国家的历史消耗和历史排放都很小，目前正处于工业化发展的初级阶段，对包括能源在内的各种自然资源的需求很大，但发展中国家的各项低碳技术远远落后于发达国家，因此发达国家应该对发展中国家进行资金和技术援助，帮助发展中国家进行技术更新，同时发展中国家自身也应该努力提升管理水平和资源配置能力、大力开展节能减排技术创新、调整适当的生产规模等，以使发展中国家的工业化过程不要重复发达国家先污染后治理的老路。

第 3 章　基于地理加权回归的中国植树造林社会经济驱动因素的空间演变模式研究

3.1　中国植树造林社会经济驱动因素及研究诉求

由毁林和退化所致的碳排放占全球人为碳排放量的 12%～20%，在许多热带雨林国家这已成为碳排放量的最主要来源之一(Sala et al.，2000；van der Werf et al.，2009)。在热带森林国家，森林面积以每年 1300 万公顷的速度不断减少。因此，《联合国气候变化框架公约》在 2007 年提出了减少砍伐和退化所致排放机制(REDD)(UNFCCC，2007)。在 REDD 机制的基础上，新的 REDD+机制不仅关注森林保护，而且将可持续的森林管理、保护生物多样性以及增加森林碳储量视为同等重要(UNFCCC，2009)。而 REDD+机制的一个关键前提就是明确毁林和退化的直接和潜在驱动力(Salvini et al.，2014)。识别这些驱动力并在空间上以直观的方式进行定位对于 REDD+机制的有效实施可能是最为重要的。

与存在森林砍伐和退化的发展中国家不同，中国的森林覆盖率近些年来在不断持续增加。中国是世界上人工造林面积最多的国家，自中华人民共和国成立以来，通过大规模植树造林和封山育林，截至 2013 年底中国森林覆盖率已经达到 21.6%，人工造林面积达到 6933.38 万公顷，居世界第一位(National Bureau of Statistics of China，2014)。在世界森林资源持续减少的情况下，中国已经成为世界森林资源增长最快的国家。因此在 REDD+机制下，如何充分发挥中国造林的潜力是中国未来减少温室气体排放的关键所在，因而需要对影响中国造林的因素进行识别和研究。与此同时，由于中国国土辽阔，各区域的社会经济和生物多样性存在巨大差异，在分析中应该考虑各区域的造林驱动力的空间分布，以更好地理解区域的差异性(Aguiar et al.，2007)，从而有针对性地提供政策工具供给，充分发挥各区域的造林潜力。而目前的绝大多数研究主要关注于毁林和退化的驱动力分析，人们对于森林砍伐(Geist and Lambin，2002)和森林退化(Morales- Barquero et al.，2015)的驱动力已有相当的了解，然而对于造林的驱动力的知识仍然是很有限的(Frayer et al.，2014)，对于造林驱动力的区域分布的知识更加匮乏(Wyman and Stein，2010)。

对于造林的潜在驱动力目前已有不少研究，其中 Motel 等(2009)认为宏观经济变量有可能对发展中国家的森林碳减排量产生影响。经济发展水平与造林之间的关系较为复杂：一方面，经济发展水平的提高会刺激对于农产品和林产品的需求，从而造成实际造林量的下降，减少森林碳储量；另一方面，经济发展水平的提高也可能带来对森林保护需求的增加，从而减轻对于森林的压力（Ewers，2006），使得森林碳储量增加。对于发达国家而言，收入水平的上升会使得对于森林环境服务需求的增加；而对于发展中国家而言，收入水平的提高创造了更多的非农就业机会，使得人口从农村向城市迁移，从而降低对于森林的压力，同时人们对于能源的需求也从传统的薪材转变为其他能源方式（Rudel，1998）。这些行为都有可能促使造林量增加。

经济发展与毁林/造林之间的这种复杂关系有时可以使用环境库兹涅兹曲线（EKC）来描述（Choumert et al.，2013）。毁林量与收入之间可能呈现倒 U 形关系（Culas，2012），即毁林量随收入增加会呈现出先上升后下降的趋势，而造林量和收入之间则会呈现 U 形关系。当一国经济从以农业为主向以工业为主转变时，会造成毁林量增加造林量减少，林地被用于工农业用地，林木被加工为产品成为工业生产的原材料。此时蓬勃发展的经济加剧了毁林行为的发生，经济发展由此成为毁林的重要驱动力（Bawa and Dayanandan，1997；Geist and Lambin，2002）。当产业结构从能源密集型为主的重工业向服务业和技术密集型产业转移时，对于林木需求的减少使得毁林量从上升变化为下降趋势，而造林量逐步增加。当国民经济发展达到一定程度后，随着政府财力的增强和管理能力的加强以及一系列森林保护法规的出台与执行，造林量不断增加。经济发展为大型森林恢复和管理计划提供了必要的资金，中国仅在 2006～2010 年就有 296 亿美元投资于森林恢复的六个项目（Zhang et al.，2015）。这些项目覆盖了中国超过 97%的地区，使得中国的森林覆盖率有了显著提高（Wang et al.，2007；Piao et al.，2009）。

人口数量的增加，会使得对于林产品需求的相应增加，大量的林木被砍伐用于薪材，导致造林量的减少。同时人口数量的增加，使得人口密度上升，导致对于土地承载力的需求随之增长，因而许多森林被转变为农业用地，在亚洲和非洲主要表现为林地转变为耕地，而在拉丁美洲主要表现为林地转变为牧场（Achard et al.，2002）。而人口增长所带来的对食品和燃料需求的增加，往往会导致掠夺式的森林砍伐，由此导致森林面积急剧减少，大量原始森林遭到破坏，同时也削弱了森林资源的可再生能力和基础，森林退化更加严重（Vieilledent et al.，2013）。中国的城市人口从 1982 年的 21.13%增长到了 2010 年的 45.68%（Peng，2011），而与此同时中国的木材市场成为全球最大的木材生产、消费和出口市场（Xu and White，2004），因此人口的增长成为阻碍中国造林量增加的重要因素之一（Zhang et al.，2015）。

农业部门变量反映了一国农业生产的特点，而一国农业的发展也有可能导致土地利用变化，即大量林地转变为农业用地，使得造林量减少（Culas，2012）。由林地向农地的土地利用变化主要是两种不同农业活动所致：一种是一些人迁移到森林地区进行开垦用以获取生活所需的耕种行为，另一种是商业农场主将林地转变为种植经济作物以用于出口(Angelsen et al.，1999)。然而，农业技术的进步也会促使农业生产效率的提高，使得单位面积土地的农业产量提高，这又会在另一方面增加造林量(Choi et al.，2011)，从而提升一国的造林潜力。Angelsen 等(1999)的研究表明，农产品价格与造林量负相关。这表明农产品价格越高，林地转变为农地就越有利可图，使得造林量减少。因此，农业发展与造林之间存在较为复杂的关系。

林业部门方面，造林面积往往与森林面积相关：森林面积越大，伐木的成本越低，因而造林的驱动力越小；森林面积越大，意味着农地所占比例较小，使得更多的林地转变为农地，因此造林面积与森林面积可能具有负相关关系(Culas，2012)。因而部分发展中国家提出通过增加森林稀缺性来减少净森林损失的“森林稀缺途径”(Rudel et al.，2005)。但森林面积越大，表明之前的造林较多。林业的发展也有可能对造林产生影响：一方面，林业的发展，会导致林木产品供给的增加，使得毁林量上升；另一方面，林业的发展也会鼓励森林的可持续经营以提高森林价值(Chomitz et al.，2007)，导致造林量增加。Lewandrowski 等(2014)的研究表明森林灾害等不确定性会对造林产生显著影响。森林火灾会导致造林的不确定性增大，当灾害发生概率大于造林收益的概率时，决策的结果将是减少造林面积。另外，森林灾害的增加意味着森林稀缺性的增加，也有可能使得造林增加(Barbieri and Carr，2005)。

本章的主要贡献是建立了一个新的分析框架用以识别中国造林的驱动力及其他相关变量，并针对这些驱动力的空间异质性进行分析。对于这种空间异质性的研究，拟采用由 Fotheringham 等(1996)提出的地理加权回归，该方法可以在空间上对各参数进行估计，不仅可以检验空间的非平稳性，而且还可以提供相应的解决方法。本章将首先分析影响中国造林的潜在驱动力，拟通过建立合适的全局回归模型识别出关键的驱动力。在此基础上，通过检验回归模型的空间平稳性，尝试建立地理加权回归(GWR)模型分析各驱动力的空间异质性，并试图针对这些异质性提出有针对性的政策工具供给，为中国今后的 REDD+机制设计提供决策依据。通过使用地理加权回归，我们预期如下：①用 GWR 描述造林和各驱动力的关系显著优于最小二乘法(OLS)；②各驱动力的局部回归系数具有显著的空间非平稳性；③GWR 系数的空间模式检验有助于阐明造林与各驱动力之间的关系，而这种关系在 OLS 中无法成为证据。借助于非平稳造林-驱动力模型，造林面积的预测精度将得到明显提高。本章的结果为中国造林政策的改善提供了一些新的见解。此外，本章揭示了采用全局回归模型研究造林问题所带来的空间变异问题，从而使得采用全局模型解释和估计时产生不确定性问题。

3.2 数据和方法

3.2.1 数据来源

由于中国属于森林覆盖率持续增加的国家，为了分析中国造林的驱动力，本节选取总造林面积(AA)作为被解释变量。中国造林的潜在驱动力的可能来源包括经济发展驱动力、人口发展驱动力、农业发展驱动力和林业发展驱动力。

经济发展驱动力变量。为了分析造林的经济驱动力，本节以人均生产总值(GP)和 GDP 增长率(GG)作为反映经济驱动力变量。

人口发展驱动力变量。在模型中，将采用人口密度(PD)和人口自然增长率(PG)作为人口发展驱动力变量，用以检验人口增长对中国造林量的影响，并预期这两个变量符号为负，即总人口和人口密度增加导致造林量减少。

农业发展驱动力变量。农业发展与造林之间存在较为复杂的关系，为了衡量农业对中国造林量的影响，我们选择农业总产值(AP)和农作物总播种面积(SA)来检验两者之间的关系。为了衡量农产品价格对于中国造林量的影响，本节采用农产品生产价格指数(API)来反映这种影响。同时，预期该变量符号为负，即农产品价格与造林量负相关。

林业发展驱动力变量。本节选择森林面积(FA)和森林覆盖率(FC)作为林业发展驱动力变量之一，用以反映造林和森林资源稀缺性二者之间的关系。由于林业发展与造林之间存在较复杂的关系，模型中将采用林业总产值(TF)、林产品生产价格指数(FP)和林业投资(FI)来反映这种复杂的关系。本节选择火灾受害森林面积(BF)来反映森林灾害对于造林的影响。

实证研究选取了 2013 年中国不包括港、澳、台地区的 31 个省(区、市)的截面数据，全部数据均来源于中国国家统计局的国家数据库。上述变量的描述统计如表 3-1 所示。

表 3-1 变量描述统计

变量			描述	单位	平均值	标准差
被解释变量		AA	总造林面积	10^3 公顷	196.1316	29.5737
解释变量	经济发展驱动力变量	GP	人均生产总值	元	4.7396	0.3767
		GG	GDP 增长率	%	10.6684	0.4984
	人口发展驱动力变量	PG	人口自然增长率	‰	5.3401	0.5109
		PD	人口密度	人/千米 ^{2}	471.5255	132.4091

续表

变量			描述	单位	平均值	标准差
解释变量	农业发展驱动力变量	API	农产品生产价格指数		103.7226	0.4273
		AP	农业总产值	亿元	1661.2052	216.1516
		SA	农作物总播种面积	10^3 公顷	5310.5461	674.3500
	林业发展驱动力变量	FA	森林面积	10^4 公顷	1001.4897	162.5808
		FC	森林覆盖率	%	32.3774	3.2597
		TF	林业总产值	亿元	125.8848	16.9136
		FPI	林产品生产价格指数		99.9323	1.6878
		FI	林业投资	万元	1203297.1290	264046.8348
		BF	火灾受害森林面积	公顷	442.7216	123.8666

3.2.2　地理加权回归

标准非空间回归分析是假定自变量和因变量之间存在空间平稳性关系，而空间变异包括空间自相关和异质性两个方面(Anselin and Griffith，1988)。如果空间自相关为正表示地理位置更近的对象具有更大的相似性，而空间自相关为负则相反(Legendre，1993)。平稳性是模型关系的属性，是任何关系空间变化的趋势(Osborne et al.，2007)。地理加权回归是对普通线性回归模型的扩展，将数据的空间属性纳入了回归模型，即

$$y_i = \beta_0\left(u_i, v_i\right) + \sum_k \beta_j\left(u_i, v_i\right) x_{ij} + \varepsilon \tag{3-1}$$

式中，(u_i,v_i)为第 i 个区域的空间坐标；$\beta_j(u_i,v_i)$为第 i 个区域的第 j 个回归系数，它是地理位置的函数；ε为随机误差项。第 i 个区域的回归系数可以采用空间权重函数进行估计。Fotheringham 等(1996)提出把权重函数指定为空间距离的连续且单调递减的函数，如采用的空间权重函数为高斯函数，即

$$w_{ij}=\exp[-(d_{ij}/b)^2] \tag{3-2}$$

式中，b 为带宽；d_{ij}为区域 i 和 j 的距离。而带宽 b 可以采用 Cleveland(1979)和 Bowman(1984)所提出的交叉验证方法(Cross Validation，CV)以此确定合适的带宽：

$$\mathrm{CV} = \sum_{i=1}^{n} [y_i - \hat{y}_{\neq i}(b)]^2 \tag{3-3}$$

式中，$\hat{y}_{\neq i}(b)$ 为回归点 i 的观测值不参与估算过程得到 y_i 的估计值。当 CV 值达到最小值时所对应的 b 就是所需的带宽。由于采用不同的空间加权函数会得到不同的带宽，为获得最优的带宽，本节采用 Fotheringham 等(2002)所提出的使 GWR 模型的修正的赤池信息量准则(AICc)。AICc 表明回归模型与现实的近似程度，可以对不同自由度的模型进行比较(Akaike 1981; Burnham and Anderson，2002)。与此同时，在选择 CV 带宽方法时，采用自适应高斯核(Adaptive Gaussian Kernel)方法选择最佳相邻点数目。

3.3 实证结果分析

3.3.1 模型的选择

在使用截面数据进行参数估计前，需要根据上述可能的自变量选择合适的 OLS 回归模型，以避免参数估计结果出现较大偏差。本节通过设定下述 5 个标准筛选出合适的回归模型：①修正的确定系数 $R^2 \geqslant 0.5$，即拟合优度应不小于 0.5；②回归系数 p 值 $\leqslant 0.05$，从而确保回归系数显著；③方差膨胀因子 VIF $\leqslant 7.5$，从而确保回归模型中不存在冗余自变量及多重共线性；④Jarque-Bera 统计量 p 值 > 0.1，Jarque-Bera 检验反映的是对样本数据是否具有符合正态分布的偏度和峰度的拟合优度的检验，通过设定该条件确保回归模型残差符合正态分布，模型是无偏的，如果 Jarque-Bera 统计量显著则表明模型有偏，存在遗漏变量；⑤空间自相关 p 值 > 0.1，即通过判断 Moran's I 指数值是否显著来分析模型是否存在空间自相关，如果 Moran's I 指数值显著，表明模型存在空间自相关，Moran's I 指数值为正则表明存在聚类趋势，为负则表明存在离散趋势。使用 ArcGIS 10.3 进行探索性回归，符合上述 5 个标准的回归模型如表 3-2 所示。其中 Adj R^2、AICc、J-B、K(BP)、VIF、SA 分别为修正的确定系数 R^2、修正的赤池信息量准则、Jarque-Bera 统计量 p 值、Koenker(BP)统计量 p 值方差膨胀因子和空间自相关 p 值。

表 3-2　符合标准的回归模型

编号	模型	Adj R^2	AICc	J-B	K(BP)	VIF	SA
1	+FA*** −PD** −TF*** +SA** +BF**	0.5539	390.9862	0.1357	0.0367	2.4404	0.2964
2	+FA*** −TF*** +SA** +BF**	0.5483	400.1821	0.1335	0.0390	2.4255	0.3500
3	+FA*** −PD** −FI**	0.5073	401.6472	0.4705	0.0258	1.2273	0.9346
4	+FA*** −PD**	0.5126	401.1800	0.4816	0.0261	1.0526	0.8075
5	+FA*** −FI**	0.5007	402.2352	0.5279	0.0025	1.1827	0.7458
6	+FA***	0.5073	401.8088	0.5205	0.0019	1.0000	0.6105

注：FA-森林面积；PD-人口密度；TF-林业总产值；SA-农作物总播种面积；BF-火灾受害森林面积

表示在 5%水平上显著，*表示在 1%水平上显著由表 3-2 可知，共有 6 个模型符合上述 5 个标准。而 Adj R^2 和 AICc 都可以反映模型的拟合优度，通过比较上述模型后发现模型 1 的 Adj R^2 最大而 AICc 最小，因此该模型的拟合优度最佳。因此基于模型 1，可以将回归模型设定为

$$\mathrm{AA}=\beta_0+\beta_1\mathrm{FA}+\beta_2\mathrm{PD}+\beta_3\mathrm{TF}+\beta_4\mathrm{SA}+\beta_5\mathrm{BF}+\varepsilon \tag{3-4}$$

式中，β_i 为解释变量的偏回归系数；ε 为误差项。

3.3.2　OLS 结果分析

使用 ArcGIS 10.3 对计量模型进行回归分析，实证结果如表 3-3 所示。

表 3-3　回归分析结果

变量	估计系数	稳健标准差	t 统计量	p 值	VIF
截距项	111.9925	41.6247	2.6905	0.0125*	—
FA	0.1146	0.0366	3.1333	0.0044*	1.3913
PD	–0.0259	0.0118	–2.2048	0.0369*	1.2265
TF	–0.7858	0.2003	–3.9234	0.0006*	2.4404
SA	0.0101	0.0046	2.1882	0.0382*	1.4134
BF	0.0837	0.0334	2.5090	0.0190*	2.1200
Adj R^2	0.5539			AICc	398.9862
联合 F 统计量	0.0005*			p 值	0.0001*
联合 Wald 统计量	94.5426			p 值	0.0000*
Koenker (BP) 统计量	11.8669			p 值	0.0367*
Jarque-Bera 统计量	3.9940			p 值	0.1357

注：FA-森林面积；PD-人口密度；TF-林业总产值；SA-农作物总播种面积；BF-火灾受害森林面积
*表示具有统计显著的 p 值 (<0.05)

实证结果表明各解释变量均通过了 0.05 的显著性检验，整个模型解释力度相对较好。估计结果中 Adj R^2 为 0.5539，表明人工造林面积的变差中有 55.39%可以由森林面积、人口密度、林业总产值、农作物总播种面积和火灾受害森林面积 5 个变量来解释。联合 F 统计量和联合 Wald 统计量均显著，表明整个模型具有显著性。Jarque-Bera 统计量 p 值不显著，表明模型是无偏的。通过对回归模型进行空间自相关检验，表明模型不存在空间自相关。值得注意的是模型中的 Koenker (BP) 统计量 p 值显著，这表明该回归模型存在空间非平稳性，即随着地理位置的变化，回归模型中变量间的关系或者结构会发生改变，因此考虑采用 GWR 模型进行估计更加合适。

3.3.3 GWR 结果分析

由于我国各区域的造林能力在相同时期可能有很大的差异性，这种差异性在空间计量经济学的角度可以通过空间异质性来说明。而忽略空间关系的全局回归模型可能对现实社会的地理和经济现象产生错误的解释。而 3.3.2 节的分析也证实了采用 OLS 进行分析时，可能导致误差的产生，因此本节采用 GWR 模型进行分析。使用 ArcGIS 10.3 对计量模型进行地理加权回归，具体实证结果如表 3-4 和表 3-5 所示。

表 3-4　地理加权回归结果

项目	值
领域	27
残差	151964.3677
有效数	12.8775
Sigma	91.5718
AICc	391.8746
R^2	0.8095
Adj R^2	0.6846

由表 3-4 可知，GWR 模型比之前的 OLS 模型有了明显改善，GWR 模型的 AICc(391.8746) 比 OLS 模型的 AICc(398.9862) 小了一些。与此同时，GWR 模型的 Adj R^2(0.6846) 也比 OLS 模型的 Adj R^2(0.5539) 有所增加，这表明人工造林面积的变差中有 68.46%可以由森林面积、人口密度、林业总产值、农作物总播种面积和火灾受害森林面积 5 个变量来解释。

由表 3-5 可知，局部 R^2 在整个研究区域呈现出空间变化。只有 35%左右的局部 R^2 低于 0.5539(OLS 模型的 Adj R^2)。全部的截距项显著为正值。

表 3-5　各省(区、市)参数估计结果

省(区、市)	局部 R^2	截距项	FA	PD	TF	SA	BF	残差
北京	0.7956	110.8027	0.1387	−0.0323	−0.6689	0.0118	0.0389	8.0463
天津	0.7742	112.3675	0.1362	−0.0322	−0.6876	0.0118	0.0394	−74.3755
河北	0.8007	109.0152	0.1393	−0.0323	−0.6542	0.0121	0.0346	77.4839
山西	0.8377	112.2331	0.1418	−0.0393	−0.5712	0.0128	0.0215	80.9726
内蒙古	0.8468	106.5174	0.1433	−0.0328	−0.5732	0.0104	0.0541	33.6390
辽宁	0.7000	127.6821	0.1273	−0.0333	−0.7914	0.0094	0.0610	96.5145
吉林	0.6685	137.4623	0.1236	−0.0347	−0.8504	0.0080	0.0725	−86.9583
黑龙江	0.6658	144.2803	0.1238	−0.0356	−0.9069	0.0071	0.0831	−215.0609

续表

省(区、市)	局部 R^2	截距项	FA	PD	TF	SA	BF	残差
上海	0.6981	87.5344	0.1276	−0.0257	−0.5877	0.0144	0.0246	17.6069
江苏	0.7486	91.4140	0.1367	−0.0275	−0.6066	0.0144	0.0212	−73.7948
浙江	0.6466	93.5926	0.1119	−0.0278	−0.5867	0.0148	0.0294	−97.6022
安徽	0.6936	106.6157	0.1241	−0.0323	−0.6464	0.0143	0.0280	43.7228
福建	0.5482	120.5896	0.0588	−0.0353	−0.5604	0.0145	0.0479	2.8214
江西	0.5367	137.5779	0.0608	−0.0402	−0.6264	0.0138	0.0513	5.6515
山东	0.7943	100.1417	0.1407	−0.0302	−0.6223	0.0133	0.0240	18.8908
河南	0.7124	127.3828	0.1247	−0.0401	−0.7097	0.0133	0.0341	−16.0509
湖北	0.5378	155.5391	0.0786	−0.0464	−0.7314	0.0126	0.0538	15.6601
湖南	0.4846	180.9103	0.0126	−0.0532	−0.6330	0.0128	0.0701	44.4279
广东	0.5097	159.2971	0.0091	−0.0459	−0.5813	0.0143	0.0680	32.6431
广西	0.4774	184.6886	−0.0019	−0.0529	−0.6490	0.0139	0.0776	35.0194
海南	0.4999	173.0110	−0.0039	−0.0488	−0.6263	0.0150	0.0765	−89.9693
重庆	0.4239	176.6450	0.0447	−0.0509	−0.7291	0.0120	0.0707	39.4364
四川	0.3441	182.5804	0.0149	0.0354	−0.7258	0.0079	0.1112	23.3288
贵州	0.4457	206.4474	−0.0161	−0.0598	−0.6501	0.0130	0.0844	−109.3856
云南	0.4564	192.1870	0.0031	−0.0405	−0.7414	0.0112	0.1205	96.2175
西藏	0.6774	106.4901	0.0938	0.2209	−1.0119	0.0004	0.1694	40.1388
陕西	0.6209	138.3955	0.1121	−0.0432	−0.7190	0.0119	0.0492	55.0208
甘肃	0.5896	94.2311	0.1223	0.0484	−0.7368	0.0092	0.0856	−72.5279
青海	0.5895	98.8760	0.1090	0.1199	−0.8742	0.0050	0.1296	−41.3661
宁夏	0.6589	114.2835	0.1225	−0.0262	−0.6628	0.0122	0.0456	−41.1918
新疆	0.7060	72.2428	0.1277	0.1233	−0.8893	0.0056	0.1323	−49.6539

注：FA-森林面积；PD-人口密度；TF-林业总产值；SA-农作物总播种面积；BF-火灾受害森林面积

此外，表 3-5 表明全部的 GWR 模型参数都具有空间正负估计值，表明这些变量与造林量存在非平稳性。在模型中考虑非平稳性后，GWR 模型残差表现为随机模式。

3.3.4　进一步分析

由 OLS 模型结果可知，人口密度、林业总产值与人工造林面积负相关，而森林面积、农作物总播种面积、火灾受害森林面积则与造林面积正相关。这表明：①森林面积与被解释变量正相关，表明初始森林面积越大，毁林的成本越低，造林的驱动力越小；②人口密度与造林量负相关符合预期，表明人口密度增加所带来的环境压力不利于造林量的增加；③农作物播种面积与被解释变量正相关，表明农业发展所带来的技术进步大大提高了生产效率，这种生产效率提高所带来的造林量超过了由土地利用变化所导致的毁林量，因而总体而言中国的农业发展有利于造林量提升；④林业总产值与被解释变量负相关，表明林业的发展，导致林木产品供给和需求的增加，使得毁林量上升，造林量出现下降；⑤火灾受害森林面积与被解释变量正相关，表明随着森林火灾增多，森林稀缺性也随之增加，造林的驱动力也相应提升。

虽然 OLS 模型对于造林的驱动力有了较好的解释，但是仍然有一些驱动力没有充分反映在 OLS 模型中($R^2 = 0.55$)。含 5 个变量的 GWR 模型的拟合优度达到了 0.68。并且 AICc 也表明，局部模型相对于全局模型有了显著改善(表 3-4)。根据局部 R^2 以及只有 35%的值低于 OLS 模型 Adj R^2 的事实，GWR 模型不仅仅是简单地分配模型解释变量的空间权重，而且具有了一个更好的解释力度。由于 GWR 模型相比全局模型没有改善的零假设被拒绝，因而造林量和所有选定的变量之间的关系是非平稳的，即我们可以找到空间上的不同关系。

从表 3-5 可以看出，GWR 模型的回归系数在不同的区域取值不同。在不同的区域，变量间的相互关系可能得出完全不同的结论，充分反映了中国造林的各驱动力在 GWR 模型中表现出明显的空间异质性，即这些驱动力对不同地区造林的影响是不一样的，影响的方向和影响的强度都有所差异。从各驱动力对造林的影响方向来看，林业总产值对于造林具有阻碍作用，农作物总播种面积、火灾受害森林面积对于造林具有促进作用，而人口密度、森林面积对于造林的影响在各区域则有所不同。

就林业经济发展水平而言，林业总产值的增加导致了造林量的减少，这表明全国各区域的林业总产值对于造林而言具有阻碍作用，这一现象在东中部绝大部分省(区、市)显得更为明显。表 3-5 中 TF 值越大表明林业经济发展的阻碍作用越大，这种阻碍作用呈现出从东南向西北递减的趋势。东中部区域随经济发展水平较高，对于土地和林木产品需求不断增加，更多林木产品被加工为工业原材料，因而对造林的增加具有阻碍作用。而在绝大部分的西北部省(区、市)，造林受林业经济发展水平的影响较小，尤其是西北地区，这可能与这些区域经济发展水平相对滞后有关，这些区域经济发展水平低于全国平均水平，其对于林木产品的需求也小于东中部地区，从而使得造林受林业经济发展的阻碍作用较小。

而对于人口密度而言，表 3-5 中 PD 值越大表明人口密度对于造林的阻碍作用越小，促进作用越大。此外，这种阻碍作用呈现出从西向东递增的趋势，中国的西北部人口密度相对较小，其对于造林量的增加具有促进作用；相反中国东部地区和西南地区由于人口密度较大，其所造成的环境压力也就越大，相应的造林驱动力就越小，毁林的驱动力反而越大。尤其是在西南的广西、贵州、湖南和重庆等省（区、市），人口密度的增加导致造林量出现明显减少，这主要是西南地区人口自然增长率长期高于全国平均水平，因而其对于包括森林在内的环境压力也相对较大，使得该区域人口对于造林的阻碍作用越大。这证实了人口增长是毁林的重要驱动力，特别是发展中国家和新兴工业化国家（Geist and Lambin，2002）。

在农业部门方面，SA 值越大表明农作物播种面积对于造林的促进作用越大。从表 3-5 中可以发现，中国的东部地区农业发展的促进作用最大，其次是中部，西部区域作用最小。这主要是由于东部地区经济发达，农业生产效率较高，从而减少了土地面积的需求，更多的土地可用于造林，因而这种生产效率的提升导致了造林量的提高。这种造林量的提高远远高于由土地利用变化对造林的阻碍作用。而这一现象在西部地区却不是很明显。这表明农业发展对造林有重要的影响，也说明了土地利用决策的重要性（Mullan and Kontoleon，2009）。

就林业资源方面而言，FA 值越大表明森林面积对于造林的促进作用越大，FA 值越小表明森林面积对于造林的阻碍作用越明显。从表 3-5 可以发现，森林面积对造林的促进作用呈现出从北向南递减的趋势。这主要是由于中国的北方生态环境劣于南方，处于改善生态环境的需要不断地人工造林，中国的退耕还林政策也使得森林经营的可持续性不断增强，从而造林的驱动力更大一些，而南方区域生态环境优于北方，尤其是西南地区是中国重要的林区，该区域森林资源丰富，从而造林的驱动力相对较小，甚至会出现毁林情况。最后，森林火灾对于造林具有促进作用，并呈现出自东向西递增的趋势。现有的实证研究也表明自然灾害可能在其他地区引发造林和森林恢复。例如，19 世纪中叶的洪水引发了瑞士的森林扩张（Mather and Fairbairn，2000），洪水也是引发法国阿尔卑斯山区森林转变的重要因素（Rudel et al.，2005）。1988 年的洪水和泥石流引发了泰国政府颁布了全国范围的禁止伐木的法案（Lang，2002）。

3.4　主要结论与启示

本章通过空间模拟造林-驱动力的关系，有助于了解中国造林的驱动力以及这些驱动力的相对重要性。引入非平稳性的造林模型可能有助于更好地了解中国造林的基本原因，这为更好实施 REDD+机制提供了科学依据。

本章首次运用 GWR 模型分析造林的驱动力，为采取区域性政策提升造林水平提供了新见解。这些驱动力在全局模型中往往并不明显，因此本章为回归系数的非平稳性检验提供了新的思路。在此背景下，本章的结果符合初步预期。造林与各驱动力之间的关系使用局部模型比全局模型更合适，并且可以给出回归系数的空间变异性。

我们的研究表明，对于中国造林的主要驱动力有 5 个，即人口密度、林业总产值、森林面积、农作物总播种面积和火灾受害森林面积，这 5 个变量可以解释68.46%的造林面积变差。林业总产值对于造林而言具有阻碍作用，并且这种阻碍作用呈现出从东南向西北递减的趋势。人口密度在中国的西北地区对于造林有促进作用，在中国其他绝大多数地区具有阻碍作用，并且呈现出从西向东递增的趋势。农作物总播种面积对于造林有促进作用，其中中国的东部地区农业发展的促进作用最大，其次是中部，西部区域作用最小。而森林面积在中国的北方对于造林有促进作用，而在中国的西南部则具有阻碍作用。火灾受害森林面积整体而言对于造林具有促进作用，并具有自东向西递增的趋势。

通过对上述结果的分析与讨论，本章得到以下几点关于中国造林政策的启示：①在林业经济发展水平与造林量之间进行有效平衡，尤其是对于经济较为发达的东部区域，应加大实施 REDD+机制的力度，使得朝着增加森林覆盖的方向发展，尽早跨越毁林环境库兹涅兹曲线的拐点；②在中东部人口密集地区对人口与造林量之间进行平衡，促进人口与环境的可持续协调发展，减少人口的环境压力，提升造林水平；③加快中西部农业技术进步，提高农业生产效率，从而充分发挥该区域的造林潜力；④加快东北区域林权制度改革，提高该区域的森林可持续性经营，发挥林业对于固碳的促进作用，为减缓气候变化做出贡献。

第4章　信息与通信技术是否降低了企业能源消耗
——来自中国制造业企业调查数据的证据

4.1　国内外研究现状与问题提出

从“十一五”时期开始，中国政府开始把降低单位GDP能耗作为约束性指标，在“十三五”时期，中国政府又提出实施能耗总量和强度“双控”行动，明确要求到2020年单位GDP能耗比2015年降低15%，能源消费总量控制在50亿吨标准煤以内。与此同时，根据《中国能源统计年鉴2018》数据测算，2000～2016年中国工业能源消耗总量年均增长率为6.69%，同期制造业能源消耗量占中国工业部门能源消耗量的比例平均达到82.8%。因此，管控工业部门，尤其是制造业部门的能耗是实现“双控”行动目标的关键。理论研究认为，通过技术进步和结构调整是工业部门重要的能源节约途径(史丹，2015，2018)，采用更先进的生产技术完全能够解决工业发展中的高污染和高能耗问题(黄群慧，2014)。已有实证研究表明，技术进步对中国工业部门能源强度降低具有显著作用(Fisher-Vanden et al.，2006；王班班和齐绍洲，2014；林伯强和杜克锐，2014)。基于蒙特卡罗模拟，邵帅等(2017)认为技术进步是节能减排的必要途径，但这也需要企业更加注重节能减排技术的研发和应用，以及生产设备的“绿色”升级。

中国政府历来重视技术进步和结构调整对工业发展的作用，特别是为顺应“第三次工业革命”，中国政府在《中国制造2025》中提出要通过信息化和工业化的深度融合来引领和带动整个制造业的绿色发展。2016年发布的《工业绿色发展规划(2016-2020年)》[①]又进一步提出推动互联网与绿色制造融合发展，发展大规模个性化定制、网络协同制造、远程运维服务，降低生产和流通环节资源浪费，促进生产方式绿色精益化。在这两份重要文件中都强调了信息与通信技术(ICT)对实现工业部门绿色发展的重要性。那么在生产运营中应用ICT是否降低了制造业企业的能源消耗，尤其是连接两者的内在机制是什么，就成为值得深入探讨的问题。

其实，ICT是否及如何对能源消耗产生影响一直是国内外研究者关注的热点之一(Hilty and Aebischer，2015；May et al.，2017；Zhou et al.，2018)。与本章紧密相关的文献主要分为两类：①ICT投资(资本)可以降低能源消耗和强度；②ICT

---

①《工业绿色发展规划(2016-2020年)》. http://www.miit.gov.cn/n1146295/n1652858/n1652930/n3757016/c5143553/content.html.

对降低能源消耗的作用有限，由于存在回弹效应，甚至会增加能源消耗。

对于第一类文献，生产和生活中广泛应用 ICT，在带来经济增长和便捷生活的同时，也可以减缓能源消费持续增长的趋势（Watson et al.，2010）。基于科学文献及对企业进行的访谈，Bunse 等（2011）认为提高 ICT 的可用性将成为推动制造业节能的主要因素，ICT 产生节能效应将通过对能源节约投资带来的财务成本节约或通过自动化控制生产流程来实现。在一篇综述性文献中，May 等（2017）还认为 ICT 蕴含着不断进步的技术，从而可以提升能源效率，这些技术包括生产过程自动化、基于 ICT 的生产控制及整合企业生产流程与信息流技术等。对于以上理论观点，国内外研究者对部门 ICT 投资产生的节能效应进行了一系列实证研究。在分析导致 1996～2000 年美国能源强度非预期性下降的原因后，Romm（2002）认为互联网在制造业、建筑业和交通运输业的应用，以及互联网向其他部门的渗透引发的经济结构变化都降低了能源消耗。Khuntia 等（2018）对 300 家印度制造业企业 ICT 投资与能源消耗的截面数据研究表明，以运营为导向的 ICT 投资或设备可以有效降低企业能源消耗。此外，Ishida（2015）采用 1980～2010 年时间序列数据，并运用自回归分布滞后模型分析了日本 ICT 投资、经济增长及能耗之间的关系；Schulte 等（2016）基于 10 个 OECD 国家的 27 个工业部门面板数据分析了 ICT 对能源需求的影响；樊茂清等（2012）使用 1981～2005 年时间序列数据研究了 ICT 投资对中国 33 个产业部门能源强度的影响，这些研究都发现 ICT 投资能显著减少大部分工业部门的总能源消耗。对中国工业企业而言，随着应用 ICT 程度的不断加深，中国企业已经认识到通过适当使用 ICT 和 ICT 设备提高能源效率和设备利用率的重要性（Cai et al.，2013），开始在生产中应用 ICT 对企业管理流程进行重组，改进企业资源规划，协调设计和生产运营，促进生产过程成本的节约（杨德明和刘泳文，2018）。

然而上述研究对 ICT 降低工业部门能源消耗的机制缺乏深入分析。Berkhout 和 Hertin（2004）提出 ICT 降低工业部门能耗的途径主要是通过提高生产中投入要素的效率和非物质化实现。还有研究者认为 ICT 必须与企业的其他节能措施相配合才能发挥降低能源消耗的作用（Moyer and Hughes，2012）。大多数学者认为企业主要通过应用 ICT 及 ICT 本身蕴含的技术进步，消除生产过程的冗余和浪费，进而提高能源利用效率（Hilty and Aebischer 2015；Longo and York，2015），基于 300 家印度制造业企业数据，Khuntia 等（2018）也证实了应用 ICT 促进了企业生产的精益管理，帮助企业实时监测能耗，优化生产进程，进而提高企业能源效率。

对于第二类文献，研究者认为应用 ICT 产生的节能效应很有限，而且应用 ICT 产生的回弹效应甚至增加了能源消耗。这类文献主要基于地区或部门层面数据进行分析，Sadorsky（2012）采用 GMM 方法对 19 个新兴市场经济国家的面板数据进行分析后，发现以互联网用户数、个人电脑用户数和移动电话用户数衡量的 ICT

对电力消费有显著的正向影响，Kim 和 Heo (2014) 对韩国、美国和英国的制造业进行的分析也得到同样结论。在针对中国的分析中，谢康等 (2012) 在对中国省际层面“两化融合”质量进行测算的基础上，检验了融合质量对地区单位产值的电力消耗和能耗的影响，结果发现虽然融合可以减少单位地区生产总值电力消费和能源消耗，但这种影响很小，且不具有统计显著性。Zhou 等 (2018) 使用三层结构分解方法和 31 个部门投入产出表进行分析后发现，2002～2012 年 ICT 促使中国部门能源强度增加了 4.54%，不过，他们还发现生产中 ICT 投入产生的替代效应在一定程度上降低了能源强度。

在将 ICT 进行细化及考虑 ICT 对不同部门能源消耗的影响后，研究者得到了更为有趣的结论。Collard 等 (2005) 将 ICT 区分为信息资本和通信资本后，对 1986～1998 年法国服务业时间序列数据进行的分析发现，总体而言，法国服务业部门的电力消耗会随计算机硬件和软件的扩散而增加，但通信设备使用范围的扩展能显著降低电力使用强度。Cho 等 (2007) 采用动态 Logistic 增长模型分析了 1991～2003 年韩国工业部门 ICT 投资等因素对 11 个部门电力消耗的影响。结果发现在电力密集型制造业部门，ICT 投资通过电力对劳动力的替代减少了电力消耗。而在服务业和大部分其他制造业中，ICT 投资却增加了电力消耗。Bernstein 和 Madlener (2010) 对 8 个欧盟国家的 5 个制造行业 1991～2005 年面板数据进行的研究也发现，ICT 只是在造纸业等三个能源密集型行业提升了能源效率，对食品制造业和纺织业能源效率的影响不显著。这些文献也启示后续研究应重视行业异质性的影响。

虽然国内外研究者对 ICT 的节能效应进行了较多分析，但已有文献还存在一定不足：①研究样本的限制。据本章所知，除 Fisher-Vanden 等 (2006) 和 Khuntia 等 (2018) 的研究，基于大样本微观企业数据对应用 ICT 产生的节能效应进行实证检验的研究较为匮乏，进而未能深入分析企业异质性因素所起的影响。②对 ICT 降低能耗的影响机制缺少深入分析和检验。既有文献在技术进步能降低能源消耗方面取得了共识，但尚未在企业层面考察由于应用 ICT 带来的技术进步和结构优化对企业能耗的影响。③实证模型中内生性问题的处理尚存不足。既有研究集中剖析了 ICT 与能源消耗或强度下降的关联，但忽略了对两者因果关系的探究。④研究多集中在发达国家的工业部门，忽视了中国制造业企业层面应用 ICT 的节能效应，使研究者无法洞察中国企业应用 ICT 提高产生的节能效果。鉴于此，本章使用世界银行提供的 2001 年和 2012 年中国制造业企业层面调查数据，考察在企业生产运营中应用 ICT 程度的提高是否降低了企业能源强度，并进一步分析生产中应用 ICT 影响企业能源强度的机制。

与已有文献相比，本章的边际贡献在于：①本章采用 1998～2000 年和 2012 年中国制造业企业层面数据，首次提供了在生产运营中提升应用 ICT 的程度可以减少企业能耗的微观证据，拓展了应用ICT对构建绿色制造体系影响研究的视域，为促进中国工业企业节能提供了新视角；②本章使用世界银行所构造的2005年城市IT指数作为2012年企业应用ICT的工具变量，尽可能地缓解了联立性偏误造成的内生性问题，同时采用基于1998～2000年面板数据的固定效应模型进一步缓解遗漏变量造成的内生性问题，从而探求了企业应用ICT与能源强度的因果关系，弥补了已有文献的不足；③本章厘清了生产运营中应用ICT对企业能源强度产生影响的机制，即应用ICT引致的技术进步效应和结构优化效应，将分别以促进企业技术及机器设备的更新和提升生产制造的柔性化两个具体渠道实现，并运用中介效应模型进行了验证。

4.2 内在机制分析与研究假说

技术进步和结构调整被认为是目前推动中国工业部门能源强度下降的主要力量（王班班和齐绍洲，2014；黄群慧，2014；史丹，2015；邵帅等，2017）。而对制造业企业而言，ICT在生产上的应用及渗透将推进企业生产技术进步和结构优化。因为，作为一种通用技术（General Purpose Technology），ICT本身不仅具备技术进步的属性，而且在与其他生产技术存在互补性条件下，把ICT引入企业生产运营中，将引发生产范式改进，促使业务流程再造，推动生产部门结构优化。

1. 通过企业应用ICT引致的技术进步效应降低能源强度

在生产运营中应用ICT可能在两个方面推动制造业企业的技术进步：①ICT作为一种生产要素投入生产运营中，从而发挥其本身蕴含的技术进步作用。当前，以信息技术为基础，以智能、绿色和低碳为特征的工业制造体系是技术创新的重要载体（史丹，2018）。金碚（2014）也认为应用ICT可以更高水平地实现工业设备的数控化和生产工艺及流程的科学化。Hilty和Aebischer（2015）发现作为较为先进的生产方式，ICT不仅直接提高了企业生产能力，而且还通过提升产品和工艺的能源利用效率，降低单位产品的能源消耗。因此将ICT引入生产制造环节中，会在短期内促进企业生产技术进步或要素使用方式的改变，从而降低企业的能源消耗。②ICT与其他生产要素产生互补性，带动企业生产技术进步。熊彼特的创新理论认为生产要素的重新组合也是创新，如把一种从未有过的有关生产要素和生产条件的新组合引入生产系统（韩先锋等，2014），具体到制造业企业而言，将具有技术进步特征的ICT与其他生产要素进行融合，是一种更为直接的方式促进企业生成要素的优化配置，这会推动企业生产范式的变革；同时企业将ICT嵌入生产运营中，还会在短期内促使企业在配套设备、基础设施乃至企业的组织结构上进行相应的调整，从而推动企业技术进步。

伴随着 ICT 与生产制造技术融合程度的加深，不仅依靠 ICT 本身蕴含的技术进步降低了能源消耗，而且应用 ICT 还通过技术外溢效应间接地促进了使用 ICT 部门的技术进步(樊茂清等，2012)。已有研究发现应用 ICT 可以在生产上实现过程自动化，这不仅消除了生产过程的冗余和浪费(Longo and York，2015)，而且也是改变制造过程能耗模式的主要途径之一(May et al.，2017)。其实，将 ICT 嵌入企业生产过程时，不仅会提升生产的自动化水平，还有助于企业发现自身经营存在哪些成本控制不利的环节，从而实现成本降低(杨德明和刘泳文，2018)。这在中国制造业企业的实践中也能得到印证，宝马公司在沈阳的铁西工厂通过将智能技术和工业电脑控制技术应用到汽车的制造环节，仅在涂装环节就实现节能 40%的目标[①]。

2. 通过企业应用 ICT 引致的结构优化效应降低能源强度

在生产运营中广泛应用 ICT 还将引致企业生产结构优化，这也契合了生产技术进步是推动生产部门结构优化的根本动力(韩先锋等，2014)的观点。由于 ICT 具备技术进步的属性，那么生产运营中应用 ICT 就会促使企业生产资源和要素进行重新配置，优化企业内部的生产体系和组织结构，进而显著提升资源配置效率。从产品的制造过程看，ICT 已经从单纯的生产加工环节应用延伸到产品整个生命周期(黄群慧，2014)；从企业运营的层次看，ICT 也已从制造装备单元渗透到包括产、供、销及上下游供应链在内的整个生产制造系统(May et al.，2017)。当前，ICT 与制造业的深度融合，促使企业生产朝向网络化、小微化和平台化发展，通过形成工业物联网，实现工业产品的智能化和柔性化生产[②](金碚，2014；史丹，2018)。那么，在依托 ICT 的柔性化生产体系中，ICT 的应用将重构生产运作过程，优化生产流程，促进企业生产部门的结构优化，从而提高能源效率和减少排放强度(Higón et al.，2017)。

在生产运营中应用 ICT 还有助于企业在组织活动和流程中采用精益管理原则(Khuntia et al.，2018)，精益管理使企业能根据生产过程中数据的采集与反馈，实时安排生产计划，优化库存，使企业内部“人财物”与外部客户需求协同，从而通过最大化内部流程的效率来减少总能耗。Rizzoli 等(2015)认为通过应用 ICT 可以对企业生产、物料投放、产品销售等环节进行“精细化”管理，这样不仅能敏捷地控制生产流程，还能实时监控各环节能源消耗情况，从而使生产设备平稳高效运行，能源与其他生产要素合理配置。例如，当企业的制造执行系统(MES)与 ERP 系统整合了企业的全部资源规划和业务流程时，生产经理就可以更好地了解

---

① 王政. 信息化再造汽车产业，人民日报，2012 年 7 月 2 日，第 19 版.

② 按照中国国家军用标准的定义，所谓生产制造的柔性化，指的是由数控加工设备、物料运储装置和计算机控制系统组成的自动化制造，能够根据制造任务或生产环境的变化迅速进行调整，适用于多品种、中小批量生产。

能源资源在流程中的使用情况。这不但优化了生产部门的结构，还为管理者提供了在短期内如何优化生产流程来降低能源消耗的信息。此外，应用 ICT 带来的结构优化还能提高企业产品和服务的效率与质量，减少单位产品的生产成本（王永进等，2017），Cai 等（2013）对 82 家中国企业所做的实证分析也表明，应用 ICT 能有效缩短产品开发周期，还能减少返工和产品报废率，从而实现了在生产制造中节约能源。

综合以上分析，本章认为企业应用 ICT 程度提高，主要是通过 ICT 及其引致的技术进步效应和结构优化效应，实现降低企业能源消耗。从本质上看，结构优化效应归根结底是由应用 ICT 带来的技术进步促成，因此这两种效应会相辅相成地降低企业能耗。但从两种效应的具体表现形式看，技术进步效应可能更多地体现为 ICT 本身在生产制造中所具备的“绿色化”技术特性（May et al.，2017），以及伴随 ICT 的渗透和扩散，对企业现有生产技术和机器设备的性能升级。结构优化效应则通过技术手段优化生产流程，将 ICT 与生产制造流程相融，促使企业实施更先进的生产管理模式和对现有生产模块进行有效的优化重组，进而提升企业生产运营的柔性，同时结构优化反过来又满足了企业在技术和生产范式上创新的需求，最终两种效应协同起来促使企业能源消耗减少。

根据以上分析，本章提出如下研究假说：

假说 1：控制其他条件不变，企业在生产运营中应用 ICT 程度提高，会降低企业能源强度。

假说 2：在企业生产运营中，应用 ICT 程度的提高将引致技术进步和结构优化，并分别通过促进企业生产技术及机器设备的更新和提升企业生产制造的柔性这两种具体的途径，实现企业能源强度的降低。

4.3 研 究 设 计

1. 模型建立

借鉴已有关于企业能源消耗的研究文献（Bloom et al.，2010），本章建立如下回归方程：

$$\mathrm{ee}_{jic} = \alpha + \beta \mathrm{ict}_{jic} + X'_{jic}\gamma + \mu_{jic} \tag{4-1}$$

式中，ee_{jic} 为 c 城市、i 行业中 j 企业的能源强度，为进一步分析 ICT 是否降低了能源消耗量，本章在稳健性检验中也对企业能源消耗量进行了检验；ict_{jic} 为 ICT 在企业生产运营中的应用程度；X'_{jic} 为模型其他影响企业能源强度的控制变量；μ_{jic} 为随机误差项。本章将标准误聚类在企业产品四位代码层面进行纠正，因为不同的企业生产相同代码的产品时，其采用的生产技术应该是相同或近似的。那么在此层面聚类有助于解决随机扰动项之间存在的相关性问题。

在式(4-1)中，α 是常数项，γ 是控制变量的回归系数，β 是本章最为关心的系数，如果 β 在统计上显著为负，则说明企业在生产运营中提高 ICT 的应用程度，将有助于降低企业能源强度。但这并不意味着两者之间存在因果关系，为此本章使用工具变量法和面板数据处理模型中存在的内生性问题。具体而言，本章将采用世界银行在 2005 年对中国 120 个城市的企业进行的调查数据构建工具变量，同时还使用 1998～2000 年数据构成的面板数据，采用固定效应模型进行估计，相应的回归结果呈现在本章的第四部分。

2. 数据来源和变量选取

本章使用的数据来源于世界银行 2001 年和 2012 年在中国进行的企业调查。两轮调查均采取分层随机抽样方法，分别对全国 5 个城市(北京、成都、广州、上海和天津)和 25 个城市[①]的制造业、服务业和 IT 产业[②]进行数据采集，样本企业分别为 1548 家和 2848 家。调查问卷的内容主要涉及企业基本情况、创新与科技、融资，以及企业的各项财务指标和雇佣状况等信息。在 2001 年的调查中，问卷还对销售收入等问题追问了过去 3 年的情况，从而可以构建企业层面的面板数据。与已被学者广泛使用的中国工业企业数据库相比，本章使用的企业调查数据具有自身独特优势，因为在世界银行的这两轮调查中都有关于企业燃料和电力消耗的数据，而且还对企业应用 ICT 情况及 ICT 投资情况进行了详细的询问。另外，在本章中城市和省际数据则分别来自相应年份的《中国城市统计年鉴》和《中国统计年鉴》。

对于被解释变量企业能源强度(ee)的构建。在调查问卷中，有关于企业 2011 年在燃料(n2f)和电力(n2b)两个方面的成本支出。据此，对于企业能源强度变量，借鉴 Bloom 等(2010)对企业能源强度的度量方法，本章将这两项成本加总后占企业销售收入的百分比进行衡量，即 ee=((n2f+n2b)/销售收入)×100。在稳健性检验中，同样采用 Bloom 等(2010)的度量方法，本章采用将两项能源支出相加后除以企业原材料与其他中间投入品(n2e)及企业劳动力成本支出(n2a)之和作为新的测度方式。

本章的核心是解释变量企业 ICT 在生产运营方面的应用程度(ict)。本章根据 2012 年的调查问卷中关于 ICT 在企业生产和运营活动中的应用程度(CNo11c)问题构建，与其他有关企业应用 ICT 的问题相比[③]，本章认为这个问题主要是针对

① 2012 年的 25 个城市是合肥、北京、广州、深圳、佛山、东莞、石家庄、唐山、郑州、洛阳、武汉、南京、无锡、苏州、南通、沈阳、大连、济南、青岛、烟台、上海、成都、杭州、宁波和温州。

② 世界银行中国企业调查行业分类方法采用的是 ISIC Rev.3.1 版本。

③ 在 2012 年世界银行中国企业调查问卷中，关于企业信息与通信技术应用的问题还包括企业网络进行销售占总销售的比例、企业是否采用 ERP 或其他管理软件等问题。

ICT 在企业生产运营过程中的应用程度设立，能够比较真实和客观地测度 ICT 在企业生产运营中真实的应用状况和程度。企业回答这个问题的选项分别为“从不使用”、“很少使用”、“有时使用”、“经常使用”和“一直使用”，本章将这些选项依次赋值为 1、2、3、4 和 5，数值越大意味着 ICT 在企业生产运营中的应用程度越高。张龙鹏和周立群(2016)在分析“两化融合”的创新效应时也采用了这种度量方式。在运用 1998～2000 年面板数据进行的回归中，本章采用企业在 ICT 上的投资额与在生产用机器设备上的投资额之比来度量企业应用 ICT 程度。最后，本章还将回答为“从不使用”、“很少使用”和“有时使用”的选项赋值为 0，回答为“经常使用”和“一直使用”的选项赋值为 1，并采用式(4-1)进行回归分析。

借鉴已有关于企业层面能源强度的影响因素研究，本章还控制了其他可能影响到企业能源强度的变量：①企业成立年限(age)，一般而言，成立年限较长的企业与新成立的企业在管理和生产中往往存在着系统性的差异，从而对企业能耗产生影响。本章采用截至 2011 年底受调查企业成立年数的自然对数进行度量。②企业总产出(output)，已有文献表明总产出会产生正负两方面的效应，正的效应是企业产出规模的扩大需要企业投入更多的能源要素，负的效应是生产规模扩大带来的规模经济效应可能减少能源消耗并降低能源强度。本章采用 2011 年销售收入的自然对数进行度量。③企业人均资本存量(capital)，资本存量对企业能耗也会产生正负两方面的影响，正的影响是企业人均资本密集度是影响企业生产效率的重要因素，会促进生产率的提升，由此引致的产出增加会消耗更多能源；而负的影响是企业人均资本密度高，往往也意味着企业生产会更多地依靠较为先进的机器设备，这又可能降低企业能源消耗。在调查问卷中，有关于截至 2011 年底企业机器与设备方面折旧后的价值问题，据此本章采用固定资产净值与企业正式员工数之比并取自然对数进行度量。④企业规模(size)，本章采用 2011 年企业正式员工数的自然对数度量。这是因为企业的规模经济的存在会影响到企业能耗及效率。⑤国外技术授权(lic)，一般来说，企业采用国外授权的先进生产技术将更有可能提升能源效率，降低企业能源强度。调查问卷中，有关于当前企业是否使用了除办公软件之外的外国公司技术授权问题，如回答“是”本章赋值为 1，否则赋值为 0。⑥企业内部研发(rd)，采用过去 3 年企业内部是否有研发活动度量，如回答“是”本章赋值为 1，否则赋值为 0。这是因为企业内部创新行为，无论是管理方面的创新还是产品、生产流程的创新，都会提升企业内部知识存量，最终可能对企业能耗产生影响。⑦非国有股份所占比例(private)，一般而言，私营企业更可能采用措施来降低生产经营中的成本，从而可能对企业能耗产生影响。本章采用问卷中“企业非国有股股东持股比例”进行度量。⑧环境规制(er)，目前环境规制变量的测度方式有单一指标和综合指数两种，然而这些度量方法缺乏统一标准，因此相应的研究结论难以进行准确对比，而且这些度量还不可避免地存在内生性问题。本章采用中央政府公布的 2011 年万元 GDP 能耗降低率度量。这种度量方式的好处在于中央政府在制定节能减排目标时已经综合考虑到了各地区发展状况及环境现状等问题，从而使各地区节能目标指标在各地区之间具有可比性，另外降低单位 GDP 能耗的目标是中央政府对地方政府的一个硬性考核要求，这会避免以往地方政府在执行环境规制政策中的扭曲问题，保证了环境规制政策的相对外生性（卜茂亮等，2017）。⑨能源与燃料价格（price），借鉴林伯强和杜克锐（2013）的度量方式，本章采用各地区原材料、燃料和动力购进价格指数（上年为 100）度量。

除此之外，在式（4-1）中，本章还加入了企业所在省（区、市）的虚拟变量（dumprovince，以北京市为参照组）和所属行业的虚拟变量（dumind，以食品加工业为参照组）。前者可以捕捉一些不可观测的地区因素（如地理区位或地方特定经济政策等的影响），后者是为控制行业特定因素。各变量的描述性统计呈现在表 4-1。

表 4-1　主要变量的描述性统计

变量	样本量	均值	标准差	最小值	最大值
ee	1428	5.918	6.655	0	46.67
ict	1616	3.229	1.420	1	5
age	1643	2.330	0.574	0	4.820
output	1646	16.91	1.670	11.51	24.41
capital	1364	10.40	1.545	0.415	14.89
size	1647	4.440	1.290	1.609	10.31
lic	1628	0.242	0.428	0	1
rd	1631	0.419	0.494	0	1
private	1646	95.80	18.06	0	100
er	1647	3.709	0.614	3.070	6.940
price	1647	112.60	3.48	107.80	129

注：ee-企业能源强度；ict-企业应用 ICT 程度；age-企业成立年限；output-企业总产出；capital-企业人均资本存量；size-企业规模；lic-国外技术授权；rd-企业内部研发；private-非国有股份所占比例；er-环境规制；price-能源与燃料价格

3. 特征性事实分析

能源强度是能源综合利用效率的指标之一，体现了经济发展所付出的资源环境代价（林伯强和杜克锐，2014）。因此在进行正式的回归分析之前，本章先对样本企业能源强度进行事实分析。图 4-1 展示了生产运营中应用 ICT 程度不同情况下，企业能源强度的核密度分布情况。从图 4-1 可以看出，在生产运营中一直使用 ICT 的企业，其能源强度明显要小于(核密度图分布偏左)应用 ICT 程度较少的企业，虽然还不能说明应用 ICT 程度高是企业能源强度降低的原因，但在事实上也许意味着企业生产运营中应用 ICT 程度的提高将有助于降低企业能源强度。从政策上讲，这或许说明在制造业中推进“两化融合”有利于实现“2030 年单位国内生产总值二氧化碳排放比 2005 年下降 60%～65%”的减排目标和“十三五”规划提出的“双控”目标。

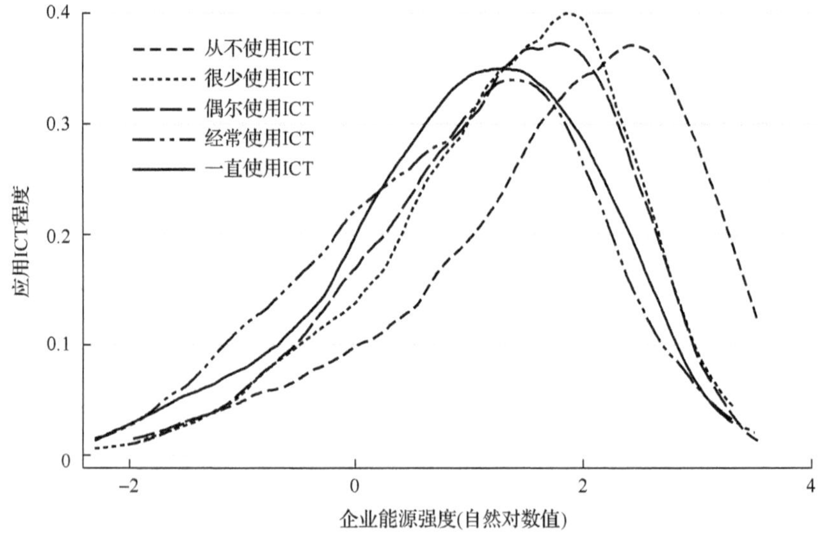

图 4-1 生产运营中应用 ICT 程度与企业能源强度核密度

数据进行了 1%分位数以下和 99%分位数以上缩尾(winsorize)处理

4.4 实证结果分析

1. 企业应用 ICT 程度与能源强度的关系：初步回归结果

为了缓解由于变量度量而造成的异方差问题，本章对企业能源强度变量进行了 1%分位数以下和 99%分位数以上缩尾处理。对回归模型进行的方差膨胀因子(VIF)检验显示，本章的核心解释变量及所有控制变量的 VIF 都小于多重共线临界标准 10。表明这里不必过于担心多重共线问题对回归结果的影响。

基准回归结果呈现在表 4-2 中，(1)对应列是本章对企业是否在生产运营中应用 ICT 与企业能源强度之间的关系进行的检验结果，结果表明在其他条件不变的情况下，相对于未应用 ICT 的企业，在生产运营中应用 ICT 会显著降低企业能源强度。结果还显示其他控制变量的系数符号大多符合预期。

对生产运营中应用 ICT 程度与企业能源强度关系的检验呈现在表 4-2 的(2)～(5)对应列。从(2)～(4)对应列可以看出，无论是否控制省(区、市)和行业虚拟变量，企业 ICT 应用程度与企业能源强度都存在负相关关系，并在 1%水平上显著。本章的初步回归结果与樊茂清等(2012)采用行业层面数据所得结论一致。

企业应用 ICT 程度的提高之所以可以降低能源强度，提升能源效率，其可能的原因是作为一种新生产要素，ICT 的投入会通过其自身蕴含的技术提升企业生产率，同时通过 ICT 在生产流程中的扩散和渗透，企业生产工艺或技术水平也能得到提升，这些先进的生产工艺或技术一般来说又都是能源节约型，结果就表现为生产运营中应用 ICT 程度提高，企业能源强度下降。在 Fisher-Vanden(2003)对 75 家中国钢铁企业所进行的分析中，就发现由于采用基于 ICT 自动控制等技术的连续铸造法，这些钢铁企业实现了铸造设备的更新和生产的自动化，进而这一自动化的生产技术带来非常大的能源节约，据他们的估计，连续铸造法比传统铸锭技术节约了 70%的能耗。金碚(2014)也认为通过信息化可以促进工业生产更快地提高生产效率，增强产品精致化和实现生产绿色化。那么，本章的这一结论也意味着将 ICT 渗透和融合到生产运营中，既提升了企业生产运营的信息化程度，又能产生技术进步效应，从而促进企业向低能源消耗的生产方式转变。本章的研究假说 1 得以基本证实。

(4)对应列结果显示，在其他条件不变的情况下，企业总产出(output)变量的系数在 1%水平上显著为负，同时企业人均资本存量(capital)和企业规模(size)两个变量的系数在 1%水平上显著为正，由于这三个变量在一定程度上反映企业现有生产经营规模和技术水平，因此也可能意味着企业生产运营的信息化程度提高有两种相反的效应存在：①生产中 ICT 的广泛和深入应用推动了生产的自动化和智能化，由此产生的技术进步效应，不仅可以改善企业生产的流程还能提升企业的要素配置效率，这会使企业总产出增加，产出增加引致的规模经济使企业能源强度下降；②企业人均资本存量和雇佣人员增加，意味着在生产中投入更多的劳动和资本要素，在技术一定的情况下，必然会增强企业能源消耗(Bloom et al., 2010)。这两种效应究竟哪个占主导非本章关注的重点，但在控制两种效应的情况下，从本章的回归结果看企业生产运营中应用 ICT 程度的提高可以促使企业能源强度降低。

表 4-2 中(4)对应列还表明，国外技术授权(lic)和企业内部研发(rd)都与企业能源强度负相关，并至少在 5%水平上显著，这说明企业引入国外先进的生产技术，或者在企业内部实施研发活动来推动企业生产技术进步，都可以降低企业能源强度。本章所得的这个研究结论与 Fisher-Vanden 等(2006)采用 1997～1999 年中国工业企业层面数据对企业能源强度所进行的研究发现一致，他们认为由能源部门

研发活动支出所推动的技术创新是企业能源强度下降的主要驱动因素之一，且技术变革对能源强度下降的贡献达到 17%。本章的研究还发现，非国有股份所占比例(private)变量的系数在 1%水平上显著为负，即非国有股份所占比例越高则企业能源强度越低，本章的这个结论也印证了已有研究中关于国有企业所有制改革的确推动了中国工业企业能源强度下降的观点(Fisher-Vanden et al.，2006)。

对于环境规制(er)变量，本章中政府环境规制变量的系数在 5%水平上显著为负，这说明"十一五"时期中央政府实施的环境规制，促使了地方政府更加严格执行环境监管和执法，从而降低了企业污染排放和能源消耗。这说明只要制定的环境规制政策得到规范执行，则政策就可以发挥对企业节能减排的约束力。而能源与燃料价格(price)系数符号为正，结果出乎本章的意料。本章认为这可能是能源要素市场扭曲所致(林伯强和杜克锐，2013)。企业成立年限(age)变量的系数虽然为负，但在统计上都不显著。

此外，根据表 4-2 可知企业能源强度变量存在删截特征，为此本章采用 Tobit 模型进行回归，结果汇报在表 4-2 中(5)对应列，结果表明替换回归方法后，所得结论与使用 OLS 模型回归结果相一致，企业应用 ICT 程度变量与能源强度显著负相关，再次表明在生产过程中提高 ICT 的应用广度和深度，可能是企业提升能源效率的有效途径。其他控制变量的符号和显著性也与 OLS 模型回归基本一致。

表 4-2 企业应用 ICT 程度对能源强度影响的基准回归结果

变量	(1)	(2)	(3)	(4)	(5)
ict_{0-1}	-1.2557^{***}				
	(0.3269)				
ict		-0.9617^{***}	-0.5307^{***}	-0.5219^{***}	-0.5219^{***}
		(0.1065)	(0.1176)	(0.1362)	(0.1340)
age	−0.4561		−0.3614	−0.4504	−0.4504
	(0.3051)		(0.2881)	(0.3068)	(0.3020)
output	-1.7075^{***}		-1.7439^{***}	-1.7129^{***}	-1.7129^{***}
	(0.1554)		(0.1710)	(0.1564)	(0.1540)
capital	0.7303^{***}		0.7970^{***}	0.7542^{***}	0.7542^{***}
	(0.1126)		(0.0970)	(0.1143)	(0.1125)
size	1.4765^{***}		1.4404^{***}	1.5052^{***}	1.5052^{***}
	(0.2193)		(0.2362)	(0.2189)	(0.2155)
lic	-0.8170^{**}		-0.5895^{**}	-0.7473^{**}	-0.7473^{**}
	(0.3185)		(0.2849)	(0.3238)	(0.3187)
rd	-0.8990^{***}		-0.8023^{**}	-0.8165^{***}	-0.8165^{***}
	(0.2860)		(0.3184)	(0.2884)	(0.2839)

续表

变量	(1)	(2)	(3)	(4)	(5)
private	−0.1001***		−0.0951***	−0.0951***	−0.0951***
	(0.0101)		(0.0102)	(0.0104)	(0.0102)
er	−1.0713**		−0.4281	−1.0967**	−1.0967**
	(0.4442)		(0.2787)	(0.4388)	(0.4320)
price	0.0872		−0.0030	0.0813	0.0813
	(0.1250)		(0.0445)	(0.1290)	(0.1270)
_cons	24.3058*	6.9420***	34.4391***	25.3999*	25.1977*
	(14.3832)	(0.5742)	(5.6173)	(14.8684)	(14.5947)
industry	是	是	否	是	是
province	是	是	否	是	是
N	1195	1377	1195	1195	1195
F	28.3181	24.1597	43.5398	28.6751	45.9172
Adj R^2	0.2652	0.1132	0.2374	0.2680	

注：(1) 括号里为在企业四位代码产品层面的聚类标准误

(2) ict-企业应用 ICT 程度；age-企业成立年限；output-企业总产出；capital-企业人均资本存量；size-企业规模；lic-国外技术授权；rd-企业内部研发；private-非国有股份所占比例；er-环境规制；price-能源与燃料价格；_cons-常数项；industry-行业；province-省(区、市)；*N*-样本量；*F*-*F* 检验

*表示在 10%水平上显著；**表示在 5%水平上显著；***表示在 1%水平上显著

2. 内生性问题处理

1) 工具变量方法

表 4-2 中的初步回归结果显示，总体而言，企业应用 ICT 程度与企业能源强度之间存在显著负相关关系，但模型(1)可能存在内生性问题：一些不可观测的生产经营问题可能同时影响企业应用 ICT 程度和能源强度，存在遗漏变量问题；生产中能源强度较小的企业往往可能就是技术先进的企业，本身这样的企业在生产经营中应用 ICT 程度也较高，因此存在联立性偏误。

本章采用 2005 年世界银行在中国 120 个城市[①]进行的“营商环境”调查数据构建 IT 指数(ictindex)作为 2012 年企业应用 ICT 的工具变量。采用 2005 年城市层面的 IT 指数作为工具变量是基于如下三点考虑：①满足工具变量的“相关性”条件。企业在生产运营中采用的技术往往与该城市同行业企业生产技术有一定的渊源，那么 2005 年的城市-企业层面 IT 指数不仅反映了过去该城市企业 ICT 的应用状况，而且也会影响 2012 年所在城市企业生产运营使用 ICT 的状况。②符合工

① 世界银行 2012 年调查的 25 个城市都包含在 2005 年所调查的 120 个城市中。

具变量“外生性”假设要求。一般而言，2005 年的城市-企业层面 IT 指数对于 2012 年企业的能源强度影响程度较小。③数据的可获性。截至目前，世界银行在中国进行过 4 轮企业层面调查，但 2001 年及 2003 年的两轮调查样本企业所在城市分别为 5 个和 18 个，难以与 2012 年的调查进行匹配。并且在 4 轮调查中，也仅在 2005 年的调查问卷中有关于企业接受正规 IT 培训的劳动力比例和企业经常使用计算机的员工比例问题。因此，按照世界银行 2007 年的方法将这两项不同的指标在城市-企业层面进行加总，然后得出该变量的地区平均值——城市-企业层面的 IT 指数。

需要说明的是，在“恰好识别”的情况下，很难从统计上验证工具变量的外生性假设是否得到满足。本章借鉴方颖和赵扬(2011)的思路，将企业能源强度同时回归于企业应用 ICT 程度和工具变量。如果工具变量仅通过企业应用 ICT 程度间接影响企业能源强度，那么在上述回归方程中，控制企业应用 ICT 程度的情况下，工具变量应该对企业能源强度影响不显著。验证工具变量“外生性”的回归结果，汇报在表 4-3 中。(1)对应列结果显示，本章的工具变量城市-企业层面 IT 指数不显著，企业应用 ICT 程度变量显著为负。(2)和(3)对应列结果表明，当企业能源强度与企业应用 ICT 程度、城市-企业层面 IT 指数分别进行回归时，两者都很显著。这说明本章的工具变量并不直接影响企业能源强度，而仅仅通过企业应用 ICT 程度影响企业能源强度。

有研究者认为上述逐步检验的方式不够稳健(林建浩和赵子乐，2017)，在放松了工具变量的外生性条件下，Conley 等(2012)认为工具变量可以是近似外生的。因此，本章采用 Conley 等(2012)提出的近似零方法(LTZ)进行检验，结果呈现在表 4-3 的(4)对应列中，回归再次表明，在近似外生的情况下，本章的核心解释变量——企业应用 ICT 程度变量依然显著为负。综上可以看出，本章所选工具变量的外生性得以保证。

表 4-3 验证工具变量的外生性

变量	(1)	(2)	(3)	(4)
ict	–0.4925***	–0.5219***		–2.230**
	(0.1352)	(0.1362)		(0.9663)
ictindex	–2.0115		–3.9910**	
	(1.6117)		(1.5867)	
age	–0.4514	–0.4504	–0.4975	–0.3200
	(0.3064)	(0.3068)	(0.3094)	(0.2878)
output	–1.7052***	–1.7129***	–1.6744***	–1.5418***
	(0.1570)	(0.1564)	(0.1565)	(0.2145)

续表

变量	(1)	(2)	(3)	(4)
capital	0.7507***	0.7542***	0.7073***	0.8272***
	(0.1156)	(0.1143)	(0.1078)	(0.1243)
size	1.4923***	1.5052***	1.3800***	1.5681***
	(0.2217)	(0.2189)	(0.2162)	(0.2365)
lic	−0.7476**	−0.7473**	−0.9551***	0.2644
	(0.3255)	(0.3238)	(0.2964)	(0.6371)
rd	−0.7837***	−0.8165***	−0.9336***	−0.3213
	(0.2890)	(0.2884)	(0.2875)	(0.4398)
private	−0.0953***	−0.0951***	−0.1031***	−0.0670***
	(0.0103)	(0.0104)	(0.0100)	(0.0182)
er	−0.9372**	−1.0967**	−0.5391	−0.5693
	(0.4438)	(0.4388)	(0.4465)	(0.3896)
price	0.0808	0.0813	0.0782	−0.0691
	(0.1293)	(0.1290)	(0.1323)	(0.0652)
_cons	25.5918*	25.3999*	25.1207*	40.1906***
	(14.8736)	(14.8684)	(15.1100)	(7.1426)
industry	是	是	是	否
province	是	是	是	否
N	1195	1195	1210	
F	28.1942	28.6751	24.5154	
r2_a	0.2681	0.2680	0.2561	

注：(1)括号里为在企业四位代码产品层面的聚类标准误

(2)在采用 LTZ 方法检验时，模型要求行业及省(区、市)虚拟变量不能纳入，且其他检验结果也不再呈现

(3)ict-企业应用 ICT 程度；ictindex-IT 指数；age-企业成立年限；output-企业总产出；capital-企业人均资本存量；size-企业规模；lic-国外技术授权；rd-企业内部研发；private-非国有股份所占比例；er-环境规制；price-能源与燃料价格；_cons-常数项；industry-行业；province-省(区、市)；*N*-样本量；*F*-*F* 检验

*表示在 10%水平上显著；**表示在 5%水平上显著；***表示在 1%水平上显著

接下来，本章采用两阶段最小二乘法对模型(1)进行估计。结果汇报在表 4-4 中，从表 4-4 中(1)和(2)对应列可以看出，第一阶段回归结果中本章选择工具变量与内生变量显著正相关，满足相关性假设。第二阶段回归结果显示企业应用 ICT 程度变量的系数符号为负，并且在 5%水平上显著。本章认为，在降低企业能源强度上，企业应用 ICT 程度的提高，可以在三个方面发挥降低企业能源强度的作用：①在生产运营中广泛采用 ICT 就需要对已有的生产设备进行维护或替换，更新替代过时管理技术，进而提升企业生产技术；②ICT 融入生产中，还将通过流程再造或精简来改善生产过程的一体化，进而优化生产流程和要素配置；③由此企业

应用 ICT 程度提高就可以通过技术进步、流程及要素配置优化、对原材料的投入和产品的生产进行精确控制，进而实现最小化产品废品率或最大化原材料产出率，这将在提升企业生产率的同时，降低企业能源强度。

本章的结论与谢康等(2012)采用中国省际层面数据所得结论并不完全一致。谢康等(2012)的研究虽然发现工业化与信息化融合可以降低单位 GDP 电力消费和能源消耗，但影响力较小，且不具统计显著性。而本章回归结果表明，控制其他条件不变，企业应用 ICT 程度每增加 1 倍的标准差(1.42)，则企业能源强度将降低 0.23 倍的标准差①，这个结果不仅在统计上显著，而且如果考虑到中国工业部门能源消耗强度超出世界平均水平的 40%(魏楚和郑新业，2017)，尤其考虑到 2011 年中国制造业部门巨大的能源消费量②，那么这个下降水平对中国工业总能源消耗下降的贡献不容忽视。回归结果还意味着在工业企业中推进“两化融合”，将产生巨大的节能效应和经济贡献，实现企业经济绩效与环境绩效的“双赢”。这也再次证实了本章的研究假说 1。

表 4-4　企业应用 ICT 程度与能源强度关系的工具变量回归结果

变量	(1) 第一阶段回归	(2) 第二阶段回归
ict		-1.0863^{**}
		(0.4945)
ictindex	3.3875^{***}	
	(0.44837)	
age	0.0385	−0.4285
	(0.0734)	(0.3051)
output	0.0474	-1.6770^{***}
	(0.0346)	(0.1640)
capital	0.0402	0.7746^{***}
	(0.0266)	(0.1166)
size	0.1262^{***}	1.5673^{***}
	(0.0476)	(0.2095)
lic	0.5247^{***}	−0.4361
	(0.0810)	(0.4165)
rd	0.1398^{*}	-0.7006^{**}
	(0.0815)	(0.3075)

① 计算方法为 $(\hat{\sigma}_{ict}/\hat{\sigma}_{ee})\times\hat{\beta}$ 。

② 根据 2012 年《中国统计年鉴》数据测算，2010 年中国制造业部门消耗能源约为 1.88 亿吨标准煤，占当年能源消费总量的 58%。

续表

变量	(1) 第一阶段回归	(2) 第二阶段回归
private	0.0162***	–0.0857***
	(0.0015)	(0.0131)
er	–1.0047***	–1.5338**
	(0.1383)	(0.6006)
price	–0.0018	0.0797
	(0.0432)	(0.1275)
_cons	2.0237	26.5864*
	(4.8498)	(14.7652)
industry	是	是
province	是	是
N	1195	1195
不可识别检验 Kleibergen-Paap rk LM 统计量	17.406***	
弱工具变量检验 Kleibergen-Paap rk Wald F 统计量 Cragg-Donald Wald F 统计量	49.048*** 60.239***	
稳健弱识别检验 Anderson-Rubin Wald 检验	5.29**	
Adj R^2		0.2539

注：(1)括号里为在企业四位代码产品层面的聚类标准误

(2)Kleibergen-Paap rk Wald F 统计量和 Cragg-Donald Wald F 统计量的原假设为工具变量为弱识别，中括号里是 Stock-Yogo 检验在 10%水平上的临界值

(3)ict-企业应用 ICT 程度；ictindex-IT 指数；age-企业成立年限；output-企业总产出；capital-企业人均资本存量，size-企业规模；lic-国外技术授权；rd-企业内部研发；private-非国有股份所占比例；er-环境规制；price-能源与燃料价格；_cons-常数项；industry-行业；province-省(区、市)；N-样本量

*表示在 10%水平上显著；**表示在 5%水平上显著；***表示在 1%水平上显著

在表 4-4 的下方汇报了对工具变量的相关性和弱工具变量检验：①利用 Kleibergen-Paap rk LM 统计量进行不可识别检验(Kleibergen and Paap，2006)，检验结果在 1%水平上拒绝了“工具变量不可识别”的原假设；②利用 Kleibergen-Paap rk Wald F 统计量和 Cragg-Donald Wald F 统计量进行弱工具变量检验，在只有一个内生变量的情况下，根据 Stock 和 Yogo(2005)提供的最小特征值统计量的临界值，可以看出这两个统计量均大于 10%水平上的临界值，因此以上证据可以强烈拒绝工具变量是弱的原假设；③利用 Anderson-Rubin Wald 检验，结果表明在 5%水平上拒绝了“内生回归系数之和等于 0”的原假设，这更进一步说明本章选择的工具变量与内生变量之间存在较强的相关性。根据以上三种检验，本章可以有

信心地推断本章使用的工具变量不仅是合适的，而且工具变量回归结果再次证实了企业生产中应用 ICT 程度的提高有助于企业能源强度下降。

2) 面板数据固定效应回归方法

在控制了企业、地区及行业特征变量后，本章采用工具变量法缓解了模型中存在的内生性问题。本章还采用固定效应模型消除其他不随时间变化的企业特征，从而进一步缓解遗漏变量造成的内生性问题。具体而言，本章采用 2001 年世界银行在中国 5 个城市(北京、成都、广州、上海和天津)对 1548 家企业进行的“竞争力、技术与企业关联”调查数据进行检验。在 2001 年的调查问卷中，调查员详细询问了受调查企业在 1998～2000 年有关 ICT(不包括办公设备)投资、企业销售收入、出口、能源消耗、雇佣人数及企业内部研发等方面的情况，据此本章根据这些指标建立一个 3 年期非平衡面板数据。

在具体的固定效应回归中，本章以企业 ICT 投资与其他生产机器设备投资之比(invict)度量企业 ICT 应用程度。一般而言，如果企业 ICT 投资与其他生产机器设备投资之比越大，那么这在一定程度上意味着企业生产中应用 ICT 程度将越高。本章构建的回归模型如下：

$$\mathrm{ee}_{cit} = \alpha + \beta \mathrm{invict}_{cit} + X'_{cit}\kappa + \mathrm{city}_i + \mathrm{year}_t + \zeta_{cit} \tag{4-2}$$

式中，α 为常数项；β 为核心自变量的回归系数；κ 为控制变量的回归系数；city_i 为城市虚拟变量；year_t 为年份虚拟变量；ee_{cit} 为 c 城市、i 企业第 t 年的能源强度，其度量方式与式(4-1)中能源强度测度方式相同。X'_{cit} 为一系列控制变量，包括企业成立年限(age)、企业规模(size)、企业总产出(output)、企业产能利用率(capacity)、企业是否出口(export)和企业内部研发(rd)，企业成立年限、企业规模和企业总产出三个变量的度量方式与模型(1)相同，企业产能利用率采用问卷中关于企业的产能利用率问题度量，企业产品出口额不等于 0，本章将其重新赋值为 1，否则赋值为 0；企业内部研发也采用类似的度量方式。在模型中本章还控制了企业所在城市的虚拟变量(city)和年份虚拟变量(year)，以缓解不可观测的不同城市的能源或环境政策及随时间而变化的宏观经济环境对企业能源强度的影响。ζ_{cit} 为随机误差项。

回归结果呈现在表 4-5 中，(1)和(2)对应列结果表明，在其他条件不变的情况下，企业 ICT 投资与其他生产机器设备投资之比越高，则企业能源强度和能源消耗量都会显著降低。企业 ICT 投资与其他生产机器设备投资之比每提高 1%，则企业能源强度和能源消耗量将分别降低 5.88%和 0.30%。考虑到 1998～2000 年 ICT 在制造业的扩散尚处于开始阶段，这一回归结果可能意味着即使在 ICT 扩散的初始阶段，如果将 ICT 应用于生产制造中，那么随着 ICT 在生产制造中应用程度的提高，企业单位能源消耗将显著下降。在表 4-5 中(3)对应列，本章继续采用企业能源消耗与企业原料等中间投入品和劳动力成本之比度量企业能源强度，回归结果显示企业应用 ICT 程度提高对企业能源强度具有较小的影响，但依然在 5%水平上显著为负。

表 4-5　企业应用 ICT 程度与能源强度关系的行业固定效应回归结果

变量	(1) 能源强度	(2) 能源消耗量	(3) 替换因变量
invict	−0.0588*	−0.0030***	−0.0001**
	(0.0289)	(0.0008)	(0.0000)
age	−0.0027	0.0015	−0.0001
	(0.0060)	(0.0058)	(0.0001)
size	−0.0317	0.0716	0.0016
	(0.1571)	(0.1971)	(0.0027)
output	−0.7409***	−0.3000*	−0.0086**
	(0.1939)	(0.1738)	(0.0033)
capacity	−0.0010	−0.0009	0.0000
	(0.0062)	(0.0085)	(0.0002)
capital	0.3636***	0.3421*	0.0088*
	(0.1227)	(0.1938)	(0.0048)
export	−0.2002	0.2681	−0.0080
	(0.5198)	(0.3962)	(0.0108)
rd	0.0185	0.7456**	0.0205**
	(0.2910)	(0.3416)	(0.0093)
_cons	4.1310***	1.5196	0.0202
	(1.2848)	(1.2946)	(0.0370)
city	是	是	是
year	是	是	是
N	926	952	948
F	4.7853	37.6482	45.2523
Adj R^2	0.0858	0.0593	0.0301

注：(1)括号里为在企业所属行业层面的聚类标准误

(2)invict-企业 ICT 投资与其他生产机器设备投资之比；age-企业成立年限；size-企业规模；output-企业总产出；capacity-企业产能利用率；capital-企业人均资本存量；export-企业是否出口；rd-企业内部研发；_cons-常数项；city-企业所在城市的虚拟变量；year-年份虚拟变量；*N*-样本量；*F*-*F* 检验

*表示在 10%水平上显著；**表示在 5%水平上显著；***表示在 1%水平上显著

总之，通过对模型中的联立性偏误和遗漏变量问题的处理，本章的回归结果都表明，企业应用 ICT 程度的提高对降低企业能源强度和能源消耗都有显著影响。因此可以认为本章的结论是稳健的。

3. 稳健性检验

为了保证表 4-2 中基准回归结果的可靠性，本章进行如下六种稳健性检验：

(1) 本章采用能源要素投入成本除以企业原材料及劳动力两项成本之和来衡量企业能源强度，这种度量方式的好处是可以消除具有竞争优势或垄断地位的企业通过控制产品价格，从而降低能源投入要素成本所占比例问题(Bloom et al., 2010)。回归结果汇报在表 4-6 中(1)对应列，结果显示在其他条件不变的情况下，企业生产运营中应用 ICT 程度变量与能源强度负相关，并在 1%水平上显著，这也说明无论企业是否在市场中具有垄断地位，提高企业生产运营中应用 ICT 的程度，都有助于降低企业能源强度。本章的假说 1 再次得到验证。

(2) 采用全要素能源效率替换能源强度。在基准回归中，本章采用企业能源成本除以销售收入进行测量能源强度是单要素分析法，这种测量方式的缺点是忽视了劳动、资本两种投入要素的贡献。结合使用的数据，本章采用 OLS 对企业全要素能源效率进行测算。本章将企业销售收入作为产出(Y)，同时以企业固定资产净值、企业雇佣的正式员工人数和企业能源投入成本作为资本(K)、劳动(L)和能源(E)三种生产要素。本章假设企业生产函数形式为 Cobb-Douglas 生产函数形式：

$$Y_i = A_i K_i^{\alpha} L_i^{\beta} E_i^{\gamma} \tag{4-3}$$

对式(4-3)取自然对数可以将其转化为线性形式。

$y_i = \alpha k_i + \beta l_i + \gamma e_i + v_i$ (其中小写字母表示取自然对数)对这个线性方程进行估计，通过计算残差可测得企业的全要素能源效率。然后将测得的全要素能源效率作为回归模型(1)的被解释变量，对模型(1)进行回归。结果汇报在表 4-6 中(2)对应列。结果显示企业应用 ICT 程度变量与企业全要素能源效率正相关，并在 1%水平上显著。这也意味着企业在生产中广泛应用 ICT 会促使资本、劳动和能源三要素在生产中更加协调，优化了生产要素配置，从而提升企业全要素能源效率。

(3) 考虑能源消耗总量。能源强度度量了企业单位产出的能源消耗情况，那么在应用 ICT 程度提高时是否同时降低了能源消耗总量还值得研究。为此，本章进一步将企业 2011 年在燃料(n2f)和电力(n2b)两个方面的成本支出加总，然后取自然对数作为企业能源消耗的衡量①。回归结果呈现在表 4-6 的(3)对应列，结果表明企业应用 ICT 程度提升不仅会降低单位产出能源消耗，而且还降低了企业生产中能源消耗总量。由于企业在生产运营中应用 ICT 更可能是以耗费电力为主，这里还将燃料排除后，单独采用电力成本支出的自然对数度量企业能源消耗。回归结果汇报在表 4-6 的(4)对应列，结果依然表明，生产运营中企业应用 ICT 程度变

① 本章稳健性检验中的不同方式度量的被解释变量与基准回归中的被解释变量存在显著相关性，检验结果留存备索。

量与电力消耗存在显著负相关关系。

(4) 替换解释变量。从广义上看，企业应用 ICT 程度还可以体现在企业原料采购、生产、配送及售后服务等多个环节中采用 ICT。因此通过 ICT 可以对产、供、销的全过程以及企业所有资源进行协调，使企业能够实施更先进的流程，实现“实时响应”的供应和需求综合管理流程(Khuntia et al.，2018)。即应用 ICT 的深化可以达到在整个供应链上优化企业资源，帮助企业进行精细化管理，在企业内部形成结构优化效应，促进企业能源强度降低。在调查问卷中，有关于企业资源计划(ERP)系统、供应链管理(SCM)系统和客户关系管理(CRM)系统等信息管理系统软件是否应用的问题(software)，据此，如果企业对该问题回答“是”则赋值为 1，否则赋值为 0。然后对式(4-1)回归，结果呈报在表 4-6 的(5)对应列，结果显示企业是否采用管理软件变量系数显著为负，表 4-2 中基准回归结果再次被证实。这也说明企业在经营管理中采用 ERP 等企业资源及供应链管理系统，将会通过在生产运营的诸多环节进行优化，产生结构优化效应，实现节能的目的。这与 Ollo-López 和 Aramendía-Muneta(2012) 使用 2009 年英法德等欧洲 6 国企业层面数据所得结论相似，他们发现在企业中应用 ERP 与 SCM 软件、射频标签(RFID)技术可以降低能源强度，不过他们还发现应用 CRM 反而恶化了能源效率。

表 4-6　替换变量度量方式的稳健性检验

变量	(1)	(2)	(3)	(4)	(5)
	替换因变量	全要素能源效率	能源消耗总量	电力消耗量	替换自变量
ict	−0.0268***	0.0279***	−0.1054***	−0.1035***	
	(0.0065)	(0.0060)	(0.0226)	(0.0209)	
software					−0.6612*
					(0.3511)
age	0.0090	0.0086	−0.0326	−0.0218	−0.5069*
	(0.0132)	(0.0156)	(0.0589)	(0.0524)	(0.3045)
output	0.0047	0.8942***	0.3995***	0.3652***	−1.6728***
	(0.0140)	(0.0130)	(0.0492)	(0.0451)	(0.1587)
capital	−0.0091	−0.2546***	0.2589***	0.2722***	0.7251***
	(0.0102)	(0.0100)	(0.0379)	(0.0323)	(0.1061)
size	−0.0169	−0.9571***	0.4919***	0.4974***	1.4330***
	(0.0193)	(0.0164)	(0.0620)	(0.0593)	(0.2147)
lic	−0.0149	0.0470**	−0.1776**	−0.3417***	−0.8351***
	(0.0108)	(0.0179)	(0.0677)	(0.0946)	(0.2971)
rd	−0.0450***	−0.0124	0.0469	0.1727***	−0.9501***
	(0.0106)	(0.0181)	(0.0685)	(0.0649)	(0.2868)

续表

变量	(1) 替换因变量	(2) 全要素能源效率	(3) 能源消耗总量	(4) 电力消耗量	(5) 替换自变量
private	–0.0066***	0.0038***	–0.0143***	–0.0124***	–0.1024***
	(0.0011)	(0.0004)	(0.0017)	(0.0018)	(0.0101)
er	0.0265	0.1005***	–0.3793***	–0.4478***	–1.1529**
	(0.0259)	(0.0322)	(0.1217)	(0.1132)	(0.4431)
price	–0.0058	–0.0085	0.0319	–0.0350	0.0803
	(0.0045)	(0.0116)	(0.0438)	(0.0415)	(0.1333)
_cons	1.4508***	–8.0275***	1.0578	8.4424*	25.2887
	(0.4697)	(1.2888)	(4.8657)	(4.6546)	(15.3669)
industry	是	是	是	是	是
province	是	是	是	是	是
N	1180	1216	1216	1287	1202
F	13.5168	499.8291	91.6922	102.5577	22.7908
Adj R^2	0.2501	0.9064	0.6033	0.5770	0.2525

注：(1)括号里为在企业所属行业层面的聚类标准误

(2)ict-企业应用 ICT 程度；software-ERP 系统、SCM 系统、CRM 系统等信息管理系统软件是否应用；age-企业成立年限；output-企业总产出；capital-企业人均资本存量；size-企业规模；lic-国外技术授权；rd-企业内部研发；private-非国有股份所占比例；er-环境规制；price-能源与燃料价格；_cons-常数项；industry-行业；province-省(区、市)；*N*-样本量；*F*-*F* 检验

*表示在 10%水平上显著；**表示在 5%水平上显著；***表示在 1%水平上显著

(5)考虑企业规模的影响。不同规模的企业生产中能源需求各异，伴随企业规模的增大，规模经济会降低企业能源强度(Bloom et al.，2010)。本章依据世界银行对调查企业的界定①，将雇佣人数小于 100 人的企业界定为中小型企业，否则界定为大型企业。然后再分别进行回归，结果汇报在表 4-7 中(1)和(2)对应列。结果表明，企业生产运营过程中应用 ICT 程度与企业能源强度显著负相关，这与表 4-2 基准回归结果及先前的稳健性检验结果一致。同时，对大型企业而言，本章的核心变量企业应用 ICT 的回归系数大于中小型企业的回归系数，这也许说明 ICT 在降低企业能源强度的作用上确实存在规模效应。

(6)考虑企业成立年限的影响。一般而言，成立年限短或者进行过技术改造的企业，在生产及管理上更高效。例如，成立年限较短的企业倾向于采用较先进的机器设备和技术进行生产，而先进的设备和技术一般又是能源节约型的。当然，成立年限较长的企业在生产管理中相关的制度又相对完善，对节约能源的管理意识也可

① 世界银行对企业规模定义分为 3 类：小微型企业(雇佣 5～9 人)、中型企业(雇佣 20～99 人)和大型企业(雇佣超过 100 人)。

能较高，这或许也能降低企业能源强度。本章根据企业成立年限的平均值(平均成立年限为 12.068)将样本企业区分为两组，如果企业成立年限低于全部样本企业成立年限的均值，本章将其界定为处于成长期企业，反之界定为成熟期企业，然后分别进行回归，结果汇报在表 4-7 的(3)和(4)对应列。回归结果表明企业应用 ICT 程度与企业能源强度呈显著负相关。前述表 4-2 基准回归结果再次得到印证。

表 4-7　区分企业规模与成立年限的稳健性检验

变量	(1) 中小型	(2) 大型	(3) 成长期	(4) 成熟期
ict	−0.4568**	−0.6298***	−0.5552***	−0.5036**
	(0.1745)	(0.1876)	(0.1908)	(0.2021)
age	−1.2156**	0.2005	−1.3115***	−0.9515
	(0.4724)	(0.3854)	(0.4902)	(0.8479)
output	−1.5786***	−1.8935***	−2.0091***	−1.3527***
	(0.2362)	(0.2306)	(0.1822)	(0.3238)
capital	0.7541***	0.7694***	0.8428***	0.6907***
	(0.1654)	(0.1703)	(0.1317)	(0.2025)
size	1.4025***	1.2535***	1.7324***	1.2340***
	(0.4064)	(0.3304)	(0.2914)	(0.3950)
lic	−0.6158	-0.5815	−0.3073	−1.3465**
	(0.5344)	(0.4254)	(0.4571)	(0.5225)
rd	−1.0647**	−0.4924	−1.0998***	−0.3726
	(0.4521)	(0.4176)	(0.3393)	(0.5477)
private	−0.1104***	−0.0749***	−0.0885***	−0.1056***
	(0.0161)	(0.0213)	(0.0118)	(0.0216)
er	−1.3183*	−0.8311	−0.8250	−1.9286**
	(0.7811)	(0.6735)	(0.6994)	(0.7943)
price	−0.0881	0.2400	0.0926	0.3767*
	(0.1959)	(0.2549)	(0.1472)	(0.1948)
_cons	46.7520**	7.6322	27.2355*	−7.3088
	(21.4479)	(31.1678)	(15.7344)	(25.0330)
industry	是	是	是	是
province	是	是	是	是
N	645	550	773	422
F	9.7575	19.9054	28.1931	14.7209
Adj R^2	0.2508	0.2825	0.2777	0.2490

注：(1)括号里为在企业所属行业层面的聚类标准误

(2)ict-企业应用 ICT 程度；age-企业成立年限；output-企业总产出；capital-企业人均资本存量；size-企业规模；lic-国外技术授权；rd-企业内部研发；private-非国有股份所占比例；er-环境规制；price-能源与燃料价格；_cons-常数项；industry-行业；province-省(区、市)；*N*-样本量；*F*-*F* 检验

*表示在 10%水平上显著；**表示在 5%水平上显著；***表示在 1%水平上显著

4. 行业异质性分析

(1)从企业资本密集程度看，不同行业在生产过程中使用的资本密集程度具有差异性。例如，为保障产品的品质，在精密仪器仪表及装备制造行业的生产过程中，企业会更多地采用自动化设备进行生产，而在劳动密集型行业中，企业可能更倾向于采用劳动代替资本进行生产。为此，本章参照戴觅等(2014)的分类方法，将样本企业分为资本密集型、劳动密集型和中间行业三个类别，并将中间行业作为参照组。然后将企业应用ICT程度变量与资本密集型、劳动密集型两个虚拟变量进行交互(ict*capital、ict*labor)。结果汇报在表4-8中(1)对应列，结果表明，在其他条件不变的情况下，企业应用ICT程度变量的系数在5%水平上显著为负。同时，本章还发现，相对于中间行业，企业应用ICT程度变量与资本密集型行业、劳动密集型行业的交互项的系数一负一正，但都不显著。这表明相对于中间行业而言，企业应用ICT产生的节能效应，在资本密集型和劳动密集型行业中不存在差别。本章的这一结论也意味着无论是在资本密集型行业，还是在其他任何制造业行业中推进“两化融合”都将有助于中国工业节能目标的实现。

(2)从企业能耗高低看，在《中华人民共和国2010年国民经济和社会发展统计公报》中认定了“化学原料及化学制品制造业等6个行业为高耗能行业”。据此，本章根据企业所属行业的2位代码，如果属于这6个行业，本章就界定其为高耗能企业，并赋值为1，否则为低耗能企业，并赋值为0。然后将企业应用ICT程度变量与高能耗行业虚拟变量交互(ict*high)。回归结果展示在表4-8中(2)对应列，结果依然表明企业应用ICT程度与企业能源强度的关系显著为负，本章的假说1再次得到验证。同时企业应用ICT程度变量与高能耗行业虚拟变量的交互项(ict*high)系数为负，但不显著，这意味着企业应用ICT带来的能源强度的下降，在不同能耗行业中可能不存在差异。

表4-8 企业应用ICT程度影响企业能源强度的行业异质性检验

变量	(1) 资本密集程度	(2) 能耗高低
ict	-0.4499^{**}	-0.4938^{***}
	(0.2252)	(0.1437)
age	−0.4415	−0.4522
	(0.3079)	(0.3061)
output	-1.7122^{***}	-1.7119^{***}
	(0.1578)	(0.1563)
capital	0.7426^{***}	0.7548^{***}
	(0.1154)	(0.1144)

续表

变量	(1) 资本密集程度	(2) 能耗高低
size	1.4973***	1.5044***
	(0.2175)	(0.2193)
lic	–0.7621**	–0.7533**
	(0.3228)	(0.3217)
rd	–0.8038***	–0.8168***
	(0.2917)	(0.2882)
private	–0.0951***	–0.0953***
	(0.0103)	(0.0104)
er	–1.0563**	–1.0958**
	(0.4405)	(0.4381)
price	0.0894	0.0809
	(0.1277)	(0.1290)
ict*capital	–0.3104	
	(0.2705)	
ict*labor	0.0806	
	(0.2738)	
ict*high		–0.0843
		(0.2481)
_cons	24.4261*	25.4477*
	(14.6944)	(14.8656)
industry	是	是
province	是	是
N	1195	1195
F	35.2505	30.7555
Adj R^2	0.2684	0.2674

注：(1)括号里为在企业所属行业层面的聚类标准误

(2)ict-企业应用 ICT 程度；age-企业成立年限；output-企业总产出；capital-企业人均资本存量；size-企业规模；lic-国外技术授权；rd-企业内部研发；private-非国有股份所占比例；er-环境规制；price-能源与燃料价格；_cons-常数项；industry-行业；province-省(区、市)；N-样本量；F-F 检验

*表示在 10%水平上显著；**表示在 5%水平上显著；***表示在 1%水平上显著

4.5　企业应用 ICT 程度对能源强度影响的机制检验

根据前面的内在机制分析，企业应用 ICT 程度提高之所以可以产生节能效应，

是由于生产运营中应用 ICT 产生了技术进步效应和结构优化效应。具体而言，这两种效应分别会通过支持企业更新技术及机器设备和提高企业生产运营的柔性而产生，这两种效应都促进了企业能源强度的降低。本章将通过构建中介效应模型分析对上述两种影响机制进行检验。

在调查问卷中，有关于 ICT 对企业内部创新活动的支持程度问题：①对引入用于产品或工艺改进的新技术和机器设备(tec-equ)的支持程度；②对采取措施提高企业生产运营柔性(flexible)的支持程度，企业对应选项为“从不使用”、“偶尔使用”和“大量使用”，据此本章对这三个选项分别赋值为 1、2 和 3，数值越大表明 ICT 对该项活动的支持力度越大，因此越可能产生技术进步效应和结构优化效应。

对于中介效应的检验，本章采用温忠麟和叶宝娟(2014)修订了 Baron 和 Kenny(1986)的逐步法后提出的中介效应检验方法，这种方法在研究中已被广泛采用(林建浩和赵子乐，2017)。本章的中介效应检验方程有三个，其中式(4-4)与式(4-1)相同。mediation 表示上面的两个中介变量，其他控制变量与式(4-1)相同。

$$\mathrm{ee}_{jic} = \alpha + \beta \mathrm{ict}_{jic} + X'_{jic}\gamma + \mu_{jic} \tag{4-4}$$

$$\mathrm{mediation}_{jic} = \rho + \varphi \mathrm{ict}_{jic} + X'_{jic}\kappa + \omega_{jic} \tag{4-5}$$

$$\mathrm{ee}_{jic} = \phi + \beta' \mathrm{ict}_{jic} + \psi \mathrm{mediation}_{jic} + X'_{jic}\eta + \xi_{jic} \tag{4-6}$$

检验的步骤如下：第一步是检验式(4-4)中的系数 β，如果显著，则中介效应成立，并进行后续检验；第二步依次检验式(4-5)中的系数 φ 和式(4-6)中的系数 ψ，如果两个都显著，则意味着间接效应显著，并进行第四步检验，如果至少有 1 个不显著，则进行第三步检验；第三步用 Bootstrap 法直接检验原假设，$\varphi \times \psi = 0$，如果显著，则间接效应显著，进行第四步，否则停止分析；第四步检验式(4-6)中的系数 β'，如果不显著，则直接效应不显著，表明模型只存在中介效应，如果显著，则需要进行下一步检验；第五步比较 $\varphi \times \psi$ 和 β' 的符号，如果符号一致，则意味着存在部分中介效应，并汇报中介效应占总效应的比例 $\varphi \times \psi / \beta$，如果符号相异，则存在遮掩效应，此时要报告间接效应和直接效应之比的绝对值 $|\varphi \times \psi / \beta'|$。

中介效应检验结果汇报在表 4-9 中，对于企业应用 ICT 所引致的技术进步效应，表 4-9 中(1)对应列第一步检验结果表明企业应用 ICT 程度变量的系数为负，并在 1%水平上显著，这意味着企业应用 ICT 程度对企业能源强度的影响存在中介效应。在(2)和(3)对应列第二步依次检验中，本章发现企业应用 ICT 程度变量对中介变量的作用显著。这与已有文献研究结论一致，企业应用 ICT，通过优化要素组合及降低技术转化成本，促进了企业技术进步和创新(韩先锋等，2014；张龙鹏和周立群，2016)。但中介变量(tec-equ)的系数不显著，本章继而采用 Bootstrap 法间接检验效应是否显著，结果拒绝原假设，这表明间接效应显著，即企业应用

ICT 程度提升将通过支持企业的升级和机器设备降低能源强度。第四步和第五步检验表明 $\varphi \times \psi$ 的系数符号与 β' 的符号一致且显著，这意味着中介变量存在部分中介效应，前面理论分析的假说 2 得以验证。这意味着作为一种有偏的技术进步，企业在生产运营中广泛应用 ICT，不仅引发生产范式的变革，还会促进企业更新生产技术和机器设备，这都有助于降低企业能源强度。根据第五步，本章的检验结果还表明由 ICT 应用引致的技术进步的中介效应占总效应的比例为 5.99%。

对于通过支持企业生产运营柔性(flexible)产生的结构优化中介效应检验。表 4-9 中(4)对应列表明中介效应存在。(5)对应列结果表明，企业应用 ICT 程度提升可以显著促进企业生产运营柔性。可能的原因是企业在生产运营中更多应用 ICT，通过与其他生产要素进行组合及重构业务流程，进而触发产生新的生产范式，这将使企业在应对市场需求变化中能灵活调整生产节奏，进而提升企业生产运营柔性和组织运行效率(王永进等，2017)。(6)对应列显示，企业生产运营柔性变量系数为负，并在 10%水平上显著，表明中介变量的间接效应显著。同时企业应用 ICT 程度变量也显著为负，因此可以推定企业生产运营柔性变量对降低企业能源强度的影响具有部分中介效应。本章微观机制分析中提出的研究假说 2 再次被证实。这也意味着提升企业应用 ICT 程度，促进 ICT 与生产运营各个流程的深度融合，不仅提高了企业生产柔性水平，使企业可以根据市场需求变化实时调整生产运营计划，而且这种敏捷的流程控制在其他条件不变的情况下，使企业单位产出的能源消耗下降。根据第五步，本章的检验结果还表明中介效应占总效应的比例为 12.32%。

表 4-9　企业应用 ICT 程度影响企业能源强度的机制检验

变量	更新技术与机器设备			提升生产运营的柔性		
	(1)	(2)	(3)	(4)	(5)	(6)
ict	-0.5219^{***}	0.1837^{***}	-0.5274^{***}	-0.5219^{***}	0.1451^{***}	-0.4981^{***}
	(0.1362)	(0.0191)	(0.1578)	(0.1362)	(0.0200)	(0.1527)
tec-equ			−0.1703			
			(0.2482)			
flexible						-0.4432^{*}
						(0.2345)
age	−0.4504	0.0389	−0.4600	−0.4504	0.0350	−0.4478
	(0.3068)	(0.0316)	(0.3566)	(0.3068)	(0.0317)	(0.3550)
output	-1.7129^{***}	0.0318^{*}	-1.8327^{***}	-1.7129^{***}	0.0091	-1.8162^{***}
	(0.1564)	(0.0175)	(0.1768)	(0.1564)	(0.0180)	(0.1787)
capital	0.7542^{***}	0.0267	0.8367^{***}	0.7542^{***}	0.0121	0.8242^{***}
	(0.1143)	(0.0162)	(0.1298)	(0.1143)	(0.0182)	(0.1241)

续表

变量	更新技术与机器设备			提升生产运营的柔性		
	(1)	(2)	(3)	(4)	(5)	(6)
size	1.5052***	0.0004	1.5444***	1.5052***	0.0009	1.5239***
	(0.2189)	(0.0192)	(0.2367)	(0.2189)	(0.0236)	(0.2342)
lic	–0.7473**	0.2935***	–0.3868	–0.7473**	0.3128***	–0.3287
	(0.3238)	(0.0650)	(0.3674)	(0.3238)	(0.0576)	(0.3570)
rd	–0.8165***	0.2804***	–0.8980***	–0.8165***	0.1829***	–0.8722***
	(0.2884)	(0.0474)	(0.3349)	(0.2884)	(0.0472)	(0.3242)
private	–0.0951***	0.0027***	–0.0970***	–0.0951***	0.0048***	–0.0951***
	(0.0104)	(0.0005)	(0.0127)	(0.0104)	(0.0006)	(0.0128)
er	–1.0967**	–0.1799**	–1.0931**	–1.0967**	0.2726**	–0.9150**
	(0.4388)	(0.0836)	(0.4447)	(0.4388)	(0.1084)	(0.4332)
price	0.0813	0.0961***	0.0979	0.0813	–0.0405*	0.0623
	(0.1290)	(0.0191)	(0.1318)	(0.1290)	(0.0238)	(0.1373)
_cons	25.3999*	–10.4384***	24.8911	25.3999*	4.2115	28.4980*
	(14.8684)	(2.2366)	(15.9912)	(14.8684)	(2.8405)	(16.2404)
industry	是	是	是	是	是	是
province	是	是	是	是	是	是
Bootstrap 法	Z=–3.54，P=0.000			Z=–4.86，P=0.000		
N	1195	1138	1017	1195	1140	1020
F	28.6751	83.3447	23.7124	28.6751	73.4629	22.7672
Adj R^2	0.2680	0.3371	0.2930	0.2680	0.2382	0.2950

注：(1)括号里为在企业所属行业层面的聚类标准误

(2)ict-企业应用 ICT 程度；tec-equ-用于产品或工艺改进的新技术和机器设备；flexible-企业生产运营柔性；age-企业成立年限；output-企业总产出；capital-企业人均资本存量；size-企业规模；lic-国外技术授权；rd-企业内部研发；private-非国有股份所占比例；er-环境规制；price-能源与燃料价格；_cons-常数项；industry-行业；province-省(区、市)；N-样本量；F-F 检验

*表示在 10%水平上显著；**表示在 5%水平上显著；***表示在 1%水平上显著

4.6 主要结论与启示

在“十三五”规划中中国政府强调“推进信息技术与制造技术深度融合，促进制造业朝高端、智能、绿色方向发展”。中国企业实践的个案也发现生产运营的信息化促进了节能减排①，然而具有普遍意义的微观层面经验证据较为匮乏。为了

① 工业和信息化部网站. 两化融合促进节能减排经验交流会在北京召开. http://www.gov.cn/gzdt/2010-09/28/content_1712265.htm.

理解中国企业生产运营中应用 ICT 的节能效应，本章使用世界银行提供的 2001 年和 2012 年中国制造业企业调查数据，考察了企业生产运营中应用 ICT 程度对能源强度的影响。

本章的研究发现：①整体而言，控制其他条件不变，企业生产运营中应用 ICT 程度与能源强度显著负相关。②采用工具变量法和面板数据的固定效应模型对联立性偏误和遗漏变量进行缓解后，回归结果依然稳健。③本章中提高企业应用 ICT 程度降低企业能源强度的回归结果不随估计方法、变量度量方式的改变而改变，也未因样本企业的行业属性、资本密集度、规模大小和生命周期而异。④企业生产运营中应用 ICT 会通过支持企业生产技术与机器设备的更新和生产运营的柔性度两个中介变量，分别产生技术创新效应和结构优化效应。中介效应检验也证实了两个中介变量的存在，且中介效应占总效应的比例分别为 5.99%和 12.32%。

本章的研究结论对企业经营管理和政府政策制定有以下四点启示：①企业生产运营中应用 ICT 能为制造业企业带来“信息化红利”。因此，中国制造业企业应以信息化示范工程为契机，提高对 ICT 的投资和在生产运营中的应用程度。鼓励企业通过引入先进的生产管理软件，并将其融入企业自身生产技术与生产条件之中。这不仅带动企业生产技术的革新，还优化生产技术体系和组织结构，从而提升中国制造业企业的资源配置效率，促进中国工业的高质量发展和绿色转型。②应用 ICT 通过支持企业更新技术装备和提升生产柔性，降低了企业能源强度和消耗。在实践中，应引导企业在生产运营中应用 ICT，鼓励企业探索价值链上的信息系统整合，特别是在工业节能减排领域，推广生产的智能化和自动化，进而促成企业“清洁生产”方式和绿色制造模式的实现。③加快推进“两化融合”战略，通过宣传信息化降低企业能耗的典型成功案例，推动 ICT 从消费领域向生产制造领域拓展，激励中国制造业企业在生产制造过程中提升信息化程度，改进企业各类生产设备的性能。④对于政府政策支持，本章认为各级政府可通过设立企业信息化扶持基金的方式，加大对制造业企业信息化建设的支持力度。这不仅有助于企业技术进步和管理创新，而且还能促使企业减少能源消耗，走上高质量发展之路。

第5章　制度环境、企业家精神配置与企业绩效
——来自中国制造业上市公司经验证据

5.1　问题的提出

企业家精神是企业发展，乃至经济发展的重要生产要素以及持久的驱动力（庄子银，2007；李宏彬等，2009；Li et al.，2012；Stephens et al.，2013）。尤其是企业家的创新创业精神，被广泛认为是一种追寻私人王国的梦想与意志，在寻利和追逐财富的过程中能有效地发现和利用机会（Schumpeter，1934）。其能实现企业资源的更优配置，同时显著增强企业市场竞争优势，提高市场竞争力，最终实现企业健康成长。2017年9月25日，中共中央出台了《中共中央 国务院关于营造企业家健康成长环境弘扬优秀企业家精神更好发挥企业家作用的意见》，更是首次以政策文件明确了企业家精神的地位和价值，强调了在“大众创业，万众创新”背景下完善企业家正向激励机制，激发企业家创新活力和创造潜能。

然而，Baumol（1990）指出企业家精神也是人性的体现，企业家不仅可以在市场领域进行制度、管理及技术等方面创新进而创造财富，也会在政治和司法领域进行“套利”行为，展开非生产性财富再分配活动，从而为企业带来潜在好处。不言而喻的是，只有生产性努力才能促进经济进一步发展（North，1990；Acemoglu，1995）。因此，如何正确引导企业家精神的差异化配置，完善企业家精神的正向激励，即如何激励企业家少进行非生产性努力，多开展创造财富行为是经济发展的关键所在（张维迎和盛斌，2004）。

在影响企业家精神差异化配置的因素中，制度环境是重要因素之一（Estrin et al.，2012；陈刚和陈敬之，2016）。因为，制度环境决定了企业家各项行为的激励结构（Murphy et al.，1993；Brown and Potoski，2005），为实现利润最大化目标，企业家不得不调整战略和运营方式（王斌和张伟华，2014）。具体来说，在“良法”环境中，往往有稳定的产权保护制度、强有力的执行手段，以及公平的司法体制，企业家的生产性努力预期能够予以保障实现，而通过影响政府和司法获得的财富再分配收益的可能性则大幅度下降，此时企业家精神会被配置到生产性领域。反之，在“恶法”环境中，企业家非生产性活动偏好更加突出（Estrin et al.，2012）。更为重要的是，制度环境所导致的企业家精神差异化配置的结果最终体现在企业绩效上。在好的制度环境下，企业家可以从创新等生产性活动投入中获得更多收益，因此有激励对企业的制度、管理及技术等方面进行创新，以实现企业资源的

更优配置，这显著增强企业市场竞争优势，提高市场竞争力，最终提高企业的绩效(Sobel，2008)。然而，较差的制度环境则会引导企业进行更多的非生产性活动，这类活动会增加企业运行的代理成本，进一步降低企业的运行绩效(Tian and Estrin，2008)。由此我们认为，企业家精神应是制度环境影响企业绩效的微观传导机制。

为探究制度环境、企业家精神与企业绩效三者的关系，本章在理论分析的基础上，选择中国制造业为研究对象，利用王小鲁等提出的市场指数与 A 股上市的制造业企业匹配后的数据进行实证检验。需强调的是，以制造业为研究对象，是因为制造业发展与转型不仅需要技术创新等内源动力，也需要金融等外在支持(张峰等，2016)，这决定了制造业企业对制度环境变化的高敏感度。

本章的贡献主要体现在以下三个方面：①提出了制度环境作用于企业绩效的微观传导机制。在制度环境对企业绩效影响的实证研究层面，多数研究都采用了“黑箱”分析模式，即仅检验制度环境与企业绩效的关系，来反向推断制度的优劣，虽也得出了许多有益的结论，但是均未直接触及问题的本源。本章试图解释制度环境如何通过影响企业家精神的配置，进而影响企业绩效，为制度环境的影响提供了微观机理层面上的解释，丰富了制度环境与微观企业行为关系的相关文献。②丰富了企业家精神差异化配置的研究。已有研究证实了社会制度对企业家精神的引导作用，并围绕企业家精神与生产率、就业、经济增长等进行探讨，本章以企业家精神为宏观制度环境与微观主体绩效间的传导机制，突出了企业家精神差异化配置在这一过程中的地位和作用。③为实体经济发展提供了启示和发展路径。本章采用我国制造业数据研究企业家精神的作用机理，是对我国当前提振实体经济的回应和思考，得到的结论可以为振兴实体经济提供可行的路径和启示。

5.2　文献综述与理论假说

制度环境通过对企业家精神配置差异化的引导，进而决定了企业的不同绩效水平。可见，企业家精神在制度环境与企业绩效间所起到的传导作用，为我们打开了制度环境与企业绩效之间的“黑箱”。因此，本节主要探讨制度环境对企业家精神配置，以及不同制度环境下企业家精神差异化配置的结果对企业绩效的影响。

5.2.1　制度环境与企业家精神

Baumol(1990)发现企业家精神不仅具有生产性的一面，也具有非生产性的一面，甚至是破坏性的一面。生产性行为是对经济产出有贡献的活动，属于社会财富的创造，而非生产性活动虽能为企业寻求利润，但其实质是对既有财富再分配(Bhagwati，1982)。事实上，非生产性活动不仅应包括企业家对外违约、寻租(何轩等，2016)等，还应包括企业家攫取侵占股东利益，或勾结大股东侵占小股东利益等企业内部行为。

生产性活动与非生产性活动的配置效果取决于两项行为的利润大小，而各项行为的利润(报酬结构)又内生于该地区的制度环境(Baumol，1990)。换言之，制度环境所产生的报酬(激励)结构是企业家精神配置的关键(Murphy et al.，1993；Acemoglu，1995；庄子银，2007)。

产权保护制度是制度环境的重要组成部分(North，1990；Williamson，2000)。根据Acemoglu和Johnson(2005)的界定，产权保护制度包括垂直层面与平行层面。

平行层面产权保护制度是指，国家为交易纠纷提供的解决机制(Estrin et al.，2012)，如《中华人民共和国合同法》。在弱产权保护制度下，由于缺乏相应保护机制，交易双方违约成本较低，机会主义、敲竹杠等行为有利可图(Williamson，1985)，结果是企业家在对外交易中实施违约行为的概率增加。而在企业内部的科层管理中，企业家又会将大量的时间与精力投入权力斗争，而非生产性活动投资，这种现象在国有企业尤其突出(张维迎和盛斌，2004)。

垂直层面产权保护制度是指限制政府对企业各项权利的侵犯，维护产权的稳定，如减少肆意征收、征用。在严格的产权保护制度下，企业家的生产性活动具有收益保障，因而能形成稳定预期，使其有激励进行新市场开拓、生产要素重组等创新创业活动(Fogel et al.，2006；Baumol and Strom，2007)。而且由于产权保护制度的完善，企业家对内侵占中小投资者利益的行为能被大概率地发现，并予以严惩(La Porta et al.，2008)，因此对内的非生产性活动会显著减少。但当产权保护较弱时，政府会肆意征收、征用企业财产，企业家剩余索取权被政府攫取(Johnson et al.，2000；Desai et al.，2003)，其营商环境面临严重不确定性(Acemoglu and Johnson，2005)，产权激励效应无法实现，此时企业家的理性决策即是减少创业创新等生产性活动(Estrin et al.，2012)，同时积极侵占中小股东利益(La Porta et al.，2008)，增加非生产性活动。因此，本章提出如下研究假说。

H1a：产权保护制度力度越强，企业家生产性活动投入越多，而非生产性活动投入越少。

政府管制制度是用以衡量政府运行效率的重要指标，因此，政府管制制度也是制度环境的重要组成部分(Estrin et al.，2012)。事实上，过强的政府管制易产生“挤压效应”，进而减少企业家的生产性活动(Fogel et al.，2006)。

首先，在高管制制度环境下，政府往往控制着社会关键资源，并起着资源配置的主导性作用。为有效干预市场，政府往往将稀缺资源更多且更廉价地配置给国有企业，私营企业因而面临着严重资源约束(余明桂和潘红波，2008；邓建平和曾勇，2011；Aidis et al.，2012)。在资源总量既定的情况下，由于政府部门的进入或干预，多数私营企业所需要的生产资料价格大幅度提高，这加大了企业运行成本(Luo，2004)。此时，私营企业家进行生产性活动的利润空间不大，生产性活动发生概率降低。而对于国有企业，其为保持自身在政府保护下的竞争优势，倾向于将资金配置于粗放型生产项目，诸如创新等生产性投资的积极性弱化(徐浩和冯涛，2018)，甚至会出现“寻扶持”的策略性创新活动，创新质量未能明显提高(黎文靖和郑曼妮，2016)。

其次，在“管制”世界中，政府具有强大的自由裁量权，其往往利用已经设置的门槛限制、政策优惠等权力进行设租抽租。由于此时价格机制失效，企业家为获得市场准入资格、订单机会、税收减免、利率优惠、奖励补贴等发展资源(Dreher and Gassebner，2013；黄玖立和李坤望，2013；魏下海等，2015)，其不得不采取公关、招待，甚至是直接性货币转移等寻租手段以俘获政府官员，并以此构建与政府官员间的非正式关系网络(Peng and Luo，2000；吴文锋等，2009；万华林和陈信元，2010)。换言之，高管制制度环境下，非生产性活动能为企业家提供更高的激励报酬(Chemin，2009；陈刚和陈敬之，2016)，因而保障了企业在市场中的竞争优势。而且，实施以上的非生产性活动还能有效地降低企业家侵占中小股东利益的政府惩罚成本与融资惩罚成本，这强化了企业家实施非生产性活动的欲望。可见，政府过强管制客观上促使企业家将更多的时间与金钱投到非生产性活动中(Peng，2003；Tonoyan et al.，2010；Dong et al.，2016)，生产性活动投入受到挤压。

更为关键的是，政府长期实施的高强度管制制度易在社会中形成腐败文化(Estrin et al.，2012)，政府官员与企业家之间的不正当交易因社会的普遍认同而被视为合法化，这进一步保障了双方设租寻租交易的效率(何轩等，2016)，因而进一步强化企业家的非生产性活动倾向。因此，本章提出如下研究假说。

H1b：政府管制越弱，企业家生产性活动投入越多，而非生产性活动投入越少。

在 H1a-H1b 的基础上，本章从制度环境的总体视角提出以下研究假说。

H1：某地区制度环境越完善，企业家生产性活动投入越多，而非生产性活动投入越少。

5.2.2　制度环境下企业家精神配置与公司绩效

面对稳定且完备的产权保护制度，以及较少的政府干预，企业家可以从创新等生产性活动投入中获得更多收益，因此有激励对企业的制度、管理及技术等方面进行创新，以实现企业资源的更优配置，这显著增强企业市场竞争优势，提高市场竞争力，最终改善企业的绩效(Sobel，2008)。而且较好的制度环境，能够有效遏制企业家为谋取私利而实施剽窃、滥用股东财富，甚至与大股东合谋侵占小股东利益等非生产性活动，降低了企业的第一类和第二类代理成本，因而企业绩效进一步提高(甄红线等，2015)。

当产权保护制度不稳定，且政府干预过强时，企业家的理性决策往往增加非生产性活动投入。这种非生产性活动主要表现在，企业家为获取资源、获得市场准入资格，以及税费减免等优惠条件，而采取的公关、招待，甚至是直接性货币转移等行为，并期望建立与政府官员的非正式社会关系网络(高向飞和邹国庆，2008)。事实上，企业家实施该活动并不是为了实现个人自身利益，而是对“坏”制度环境的适应性策略，以期实现公司绩效的提高。短期来看，俘获政府官员等非生产性活动能为企业带来可观的收益(何轩等，2016)。

然而，为维持与政府官员长期稳定的社会关系，企业家不得不持续为此支付额外费用，此时非生产性活动投入无直接获利，企业绩效受到负面影响。而且，政府管制强度的增大意味着产权公共领域中的租值增加(李宁等，2017)，在利益驱使下为攫取租值的企业家也会增多，结果是企业家的追租成本也会因“竞争者”数量的增加而提高。而且“坏”制度环境为企业家实施企业内部非生产性活动创造条件，增加了企业运行的代理成本，进一步降低企业的运行绩效(Tian and Estrin，2008)。可见，非生产性活动的投入在初期是有利于企业绩效的提高，但其超过最优比例时企业绩效则随之下降。综上分析，本章提出如下假设：

H2a：企业家生产性活动投入越大，企业绩效越好；

H2b：企业家非生产性活动投入与企业绩效呈现倒 U 形关系。

根据上述理论分析，即制度环境会差异化企业家精神配置(H1)，而企业家的生产性活动与非生产性活动会进一步影响企业绩效，故提出研究假说：

H3：企业家生产性活动与非生产性活动是制度环境影响企业绩效的中介变量。

5.3 研 究 设 计

5.3.1 模型设计与估计方法

1. 模型设计

为验证制度环境会差异化企业家精神进而影响企业绩效，即企业家精神是制度环境影响企业绩效的中介变量，本章采用 Baron 和 Kenny(1986)提出的依次检验法。具体来说，首先构建制度环境影响企业家精神的回归模型[式(5-1)]，判断制度环境是否会显著差异化企业家精神。当该影响显著时则需进一步构建制度环境与企业家精神对企业绩效的计量模型[式(5-2)、式(5-3)]，判断企业家精神是否会显著影响企业绩效，若影响具有统计学意义即说明中介效应存在。需要说明的是，只有在式(5-1)中制度环境对企业绩效的影响与式(5-2)或式(5-3)中企业家精神对企业绩效的影响均不显著时，企业家精神的中介效应才无法得以验证，否则还需要进一步进行 Bootstrap 法联合检验，若通过检验则中介效应依旧存在。具体检验思路见图 5-1。

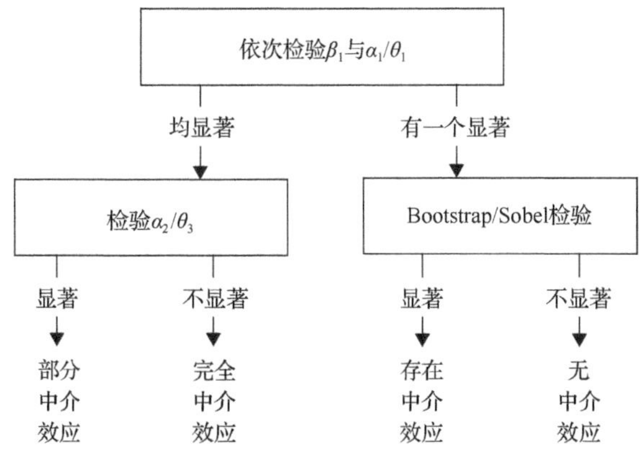

图 5-1　企业家精神中介效应的检验思路

1) 制度环境与企业家精神的差异化配置

通过构建面板回归模型[式(5-1)]来检验制度环境对企业家精神配置的影响。模型中 E 用来表征企业家精神生产性的一面与非生产性的一面，即研发投资与管理费用。INSIT 为制度环境，β_1 为本章所关注的制度效应。Z 为控制变量，具体包括企业规模、企业年龄及分支机构数量。μ、λ 及 υ 分别为不随时间变化的个体效应、不随个体变化的时间效应及既随时间变化也随个体变化的随机误差项。

$$\ln E = \beta + \beta_1 \mathrm{INSIT}_{it} + \beta_Z Z_{it} + \mu^1{}_i + \lambda^1{}_t + \upsilon^1_{it} \tag{5-1}$$

2) 企业家精神差异化配置与企业绩效

通过构建模型[式(5-2)、式(5-3)]来验证不同制度环境下企业家不同行为对企业绩效的影响。模型中 Perf 为企业绩效，以资本回报率(ROA)与股东净资产回报率(ROE)予以衡量。模型中的 α_1 与 α_2 为本章所关心的企业家精神效应与制度效应。为进一步验证假说 H2b，本章在式(5-3)中加入管理费用的二次项，观察非生产性活动投入对企业绩效影响是否为倒 U 形，同时为防止一次项与二次项之间存在严重多重共线性问题，本章对其进行标准化处理。Z 为控制变量，具体包括企业规模、资产负债率、营业收入及分支机构数量。μ、λ 及 υ 分别为不随时间变化的个体效应、不随个体变化的时间效应及既随时间变化也随个体变化的随机误差项。

$$\mathrm{Perf} = \alpha_i + \alpha_1 \ln \mathrm{RD}_{it} + \alpha_2 \mathrm{INSIT}_{it} + \alpha_Z Z_{it} + \mu^2{}_i + \lambda^2{}_t + \upsilon^2_{it} \tag{5-2}$$

$$\mathrm{Perf} = \theta_i + \theta_1 \mathrm{AC} + \theta_2 \mathrm{AC} \cdot \mathrm{AC} + \theta_3 \mathrm{INSIT}_{it} + \theta_Z Z_{it} + \mu^3{}_i + \lambda^3{}_t + \upsilon^3_{it} \tag{5-3}$$

2. 估计方法

根据已有研究，式(5-1)～式(5-3)不仅应控制企业特征变量，还应加入企业家个体特征(Dong et al.，2016)。然而，数据库中企业家个体特征缺失太多，控制意义不大。有幸的是，如企业家性别、教育程度、政治关系等个体特征是不随时间变化的，因此拟采用固定效应模型，其可达到同样的控制效果。但为保证模型估计方法选择的科学性，本章依旧对式(5-1)～式(5-3)使用 LM 检验，以及 Huasman 检验。检验结果均拒绝了原假设，即表明固定效应或随机效应是模型中重要的影响因素，且个体效应与随机误差具有相关性，故确定使用固定效应模型作为基准回归。同时，考虑到企业层面的异方差问题，本章采用聚类稳健标准误。

然而，已有研究表明企业家并不是制度环境的被动接受者，在一定程度上是制度环境的创造者，尤其是其经济绩效水平与创新能力会对一个地区的制度具有重要影响(Johnson et al.，2000；焦斌龙和冯文荣，2007)。因此，式(5-1)～式(5-3)中存在因反向因果而产生的内生性问题。本章借鉴多数文献的做法，以各地区开埠通商的历史作为地区制度环境的工具变量(魏下海等，2015；Dong et al.，2016；何轩等，2016)，采用两阶段最小二乘法对式(5-1)～式(5-3)再次进行估计。事实上，某地区开通商埠的时间越早，意味着其受西方制度的影响越大，因而从理论上是符合工具变量的相关性要求的。就外生性而言，历史上商埠开放时间并不会对企业家当下的生产性活动或非生产性活动投入产生直接影响，工具变量的外生性要求能够得到满足。

5.3.2　样本与数据

本章以 2009～2016 年沪深两市全部制造业上市公司为研究对象。根据多数文献的做法，按以下标准对样本公司进行筛选：①考虑到 ST(特别处理股票)和 *ST(连续三年亏损，退市风险警示股票)公司的特殊性，将其从样本中剔除；②为剔除变量指标异常数据，主要连续变量进行上下 1%的缩尾处理；③剔除数据缺失的上市公司。其中公司的财务数据主要来自国泰安(CSMAR)与万得(Wind)数据库，公司注册地点等信息来自 CCER 经济金融数据库，制度环境数据来自王小鲁等(2017)提出的市场化指数中法制环境、政府与市场关系。

5.3.3　变量选择

受国内外企业绩效相关文献的启发，并结合本章研究特点对变量进行如下选择与测度。

1. 被解释变量：企业绩效

单一指标法与指标体系法是评价企业财务绩效的主要方法。尽管指标体系法可涵盖公司财务的多个方面，评价较为全面，但测算结果会因权重测度方法的不同而存在较大差异，基于此，本章采用单一指标法。鉴于中国资本市场中非流通股没有市场价格，对其市场价值无法进行准确计算。为此使用资本回报率(ROA)与股东净资产回报率(ROE)作为衡量公司财务绩效的指标。

2. 核心变量：制度环境

鉴于制度环境主要表现为产权保护力度与政府管制强度(Estrin et al.，2012)，因此本章以上市公司注册地所在省份的产权保护制度与政府管制制度来反映该企业所处的制度环境。王小鲁等(2017)提出的市场指数中的“政府与市场关系”和“中介组织结构与法制制度环境”两个分指标能测度出某地区的政府管制与产权保护强度。具体来说，“政府与市场关系”中的“市场分配经济资源的比重”、“减少政府对企业的干预”、“缩小政府规模”和“市场中介组织发育”是从经济控制与行政管制来表征政府管制强度。“法律制度环境”中的“市场法制环境”是产权保护的基础，而“知识产权保护”是产权保护的重要内容之一。由于上述数据只更新到 2014 年，本章依多数文献做法，采用历史平均增长率计算 2015～2016 年的相应指数，并在此基础上，对两项指数取算术平均以获得制度环境(index)的综合指数。但为防止人为推算出的制度指数存有偏误进而影响回归结果，因此本章在稳健性检验部分剔除了 2015～2016 年的样本数据。

3. 核心变量：企业家精神

如上分析，企业家精神不仅包含生产性的一面，也包括寻租、攫取股东利益等非生产性的一面。由于企业家精神的生产性主要表现在创新能力上(Aghion et al.，2001；Sobel，2008；李宏彬等，2009)，因此我们借鉴国内外多数文献的做法，以公司研发支出予以衡量。由于数据库中公司研发支出数据缺失较为严重，因此借鉴徐浩和冯涛(2018)的做法对数据进行补充：首先优先选择经会计事务所审计的年报中的数据，其次查找财务报告附注中“无形资产”科目下的“公司开发项目支出”，最后以管理费用中的“研究与开发费”与“开发支出”相加。

企业家非生产性的一面主要表现在对外寻求与政府部门建立社会关系网络，对内表现为对股东权益的攫取。根据多数文献的做法，本章采用公司的管理费用进行衡量(Ang et al.，2000；何轩等，2016)。公司管理费用越高，意味着公司的业务招待费、上级管理费等费用越多，对外寻租越严重(甄红线等，2015)。

4. 控制变量

在借鉴大量国内外文献的基础上，选择企业规模、分支机构数量等作为企业家精神配置模型的控制变量，其中企业规模用企业总资产测度。在企业绩效模型中控制企业规模、营业收入、资产负债率、企业年龄等(Brown and Clecq，2008；Dong et al.，2016)。本章变量定义如表 5-1 所示。

表 5-1 主要变量定义

名称	变量	变量定义
因变量	企业家生产性活动	公司研发支出，取对数
	企业家非生产性活动	公司管理费用，取对数
	公司绩效	公司资本回报率、股东净资产回报率
关键变量	制度环境	产权保护制度与政府管制制度的算术平均
	产权保护制度	包含市场法制环境与知识产权制度两分项
	政府管制制度	包含经济控制与行政管制两分项
控制变量	企业规模	上市公司总资产，取对数
	分支机构数	上市公司分支机构的数量
	营业收入	上市公司主营业务所取得的收入，取对数
	资产负债率	公司负债总额与资产总额的比率表示

5.4 实证结果分析

5.4.1 描述性分析

各变量的描述性统计结果见表 5-2。

表 5-2 变量描述性统计结果(2009～2016 年)

变量	样本数	均值	标准差	最小值	最大值
政府管制制度	12968	7.165	1.657	−8.950	9.520
产权保护制度	12968	9.322	4.719	−0.700	18.440
制度环境	12968	8.244	2.857	−4.470	12.890
企业家生产性行为(研发支出)	12968	8.047	1.271	4.031	11.981
企业家非生产性行为(管理费用)	12968	0.059	0.032	0.004	0.420
公司绩效(资本回报率)	12968	9.360	7.441	−11.001	40.393
公司绩效(股东净资产回报率)	12968	10.851	12.440	−48.110	56.801
企业规模	12968	12.160	1.170	9.496	15.870
分支机构数	12968	9.306	11.563	0	73.003
资产负债率	12968	39.470	18.670	4.817	93.430
营业收入	12968	12.564	13.230	8.966	15.656

为初步分析制度环境对企业家精神与企业绩效的影响，本章根据制度环境指数将样本拆分，当制度环境指数大于中位数水平则界定为“好”制度环境，否则为“差”制度环境，分别赋值为 1、0。资本回报率、股东净资产回报率、研发支出、研发投入的分样本描述分析见表 5-3。

表 5-3　不同制度环境下企业规模与企业家精神的统计性描述

变量	制度环境	2009 年	2010 年	2011 年	2012 年	2013 年	2014 年	2015 年	2016 年	t 检验
资本回报率	1	11.955	12.170	11.741	10.045	9.697	9.120	8.298	7.848	0.733***
	2	11.448	10.460	10.280	8.227	7.847	7.207	6.055	6.202	5.815
股东净资产回报率	1	15.969	17.000	15.062	11.631	10.783	10.174	8.139	7.998	1.017***
	2	15.809	13.601	12.372	8.459	7.505	6.226	4.264	5.338	4.684
研发支出	1	5268.10	4743.58	5525.00	5863.94	6855.23	8037.15	9161.20	10791.50	248.558
	2	3392.50	4638.20	5168.40	7540.80	8625.87	9471.08	11194.40	12403.50	0.970
研发投入	1	0.030	0.032	0.036	0.044	0.045	0.045	0.045	0.048	0.008***
	2	0.032	0.030	0.033	0.034	0.036	0.039	0.041	0.040	12.155

***表示在 1%水平上显著

在样本区间内，无论制度环境好坏，企业绩效指标资本回报率与股东净资产回报率均经历短暂上升，并逐渐下降。可见，2008 年全球经济危机以来，我国制造业发展进入瓶颈阶段，资产回报率下滑十分明显，这与我国经济整体下降趋势保持一致。进一步对比不同制度环境下的企业绩效指标发现，好制度环境下的资本回报率与股东净资产回报率明显高于差制度环境，并且 t 检验结果表明，该差异在 1%水平上具有统计学意义。这初步证实，制度环境可能对企业绩效具有正向影响。

就研发投资绝对值来看，与企业绩效指标不同，无论制度环境好坏，制造业企业的研发投资均呈现上升趋势，而且 2012 年以后，坏制度环境下的企业研发投资均值超过了好制度环境。这一方面表明，企业家生产性活动投入不断增加，企业家为带领企业走出现阶段困境做出了不断努力；另一方面，在一定程度上又似乎否定了制度环境对企业家精神生产性活动投入的积极影响，t 检验结果也证实二者差异并不具有统计学意义。但单因素分析无法体现两变量之间的因果性，如企业规模不同，企业内部研发投入就会存在差异。因此，本章给出了研发投入的相对指标，即企业内部研发投入与公司总资产的比值。

分析企业内部研发投入相对值发现，随着时间推移，研发投入相对指标也呈现递增趋势，尽管好制度环境下的研发投入相对指标增长率要慢于坏制度环境，但是总体水平依旧高于坏制度环境下的研发投入相对指标。这一方面表明，好制度环境下企业家精神水平较高，快速增长难度较大；另一方面，当控制住企业规模，制度环境对企业研发投入的正向效应重现显示。

上面通过描述统计初步掌握中国制造业上市公司企业绩效与企业家精神的基本演进特征，为进一步考察制造业企业绩效与企业家精神的动态演进趋势，并揭示出制度环境对企业绩效与企业家精神的动态影响，此处利用核密度估计图。

(1) 企业绩效核密度估计。通过分析图 5-2 与图 5-3 可知，企业绩效呈现以下两方面特征：第一，2008 年全球经济危机以后，我国制造业上市公司绩效指标资本回报率与股东净资产回报率分布曲线均呈现向左移趋势，说明我国制造业企业的资产回报率不断下滑，但移动幅度不是很大。第二，从各分布曲线的波峰宽度可见，整体分布越来越陡峭，波峰宽度则越来越窄。而且，随着时间推移，分布曲线的右尾不断变短。2009 年密度曲线的双峰在 2011 年以后不再存在，上述现象均表明中国制造业上市公司之间绩效差异不断缩小。该结论可以通过各阶段的标准差进一步得到证实。但需要指出的是，在整体经营绩效普遍下滑的情况下，上市公司经营绩效差异缩小并不见得是好事，这说明我国制造业现阶段有向低水平收敛的趋势，制造业总体发展情况不容乐观。

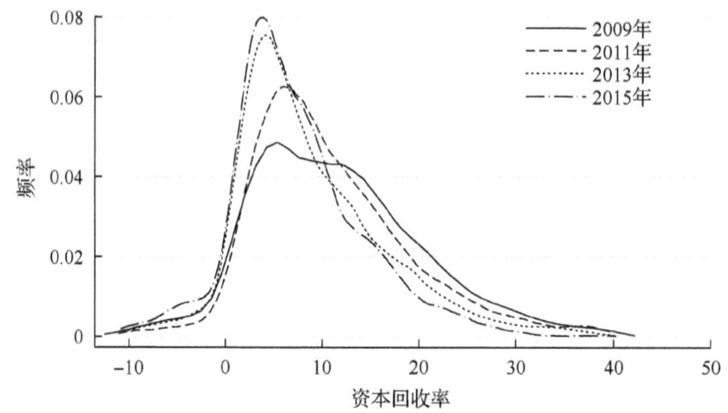

图 5-2　资本回报率动态演进图

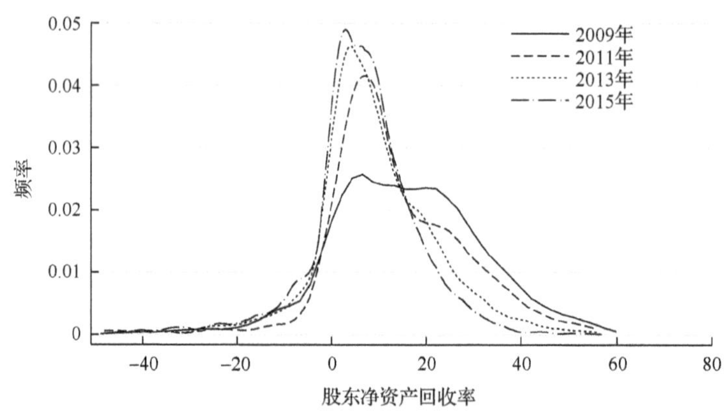

图 5-3　股东净资产回报率动态演进图

(2) 企业内部研发投入的核密度估计。描述性统计分析发现，研发支出标准差较大，为减少异常值影响，降低异方差，本章对研发支出取对数后再进行核密度分析，最终结果如图 5-4 和图 5-5 所示。首先，对比图 5-4 与图 5-5 可以发现，对数后的企业内部研发投入呈现正态分布特征，但相对值却呈现双峰分布，且分布曲线的右尾不断变长，这说明我国制造业上市公司的企业内部研发投入存在显著差异。其次，据图 5-5 可见，分布曲线均呈现向右平移的趋势，且平移幅度有扩大的迹象。这说明我国制造业上市公司的企业内部研发投入逐年递增，且递增幅度不断扩大，该结果与描述性统计分析结果一致，进一步证实我国企业家精神生产性的一面在制造业行业逐渐凸显。

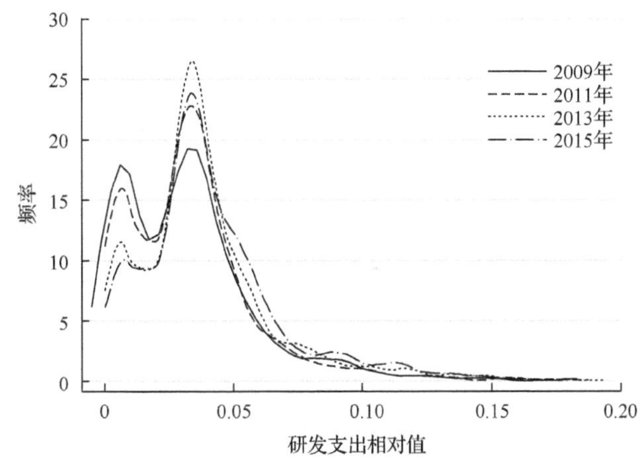

图 5-4　研发支出相对值动态演进

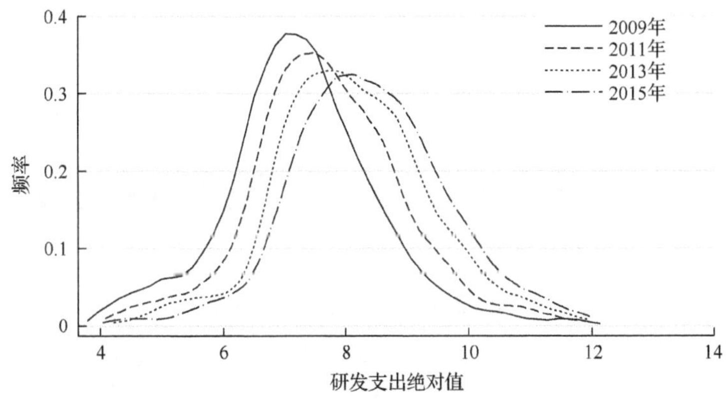

图 5-5　研发支出绝对值动态演进

(3)不同制度环境下企业绩效核密度估计。由图 5-6 与图 5-7 可以看出，首先图 5-6 各阶段下的资本回报率分布曲线的中心位置明显在图 5-7 相对应曲线的右方，这表明处于较好制度环境下的企业绩效要优于较差制度环境，这与描述性统计分析一致，为验证制度环境对企业绩效的正向影响提供进一步证据；其次，通过分析分布曲线的峰数与宽度可知，“坏”制度环境下企业绩效曲线的双峰逐渐消失，且各阶段曲线宽度比较好制度环境明显更窄。企业绩效曲线整体呈现左移趋势，说明差制度环境下企业绩效向较低水平的收敛速度高于好制度环境，进一步暗示，好的制度环境对于企业绩效的正向影响可能确实存在。进一步分析不同制度环境下股东净资产回报率的分布曲线图(图 5-8，图 5-9)依旧可以得到上述结论，可见结果具有一定的稳健性。

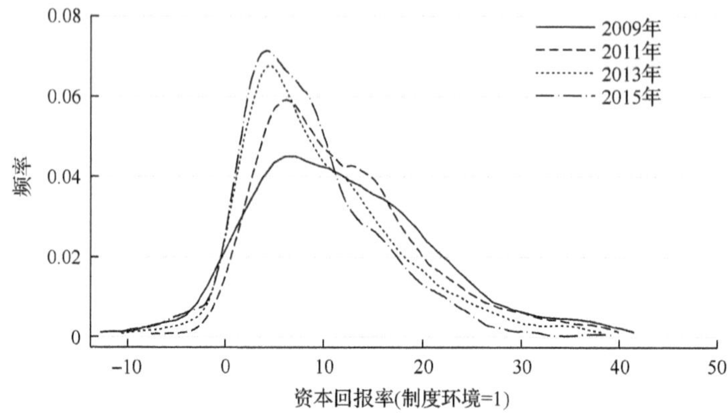

图 5-6　较好制度环境下资本回报率动态演进

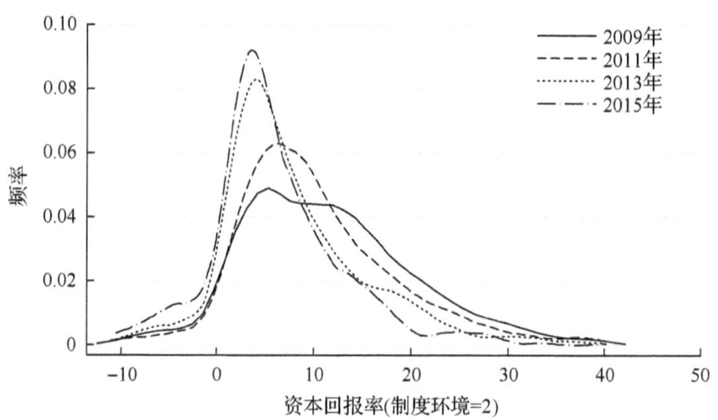

图 5-7　较差制度环境下资本回报率动态演进

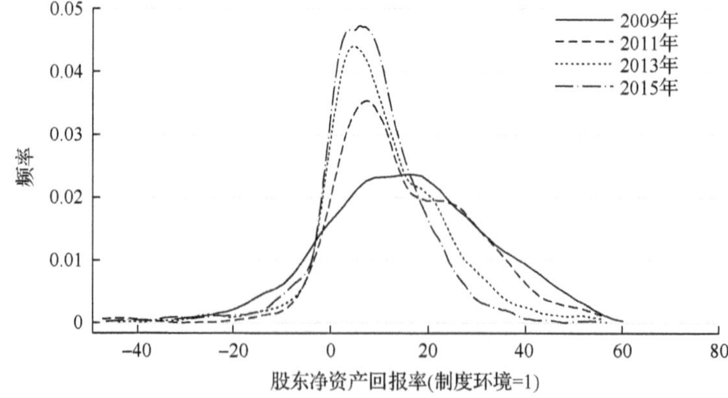

图 5-8　较好制度环境下股东净资产回报率动态演进

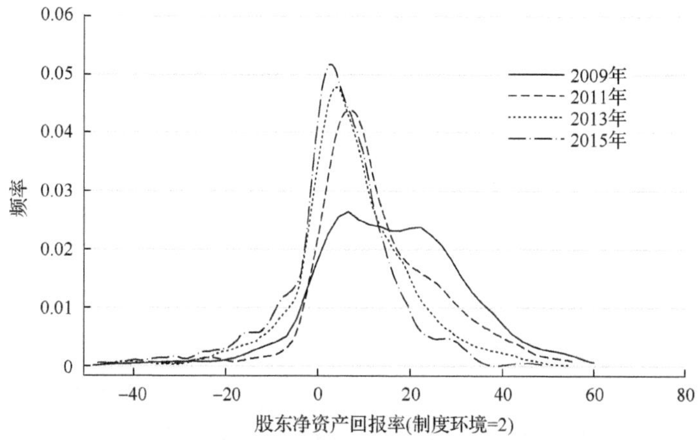

图 5-9　较差制度环境下股东净资产回报率动态演进

(4) 不同制度环境下企业内部研发投资核密度估计。根据图 5-10 与图 5-11 可知，不同制度环境下 2009 年的研发支出分布曲线的中心位置基本一致，且随后均

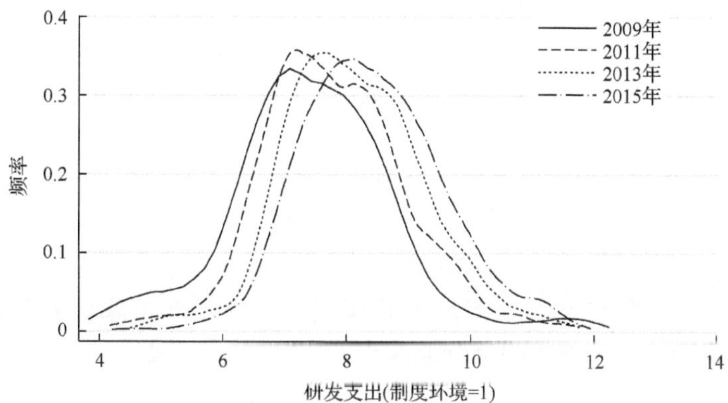

图 5-10　较好制度环境下的研发支出动态演进

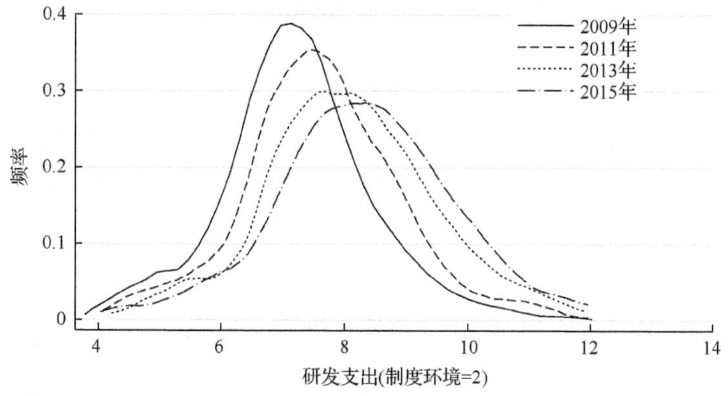

图 5-11　较差制度环境下的研发支出动态演进

呈现先向右再向左移动的趋势，但差制度环境下企业绩效分布曲线向右移动幅度明显大于较差制度环境，而向左移动幅度小于较差制度环境。可见，较差制度环境的研发投入要高于较好制度环境，该结果与描述性统计一致，但与理论分析相悖，可能的原因是未控制其他关键变量。

5.4.2 制度环境与企业家精神的差异化配置

1. 基准回归

制度环境与企业家精神配置最终结果如表 5-4 所示，其中(1)～(4)对应列为生产性活动投入模型估计结果。具体来说，(1)和(2)对应列为当期制度对生产性活动投入的影响。在控制其他变量不变的情况下，政府管制制度、产权保护制度及制度环境整体均在 1%水平上对企业内部研发投资对数具有正向影响，系数分别为 0.121、0.067、0.0616。这说明某地区管制制度弱化、产权保护制度与制度环境改善 1 个单位，制造业上市公司的研发投资将分别增加 12.1%、6.7%与 6.2%，这验证本章的研究假说 H1、H1a-H1b 的前半部分，即某地区制度环境及各制度分项越完善，企业家生产性的一面偏好越明显，也与 Dong 等(2016)对我国微观企业以及 Sobel(2008)对跨国层面的经验结果保持一致。需要强调的是，各项子制度环境中，管制制度的弱化是影响企业家进行生产性投资的最重要制度因素。对此可做出的解释是，国家早在 2007 年之前就已颁布并实施《中华人民共和国合同法》和《中华人民共和国物权法》等一系列法律制度，企业的物权与债权得以有力保护，企业交易成本大幅度下降(陈刚和陈敬之，2016)，然而随着时间推移，产权保护改革红利的边际红收益开始下降(田国强，2012)。但样本数据期限内，中国制造业企业仍面临着政府高强度管制约束(黄玖立和李坤望，2013)，因此此阶段弱化政府管制制度所带来的边际收益要大于产权保护制度。表 5-4 中(3)和(4)对应列则考虑制度效应的滞后性。滞后一期的政府管制制度、产权保护制度与制度整体均对企业研发支出存有正向影响，且系数大小与(1)和(2)对应列结果相比，变动幅度不大。

表 5-4 中(5)～(8)对应列为非生产性活动投入模型估计结果。其中(5)和(6)对应列为当地制度对非生产性活动投入的影响。在其他变量不变的情况下，政府管制制度、产权保护制度与制度环境整体对企业招待等管理费用对数均在 1%水平上呈现负向影响，系数分别为–0.0776、–0.0869、–0.1330，这即表明某地区政府管制强度弱化、产权保护制度与制度环境完善 1 个单位，企业家在对外招待等非生产性活动投入将分别减少 7.76%、8.69%和 13.30%，这一结果证实研究假说 H1、H1a-H1b 的后半部分，即某地区制度环境整体及各制度分项越不完善，企业家非生产性的一面偏好越明显。进一步考虑制度滞后效应时[第(7)、(8)列]，产权保

护制度与制度环境整体对企业管理成本对数仍在 1%水平上呈现负向影响，且系数较(5)和(6)对应列变动不大。尽管政府管制制度对企业管理成本对数的影响不再显著，但是其方向依旧为负向，系数变动幅度也不大，可见结果具有一定的稳健性。

表 5-4　制度环境与企业家精神配置

变量	(1)	(2)	(3)	(4)	(5)	(6)	(7)	(8)
	生产性活动投入				非生产性活动投入			
政府管制制度	0.1210***				−0.0776***			
	(0.0124)				(0.0250)			
产权保护制度	0.0670***				−0.0869***			
	(0.0048)				(0.0122)			
制度环境		0.0616***				−0.1330***		
		(0.0093)				(0.0223)		
政府管制制度(滞后一期)			0.1180***				−0.0185	
			(0.0114)				(0.0258)	
产权保护制度(滞后一期)			0.0467***				−0.0591***	
			(0.0047)				(0.0128)	
制度环境(滞后一期)				0.0500***				−0.1120***
				(0.0096)				(0.0239)
控制变量	是	是	是	是	是	是	是	是
个体效应	是	是	是	是	是	是	是	是
常数项	1.0030***	−1.7330***	0.6710*	−1.6350***	6.3760***	7.2930***	6.7000***	6.9580***
	(0.3140)	(0.2300)	(0.3440)	(0.2910)	(0.2110)	(0.1770)	(0.2230)	(0.1890)
样本数	12968	12968	10766	10766	12968	12968	10766	10766
R^2	0.4370	0.4100	0.4050	0.3820	0.0390	0.0330	0.0250	0.0240

注：括号内为企业层面的聚类稳健标准误；此部分的控制变量包括企业规模、分支机构数量

*表示在 10%水平上显著；***表示在 1%水平上显著

2. 内生性问题

工具变量估计最终结果见表 5-5，第一阶段的 F 统计量远大于 10，这进一步证实工具变量符合相关性要求。表 5-5 中的(1)～(4)对应列为企业家生产性活动投入的模型估计结果。无论是否控制其他变量，政府管制制度、产权保护制度与制度环境整体均在 1%水平上对企业生产性活动投入具有显著正向影响，这充分验证了研究假说 H1、H1a-H1b 的前半部分，且政府管制强度的弱化依旧是影响企业家生产性活动投入的最重要的制度因素。但较基准回归，(3)和(4)对应列的制度回归系数更大，这在一定程度上证明未考虑联立因果问题，可能低估制度效果。

(5)～(8)对应列则为企业家非生产性活动投入的模型估计结果。该结果与基本回归结果基本一致，尽管政府管制制度对企业招待等管理费用的影响不具有统计学意义，但产权保护制度与制度环境整体仍在 1%水平上对企业生产性活动投入具有负向影响，因此可一定程度上验证研究假说 H1、H1a-H1b 的后半部分，结论具有一定的稳健性。

表 5-5　两阶段最小二乘法下制度环境与企业家精神：工具变量估计

变量	(1)	(2)	(3)	(4)	(5)	(6)	(7)	(8)
	生产性活动投入				非生产性活动投入			
政府管制制度	0.2950***		0.1830***		0.0453		0.0111	
	(0.0226)		(0.0179)		(0.0320)		(0.0331)	
产权保护制度	0.1700***		0.0784***		–0.1210***		–0.0911***	
	(0.0055)		(0.0067)		(0.0144)		(0.0157)	
制度环境		0.3400***		0.0887***		–0.2310***		–0.1570***
		(0.0122)		(0.0128)		(0.0293)		(0.0303)
控制变量	否	否	是	是	否	否	是	是
个体效应	是	是	是	是	是	是	是	是
常数项	8.6330***	5.3240***	1.9960***	–1.5120***	6.6450***	7.7360***	6.7830***	7.3430***
	(0.1810)	(0.1030)	(0.4100)	(0.2950)	(0.2710)	(0.2470)	(0.2750)	(0.2450)
样本数	10748	10748	10748	10748	10748	10748	10748	10748
R^2	0.0126	0.0056	0.0472	0.4257	0.0301	0.0260	0.0032	0.0031

注：括号内为企业层面的聚类稳健标准误；此部分的控制变量包括企业规模、分支机构数量；*F* 统计量为两阶段最小二乘法第一阶段 *F* 检验结果

***表示在 1%水平上显著

5.4.3　企业家精神差异化配置与企业绩效

依上述分析，本章证实制度环境确实会差异化企业家精神配置，故根据图 5-1，本节进一步对式(5-2)和式(5-3)进行估计，以探究企业家精神配置的中介效应，即制度环境是否会通过企业家精神配置影响企业绩效。

1. *研究假说 H2a 验证*

表 5-6 为制度环境下企业家生产性活动投入对企业绩效的影响结果。当模型中控制其他变量，无论是以资本回报率，还是用股东净资产回报率衡量企业绩效，企业的生产性活动投入均对企业绩效产生正向影响，且均在 1%水平上显著，系数分别为 0.956、1.534。这表明在控制制度环境以后，企业家生产性活动投入越多，企业绩效越高，具体来说，企业家每增加 1 单位的企业内部研发投资，制造业上

市公司的资本回报率、股东净资产回报率将分别增加 0.956、1.534 个单位，这一定程度上验证了研究假说 H2a。

表 5-6　制度环境下企业家生产性活动投入与企业绩效

变量	(1)	(2)	(3)	(4)
	固定效应模型		两阶段最小二乘法	
	资本回报率	股东净资产回报率	资本回报率	股东净资产回报率
研发支出	0.956***	1.534***	0.977***	1.601***
	(0.124)	(0.233)	(0.129)	(0.246)
制度环境	–0.079	–0.212*	0.898	2.785*
	(0.064)	(0.113)	(0.749)	(1.517)
控制变量	是	是	是	是
个体效应	是	是	是	是
常数项	49.230***	59.630***	45.120***	47.130***
	(3.183)	(5.464)	(4.582)	(8.634)
样本数	12968	12968	12944	12944
R^2	0.296	0.328	0.249	0.222

注：括号内为企业层面的聚类稳健标准误；*F* 统计量为两阶段最小二乘法第一阶段 *F* 检验结果，本部分控制变量包括企业规模、资产负债率、营业收入及企业年龄

*表示在 10%水平上显著；***表示在 1%水平上显著

但令人疑惑的是，制度环境指数对企业绩效的影响是负的，尤其是对股东净资产回报率的影响竟在 10%水平上具有统计学意义，这意味着产权保护越强、管制强度越弱，企业绩效反而越低，这与理论分析结果相悖，可能的原因是制度在模型中存在内生性问题。基于此，本章依旧以各地区商埠开放时间为工具变量，采用两阶段最小二乘法对模型进行估计，回归结果表明企业家生产性活动投入对企业绩效依旧在 1%水平上显著，这表明基准回归结果具有稳健性，研究假说 H2a 可以得到验证。进一步看制度环境对企业绩效的影响发现，原先为显著负向影响，现在变为正向影响，而且对股东净资产回报率正向影响，在 10%水平上具有统计学意义[(4)对应列]，因而认为制度环境对企业绩效存在正向激励作用。由此说明，基准回归模型中制度环境指数确实存在内生性问题，回归结果有偏。

2. 假说 H2b 的验证

表 5-7 为制度环境下企业家非生产性活动投入对企业绩效的影响结果。在基准回归模型中，无论是采用哪种企业绩效指标，招待等管理费用对企业绩效的影响均在 1%水平上呈现正向影响，这说明回归结果具有稳健性，证实非生产性活动投入对企业绩效的提高具有“润滑剂”作用，该结论与何轩等(2016)的研究一致。

管理费用(平方项)对企业绩效具有负向影响，但不具有统计学意义，这在一定程度上表明现阶段企业非生产性活动投入的抑制效应还未显现，这可能与我国现阶段的法律环境依旧不完善，尤其是政府管制依旧过强有关。具体来说，尽管政府对诸多领域实施“简政放权”，一定程度弱化政府对市场的控制，但国家仍控制着制造业企业发展的关键资源，且对国有及地方企业加大保护，因而在其他因素不变的情况下，企业家开展寻租等非生产性活动依旧能提高企业的绩效。

表 5-7 制度环境下企业家非生产性活动投入与企业绩效

变量	(1)	(2)	(3)	(4)
	固定效应模型		两阶段最小二乘法	
	资本回报率	股东净资产回报率	资本回报率	股东净资产回报率
管理费用	2.003***	1.624***	1.908***	1.256***
	(0.241)	(0.410)	(0.257)	(0.466)
管理费用(平方项)	–0.0975	–0.0367	–0.0724	–0.0694
	(0.0874)	(0.108)	(0.0908)	(0.125)
制度环境	–0.257***	–0.463***	0.557	3.239
	(0.0617)	(0.121)	(0.816)	(1.721)
控制变量	是	是	是	是
常数项	29.620***	37.510***	26.730***	22.640**
	(3.327)	(5.870)	(4.703)	(9.696)
样本量	12968	12968	12944	12944
R^2	0.239	0.249	0.2383	0.2156

注：括号内为企业层面的聚类稳健标准误；F 统计量为两阶段最小二乘法第一阶段 F 检验结果，本部分控制变量包括企业规模、资产负债率、营业收入及企业年龄

表示在 5%水平上显著；*表示在 1%水平上显著

与式(5-2)回归结果相同的是，基准回归模型中制度环境指数的影响依旧为负，且在 1%水平上显著。问题依旧是制度在模型中的内生性问题，因此表 5-7 中(3)和(4)对应列进一步汇报了两阶段最小二乘法回归结果，并将其作为稳健性检验。结果可见，企业非生产性活动投入的一次项对企业绩效的影响依旧在 1%水平上显著，但管理费用(平方项)的负向影响依旧不显著，这表明基准回归具有较强的稳健性，现阶段非生产性活动投入对企业绩效具有正向激励作用，负向影响效应的拐点还未出现。进一步探讨制度环境指数系数可知，原先在基准回归中的负向显著影响变得不显著，这说明在控制住企业家非生产性活动投入以后，制度对企业绩效的影响可能不再存在。综上，现阶段证据一部分证实了研究假说 H2b，即首先呈现递增趋势——润滑剂作用，随着费用比重不断增大反而会对企业绩效产生正向影响，但抑制效应的拐点还未出现。

综上，结合式(5-1)的回归结果，即制度环境确实能够差异化企业家精神配置，本章证实企业家精神确实是制度环境影响公司绩效的中介变量，即研究假说 H3 得以验证。

5.4.4　东、中、西部地区样本

考虑到我国东、中、西部地区的制度环境质量存在递减趋势(徐浩和冯涛，2018)，因此本章将样本拆分成东、中、西三个部分，仍采用固定效应模型进行子样本回归①，结果列入表 5-8。

第一，制度环境综合指数对东、中部制造业上市公司研发投资均在 1%水平上呈现正向影响，且东部的回归系数要大于中部，而制度环境对西部制造业上市公司研发投资的影响为负，且不具有统计学意义。该结果进一步证实制度环境越完备，企业家生产性的一面更加突出。而对于产权保护较弱，但政府管制较强的西部地区，制度无法起到刺激企业进行创新等生产性活动，这再次验证了 H1 的前半部分。

第二，制度环境综合指数对东、中、西部地区的管理费用均在 1%水平上具有负向影响，且系数绝对值分别为 0.097、0.138、0.260，这表明随着产权保护力度的减弱，政府管制强度的增加，即制度总体环境的恶化，企业家非生产性活动偏好不断凸显，该结果进一步验证了 H1、H1a 与 H1b 的后半部分。

第三，在控制制度环境总指数下，企业研发支出对东、中、西部地区制造业企业绩效分别在 1%、5%与 10%水平上具有正向影响，回归系数分别为 1.177、0.634、0.499，这表明企业家生产性活动确实能刺激企业绩效的提高，但值得注意的是，随着制度环境的恶化，企业家生产性活动对企业绩效的影响是下降的。以上结果再次证实研究假说 H2a。

第四，在控制制度环境总指数下，企业的管理费用对东、中、西部地区制造业上市公司的绩效均具有正向影响，但对东部地区的影响并不具有统计学意义。对于管理费用(平方项)除对西部地区存在正向的显著影响外，其余各地区均不显著。上述结果表明，在好的制度环境下，企业家的非生产性活动并不能起到提高企业绩效的作用，但在制度环境不完备的地区，企业家寻租等非生产性活动确实是企业绩效提高的原因，而且制度环境越恶劣，非生产性活动对企业绩效贡献越大。该结果与整体样本回归结果一致，也进一步验证了 H2b 的前半部分，但与整体样本回归一致，企业家非生产性活动的拐点并未出现。

第五，整理上述回归结果发现，中、西部地区的制度环境对企业家生产性活动与非生产性活动的影响，以及企业家行为对企业绩效影响均具有统计学意义，可见企业家精神配置是制度环境影响企业绩效的中介变量，即研究假说 H3 在中

① 基于模型的简约化考虑，分样本回归中只考虑制度环境总体指数的效应，同时只以资本回报率来测度制度绩效。

表 5-8　东、中、西部地区制度环境、企业家精神配置与企业绩效

变量	(1)	(2)	(3)	(4)	(5)	(6)	(7)	(8)	(9)	(10)	(11)	(12)
	东部				中部				西部			
	研发支出	管理费用	资本回报率	股东净资产回报率	研发支出	管理费用	资本回报率	股东净资产回报率	研发支出	管理费用	资本回报率	股东净资产回报率
制度环境	0.097***	−0.097***	0.404	1.317***	0.086***	−0.138***	−0.112	−0.348***	−0.040	−0.260***	−0.195	−0.373
	(0.033)	(0.009)	(0.282)	(0.429)	(0.008)	(0.025)	(0.075)	(0.120)	(0.030)	(0.049)	(0.153)	(0.306)
研发支出			1.177***				0.634**				0.499*	
			(0.156)				(0.275)				(0.254)	
管理费用				1.593				0.790*				0.585***
				(0.993)				(0.422)				(0.135)
管理费用(平方项)				−0.071				0.094				0.402**
				(0.247)				(0.098)				(0.182)
控制变量	是	是	是	是	是	是	是	是	是	是	是	是
个体效应	是	是	是	是	是	是	是	是	是	是	是	是
常数项	−3.021***	7.141***	39.990***	49.230***	−1.288***	7.701***	55.200***	62.110***	−1.812*	5.823***	33.100***	27.170
	(0.714)	(0.316)	(7.685)	(14.120)	(0.234)	(0.230)	(3.840)	(7.332)	(1.011)	(0.266)	(6.998)	(19.490)
样本数	9450	9450	9450	9450	2228	2228	2228	2228	1290	1290	1290	1290
R^2	0.459	0.037	0.325	0.356	0.364	0.022	0.255	0.297	0.278	0.047	0.223	0.218

注：括号内为企业层面的聚类稳健标准误；(1)、(2)、(5)、(6)、(9)、(10)对应列控制变量包括企业规模、分支机构数量，其余各列控制变量为企业规模、资产负债率、营业收入及企业年龄

*表示在 10%水平上显著；**表示在 5%水平上显著；***表示在 1%水平上显著

部与西部上市公司样本中得以证实。而东部地区样本在既定制度环境下，企业家非生产性活动对企业绩效影响不显著，进一步采用 Sobel 检验，发现其 t 值为 −1.5107，对应的 p 值为 0.1309，可见在东部地区，企业家非生产性活动并非是制度环境影响企业绩效的中介变量。究其原因是相对于中、西部地区，东部地区已形成良好的经济发展模式，且经济实力雄厚，为吸引更多企业投资，同时保持发展优势地位，东部地区政府往往会加大企业产权保护力度，提供完善的交易纠纷解决机制，并不断提高政府服务质量，减少不必要的干预。结果是在东部地区寻租等非生产性活动收益不高，企业绩效不会因此增加。

5.4.5　稳健性检验

考虑到本章所使用 2015～2016 年的制度环境指数是根据历史平均增长率计算所得，为防止人为推算出的制度指数存有偏误，因此此部分剔除了 2015～2016 年的样本数据，依旧采用固定效应模型，最终估计结果见表 5-9。制度环境综合指数对企业家研发支出在 1%水平上具有正向影响，而对管理费用在 1%水平上具有负向影响，这表明产权保护力度越强，且政府管制越弱，也即制度环境越优化，企业家的生产性活动偏好越明显，而非生产性活动越不容易发生，这验证了研究假说 H1、H1a-H1b。进一步考察式(5-2)和式(5-3)的估计结果[(3)和(4)对应列]，在控制制度环境的情况下，企业的研发支出、管理费用均对企业绩效在 1%水平上具有

表 5-9　剔除 2015～2016 年样本后的制度环境、企业家精神配置与企业绩效

变量	(1)	(2)	(3)	(4)
	研发支出	管理费用	资本回报率	净资产回报
制度环境	0.095***	−0.086***	0.012	0.237
	(0.012)	(0.030)	(0.092)	(0.164)
研发支出			0.849***	
			(0.135)	
管理费用				1.442***
				(0.432)
管理费用（平方项）				−0.005
				(0.081)
常数项	−1.840***	6.953***	61.010***	64.960***
	(0.292)	(0.225)	(4.702)	(9.119)
样本数	9299	9299	9299	9299
R^2	0.334	0.016	0.324	0.386

注：括号内为企业层面的聚类稳健标准误；(1)和(2)对应列控制变量包括企业规模、分支机构数量，(3)和(4)对应列控制变量为企业规模、资产负债率、营业收入及企业年龄

***表示在 1%水平上显著

正向影响，而管理费用(平方项)与基本回归一致，虽不具有统计学意义，但仍对企业绩效具有负向影响，这表明企业家的生产性活动确实是企业发展的内源动力，而非生产性活动在现阶段依旧能够带来制造业上市公司绩效的增长，上述结果也验证了 H2a 与 H2b 的前半部分。基于此，研究假说 H3 也得以验证，可见模型结果具有稳健性。

5.5 主要结论与启示

本章借鉴产权激励与政府管制理论，系统剖析制度环境、企业家精神与企业绩效三者之间的关系，分析出企业家精神配置是制度环境影响企业绩效的中介变量。在此基础上，将 2009～2016 年沪深两市全部制造业上市公司财务数据与王小鲁等(2017)编制的《中国分省份市场化指数报告》中法制环境、政府与市场关系相匹配，采用固定效应模型进行实证分析。研究发现，地区制度环境的优化，即拥有强有力的产权保护与较少的政府干预，会显著增强企业家生产性活动偏好，降低非生产性活动的发生概率，其中政府管制强弱是影响企业家行为的最重要因素。而在既定的制度环境下，企业家生产性活动确实是公司绩效提高的内源动力，同时现阶段如寻租等非生产性活动也给中国制造业上市公司的发展带来诸多优势。在考察制度滞后效应、解决模型内生性，以及剔除 2015～2016 年样本后，上述结果依旧具有稳健性。对东、中、西部子样本分组回归证实，随着东、中、西部地区制度环境的不断恶化，企业家生产性活动激励减弱，企业绩效不断降低，但与此同时非生产性活动投资会增加，企业绩效也会有所提高。

基于此，本章的研究结论具有多重政策启示。第一，为培育企业家精神，促进中国制造业企业的转型与升级，应进一步加大产权保护力度，减少政府对公司财产的攫取。具体来说，应从宪法高度切实保护企业财产权，对于侵犯企业财产的任何个体或组织均应追责，同时不断完善交易纠纷解决机制，减少政府对司法部门的干涉，以提高司法救济效率与公平度。第二，为减少寻租等非生产性活动，实现制造业企业良性发展，需进一步在全国范围内“简政放权”，减少政府干预。具体来说，政府应继续放开制造业市场的准入门槛，减少对国有企业和地方企业的扶持力度，同时最大限度地清理不符合市场发展规律的审批程序，将政府公共服务质量纳入官员评价考核体系，进而提高政府的服务效率。第三，考虑到地区制度环境以及制度绩效的差异，国家应出台有利于地区平衡的产权保护与政府管制制度。现实中，中、西部地区往往拥有更为丰富的自然资源，但该地区却对资源获取设定较高门槛，且产权保护力度更为不足，这导致当地制造业企业发展面临更多的约束。因此，国家放松中、西部地区的政府管制力度，提高对企业财产权的保护力度能够带来更高的制度边际收益。

第 6 章　基于结构方程模型的能源行业员工离职意愿影响因素研究

6.1　问题的提出

环境污染日益严重，许多国内外学者对空气污染与雾霾治理、控制二氧化碳排放、促进绿色消费等问题开展了大量研究。近年来，全球气候变暖问题受到国际社会强烈的关注，越来越多的国内外学者开始对气候变化政策与碳税、与碳排放交易等问题开展了研究。蒋金荷(2014)指出节能减排、碳税与碳排放交易是中国气候变化政策的核心内容，王金南等(2009)和李俊峰等(2014)研究指出气候变化政策对能源需求总量、能源结构、能源价格与投资等的影响效应。潘家华(2018)和陈诗一等(2014)指出气候变化政策带来的积极效应，可以概括为气候变化政策有利于减少能源耗竭与温室气体排放、推进低碳经济发展，实现碳排放控制目标，对我国实现 2030 年可持续发展目标和树立良好国家社会形象，以及履行《巴黎协定》义务具有重要意义。但是，Hafstead 等(2018)研究指出气候变化政策严重地影响到能源行业生产率与企业绩效等问题。

气候变化政策是指对能源企业节能减排的专项政策，它对能源企业绩效和未来发展影响重大，能源企业未来发展影响着员工职业成长，职业成长对员工离职起着决定性的作用。根据中国煤炭网统计，近年来，传统煤炭企业员工离职近千万人，对能源企业可持续发展影响重大，造成了较大的社会经济损失及社会稳定问题，给能源企业可持续发展带来了严峻的挑战，若不加以有效缓解，未来这种损失和挑战必将越来越严重。

尽管能源行业员工离职管理研究很重要，但是关于能源行业员工管理国内外的研究进展比较缓慢，现有研究更多地局限于能源企业内部因素与员工管理，忽视了气候变化政策对能源行业员工离职意愿的影响研究。现有研究没有挖掘出能源行业员工离职背后的原因，没有揭示出能源行业员工离职形成的真实规律，其主要原因是忽视了气候变化与低碳经济背景下，气候变化政策对能源企业绩效的影响，未考虑到气候变化政策可能引致能源企业员工对薪酬福利的预期，以及对工作的负面态度和不良情绪，导致了能源行业员工大量离职，造成了实施缺乏能源行业员工流失管理的理论依据，使得现在能源行业员工离职仍然大量存在，不利于能源企业可持续健康发展。

本章从气候变化政策视角出发，识别能源行业员工离职意愿关键影响因素，揭示气候变化政策对能源行业员工离职意愿影响作用机理，这种机理可以丰富气候变化政策与离职感知风险、离职模型等理论的跨学科应用，推动能源环境政策与管理学科的发展，保障我国能源行业人力资本与绿色可持续发展，平稳地推进低碳经济的发展。本章对能源行业可持续发展具有十分重要的理论与实践价值。

6.2　能源行业员工离职意愿关键影响因素模型构建

现有关于员工离职意愿关键影响因素可以概括为外部经济机会因素、企业内部因素、工作相关因素、个体心理因素以及控制因素等。外部经济机会因素主要指外部就业机会等变量对企业员工离职意愿的影响。张正堂和赵曙明(2007)、张勉和张德(2007)研究提出外部就业机会及亲属责任等影响员工离职意愿的假设，更多的外部就业机会让员工感到另谋工作的潜在收益，更高的薪酬或者更好的子女教育环境能让员工感到很强的经济效益。企业内部因素指企业内部服务质量、组织绩效、福利制度、薪酬分配、领导力行为等变量对离职意愿的影响。叶仁荪等(2015)提出组织分配公正性等变量会影响国企铁路员工的工作满意度和离职意愿；Nazir 等(2016)和 Istiyani 等(2018)证明了良好的薪酬福利待遇可以提升工作满意度；杨春江等(2014)提出组织公平对员工离职意愿有着显著的影响作用；谭小宏等(2007)指出组织支持对个体员工离职意愿起着关键性的作用。工作相关因素指工作绩效、工作环境、职业成长与发展停滞、工作胜任力、工作培训等变量对离职意愿的影响。张建琦和汪凡(2003)以民营企业职业经理人为研究对象，探究了广东民营企业职业经理人离职原因，其主要原因是工作环境、企业发展前景、工作绩效等；刘智强等(2006)研究揭示了影响国有企业员工离职意愿的关键影响因素，其分别是工作薪酬、可选择工作机会；翁清雄和席酉民(2010)、Lu 等(2016)探究了员工职业成长与发展停滞影响工作态度和离职意愿。个体心理因素指消极或积极情绪、心理焦虑、心理资本、心理契约等变量对员工离职意愿的影响，王振源等(2014)研究指出同事离职会导致员工消极情绪，员工消极情绪越高、工作满意度与组织承诺越低、离职意愿越强；张莉等(2013)研究指出工作不安全感对情绪耗竭的影响作用；Allen 等(2007)探究了组织承诺、工作倦怠等变量对员工离职意愿的影响作用；张莉等(2013)研究指出工作不安全感对离职的影响。控制因素指明确关键影响因素对离职意愿的负向作用。Chiang 和 Liu(2017)、Chan 和 Wan(2012)研究针对服务员工，揭示了企业内部服务质量对员工工作压力与服务绩效的影响作用；Fournier 等(2009)研究提出销售组织伦理气氛在销售组织中起着关键性的作用，伦理气氛调节销售员工工作绩效与离职意愿之间的影响作用。Karatepe 和 Karadas(2014)研究表明服务行业员工心理资本对工作-家庭冲突与离职意愿起着调节作用。

现有研究有助于理解外部经济机会因素、企业内部因素、工作相关因素、个体心理因素等对员工离职意愿的影响。然而，目前政策因素对员工离职影响的研究考虑不足，较少地考虑能源行业员工离职意愿的关键影响因素，缺乏科学与系统性的研究气候变化政策对能源行业员工离职意愿的影响机理。本章基于张正堂和赵曙明(2007)对员工离职影响因素的研究，结合专家访谈和一线走访调研，构建基于气候变化政策视角的能源行业员工离职意愿关键影响因素的理论模型，其关键影响因素包括：①气候变化政策，是指员工对国家关于能源企业节能减排专项政策的感知程度。②绩效可预测性，是指员工对薪酬绩效预期实现的程度。③离职感知风险，是指员工对工作的担忧及不确定性的程度。④工作倦怠，是指员工所感受到负面情感的程度。具体影响因素模型如图 6-1 所示。

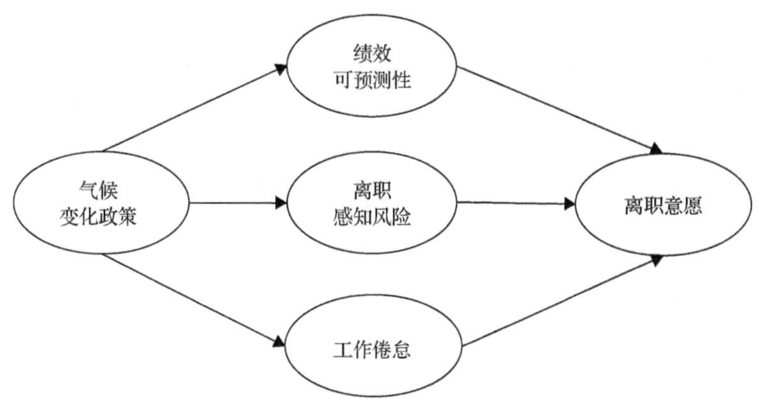

图 6-1　能源行业员工离职意愿影响因素模型

6.3　实证结果分析

本章分为预测试调研和正式调研两个阶段。在预测试调研之前，为了提高量表的信度和有效性，采用专家访谈的方式，邀请 5 名能源行业管理者和 3 位相关领域学者对初始设计的问卷进行评审，并对问卷进行修改完善，经过反复修改完善后，专家认为该量表可以测评能源行业员工离职意愿影响关键因素。

预测试调研共发放 200 份，实际收回 178 份，经一致性检验之后，删除 27 份无效问卷，保留 151 份有效问卷数据作为预测试调研分析样本。预测试调研采用探索性因子分析来逐步删除不合格题项，筛选合格测评题项。探索性因子分析之后，采用信度分析来确认影响因素的信度。接下来，进入第二阶段正式调研，用筛选合格的测量项目作为正式调研问卷的题项。正式调研在江苏、山东、山西、辽宁、内蒙古等地向煤炭企业等大型企业的员工进行了随机性问卷收集。5 位调研人员共收集 387 份问卷数据，剔除 72 份无效问卷，实际 315 份有效问卷作为有效样本数据。正式调研分析先后进行了验证性因子分析-判别效度分析，以及结构方程分析。数据分析均采用了 SPSS 18.0 和 AMOS 18.0 统计软件。

6.3.1 预测试调研结果分析

首先，采用探索性因子分析的最大方差(Varimax)回转主成分分析，如果因子载荷值在两个变数上都在 0.5 以上或均小于 0.5，将逐步剔除不符合的因子载荷值，并反复分析。经过逐步分析之后，数据分析结果如表 6-1 所示：共保留 20 个测量题项，共提取了 5 个因子，分别为气候变化政策(4 个)、绩效可预测性(4 个)、离职感知风险(4 个)、工作倦怠(4 个)、离职意愿(4 个)。因子载荷系数均达到 0.5 以上，并且 5 个因子累计方差解释比率为 80.066%。采用 Cronbach'α 系数检验分析研究变数的信度，分析的结果如表 6-2 所示：气候变化政策(0.872)、绩效可预测性(0.937)、离职感知风险(0.926)、工作倦怠(0.898)、离职意愿(0.850)均高于 Churchill(1979)推荐的信度系数标准 0.70，由此，可以推断研究变数具有良好的信度和效度。

表 6-1 探索性因子分析结果

测量项目	气候变化政策	绩效可预测性	离职感知风险	工作倦怠	离职意愿
气候变化政策 1	0.211	0.186	0.247	0.736	0.018
气候变化政策 2	0.092	0.111	0.198	0.843	0.138
气候变化政策 3	0.114	0.192	0.144	0.828	0.093
气候变化政策 4	0.147	0.258	0.058	0.768	0.194
绩效可预测性 1	0.090	0.297	0.816	0.239	0.287
绩效可预测性 2	0.106	0.301	0.849	0.222	0.234
绩效可预测性 3	0.420	0.191	0.789	0.187	0.015
绩效可预测性 4	0.412	0.076	0.781	0.168	0.200
离职感知风险 1	0.897	0.134	0.180	0.082	0.087
离职感知风险 2	0.755	0.209	0.191	0.127	0.362
离职感知风险 3	0.802	0.074	0.190	0.228	0.261
离职感知风险 4	0.836	0.119	0.227	0.189	0.208
工作倦怠 1	0.020	0.799	0.205	0.221	0.075
工作倦怠 2	0.171	0.790	0.278	0.183	0.036
工作倦怠 3	0.065	0.838	0.150	0.196	0.181
工作倦怠 4	0.322	0.797	0.079	0.181	0.075
离职意愿 1	0.457	0.428	0.166	0.095	0.629
离职意愿 2	0.498	0.364	0.096	0.119	0.621
离职意愿 3	0.194	0.331	0.26	0.173	0.785
离职意愿 4	0.243	0.200	0.176	0.167	0.689

表 6-2　信度分析结果

研究概念	测量项目	Cronbach'α 系数
气候变化政策	对能源企业来说，国家执行节能减排降耗专项政策活动 对能源企业来说，国家将执行碳排放专项税收活动 对能源企业来说，当地政府大力监管碳使用专项政策 对能源企业来说，当地政府控制温室气体排放	0.872
绩效可预测性	政府出台节能减排政策后，实现预期的年终奖励很困难 政府出台节能减排政策后，实现预期的工资待遇比较困难 政府出台节能减排政策后，实现预期的薪酬福利很困难 政府出台节能减排政策后，实现预期的绩效奖励比较困难	0.937
离职感知风险	政府出台节能减排政策后，我对这份工作很担心 政府出台节能减排政策后，我对未来工作有很多不确定性 政府出台节能减排政策后，我对工作很担忧 政府出台节能减排政策后，我认知到离职的风险	0.926
工作倦怠	过去六个月里，我常常感到工作焦虑 过去六个月里，我感到精力不充沛，工作疲惫 过去六个月里，我总是感到工作情绪衰竭 过去六个月里，我对现工作失去希望，感到无望	0.898
离职意愿	我正在寻找其他的工作 在不久的未来，我想换一份工作 在未来六个月内，我打算离开目前的单位 在未来的一年内，我会主动提出辞职	0.850

6.3.2　正式调研结果分析

正式调研分别采用验证性因子分析、相关分析与判别效度分析，以及结构方程模型分析。首先，本章为了验证基于气候变化政策视角的能源行业员工离职意愿影响因素理论模型的信度和效度及研究概念的构建效度，采用验证性因子分析和判别效度分析。验证性因子分析结果如表 6-3 所示，能源行业员工离职意愿影响因素的理论研究模型拟合指数分别为比较拟合指数(comparative fit index，CFI)、增量拟合指数(incremental fit index，IFI)、Tucker-Lewis 指数(TLI)、规范拟合指数(normed fit index，NFI)、近似误差均方根(root mean square error of approximation，RMSEA)，其中 CFI=0.954，IFI=0.954，TLI=0.943，NFI=0.924，RMSEA=0.067，影响因素的标准因子载荷值均超过标准 0.5，而且 ρ 值在统计范围内都有着显著的意义。其次，本章通过标准因子载荷值和方差的算出复合信度(Composite Reliability，CR)和平均方差提取(Average Variance Extracted，AVE)。如表 6-3 所示，影响因素的复合信度和平均方差提取值均都高于 Fornell 和 Larcker (1981)推荐标准系数(0.7 和 0.5)的评判标准，因而，可以认为研究概念具有良好的构建效度。再次，本章通过 Fornell 和 Larcker（1981）的研究结果证明，若潜变量 AVE 的平方根大于影响因素之间的相关系数，则符合判别效度评判标准。判别效度分析结果如表 6-4 所示，潜变量之间的相关系数最小值为 0.142、最大值为 0.704，均小于潜变量的 AVE 平方根系数，从而判断出本章构建的研究概念具有良好的信度和有效性。

表 6-3　验证性因子分析结果

测量项目	因子载荷值	标准因子载荷值	S.E.	t 值	CR	AVE
气候变化政策 1	1.161	0.926	0.060	19.282	0.882	0.668
气候变化政策 2	0.660	0.538	0.063	10.458		
气候变化政策 3	0.599	0.507	0.061	9.8370		
气候变化政策 4	1.000	0.860	—	—		
绩效可预测性 1	1.702	0.923	0.167	10.187	0.901	0.719
绩效可预测性 2	1.744	0.958	0.171	10.209		
绩效可预测性 3	1.187	0.639	0.118	10.017		
绩效可预测性 4	1.000	0.523	—	—		
离职感知风险 1	0.985	0.770	0.985	17.383	0.923	0.752
离职感知风险 2	1.097	0.931	1.097	24.906		
离职感知风险 3	0.915	0.755	0.915	16.819		
离职感知风险 4	1.000	0.893	—	—		
工作倦怠 1	0.803	0.838	0.803	19.559	0.913	0.724
工作倦怠 2	0.771	0.768	0.771	16.828		
工作倦怠 3	0.929	0.887	0.929	21.697		
工作倦怠 4	1.000	0.882	—	—		
离职意愿 1	1.009	0.938	0.040	25.353	0.906	0.712
离职意愿 2	0.742	0.674	0.050	14.794		
离职意愿 3	0.741	0.666	0.051	14.607		
离职意愿 4	1.000	0.907	—	—		

表 6-4　相关分析与判别效度分析结果

研究概念	平均值	AVE 平方根	1	2	3	4	5
气候变化政策	3.480	0.817	**0.817**				
绩效可预测性	3.395	0.848	0.466**	**0.848**			
离职感知风险	3.550	0.867	0.353**	0.434**	**0.867**		
工作倦怠	3.430	0.851	0.457**	0.417**	0.704**	**0.851**	
离职意愿	3.391	0.843	0.142**	0.151**	0.210**	0.197**	**0.843**

注：对角线上的黑体值为 AVE 的平方根

**表示在 1%水平上显著

本章采用结构方程模型来检验基于气候变化政策视角的能源行业员工离职意愿影响因素理论模型。验证结果如表 6-5 所示，模型的拟合度指标为：$\chi^2(155)=467.033$，CMIN/DF= 3.013，CFI= 0.934，IFI= 0.934，TLI= 0.919，RMSEA=0.080，从而可以推断出，本章所构建的能源行业员工离职影响因素模型具有良好的有效性。从数据分析结果来看(表 6-5)，气候变化政策对能源行业员工绩效可预测性、离职感知风险、工作倦怠有着显著的影响作用，对能源行业员工离职意愿影响作用增加，能源行业员工离职意愿影响因素系数分别为绩效可预测性(0.402)、离职感知风险(0.340)、工作倦怠(0.403)，并且 ρ 值在统计范围内都有着显著的意义(表 6-5)。从而可以得知，气候变化政策不仅增加能源行业离职感知风险与工作倦怠，而且对能源行业员工离职意愿有着重要的影响作用。

表 6-5　结构方程模型分析结果

影响路径	标准估计系数	标准偏差	t 值	ρ 值
气候变化政策 → 绩效可预测性	0.402**	0.047	5.712	0.000
气候变化政策 → 离职感知风险	0.340**	0.072	5.530	0.000
气候变化政策 → 工作倦怠	0.403**	0.093	6.562	0.000
绩效可预测性 → 离职意愿	0.145**	0.103	2.624	0.009
离职感知风险 → 离职意愿	0.272**	0.087	3.334	0.000
工作倦怠 → 离职意愿	0.280**	0.068	3.425	0.000

**表示在 1%水平上显著

本章采用结构方程模型中的 Bootstrapping 方法来检验气候变化政策与能源行业员工离职意愿影响之间绩效可预测性、离职感知风险、工作倦怠的中介效应。验证结果如表 6-6 所示，能源行业员工绩效可预测性在气候变化政策与离职意愿影响之间起着显著性的部分中介效应(0.287)；员工离职感知风险与工作倦怠分别在气候变化政策与离职意愿影响之间起着显著性的部分中介效应(0.320 和 0.338)。

表 6-6　Bootstrapping 方法的分析结果

影响路径	标准估计系数	偏差校正 95% 置信区间	
		下限	上限
气候变化政策 → 绩效可预测性 → 离职意愿	0.287**	0.225	0.563
气候变化政策 → 离职感知风险 → 离职意愿	0.320**	0.195	0.570
气候变化政策 → 工作倦怠 → 离职意愿	0.338**	0.230	0.587

**表示在 1%水平上显著

6.4 主要结论与启示

本章对员工离职意愿影响因素相关文献的梳理，基于员工离职理论，结合专家访谈和一线员工走访调研，识别了能源行业员工离职意愿影响因素，并构建了基于气候变化政策视角的能源行业员工离职意愿影响因素理论模型。采用预测试调查，运用探索性因子分析-信度分析-验证性因子分析-判别效度分析，测评了能源行业员工离职意愿关键影响因素气候变化政策、绩效可预测性、离职感知风险的信度和有效性。同时，本章运用结构方程模型分析方法，定量分析了气候变化政策对能源行业员工绩效可预测性的影响，气候变化政策对能源行业员工离职感知风险的影响，以及气候变化政策对能源行业员工工作倦怠的影响；分析了员工绩效可预测性和离职感知风险，以及工作倦怠对能源行业员工离职意愿有显著的正向影响作用。本章还进一步验证了气候变化政策与能源行业员工离职意愿之间的绩效可预测性和离职感知风险，以及工作倦怠的中介效应。能源行业员工离职会随着感知离职风险、绩效可预测性及工作倦怠的增加程度而增加。

基于以上研究成果，本章提出能源企业应该如何应对节能减排政策的对策，以及内部员工离职管理的措施，进而促进能源企业绿色可持续发展。具体包括以下四个方面：第一，基于企业绿色转型的管理对策。能源企业应当顺从当前中国绿色转型，将环境约束转化为企业绿色新机遇，以绿色技术转型升级促进企业发展。例如，打造绿色矿山，以煤制油及精细化学产品，建立煤化工绿色产业转型经营。第二，基于技术创新促进企业绩效的管理对策。企业应该一方面大力促进技术研发，推动自主知识产权创新，以煤间接液化产业化、煤基新材料等新产品创新促进企业绩效；另一方面应该打造机械化挖煤，发展铁路等运输物流，降低企业管理成本。第三，基于企业可持续发展的管理对策。能源企业积极响应国家生态保护建设政策，应该在新疆、内蒙古等地大力植树造林减排，建立碳汇林建设基地，促进能源企业可持续发展。第四，基于心理资本的能源企业员工管理措施。心理资本主要包括希望、乐观、韧性及自我效能感四种积极的心理能力。企业管理者应该在工作中通过运用人力资源管理策略来提升个体或群体员工的积极心理资本，增强员工满意度及工作的积极性，通过避免员工离职带来的分散企业凝聚力和瓦解企业正常生产经营活动等的负面冲击，平稳推进能源企业绿色可持续发展。

第 7 章　基于超越对数成本函数的中国农业基础设施投资对粮食竞争力的影响研究

7.1　中国粮食竞争力及研究诉求

粮食安全对人口大国至关重要，所以加入世界贸易组织对中国粮食产品的冲击及影响一直备受各方关注。加入世界贸易组织前期，中国政府就主要粮食品种单独承诺了关税配额，同时逐渐增加对粮食生产的支持力度。在此背景下，中国粮食产量成功实现十二连增(2004～2015 年)，但就在国内连续增产之际，仍然出现粮食进口大幅增长和库存积压的情况：自 2009 年起中国开始转变为谷物①净进口国，2010 年玉米开始出现净进口，2011 年水稻全面净进口，2012～2015 年中国谷物进口量连创历史新高，至 2015 年谷物进口达 3271.5 万吨。粮食进口与产量、库存同增使得本轮进口呈现明显价差驱动型特征。事实上，自 2003 年以来中国主要粮食产品的价格大多高于其国际市场价格，且这种价差呈现扩大的态势(表 7-1)。

粮食国内外价差扩大源于国际国内两方面的影响。国际方面，粮食主产国增产、人民币升值与国际能源价格暴跌共同促使国际粮食价格下跌(陈锡文，2015)。国内方面，劳动力成本上升引致的生产成本上涨(钟甫宁，2016)，以及以托市收购为主导的粮价调控均提升了国内市场价格(程国强，2011；韩俊，2013)。国内粮食价格被不断推高，同时面临国际粮价的下行压力，粮食市场呈现明显挤压效应。

缓解粮食生产挤压效应，解决国内外粮价倒挂的关键在于降低农户生产成本、提升粮食产品国际竞争力。为实现该目标，各国可采取的贸易政策主要分为三类，即边境措施、国内支持与出口补贴。由于中国加入世界贸易组织后承诺不使用出口补贴，可使用的仅有前两类。

边境措施方面。加入世界贸易组织前期中国已经履行承诺，进行了非关税壁垒的关税化与关税削减，目前中国已经是世界上农产品关税水平最低的国家之一②。其中，中国主粮(水稻、小麦和玉米)均采用关税配额制度，配额内关税仅为 1%，配额外关税为 65%，由于当前主粮进口量均未超出配额限制，所以只征收 1% 的

①这里的谷物统计口径包含水稻、小麦、玉米、大麦与高粱。

②目前中国农产品平均关税水平为 15.2%，已不足世界农产品关税税率平均水平(62%)的 1/4。

表 7-1　中国与国际市场主要粮食品种价格比较

年份	水稻				小麦				玉米			
	国际价格/(元/千克)	中国价格/(元/千克)	价差率/%	拟征 65%关税后价差/(元/千克)	国际价格/(元/千克)	中国价格/(元/千克)	价差率/%	拟征 65%关税后价差/(元/千克)	国际价格/(元/千克)	中国价格/(元/千克)	价差率/%	拟征 65%关税后价差/(元/千克)
2005	2.10	2.27	8.10	−1.20	1.15	1.50	30.43	−0.40	0.81	1.22	50.62	−0.12
2006	2.13	2.30	7.98	−1.21	1.32	1.44	9.10	−0.74	0.97	1.30	34.02	−0.30
2007	2.26	2.43	7.52	−1.30	1.80	1.54	−14.44	−1.43	1.25	1.53	22.40	−0.53
2008	4.21	2.82	−33.02	−4.13	2.40	1.74	−27.50	−2.22	1.55	1.62	4.52	−0.94
2009	4.01	2.92	−27.18	−3.70	1.59	1.84	15.72	−0.78	1.18	1.63	38.14	−0.32
2010	3.38	3.13	−7.40	−2.45	1.63	1.98	21.47	−0.71	1.30	1.89	45.38	−0.26
2011	3.43	3.52	2.62	−2.14	1.89	2.07	9.52	−1.05	1.90	2.16	13.68	−0.98
2012	3.45	3.80	10.14	−1.89	2.06	2.15	4.37	−1.25	1.87	2.29	22.46	−0.80
2013	3.22	3.94	22.36	−1.37	1.94	2.44	25.77	−0.76	1.61	2.26	40.37	−0.40
2014	2.56	4.00	56.25	−0.22	1.87	2.50	33.69	−0.59	1.25	2.33	86.40	0.27
2015	1.17	2.08	77.78	0.15	1.46	2.79	91.10	0.38	1.11	2.18	96.40	0.35

注：(1)价差率=[(中国市场粮食价格–国际市场粮食价格)/国际市场粮食价格]×100%

(2)拟征 65%关税后价差=中国市场粮食价格–世界市场粮食价格×165%

(3)小麦、玉米国际价格为美国海湾离岸价格；小麦、稻米、玉米国内价格为全国平均批发价格

数据来源：国内外价格数据来自《中国农村经济形势分析与预测(2015～2016)》，拟征 65%关税后价差为本章根据价格数据测算

进口关税。应警惕的是，按照 2015 年价格统计，即使征收 65%的配额外关税，国际粮食仍具有价格优势(表 7-1)，这意味着国内外粮价已出现“绝对倒挂”现象，关税配额的保护作用已经发挥到极致。因此未来农产品竞争力的提升，需更多依靠国内支持政策的调整。

国内支持方面。粮食政策的制定受到多边贸易规则的制约。目前中国采用的粮食补贴多为“黄箱”政策，WTO 规定特定产品“黄箱”支持不能突破 8.5%生产总值的上限。2016 年美国向 WTO 诉讼中国粮食国内支持政策，声称中国水稻、小麦、玉米的国内支持水平在 2012～2015 年已超过承诺上限(产品产值的 8.5%)，随后欧盟等 27 个国家加入磋商，2019 年 WTO 专家组判决美国对中国水稻、小麦的诉讼胜诉，这为中国粮食国内支持政策带来实质性规则约束与国际舆论压力。

面对有限的国内支持空间与不断扩大的国内外农产品价差，应该如何给予粮食产业以合理的保护呢？解决这一问题的关键在于如何在 WTO 规则空间内有效降低粮食生产成本，保障粮食国际竞争力。“黄箱”政策一方面受 WTO 贸易规则的约束，另一方面价格信号易产生更高的国内价格上涨预期。结合发达国家的农业国内支持结构调整经验，未来逐步由“黄箱”政策向“绿箱”政策转变应是大势所趋(Anderson and Strutt，2014)。

综上，本章聚焦中国最具代表性的“绿箱”支持——农业基础设施投资，探讨中国农业基础设施投资对粮食国际竞争力的影响。考虑到粮食属于相对均质的大宗农产品，其国际竞争力主要体现在单位产品价格上，所以本章将从单位产品生产成本、全要素生产率增长两个维度进行分析。研究问题集中在：在农产品成本上升的背景下，农业基础设施建设能否有助于缓解粮食生产成本上涨？基础设施能否与成本上涨迅速的生产要素存在替代关系？尤其是对成本上涨最突出的劳动力产生替代？如果单纯依靠增加物质投入提升边际产出已不现实，全要素生产率的增长对降低单位产品生产成本的作用如何？若基础设施能够降低生产成本，不同种类的基础设施对粮食生产的影响程度是否相同？如果并不相同，将有限的农业基础建设支持资金以何种方式用到重点品种与关键地区？这些问题的回答不仅有助于缓解中国农业支持政策面临“国际规则的天花板”与“不断上涨的成本地板”间的挤压效应，而且可以为农业公共投资政策的制定提供一定参考。

7.2 国内外研究状况

关于农业基础设施对种植业生产影响的研究最早可以追溯至 1964 年，舒尔茨在《改造传统农业》一书中就曾阐述交通设施、灌溉能够通过降低流通成本与投入成本影响农业生产。随后 Antle(1983)利用多国数据实证检验了交通与通信基础设施对农业生产率存在影响。Aschauer(1989)开创性地将基础设施引入生产函数，引起了对基础设施的研究热潮。目前，大多数国内外学者认为基础设施能够起到帮助农业增产、降低生产成本的作用。Mamatzakis(2003)研究了希腊、菲律宾基础设施与农业生产成本的关系，认为基础设施投资能够降低农业生产成本，基础设施投资的变化是影响农业生产率的重要原因。Onofri 和 Fulginiti(2008)认为基础设施可以通过增加投入要素的规模报酬和促进对私人资本的长期需求进而影响农业生产。国内部分学者基于中国的数据，也得到了相似的结论(朱晶，2003；辛毅，2006；曾福生和李飞，2015)。然而由于不同研究选取的函数形式、基于理论的基本假设和针对的研究对象均存在较大差异，学界对基础设施影响生产成本的作用机制与影响程度作用大小并无定论，有待进一步的研究讨论。

第一，对于函数形式的选取。前人研究主要采用生产函数，较少采用成本函数。两者的区别主要包括：①生产函数形式具有严格限制，要素种类的增加会导致待估参数膨胀，易产生共线性问题。相比之下，成本函数可基于形式简化的成本份额模型，可有效克服共线性问题(郝枫，2015)。②微(中)观层面的成本函数有利于避免内生性问题，基础设施影响农户私人投入，但农户私人投入并不影响国家基础设施投资，避免了广为诟病的生产函数内生性偏误。③大量实证表明利用生产函数法计算得到的公共基础设施的产出弹性明显高于成本函数法得到的结果。

第二，对基础设施节本机制的分析。首先，基础设施对私人投入结构影响的研究不足。当某种生产要素相对价格悬殊时，更多地使用价格相对低廉的要素就会降低平均生产成本。近年来，在劳动力成本迅速上升的背景下，中国基础设施的要素配置功能有待进一步阐述与实证检验。其次，农业基础设施的总成本效应包括对“私人投入替代效应”与“要素结构调整效应”两部分影响之和，早期文献或忽略其一，或没有加总，导致在总效应分析上产生偏差。

第三，对基础设施通过全要素生产率路径影响粮食生产成本的理论分析与实证检验尚不充分。农业不同于工业，对自然环境依赖性更强，农业基础设施建设，如灌溉条件、机械与电力设施、交通物流等均对抵抗自然灾害、保障生产至关重要。如果沿袭以往工业领域的测算与分解方法，仅将其分解为技术进步与规模生产，就会忽视农业生产中基础设施对全要素生产率增长的影响。

第四，对于研究对象的选取。前人选择的研究对象主要集中在对基础设施投资总量(Mamatzakis，2003；曾福生和李飞，2015)，或单一种类基础设施投资的分析(张贵友等，2009)，不同类型农业基础设施对生产成本影响的差异分析不足。然而，不同种类的基础设施对农业生产的影响与作用机制并不相同，在不同地区，经济发展水平、基础设施存量各异的情况下，各类基础设施还会存在交互效应。尤其是在与 WTO 谈判新增“绿箱”政策的背景下，不同种类的基础设施对农业生产的影响还有待实证检验。

因此，本章聚焦粮食产品，采用形式较灵活的超越对数成本函数，从生产成本、生产率增长两个视角探讨农业基础设施投资对粮食国际竞争力的影响。第一，测算基础设施成本弹性计算其影子价格，反映增加单位基础设施带来的生产投入的变化，即测度基础设施通过影响私人投入对平均成本的影响。第二，测算基础设施在粮食全要素生产率增长中的份额，同时分析农业基础设施在促进三种主粮全要素生产率增长中的地域差异，力图刻画农业基础设施对不同粮食种植区域的节本效应。第三，测算生产要素对不同种类基础设施的需求弹性，量化各类基础设施对生产要素投入结构的影响，探寻基础设施是否能够降低相对价格较高的生产要素投入，最后得到不同种类农业基础设施“私人投入替代效应”与“要素结构调整效应”的加总效应，实证检验不同种类基础设施投资对中国粮食生产成本的影响。

7.3　研究方法

粮食是相对均质的大宗农产品，其国际竞争力主要体现在单位产品价格上，由于税收、运输、储存费用在价格份额中占比相对固定，所以影响价格的最主要因素就是单位产品生产成本。粮食生产成本不仅体现在单位面积私人投入的数量和价格上，更与产量密不可分。生产者可以通过在私人投入不变的情况下增加产量、在产量不变的情况下减少私人投入、增加一定私人投入但增加更多产量来实现节本的目的。概括而言，降低私人成本需要单位面积产量增速快于私人投入增速，即实现全要素生产率增长，才能真正意义上降低成本，提高竞争力。

值得注意的是，粮食生产成本在很大程度上取决于公共投资水平，尤其在投入品价格上涨、单位面积私人物质资料投入饱和的背景下，仅从私人投入角度降低生产成本存在极大困难。此时，公共投资对降低生产成本的重要性就会更加凸显。粮食类大田作物的生长过程受自然因素影响较大，对完善基础设施有较高需求，基础设施资本存量增加，有助于促进生产者增加单产、降低投入，无论这两种情形单独作用还是共同作用，最终都会通过产量增速快于投入增速，即提高全要素生产率实现节本的目的。同时，粮食生产基础设施条件改善，可以通过减少私人投入的数量，或调整私人投入结构来降低单位产品私人成本。为此，本章将构建成本函数，将“私人投入替代效应”与“要素结构调整效应”两部分影响加总，以期得到基础设施投资对粮食生产成本的加总效应。

农业基础设施影响全要素生产率的作用路径有三个，一是通过提升其他私人要素的投资回报进而提升全要素生产率；二是通过优化生产要素的投入结构提高全要素生产率；三是农业基础设施自身作为一种公共投入，具有替代私人投入的作用，有助于提高私人投入全要素生产率。具体而言，首先，生产要素的使用效率提升依赖完善的农业基础设施配套，如平整的土地与灌溉设施建设有利于减少生产单位产品所使用的劳动要素，通过提升劳动生产率促进全要素生产率增长。其次，基础设施能够促进生产要素投入结构的优化。当投入要素的相对价格发生变化时，农户会相应地调整生产要素的投入结构，使用更少的昂贵要素生产出同样数量甚至更多的产品，在这一过程中没有相配套的基础设施无疑会增加要素结构调整的难度。近年来劳动力成本迅速上升，减少劳动投入会引发粮食生产率的下降，利用机械替代劳动成为提升生产率的必然选择，其中农村公路、电力燃气、耕地平整、灌溉设施等相关基础设施是机械大规模替代劳动的保障。最后，农业基础设施也是防范农业生产自然风险的一种外部投入。粮食类大田作物的生长过程受自然因素影响较大，对基础设施的需求更为突出(Huang et al.，2006)，耕地保护、土壤改良等基础设施建设公共投资能够促进产量的稳定与增长，进而提升私人投入全要素生产率。综上，基础设施可以促进全要素生产率提高，这意味着基础设施能够使得生产相同数量产品所需的私人要素投入减少，抑或用同样多的要素投入能够产生更多的产品，抑或私人要素投入数量的增长小于产量增长，最终实现降低单位产品的私人生产成本的目的。

基于上述分析框架，构建超越对数成本函数，实证检验农业基础设施投资对粮食生产成本、全要素生产率增长的影响。函数选择上，与以往关注基础设施对经济增长、农业产出影响的研究不同，本章选取成本函数而非生产函数考察基础设施对粮食生产成本的影响，原因如下：第一，私人生产成本反映生产者的微观行为，其决策过程与“成本最小化”的假设更为契合。第二，生产函数中农户的要素投入数量具有内生性，而成本函数中投入要素价格不受个体生产者行为的影响，可避免模型构建中的内生性问题。第三，采用成本函数与成本份额模型的系统估计，有助于克服“待估系数膨胀”导致的共线性问题。函数形式上，不同于以往研究普遍采用的 C-D 函数形式，本节选取包容性强的超越对数函数形式，它可近似视为任意函数的二阶泰勒展开式，C-D 函数、CES 函数均为其特例。同时超越对数函数形式不存在规模报酬不变与中性技术进步的先验假设，更适用于分析农业基础设施对全要素生产率的影响。构建超越对数成本函数如下：

$$
\begin{aligned}
\ln C = {} & \alpha_0 + \alpha_Q \ln Q + \sum_{i=1}^{3} \alpha_i \ln P_i + \beta_A \ln A + \alpha_G \ln G + \alpha_T T + \frac{1}{2}\gamma_{QQ}(\ln Q)^2 \\
& + \sum_{i=1}^{3}\sum_{j=1}^{3} \gamma_{ij} \ln P_i \ln P_j + \sum_{i=1}^{3} \theta_{iA} \ln P_i \ln A + \sum_{i=1}^{3} \theta_{iG} \ln P_i \ln G + \frac{1}{2}\theta_{AA}(\ln A)^2 \\
& + \theta_{AG} \ln A \ln G + \sum_{i=1}^{3} \delta_{Qi} \ln Q \ln P_i + \frac{1}{2}\alpha_{GG}(\ln G)^2 \delta_{QA} \ln Q \ln A + \delta_{QG} \ln Q \ln G \\
& + \mu_{QT}(\ln Q)T + \sum_{i=1}^{3} \mu_{iT}(\ln P_i)T + \beta_{AT}(\ln A)T + \beta_{GT}(\ln G)T + \frac{1}{2}\beta_{TT}T^2
\end{aligned}
\tag{7-1}
$$

式中，C 为粮食生产成本；Q 为单位面积产量；P_i 为投入要素价格，其中 i=L、K、M，分别表示劳动、资本、物质资料投入的价格；A 为粮食播种面积；G 为农业基础设施投资存量；T 为时间变量；其余参数为模型待估系数。这里，假设公共基础设施投资是一种外部投入，且对个人生产者不产生费用。

在式(7-1)的基础上，根据谢菲尔德引理，可得到私人购买投入的成本最小化的要素支出份额方程：

$$
S_i = \frac{\Delta \ln C}{\Delta \ln P_i} = \alpha_i + \sum_{j=1}^{3} \gamma_{ij} \ln P_j + \theta_{iA} \ln A + \theta_{iG} \ln G + \delta_{Qi} \ln Q + \mu_{iT} T, i = \mathrm{L,K,M} \tag{7-2}
$$

式中，S_i 为第 $i\,(i=\mathrm{L, K, M})$ 种要素支出占总成本的份额，α_i、γ_{ij}、θ_{iA}、θ_{iG}、δ_{Qi}、μ_{iT} 均为式(7-2)的待估系数，考虑到单方程估计易产生共线性问题，选择系统估计效果优于直接对成本函数进行估计。本章采用三阶段最小二乘法对式(7-1)、式(7-2)进行联立估计，并根据估计结果测算农业基础设施的成本弹性：

$$
\eta_G = \frac{\Delta \ln C}{\Delta \ln G} = \alpha_G + \beta_{GT} T + \sum_{i=1}^{3} \theta_{iG} \ln P_i + \delta_{QG} \ln Q + \alpha_{GG} \ln G \tag{7-3}
$$

式(7-3)测度了农业基础设施的“影子价格”，其中 α_G、β_{GT}、θ_{iG}、δ_{QG}、α_{GG} 为式(7-1)和式(7-2)进行联立估计后的参数估计结果，η_G 反映了农户生产相同数量产品时由于基础设施投入而减少的生产成本(Morrison and Schwartz, 1996)。若 $\eta_G<0$，表示基础设施能够降低私人成本，政府应当增加公共投入；若 $\eta_G \geqslant 0$，政府可削减相关基础设施投入。

根据理论分析，农业基础设施对粮食生产成本的总影响(η_{iG})，需要通过加总粮食生产要素对基础设施的需求弹性$\left(\dfrac{\theta_{iG}}{S_i}\right)$与农业基础设施的“影子价格”($\eta_G$)得到。需要说明的是，$\theta_{iG}$ 为式(7-1)和式(7-2)联立估计后的估计参数，θ_{iG} 与要素支出份额(S_i)之比可用于测度基础设施对要素投入数量的影响。

$$\eta_{iG}=\frac{\theta_i}{S_i}+\eta_G,\ i=\mathrm{K,L,M} \tag{7-4}$$

进一步，为了验证农业基础设施的节本效应通过全要素生产率增长得以实现，本章利用参数法推导包含基础设施投资的全要素生产率测算公式。根据 Ohta（1974）的研究成果，双对数成本函数中（$C=C(P_i,Q,T)$）全要素生产率可以通过 T 对 C 求导获得，表达式为

$$-\varepsilon_{CT}=-\frac{\dot{C}}{C}+\varepsilon_{CQ}\frac{\dot{Q}}{Q}+\sum_{i=1}^{n}S_i\frac{\dot{P}_i}{P_i} \tag{7-5}$$

式中，ε_{CT} 为随时间变化生产成本的变化，通常指技术进步对成本的影响；C 为成本；Q 为单位面积产量；T 为时间；P_i 为要素价格；ε_{CQ} 为产量对成本函数求导所得；S_i 为第 i 种投入在总成本中的份额；$\dot{C}$、$\dot{Q}$、$\dot{P}$ 分别为成本、单位面积产量、要素价格的变化。预期随着技术的进步总成本会下降故 $-\varepsilon_{CT}$ 为正数。基于私人成本等于各投入要素价格与数量乘积的加总

$$C=\sum P_iX_i \tag{7-6}$$

式中，P_i 为第 i 种要素投入的价格；X_i 为第 i 种要素投入的数量。联立式（7-5）和式（7-6），可得到生产率方程：

$$-\varepsilon_{CT}=\varepsilon_{CQ}\frac{\dot{Q}}{Q}-\sum_{i=1}^{n}S_i\frac{\dot{X}_i}{X_i} \tag{7-7}$$

式中，$\dot{Q}$ 为单位面积产量的变化；$\dot{X}_i$ 为第 i 种要素投入数量的变化。此时参照 Mamatzakis（2003），将公共基础设施投资作为一种不需要私人支付的固定投资引入生产率方程得到：

$$-\varepsilon_{CT}=\varepsilon_{CQ}\frac{\dot{Q}}{Q}-\sum_{i=1}^{n}S_i\frac{\dot{X}_i}{X_i}+\eta_G\frac{\dot{G}}{G} \tag{7-8}$$

根据全要素生产率增长定义——不能被投入增长解释的产出增长，其表达式为

$$\dot{\mathrm{TFP}}=\frac{\dot{Q}}{Q}-\sum_{i=1}^{n}S_i\frac{\dot{X}_i}{X_i} \tag{7-9}$$

式中，$\dot{\mathrm{TFP}}$ 为全要素生产率的变动；$\frac{\dot{Q}}{Q}$ 为产出的变动；$\sum_{i=1}^{n}S_i\frac{\dot{X}_i}{X_i}$ 为 i 种投入要素数量变动的加总。联立式（7-8）和式（7-9）可以得到由双对数成本函数推导的全要素生产率增长计算公式：

$$\dot{\mathrm{TFP}}=-\varepsilon_{CT}+\left(\frac{\dot{Q}}{Q}-\varepsilon_{CQ}\frac{\dot{Q}}{Q}\right)-\eta_G\frac{\dot{G}}{G} \tag{7-10}$$

式(7-10)中全要素生产率增长($\dot{TFP}$)可理解为包括技术进步、规模经济与公共基础设施投资三方面的效应。其中，$-\varepsilon_{CT}$ 为随时间变化成本的变动，通常表示技术进步，随着科技进步，生产成本会不断下降，所以科技进步项 $-\varepsilon_{CT}$ 符号为负；$\frac{\dot{Q}}{Q}-\varepsilon_{CQ}\frac{\dot{Q}}{Q}$ 表示规模生产效应，$\dot{Q}$ 为单位面积产量的变动，Q 为单位面积产量，ε_{CQ} 为产量对成本函数求导所得，规模生产效应为正、负、零分别代表规模报酬递增、递减、不变；$-\eta_G\frac{\dot{G}}{G}$ 为衡量公共基础设施对全要素生产率增长贡献的指标，η_G 为农业基础设施的“影子价格”，$\dot{G}$ 为农业基础设施的变动，G 为农业基础设施，与技术进步类似，若此项为正则表示公共基础设施促进了全要素生产率的增长。

7.4　数　　据

本章选取中国加入世界贸易组织后 2000～2014 年粮食主产区面板数据，主要来源于 2001～2015 年《中国统计年鉴》和《全国农产品成本收益资料汇编》中粮食(水稻、玉米、小麦)成本、产量、价格等相关数据。省级农业基础设施投资额来源于中国经济网统计数据库。省级不同种类农业基础设施实物存量数据来源于 2001～2015 年《中国统计年鉴》、《中国农村统计年鉴》和《中国农业统计资料》。粮食种植区域按照《全国农产品成本收益资料汇编》中农作物主产区为标准划分，水稻来源于黑龙江、吉林、辽宁等 11 省(区、市)的粳稻数据；小麦数据源自河南、山东、河北等 15 省(区、市)；玉米数据源自河南、山东、河北等 19 省(区、市)。

在农业基础设施存量的选择上，以往衡量指标可分为实物和货币两类。实物指标能够较直接地反映基础设施的现实情况，但变量的选择争议较多，同时度量单位差异也造成了加总与比较的困难；货币指标衡量农业基础设施存量能够实现度量单位的统一，以货币指标为基础的永续盘存法在国际资本存量测算中被普遍使用。考虑到加总的科学性，农业基础投资选取货币指标，利用永续盘存法测算中国农业公共基础设施存量，公式如下：

$$G_{it}=G_{it-1}(1-\delta_{it})+I_{it} \tag{7-11}$$

式中，G_{it} 为 i 省第 t 年的农业公共基础设施存量；G_{it-1} 为 i 省第 $t-1$ 年的基础设施存量；δ_{it} 为 i 省折旧率；I_{it} 为 i 省第 t 年农业财政的基础设施投资额。本章借鉴已有研究估算得到各省(区、市)农业基础设施折旧率为 10.2%①，初期存量为数据初始年份基础设施投资额。考虑到农业种植结构差异，不同地区粮食生产对农

① 折旧率计算公式为：$d_\tau=(1-\delta)^\tau,\tau=0,1,\cdots$，其中 δ 为农业基础设施的相对效率，τ 为农业基础设施的寿命。已有测算基础设施的相对效率为 3%～5%，这里采用平均值 4%，意味着农业基础设施使用周期结束时，其相对效率是新农业基础设施的 4%。同时参考相关研究，选取农业基础设施的寿命为 30 年计算折旧率。

业基础设施的利用程度并不相同，还需要对农业基础设施存量进行调整。由于农业基础设施的利用对保障农业产出、防灾减灾的作用直接反映于产值(曾福生和李飞，2015)，利用各省(区、市)粮食产值与农林牧渔总产值的比值构建农业基础设施利用率指标，再根据各省(区、市)利用率差异调整粮食主产区农业基础设施投资存量，使测算结果更为准确。

在不同种类农业基础设施变量的选择上，前人的研究大致可以分为两类：一种方法是选择实物基础设施或者到特定基础设施的距离作为代理变量(Fan and Zhang，2004；骆永民，2010；骆永民和樊丽明，2012)，这样设置代理变量的好处是能够较直接地反映基础设施的现实情况，但在变量的选择时会有争议；另一种方法是选取不同种类基础设施投资金额作为代理变量(樊胜根等，2002；Heerink et al.，2009)，其缺点是不能反映现实中农业基础设施的存量，但可反映农业基础设施投入的力度。考虑到测算对象为现有基础设施存量及数据可获性，本章选取实物指标进行测度。

参考前人文献中传统基础设施衡量指标与最新 WTO 政策变化，本章具体选择四类农业基础设施指标如下：①农村电力设施建设，衡量指标为农村用电量。②乡村道路建设，由于没有直接衡量指标，本章采用公路里程进行测算，具体用总公路里程-高速公路里程-一级公路里程衡量农村公路。除了上述两个传统衡量指标外，考虑到农田水利建设在农业生产中的重要作用，以及 WTO《巴黎协定》中新增“农业综合服务”为不受 WTO 规则限制的“绿箱”国内支持政策，其中包含改善土地条件、涵养水土与资源管理的相关政策。因此，本章加入下列两个反映改善农田水土条件的基础设施建设，以期探寻新增“绿箱”政策的经济效应。③改善粮食生产水资源的基础设施建设，用旱涝保收面积作为衡量指标。④改善粮食生产的土地资源的基础设施建设，用农田基本建设机械台数衡量。

在因变量与控制变量的选择上，因变量粮食生产成本为平减后的每亩生产成本，包含物质资料费用、机械费用与人工费用的总和。自变量中，产量为各主产区粮食单位面积产量；要素价格均采用定基期价格指数形式，其中劳动要素价格通过每亩粮食用工成本/用工数量计算得到，并对数据进行定基期指数平减处理；资本要素价格采用机械化农具生产价格指数；物质资料要素价格采用生产资料价格指数。

7.5 实证结果分析

本章根据 2000～2014 年粮食主产区的成本收益数据，采用迭代三阶段最小二乘法(I3SLS)对成本方程与劳动支出份额方程、物质资料支出份额方程进行系统估计。需要说明的是，采用系统估计法能有效考虑各方程(包含扰动项)之间的联系，比单方程估计更具效率(Ohta，1974)。同时，三阶段最小二乘法对成本份额方程要求较高，遗漏某些份额方程会产生估计结果偏差，使用迭代三阶段最小二乘法可以通过最小化广义残差解决这一问题。

7.5.1　农业基础设施投资对中国粮食全要素生产率的影响分析

1. 农业基础设施存量对粮食生产成本的影响

迭代三阶段最小二乘法估计结果(表 7-2)显示,三种粮食的超越对数成本函数拟合较好。根据式(7-3)可测算中国农业基础设施的“影子价格”，即基础设施成本弹性(表 7-3)。结果显示，基础设施存量的增加对三种主粮生产起到了降低成本的作用，具体而言农业基础设施投资存量增加 1%，水稻、小麦和玉米的生产成本分别下降 0.02%、0.05%和 0.1%。

表 7-2　Translog 成本函数迭代三阶段最小二乘法估计结果

参数	水稻		小麦		玉米	
	统计量	标准差	统计量	标准差	统计量	标准差
α_0	55.150	(54.080)	−46.910	(44.010)	67.440	(47.960)
α_Q	0.899	(8.415)	−7.823*	(4.084)	1.258	(3.172)
α_m	−15.950	(13.440)	32.020***	(12.360)	−32.330***	(11.340)
α_k	3.941	(15.890)	0.498	(10.870)	4.396	(12.430)
α_l	−7.833*	(4.421)	−10.860***	(3.374)	0.804	(4.254)
β_A	−2.140**	(0.831)	4.488***	(1.252)	1.582	(1.136)
α_G	0.032	(1.028)	−1.385	(1.362)	−2.520**	(1.120)
α_T	2.604***	(0.952)	0.739	(1.048)	2.442**	(1.090)
γ_{QQ}	0.132	(0.896)	0.144	(0.305)	0.459**	(0.215)
γ_{MK}	−1.877	(2.035)	−2.446	(2.034)	8.076***	(2.116)
γ_{ML}	1.207**	(0.557)	1.411*	(0.842)	−2.701***	(0.886)
γ_{LK}	0.256	(0.529)	0.968	(0.763)	2.444***	(0.803)
θ_{MA}	−0.392***	(0.118)	−1.408***	(0.297)	−0.061	(0.174)
θ_{KA}	0.214	(0.140)	−0.133	(0.274)	0.217	(0.181)
θ_{LA}	0.032	(0.040)	0.646***	(0.079)	−0.219***	(0.073)
θ_{MG}	0.697***	(0.181)	1.469***	(0.283)	−0.025	(0.220)
θ_{KG}	−0.646***	(0.194)	−0.931***	(0.276)	0.333	(0.230)
θ_{LG}	−0.114***	(0.039)	−0.237***	(0.079)	−0.116*	(0.062)
θ_{AA}	0.004	(0.017)	−0.161***	(0.044)	−0.159***	(0.033)
θ_{AG}	0.041***	(0.011)	0.124***	(0.041)	0.056***	(0.017)

续表

参数	水稻		小麦		玉米	
	统计量	标准差	统计量	标准差	统计量	标准差
δ_{QM}	0.328	(1.176)	3.621***	(0.799)	3.816***	(0.840)
δ_{QK}	–1.711	(1.675)	–0.482	(0.879)	–3.999***	(0.861)
δ_{QL}	0.401	(0.426)	–0.959***	(0.249)	0.786**	(0.313)
α_{GG}	0.025	(0.025)	–0.010	(0.040)	0.087***	(0.023)
δ_{QA}	0.350***	(0.078)	0.074	(0.121)	–0.004	(0.083)
δ_{QG}	–0.099	(0.110)	–0.277***	(0.100)	–0.039	(0.056)
μ_{QT}	–0.016	(0.073)	–0.049	(0.048)	–0.247***	(0.058)
μ_{MT}	–0.385***	(0.132)	0.092	(0.220)	0.423**	(0.197)
μ_{KT}	–0.089	(0.139)	0.033	(0.181)	–0.766***	(0.178)
μ_{LT}	–0.048	(0.031)	–0.077*	(0.041)	0.110**	(0.046)
β_{AT}	0.004	(0.009)	–0.025	(0.020)	0.023*	(0.014)
β_{GT}	–0.015	(0.011)	–0.036*	(0.021)	–0.010	(0.015)
β_{TT}	0.031***	(0.011)	0.028*	(0.017)	–0.011	(0.016)
R^2	0.895		0.882		0.881	

注：括号内为相关统计量的标准差

*表示在 10%水平上显著；**表示在 5%水平上显著；***表示在 1%水平上显著

表 7-3 2000～2014 年农业基础设施的粮食成本弹性

粮食品种	基础设施的成本弹性	
	估计值	标准差
水稻	–0.016	(0.076)
小麦	–0.047	(0.136)
玉米	–0.099	(0.097)

注：括号内为估计值标准差

从时间维度看，加入世界贸易组织以来基础设施存量对三种主粮的节本作用逐渐凸显(图 7-1)。2000～2006 年，基础设施降低了粮食生产成本，但幅度不大，2008 年前后出现剧烈波动，这是由于在此期间全球出现金融危机与粮食价格暴涨，相关生产资料价格上升导致了成本弹性出现短暂波动。但值得注意的是，自 2011 年以来基础设施投资对三种粮食成本的节约作用呈现逐年提升的态势，2014 年农业基础设施投资存量每增加 1%，水稻、小麦与玉米的生产成本分别下降 0.08%、0.24%和 0.14%。农业基础设施投资的“影子价格”增加，意味着农业基础设施公共投资的回报率处于上升阶段。

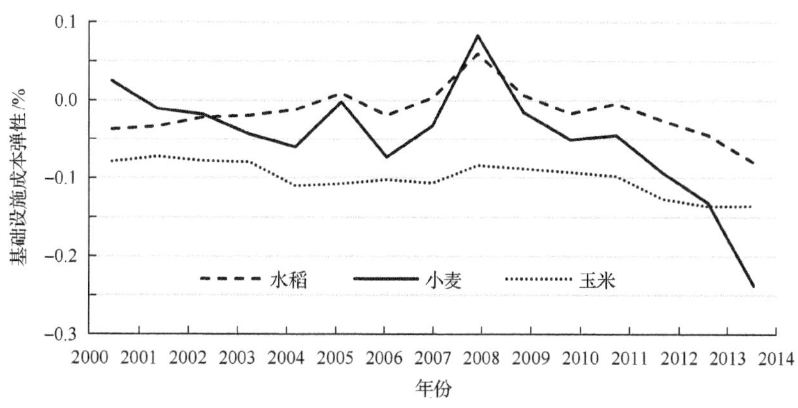

图 7-1　2000～2014 年三种主粮的基础设施-成本弹性

从品种维度看，农业基础设施投资对不同种类粮食的成本降幅不尽相同，考察期内增加基础设施存量对小麦生产成本的降幅最大，其次是玉米与水稻。2001 年基础设施存量增加 1%，小麦生产成本降低 0.011%，到 2014 年相应的小麦生产成本降低 0.238%。玉米在考察期内基础设施成本弹性一直相对较低，且波动相对平缓，考察期内平均增加 1%的基础设施存量，玉米生产成本降低 0.100%。水稻方面，基础设施对其成本的影响弱于小麦和玉米，但总体仍呈现促使成本下降的趋势。

根据式(7-4)可以得到农业公共基础设施存量对粮食生产要素投入的影响(表 7-4)。考察期内，农业基础设施存量对三种主粮的劳动要素均呈现替代效应，同时对水稻、小麦的资本投入，对玉米的物资资料投入呈现替代效应；对水稻、小麦的物质资料投入，对玉米的资本投入呈现互补效应。值得注意的是，劳动价格上涨是近年来主粮成本上升的重要原因①，而基础设施恰恰能够对三种主粮生产中的劳动要素产生替代，进而通过优化要素投入结构降低粮食生产成本。

表 7-4　农业基础设施对粮食生产要素投入的影响　　(单位：%)

生产要素投入	水稻	小麦	玉米
物质资料	1.55	3.26	−0.16
资本	−1.50	−2.18	0.66
劳动	−0.97	−2.03	−1.07

2. 基础设施对粮食全要素生产率的影响

上述分析表明，农业基础设施起到了降低粮食生产成本的作用，而节本作用的发挥需要全要素生产率的增长达成。以往研究侧重分析技术进步、规模生产对全要素生产率增长的影响，未测度农业基础设施对全要素生产率增长的影响。下

① 据《全国农产品成本收益资料汇编》测算，2000～2015 年主粮生产中的劳动力价格上涨 4.1 倍，远高于机械化农具价格与生产资料价格上涨(分别为 1.86 倍和 1.89 倍)。

面将通过实证测算不同粮食作物、种植区域上农业基础设施对粮食全要素生产率的影响，以期深入刻画农业基础设施的节本效应，为农业公共投资政策提供决策依据与数据支撑。

根据式(7-10)，测得 2000～2014 年中国粮食全要素生产率整体呈现上升趋势(表 7-5)，其中水稻、小麦和玉米的全要素生产率增长分别为 3.3%、5.4%和 6.4%。结果表明，技术进步、规模生产与公共基础设施三者共同推动了全要素生产率的增长。其中，水稻生产主要是技术进步推进，小麦和玉米生产主要由规模生产推动。同时，也应看到基础设施投资对粮食生产率增长的正向促进作用：在水稻、小麦、玉米全要素生产率增长中，基础设施分别贡献了生产率增长的 12.1%，18.5%和 34.4%。

表 7-5　三种主粮全要素生产率增长及其分解　　(单位：%)

粮食品种	技术进步效应	规模生产效应	基础设施效应	全要素生产率增长
水稻	2.9	0.0	0.4	3.3
小麦	1.7	2.7	1.0	5.4
玉米	0.2	4.0	2.2	6.4

从时间维度看(图 7-2)，考察期内绝大多数年份粮食全要素生产率为正，呈现增长趋势，但不同年份变化的波动较大。将生产率分解发现，导致这种波动的主要原因是规模生产效应和技术进步效应；导致水稻全要素生产率波动的主要原因是技术进步效应，导致小麦和玉米全要素生产率波动的主要原因是规模生产效应，部分年份伴有技术进步效应；基础设施不是造成生产率波动的主要因素，其对全要素生产率的影响均为正向，尤其 2009 年以来基础设施对主粮全要素生产率的增长贡献明显增加。

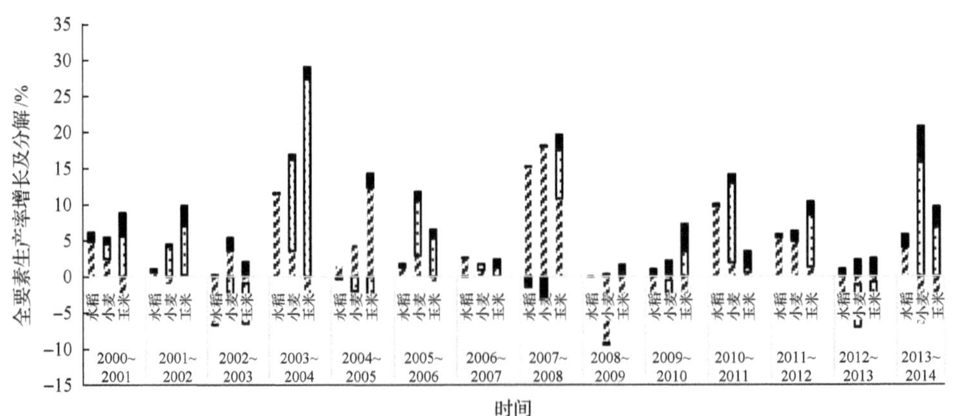

图 7-2　主粮全要素生产率增长及其分解(2000～2014 年)

从地区维度看(表 7-6)，考察期内，中、西部地区的粮食全要素生产率增长幅度较东部地区大，这在小麦、玉米上体现尤为突出。进一步将生产率增长分解，基础设施效应同样呈现中、西部地区明显大于东部地区的现象，这表明相同规模的基础设施投资对中、西部地区粮食全要素生产率增长的贡献更为明显。可以看到，西部地区基础设施投资在水稻、玉米生产中对全要素生产率的贡献大于中、东部地区；中部地区基础设施投资在小麦、玉米生产中对全要素生产率增长的贡献份额较大。值得注意的是，东部地区农业基础设施存量远高于中部和西部地区，正好与其对全要素生产率贡献的份额比重相反，这说明投资在中、西部地区的农业基础设施对粮食全要素生产率增长的边际效应更大。

表 7-6　不同区域主粮品种全要素生产率增长及其影响因素贡献分解

品种	地区	技术进步贡献率/%	规模生产贡献率/%	基础设施贡献率/%	全要素生产率增长
水稻	东部平均	85.85	0.00	14.12	0.03
	中部平均	100.00	0.00	0.00	0.03
	西部平均	70.73	0.00	29.27	0.04
小麦	东部平均	37.50	57.50	7.50	0.04
	中部平均	24.39	50.00	25.61	0.08
	西部平均	46.15	43.08	9.74	0.03
玉米	东部平均	0.00	94.44	5.56	0.05
	中部平均	8.00	65.33	26.67	0.08
	西部平均	−1.64	40.98	62.30	0.06

分析表明，基础设施的节本效应可以通过促进全要素生产率增长的路径来实现。同时，基础设施对全要素生产率的影响也能够反映基础设施降低私人成本的过程。在产品维度上，基础设施对玉米全要素生产率的增长促进作用最大，其次是小麦和水稻，这与基础设施对各粮食品种私人成本的降低幅度相吻合。在地区维度上，基础设施对中、西部地区全要素生产率增长的促进作用表现得更为突出，并且该地区粮食的全要素生产率增长较东部地区更为迅速，这说明现阶段对中、西部地区农业基础设施公共投资的回报率较东部地区更高，其降低私人粮食生产成本的作用较东部地区更大。结合产品与地区维度发现，虽然基础设施对全国水稻全要素生产率增长贡献不大，但就西部地区而言，基础设施对水稻生产率增长贡献达到 30%，说明基础设施投资对降低水稻私人生产成本并非无益，西部地区完善的基础设施仍会降低当地农户的水稻生产成本。

7.5.2　不同种类农业基础设施投资对中国粮食生产成本的影响分析

为探讨不同种类农业基础设施投资对中国粮食生产成本的影响，本章采用迭代三阶段最小二乘法，将成本方程、物质资料投入需求方程与劳动需求方程联立进行系统估计。与农业基础设施总量的超越对数成本函数类似，扩展构建分品种农业基础设施的超越对数成本函数：

$$\begin{aligned}\ln C = {} & \alpha_0 + \alpha_Q \ln Q + \sum_{i=1}^{3}\alpha_i \ln P_i + \beta_A \ln \mathrm{A} + \alpha_{Gh} \ln G_h + \alpha_T T + \frac{1}{2}\gamma_{QQ}(\ln Q)^2 \\ & + \sum_{i=1}^{3}\sum_{j=1}^{3}\gamma_{ij} \ln P_i \ln P_j + \sum_{i=1}^{3}\theta_{iA} \ln P_i \ln A + \sum_{i=1}^{3}\sum_{h=1}^{4}\theta_{iG} \ln P_i \ln G_h + \frac{1}{2}\theta_{AA}(\ln A)^2 \\ & + \sum_{h=1}^{3}\theta_{Ah} \ln A \ln G_h + \sum_{h=1}^{4}\sum_{m=1}^{4}\theta_{hm} \ln G_h \ln G_m + \sum_{i=1}^{3}\delta_{Qi} \ln Q \ln P_i + \delta_{QZ} \ln Q \ln A \\ & + \sum_{h=1}^{4}\delta_{Qh} \ln Q \ln G_h + \mu_{QT}(\ln Q)T + \sum_{i=1}^{3}\mu_{iT}(\ln P_i)T + \beta_{AT}(\ln A)T \\ & + \beta_{hT}(\ln G_h)T + \frac{1}{2}\beta_{TT}T^2\end{aligned} \tag{7-12}$$

式中，C 为单位面积粮食生产成本；P_i 为要素价格；i 为资本(K)、劳动(L)、物质资料投入(M)；G_h 为单位面积基础设施投资存量，下标 h 或 m 分别代表 4 类农业基础设施，包括水利建设(I)、农田基础设施建设(NTJS)、道路建设(R)、电力建设(E)；Q 为单位面积产量；A 为播种面积；T 为时间变量；其余参数为模型的待估系数。系统估计结果(表 7-7)显示，三种粮食的超越对数生产函数拟合较好，然而并非所有农业基础设施都会降低粮食生产成本，不同种类基础设施对各粮食品种的影响存在差异，这种影响也随时间和空间的不同而变化。

表 7-7　不同种类基础设施 Translog 成本函数迭代式三阶段最小二乘法估计结果

参数	水稻	小麦	玉米	参数	水稻	小麦	玉米
α_0	—	−169.400*	53.590	θ_{LR}	0.386**	−0.148	−0.437**
	—	(88.820)	(77.440)		(0.175)	(0.188)	(0.186)
α_Q	−3.016	6.164	−6.007	θ_{LNTJS}	−0.296***	−0.471	−0.054
	(6.812)	(6.758)	(4.195)		(0.092)	(0.099)	(0.081)
α_M	−18.820	47.800**	−33.720	θ_{EI}	0.134	−0.062	0.066
	(24.640)	(19.230)	(21.720)		(0.088)	(0.121)	(0.065)
α_K	58.460*	−12.020	36.870*	θ_{ER}	0.018	0.250***	−0.250***
	(30.000)	(15.950)	(21.000)		(0.074)	(0.093)	(0.064)
α_L	−26.420***	18.600**	−18.650***	θ_{RI}	−0.501***	0.149	0.031
	(7.947)	(7.479)	(7.102)		(0.157)	(0.153)	(0.123)
α_{G_E}	14.870***	0.357	6.193***	θ_{INTJS}	0.019	0.098	0.220***
	(2.686)	(2.968)	(1.800)		(0.098)	(0.092)	(0.061)
α_{G_I}	−11.850	2.040	−16.300***	θ_{ENTJS}	−0.073*	−0.098**	−0.002
	(7.645)	(4.539)	(3.846)		(0.038)	(0.040)	(0.031)
α_{G_R}	−20.300***	14.210***	26.740***	θ_{RNTJS}	0.081	−0.210***	0.104
	(6.145)	(4.930)	(5.997)		(0.064)	(0.064)	(0.071)
$\alpha_{G_{NTJS}}$	−6.593*	−4.741*	−1.415	δ_{QM}	1.665	−2.634**	0.672
	(3.408)	(2.842)	(2.193)		(1.180)	(1.046)	(1.072)

续表

参数	水稻	小麦	玉米	参数	水稻	小麦	玉米
α_T	7.223***	−4.428***	2.092	δ_{QK}	−3.776***	0.242	−2.840***
	(1.570)	(1.513)	(1.330)		(1.368)	(0.767)	(1.009)
γ_{QQ}	0.574	0.704**	1.007***	δ_{QL}	0.887**	−0.980***	0.930***
	(0.654)	(0.346)	(0.232)		(0.406)	(0.349)	(0.329)
γ_{MK}	−0.431	−0.318	4.993**	δ_{QE}	−0.838***	−0.210	−0.190***
	(2.627)	(2.453)	(2.267)		(0.137)	(0.157)	(0.066)
γ_{ML}	−0.525	−1.284	−0.373	δ_{QI}	0.377	0.043	0.726***
	(0.736)	(1.029)	(0.916)		(0.353)	(0.240)	(0.159)
γ_{LK}	3.057***	0.587	1.483*	δ_{QR}	0.809***	−0.590***	−1.180***
	(0.739)	(0.966)	(0.868)		(0.261)	(0.218)	(0.253)
θ_{ME}	0.107	0.310	−0.042	δ_{QNTJS}	0.361**	0.154	0.070
	(0.212)	(0.386)	(0.220)		(0.179)	(0.133)	(0.092)
θ_{MI}	0.945	−0.954	0.765	μ_{QT}	−0.248***	0.21***	−0.125**
	(0.674)	(0.744)	(0.554)		(0.077)	(0.065)	(0.060)
θ_{MR}	−1.610***	−1.108*	−0.217	μ_{MT}	0.168	0.235	0.064
	(0.594)	(0.650)	(0.518)		(0.156)	(0.227)	(0.190)
θ_{MNTJS}	0.186	1.063***	−0.258	μ_{KT}	−0.911***	−0.063	−0.173
	(0.317)	(0.372)	(0.286)		(0.176)	(0.210)	(0.184)
θ_{KE}	−0.583**	−0.785	−0.587*	μ_{LT}	0.044	0.049	0.035
	(0.263)	(0.382)	(0.308)		(0.029)	(0.042)	(0.036)
θ_{KI}	0.702	0.113	0.417	β_{ET}	−0.011	−0.057**	0.001
	(0.761)	(0.706)	(0.568)		(0.015)	(0.024)	(0.017)
θ_{KR}	0.763***	0.462	−1.431**	β_{IT}	0.003	−0.034	−0.008
	(0.744)	(0.618)	(0.606)		(0.048)	(0.046)	(0.035)
θ_{KNTJS}	0.258	−0.382	0.363	β_{RT}	0.033	0.140***	0.088**
	(0.308)	(0.350)	(0.275)		(0.039)	(0.045)	(0.036)
θ_{LE}	0.130*	0.234**	0.0733	β_{NTJST}	0.027	0.001	0.020
	(0.078)	(0.103)	(0.086)		(0.019)	(0.023)	(0.017)
θ_{LI}	−0.002	−0.151	−0.273	β_{TT}	−0.033***	−0.016	−0.005
	(0.245)	(0.215)	(0.190)		(0.010)	(0.016)	(0.013)

注：括号内为相关统计量的标准差，水稻、小麦、玉米系统估计成本方程的 R^2 分别为 0.968、0.935、0.939

*表示在 10%水平上显著；**表示在 5%水平上显著；***表示在 1%水平上显著

1. 不同种类农业基础设施投资的私人成本替代效应

根据模型构建，可得到 2000 年以来不同时期农业公共基础设施的成本弹性（表 7-8），可以看出 4 种设施中能够明显降低成本的是“农田建设”和“道路”，“电力”和“水利”仅在个别粮食品种上反映出节本作用，整体而言基础设施能够起到降低粮食生产成本的作用。以 2000～2014 年平均水平来看，增加 1%农田建设能够相应减少 0.21%、0.02%和 0.15%的水稻、小麦和玉米生产成本；增加 1%的道路建设，能够分别减少 0.19%、1.04%和 0.50%的水稻、小麦和玉米生产成本，这里不同粮食之间成本弹性的差异可能是各粮食品种对基础设施利用程度不同造成的。

表 7-8　2000～2014 年不同种类农业基础设施的粮食成本弹性（单位：%）

时期	品种	粮食成本弹性			
		电力	水利建设	道路	农田建设
2000～2004 年	水稻	0.04	0.22	–0.13	–0.10
	小麦	0.41	–0.05	–0.27	–0.02
	玉米	0.06	–0.36	0.01	–0.09
2005～2009 年	水稻	0.08	0.14	–0.26	–0.18
	小麦	0.86	–0.02	–1.11	–0.02
	玉米	–0.02	–0.18	–0.46	–0.16
2010～2014 年	水稻	0.16	0.18	–0.17	–0.36
	小麦	1.47	0.09	–1.74	–0.01
	玉米	–0.06	–0.23	–1.05	–0.20
2000～2014 年	水稻	0.09	0.18	–0.19	–0.21
	小麦	0.91	0.01	–1.04	–0.02
	玉米	–0.01	–0.26	–0.50	–0.15

就单一品种来看，水稻方面 2000 年以来道路与农田建设投资能够显著降低水稻的生产成本，且农田建设对水稻成本的降低作用随时间呈现上升趋势。有效灌溉设施并没有显示出对水稻的节本效应，这与作物本身生长于水田有关。小麦与水稻类似，道路与农田建设的成本弹性为负，其中道路建设对小麦的节本效应最大。水利建设在加入世界贸易组织初期起到了降低小麦平均成本的作用，但作用随时间有减缓的趋势。玉米方面，这四类基础设施都能起到节本作用，其中道路建设对玉米的节本作用最大，且成本弹性呈现上升趋势；相反，电力与道路建设在加入世界贸易组织初期并没有显著降低玉米生产成本，但近几年逐渐呈现出对成本的降低作用。

考虑到农业基础设施成本弹性可能存在地区性差异，为了区分这种地区间成本弹性方向与大小的变化，对不同地区的基础设施成本弹性进行了细化，具体见表 7-9。可以发现，就弹性方向而言，虽然 2000～2014 年水利与电力建设对水稻的成本弹性并不为负，但区分地区差异后发现有效灌溉设施与电力的修建能够降低西部地区的水稻生产成本。就弹性大小而言，农田建设对三种粮食成本的弹性均显示：东部、中部地区大于西部地区，这说明农田建设对东部、中部地区粮食生产成本的降低作用比西部地区更大。究其原因，地形与经济发展水平均可作为这一现象的解释（应瑞瑶和郑旭媛，2013），然而随着粮食主产区逐渐向西转移，如何着力发展有利于坡耕地的农田建设机械将成为未来关注的方向。

表 7-9　分地区农业基础设施投资的粮食成本弹性　(单位：%)

品种	地区	粮食成本弹性			
		电力	水利建设	道路	农田建设
水稻	东部平均	0.02	0.44	–0.17	–0.23
	中部平均	0.21	0.05	–0.28	–0.25
	西部平均	–0.04	–0.15	–0.01	–0.10
小麦	东部平均	0.57	–0.04	–0.96	–0.07
	中部平均	0.50	0.01	–1.07	–0.03
	西部平均	0.52	0.02	–1.04	–0.01
玉米	东部平均	–0.04	–0.16	–0.70	–0.13
	中部平均	0.00	–0.34	–0.45	–0.13
	西部平均	0.01	–0.24	–0.41	–0.18

2. 不同种类基础设施投资对私人成本结构的调整效应

根据式(7-4)可得到各生产要素对基础设施的需求弹性。整体来看，加入世界贸易组织至今这 4 类基础设施整体倾向于减少劳动投入，增加资本与物质资料的投入。从三种粮食平均来看，增加 1%基础设施建设，会降低 1.32%的劳动投入、增加 0.23%和 1.6%的物质资料与资本投入。

细分来看，不同基础设施对生产要素结构的调整方向并不相同(表 7-10)。①物质资料。虽然基础设施总体表现出促进物质资料投入增加，但道路建设有助于节约三种粮食生产的物质资料投入，水利建设和农田建设分别有助于减少小麦和玉米的物质资料投入。②劳动。WTO 新增“绿箱”政策——着力改善农田与水利的基础设施建设有利于节约粮食生产的劳动投入，同时道路建设有助于减少小麦和玉米的劳动投入。③资本。虽然基础设施整体对资本展现互补效应，但电力有助于降低粮食生产中的资本投入。

表 7-10　粮食生产要素对基础设施的需求弹性　(单位：%)

生产要素	品种	需求弹性			
		电力	水利建设	道路	农田建设
物质资料	水稻	0.26	2.28	–3.87	0.45
	小麦	0.70	–2.14	–2.49	2.39
	玉米	2.39	1.93	–0.55	–0.65
劳动	水稻	0.31	–0.01	0.91	–0.70
	小麦	0.64	–0.41	–0.40	–1.28
	玉米	–1.28	–0.63	–1.01	–0.12
资本	水稻	–3.65	4.39	4.77	1.61
	小麦	–4.20	0.60	2.47	–2.04
	玉米	–2.04	3.42	–3.50	2.98

3. 不同种类农业基础设施对粮食生产的总成本效应

正如之前所述，公共基础设施通过直接对成本进行替代与改变生产要素结构两条路径共同影响私人成本，单独地看任何一方面都会造成分析偏差，故本章利用式(7-4)计算农业基础设施投资对粮食生产的总成本效应(表 7-11)。在考虑到替代效应后，基础设施对私人成本结构的影响变为：平均增加 1%的基础设施建设，会降低 1.72%的劳动投入和 0.16%的物质资料投入、增加 1.20%的资本投入。显然之前单独看结构效应会低估基础设施对成本的影响，甚至还改变了基础设施与要素投入的关系：总成本效应显示整体上基础设施可以“节约”物质资料投入，而之前单独看结构效应基础设施却显现“促进”物质资料投入。

在总成本效应中，道路、农田建设、水利建设是降低物质资料投入的主要原因，这与道路的修缮降低运输成本，农田建设、水利建设为机械的使用提供了方便有关；电力、水利建设、道路、农田建设 4 项基础设施均在不同程度上降低了粮食生产中劳动要素的投入，这种基础设施对劳动的“替代”效应在玉米生产上表现得尤为突出。WTO 新增的“绿箱”政策——基于农田改善的基础设施在三种粮食生产中均表现出对劳动投入的显著替代关系；完善的电力设施通过降低机械使用费用节约了生产成本。

表 7-11　主要基础设施建设对粮食生产的总成本效应　（单位：%）

生产要素	品种	总成本效应			
		电力	水利建设	道路	农田建设
物质资料	水稻	0.35	2.46	–4.06	0.24
	小麦	1.61	–2.13	–3.53	2.37
	玉米	2.38	1.67	–1.05	–0.80
劳动	水稻	0.40	0.17	0.72	–0.91
	小麦	1.55	–0.40	–1.44	–1.30
	玉米	–1.29	–0.89	–1.51	–0.27
资本	水稻	–3.56	4.57	4.58	1.40
	小麦	–3.29	0.61	1.43	–2.06
	玉米	–2.05	3.16	–4.00	2.83

值得注意的是，基础设施建设对劳动投入呈现的替代作用意义重大。排除通胀因素，2000～2014 年三种主粮的平均生产资料价格增长了 1.9 倍，机械化农具价格增长 1.2 倍，劳动力价格增长 5.4 倍。粮食生产中，劳动力迅速增长已然使得粮食生产要素投入结构发生变化：2000 年中国三种粮食平均每亩用工天数为 12 天，2014 年下降到 5.9 天，用工数量下降了 50%。良好的基础设施建设不仅直接

与劳动要素进行替代，还会促进要素间替代的实现，这在粮食生产成本迅速上升的背景下极具现实意义。

7.6　主要结论与启示

本章通过构建超越对数成本函数，利用 2000～2014 年中国粮食生产数据进行实证分析，测算了基础设施对粮食生产成本的弹性，并通过对各粮食品种全要素生产率变化的估算与分解，揭示了农业基础设施通过生产率对粮食生产成本的影响，以及不同种类基础设施对粮食生产成本的影响。结果表明：①公共基础设施投资能够降低私人粮食生产成本，2011 年以来这种基础设施的节本作用呈现提升态势。②促进全要素生产率增长是基础设施节本效应的重要路径，基础设施应被纳入影响粮食全要素生产率的因素之中，分析发现基础设施不是造成粮食生产率波动的主要因素。③中、西部地区基础设施对粮食全要素生产率的贡献明显大于东部地区，在中部地区基础设施对小麦、玉米，在西部地区基础设施对水稻、玉米节本边际效应更大，提升产品竞争力作用更明显。

进一步地，基于中国省级粮食生产面板数据，分别从对私人成本替代效应、生产要素结构效应及总效应三个层面探讨不同种类农业基础设施对粮食生产成本的影响。分析结果表明：①不同基础设施种类中，道路与农田建设能够显著降低三种主粮生产成本，增加 1%的道路、农田建设设施存量，分别能够降低 0.58%和 0.13%的粮食平均成本。②就测算方法而言，加总“私人成本替代效应”和“要素结构效应”与单独测算其一结果存在显著区别。加总效应表明，在粮食生产中基础设施存量与劳动、物质资本存在替代关系，与资本要素存在互补关系。基础设施存量增加 1%，会降低 1.72%的劳动投入和 0.16%的物质资料投入，增加 1.2%的资本投入。③对不同种类基础设施而言，其对粮食生产的影响不尽相同。着力改善水土条件的新增“绿箱”政策和道路建设有助于节约劳动及物质资料投入，电力设施建设有助于节约资本投入。其中，水利设施主要降低小麦、玉米的生产成本；农田建设主要降低主粮的劳动投入；道路建设降低主粮物质资料投入以及小麦、玉米的劳动投入。

上述结论对处于挤压效应的中国粮食市场具有如下政策含义：

第一，继续加大农业基础设施投资。当前中国使用的粮食生产支持政策多为影响市场价格的“黄箱”补贴，其中最低收购价的上涨不仅对缩小国内外价差不利，更使得补贴突破 WTO 规则“天花板”的风险增大。2019 年 WTO 专家组判决美国对中国水稻、小麦的诉讼胜诉，这为中国粮食国内支持政策带来实质性规则约束与国际舆论压力。农业基础设施投资属于 WTO 规定的“绿箱”政策，不仅不受数量限制，还有利于降低粮食生产成本，提升产品国际竞争力。因此今后应逐步缩减“黄箱”补贴支持比例，逐步增加以农业基础设施为代表的“绿箱”政策支持水平。

第二，政策重点应从强调产量向提升竞争力方向转变。虽然以产量为纲的指导理念为我国实现粮食安全的目标做出了巨大贡献，但“价差”驱动型进口仍是不计成本提高总产所不能解决的，缓解矛盾的核心在于降低国内生产成本、提高生产率水平。然而，现阶段中国农业生产成本正处于上升通道，其中劳动力成本上升尤为迅速，在政策执行过程中需要重点考虑投资的方向与结构。应着重发展能够较大替代劳动投入的相关基建投资，如注重研发与推广农田基本建设机械，维护与修缮农田灌溉设施等，完善的农田水利基础设施条件是实现适度规模经营与机械化生产的物质基础。另外，提升粮食全要素生产率，不仅能为缓解生产、进口、库存三高的困局提供思路，也是保障今后长期竞争力与粮食安全的必由之路。有效推进粮食主产区农业基础设施建设，对保障粮食生产率稳定增长意义重大。

第三，要让农业公共投资在提升产品竞争力的过程中发挥作用，应在考虑种植结构差异、主产地域差异的基础上，针对不同粮食主产区制定相区别的公共投资方案。不同粮食主产区应根据区域内种植结构、基础设施投资存量与基础设施短板有重点地实施投资。在粮食品种方面，农业基础设施对玉米的成本降低作用最为明显，而玉米恰恰是粮食品种中“三量齐增”矛盾最突出的产品。虽然国内玉米已经释放出改革信号，但构架补贴路径绝非易事，确定合理的补贴水平与方式需要经过实践的打磨，在此过程中针对性地加强玉米优势产区农业基础设施建设，对缓解国内外价差，防止产量大幅波动具有重要意义。在区位选择方面，加强中、西部地区农业基础设施投资，完善区域内基础设施短板有利于提升粮食综合竞争力。结合中、西部地区的地形特点，应重点关注适用于坡耕地的农田基础建设机械投资，充分发挥支持政策的导向作用。

第8章　基于选择实验模型的公众对增强型城市气象灾害防御策略偏好研究

8.1　问题的提出

城市气象灾害防御措施的改进是防灾减灾的有效手段，但如何在辨识公众支付意愿的基础上，探索城市气象灾害防御水平的提升手段是解决问题的关键。随着全球气候变暖，暴雨等城市极端天气事件频繁发生(仅2015年全国超过150个城市遭遇暴雨灾害)，对城市饮用水污染、群众人身财产安全、交通通信等造成的影响日益加大。在此背景下，加强城市气象灾害防御办法的完善和执行刻不容缓，但防御水平的提升在防灾减灾的同时，必然带来额外的建设与维护成本。社会最优供给的城市气象灾害防御与公共部门出于财政拨款考虑所能承担的额外成本之间存在差异。如何实现社会最优供给与公共部门供给的一致，就需要解决额外成本合理分担的问题。在政府公共财政适度承担的同时，作为气象灾害防御水平提升的受益者，公众适度承担增加的额外成本就成为解决这一问题的重要手段。城市气象灾害防御制度的效用取决于执行力，而制度执行力取决于公众对增强型气象灾害防御制度的支付意向。那么，对于追求家庭效用最大化的个体，公众对城市气象灾害防御水平的提升是否愿意支付，认知资源在公众支付决策过程中又扮演何种角色？已有文献集中探讨了暴雨等城市气象灾害形成机制、风险评估、产生的影响、防御管理及公众应对行为。关于公众应对行为的研究主要表现为如下三个方面：①Adiyoso和Kanegae(2013)通过定性分析指出，公众应对灾害风险的行为受到风险感知和信仰的影响。②Lavigne等(2008)、沈鸿等(2012)通过调查数据统计分析指出，信息来源、灾害特征、传播网络、灾害地理位置、科技信任等因素对公众应对灾害风险的行为及措施起着决定性作用。而尹衍雨等(2009)发现随着灾害损失风险增加，公众规避风险的家庭投资意愿呈正态分布。③Grothmann和Reusswig(2006)、孙莉莉等(2010)、Parlak等(2012)、Luo和Levi(2013)、吴先华等(2014)通过实证研究指出，公众是否采取预防措施受风险感知，灾害经历，信息关注度，防御知识认知，预警预报信息及时性、有效性、可及性和成本等因素的共同影响。现有研究为本章提供了丰富的实践经验和理论研究，具有重要的借鉴意义。然而，上述研究的局限表现为如下方面：①研究范围受限，已有文献集中探讨公众应对灾害风险行为及其影响因素，少有文献关注公众对城市气象灾害防御水平提升是否愿意支付，以及认知资源在公众支付意向过程中扮演的角色。②研究对象受限，现有文献主要围绕乡村地质、洪水、台风等灾害展开分析，较少关注城市暴雨灾害。

本章以南京市暴雨灾害防御为例，从成本分担的视角分析公众对增强型城市气象灾害防御的支付意愿，通过构建由 Probit 模型和有序 Probit 模型组成的递归混合模型，探讨认知资源和经济资源在公众支付意向过程中扮演的角色。上述研究不仅拓宽了该领域的理论视角，而且对完善城市气象灾害防御管理具有重要的理论和现实价值。

8.2 公众对增强型城市气象灾害防御策略支付意愿的形成机理分析

8.2.1 支付意愿的影响机制

公众对增强型城市气象灾害防御的支付意愿是气象灾害防御水平提升的首要前提。个体是理性经济人，能够对其所支配的资源进行有效配置。当个体面临多个可供选择的方案时，个体会选择能够给家庭带来效用最大化的方案。因此，只有当城市气象灾害防御水平的提升给个体或家庭带来效用最大化时，个体才愿意为此支付费用。应用数学表达式为

$$D(R)=P\{(E-C)>R\} \tag{8-1}$$

式中，E 为个体为增强型气象灾害防御措施支付费用后所能获得的预期收益；C 为个体的支付成本；R 为个体的当前收益，$D(R)$ 为个体为增强型气象灾害防御措施支付的决策函数。式(8-1)表明，只有当预期收益扣除支付成本后的净收益大于当前收益时，个体才会做出支付决定。基于上述理论分析，个体为增强型气象灾害防御措施支付的决策模式可以概括为如下分类函数：

$$\text{是否愿意支付}=\begin{cases}\text{是,} & \text{当}(E-C>R)\text{时}\\ \text{否,} & \text{当}(E-C<R)\text{时}\end{cases} \tag{8-2}$$

式中，个体的支付成本比较容易确定，预期收益与当前收益取决于个体自身的内在因素和所处的外部环境：①人口统计学特征。消费者行为理论认为，经济资源是个体购物时消费的主要资源之一。经济资源(购买能力)是解释人们为什么购买、购买什么和什么时候购买的关键人口统计量，此类变量会影响个体对某种新产品或新服务的理解和判断，进而影响他们对产品或服务的支付意向。具体而言，公众对城市气象灾害防御的支付意愿可能受到居住地(主城区、新增城区、郊区)、工作地与居住地是否为同一行政区，以及家庭月均收入的共同影响。②信息拥有

量因素。消费者行为理论认为，认知资源是个体购物时消费的另一个主要资源。认知是指人们对客观事物的评价，即“印象”，也称“信念”。根据计划行为理论，认知是消费者态度的基础，与产品的属性(包括内部属性和外部属性)联系在一起，是对产品的属性、功能、有用性等的评价，会对个体的决策行为产生影响。具体而言，公众对增强型城市气象灾害防御措施支付意向受暴雨灾害风险感知、暴雨灾害防御措施了解程度、暴雨灾害防御制度认可程度的共同影响，其中风险感知可以从深度和广度两个维度加以衡量，公众自身受教育程度和暴雨灾害经历影响风险感知的深度，而暴雨灾害趋势认知影响风险感知的广度。

上述分析给出了研究公众对增强型城市气象灾害防御措施支付意向的影响因素的基本框架：

方程一：公众对增强型气象灾害防御措施的支付意向=f(暴雨灾害风险感知，暴雨灾害防御措施了解程度，暴雨灾害防御制度认可程度，人口统计学特征)。

方程二：暴雨灾害风险感知=f(暴雨灾害经历，暴雨灾害趋势认知，受教育程度)。

8.2.2　支付意向模型构建

为了检验公众对增强型城市气象灾害防御措施支付意向的影响因素，本章基于上述理性经济人假设的探讨，并考虑到相关数据资料的可获性，拟构建一个由二值选择 Probit 模型和有序 Probit 模型组成的系统模型——递归混合模型(Recursive Mixed-Process Models)。该递归混合模型由 Roodman(2011)提出，他指出由于正态分布具有自然的多维度的一般属性，因此多个相关模型可以组合成一个多方程的系统，而残差项可以共享系统中多变量的正态分布。且该方法可以有效地解决方程中的内生性问题。模型如下：

$$\begin{cases}\text{WTP}_i = \partial_i + \beta_1\,\text{INSTO}_{1i} + \beta_2\,\text{INSTO}_{2i} + \beta_3\,\text{INSTO}_{3i} + X_i + \mu_i \\ \text{INSTO}_{1i} = \lambda_i + \theta_{1i}\text{INSTO}_{4i} + \theta_{2i}\text{INSTO}_{5i} + \theta_{3i}\text{EDU} + v_i\end{cases} \tag{8-3}$$

其中，递归方程一(WTP_i)用以分析第 i 个公众对增强型气象灾害防御措施的支付意向，因变量表示“对于增强型城市气象灾害防御措施是否愿意支付”的一个二分变量(1=愿意支付，0=不愿意支付)，自变量定义如下：①信息拥有量因素。采用暴雨灾害风险感知(INSTO_1)、暴雨灾害防御措施了解程度(INSTO_2)、暴雨灾害防御制度认可程度(INSTO_3)三个变量加以衡量。②人口统计学特征。采用矩阵 X 加以衡量，具体包括平均月家庭收入、居住地为主城区(1=主城区；0=其他)、居住地为新增城区(1=新增城区；0=其他)、工作地与居住地是否为同一行政区(0=不工作或居住地与工作地所在同一区，1=工作且居住地与工作地不在同一区域)。递归方程二(INSTO_1)用以分析公众对暴雨灾害风险感知的行为，因变量表示“对于暴雨灾害的风险感知”的一个有序变量(1～5)，自变量定义如下：①风险感知深度。采用受教育程度、暴雨灾害经历加以衡量；②风险感知广度，采用暴雨灾害趋势认知加以衡量。变量定义与说明见表 8-1。

表 8-1　变量定义与说明

	符号	变量	测量指标	说明	预期
方程一	WTP	支付意向	提升防御水平有助于防灾减灾，但也增加了建设与维护成本。在政府财政无法全额承担建设与维护成本的同时，作为气象灾害防御水平提升的受益者，您是否愿意为增强南京市暴雨灾害防御水平支付一定的费用	1=愿意支付，0=不愿意支付	
信息拥有量因素	$INSTO_1$	暴雨灾害风险感知	您是否认为城市暴雨灾害给居民的生活、生产带来严重危害，如人身危害(污染生活用水、树木倒伏)、财产危害(住户被淹、店铺损坏)、生活生产危害(路段积水、交通堵塞、污水倒灌)等	1=非常不认同，2=比较不认同，3=一般，4=比较认同，5=非常认同	+
	$INSTO_2$	暴雨灾害防御措施了解程度	您认为如下哪几项属于城市暴雨防御措施？(①暴雨源头径流控制，②暴雨排放改造，③日常管理工作，④灾后信息公布，⑤预警和预告，⑥公共教育)	公众选项占 6 类选项的比重(%)	+
	$INSTO_3$	暴雨灾害防御制度认可程度	您是否相信南京市气象灾害防御主管及协同部门能够有效防御城市暴雨灾害(如南京市人民政府、南京市气象局、南京市环境保护局、南京市规划和自然资源局、南京市水利局等)	1=完全不相信，2=比较不相信，3=一般，4=比较相信，5=完全相信	+
人口统计学特征	INCOME	家庭月收入	—	1=≤2000，2=2001～4000，3= 4001～6000，4=6001～8000，5=8001～10000，6=10001～12000，7=>12000	+
	$LIVINGPLACE_1$	居住地为主城区	地区虚拟变量，以郊区(浦口、江宁和六合)作为比较项，主城区包括鼓楼、秦淮、玄武和建邺	1=主城区；0=其他	—
	$LIVINGPLACE_2$	居住地为新增城区	地区虚拟变量，以郊区(浦口、江宁和六合)作为比较项，新增城区包括雨花台和栖霞	1=新增城区；0=其他	—

续表

	符号	变量	测量指标	说明	预期
人口统计学特征	PLACECHANGEWORKING	工作地与居住地是否为同一行政区	交互项=是否工作(1=参加工作；0=不参加工作)×工作地与居住地所在同一区(1=两者不同；0=居住地与工作地在同一区)	0=不工作或居住地与工作地所在同一区，1=工作且居住地与工作地不在同一区域	+
方程二	$INSTO_1$	暴雨灾害风险感知	您是否认为城市暴雨灾害给居民的生活、生产带来严重危害，如人身危害(污染生活用水、树木倒伏)、财产危害(住户被淹、店铺损坏)、生活生产危害(路段积水、交通堵塞、污水倒灌)等	1=非常不认同，2=比较不认同，3=一般，4=比较认同，5=非常认同	
	$INSTO_4$	暴雨灾害趋势认知	您是否认为近年来在 6～9 月南京城市暴雨灾害频繁发生	0=偶尔发生，1=频繁发生	+
	$INSTO_5$	暴雨灾害经历	近年来，您是否遭遇过城市暴雨灾害造成的生产和生活方面的危害	0=否，1=是	+
	EDU	受教育程度		1=初中及以下，2=高中或中专，3=大专本科，4=研究生	+

基于上述支付意向的影响机制分析，提出如下假说：

假说 1：公众对城市气象灾害及其防御的信息拥有量是影响公众支付意向的重要影响因素，作用方向表现为公众对暴雨灾害风险感知越高、对暴雨灾害防御措施的了解程度越高、对暴雨灾害防御制度的认可程度越高，公众的支付意愿越大。

假说 2：公众对暴雨灾害风险感知可以从风险感知深度和风险感知广度两个方面加以衡量。基于风险感知深度，公众受教育程度越高、暴雨灾害经历越丰富，对暴雨灾害的风险感知越高；基于风险感知广度，公众对暴雨灾害趋势的认知度越高、对暴雨灾害的风险感知越高。

8.3　支付意愿测算的选择实验模型设计

8.3.1　暴雨灾害防御政策属性及水平选择

本章采用选择实验模型研究公众对城市暴雨灾害防御政策的偏好。该选择实验模型的开发综合考虑到南京市暴雨致灾因子、孕灾环境和承灾体，南京市政策文件(《南京市重大气象灾害预警信息快速发布实施细则》《关于推进率先基本实现气象现代化试点的指导意见》《南京市中心城区排水防涝规划》《南京市暴雨强度公式(修订)》《南京市气象灾害防御管理办法》《南京市城市绿化条例》)，以及文献(Obropta and Kardos，2007，Weiss et al.，2007；Kinzelman and McLellan，2009；Jerrod et al.，2014；张炜等，2013；翁莉等，2015；张纯和宋颜，2015）。已有政策性文件和经验研究表明，暴雨灾害防御政策至少包括暴雨源头径流控制改造政策、暴雨排放设施改造政策、日常管理工作[①]、预警和公告、公众教育、灾后信息公布[②]等。

值得说明的是，当前南京气象局在城市暴雨预警和公告方面的工作已取得了长足进展，公众能够通过新闻广播、天气预报、服务热线、手机软件等多种渠道及时地接收暴雨预警信息(文献或支撑材料)。此外，在城市扩建方面，主城区属于存量改造，而新增城区和郊区属于增量改造。后者在改造过程中已将暴雨灾害等城市气象灾害因素考虑在内，而前者在城市规划初始的考虑略显不足。因此，对于增量改造的主城区急需进行结构性的暴雨排放设施改造。结合已有经验研究、南京市实际情况和公众对当前防御措施的认知程度，这个选择实验模型选择 3 个反映暴雨灾害防御政策的属性(表 8-2)：①暴雨源头径流控制改造政策(非结构性，9 个行政区)；②暴雨排放设施改造政策(结构性，主城区)；③公共教育。

对于支付工具的选择，我们参照南京市居民生活用水中年人均污水处理费，并告知受访者当前南京市年人均污水处理费(居民生活用水)约为 146.06 元/年[人均日生活用水量(281.81 升)[③]×365(天)×居民生活用水中的污水处理费(1.42 元/米^3)[④]]。由于增强型暴雨灾害管理政策的实施可以减缓对饮用水的污染程度，可能降低居民生活用水中的污水处理费，基于等距原则和取整原则，本章将居民生活用水中的污水处理费分别设定为 0.50 元、1.00 元、1.50 元，即年人均生活污水处理费约 50 元、100 元、150 元。

表 8-2　南京市暴雨灾害防御政策属性及水平

属性	水平	
	当前水平	增强水平
暴雨源头径流控制改造政策(非结构性，9 个行政区)	当前执行《南京市城市绿化条例》，主要利用自然资源(树木、灌木和绿地)减少暴雨径流。但广场、道路等人工构筑物透水性差，分散雨水径流能力差	改造人工构筑物，减少硬质铺装，增加地面可渗透性。如改造广场、商业区、人行道、跑道等城市功能区透水下垫面等；建设下沉式绿地、植草沟、人工湿地等；建设下沉式广场、运动场、地下水库、地下河等蓄水滞水设施等
暴雨排放设施改造政策(结构性，主城区)	2014 年南京编制《南京市中心城区排水防涝规划》	贯彻落实《中心城区排水防涝规划》，完成城区排水管网的雨污分流改造、完善城区排水防涝工程体系，提高城区排涝能力

① 当前执行《南京市气象灾害防御管理办法》，定期组织开展各种排水设施检查，及时疏通河道和排水管网，加固病险水库，加强对地质灾害易发区和堤防等重要险段的巡查。

② 该属性属于对暴雨次生灾害的防御。当前主要是将暴雨灾后信息(道路积水、交通拥堵等)情况通知公众。

③ 数据来源：《南京统计年鉴 2014》。

④ 数据来源：南京市物价局(2015)。

续表

属性	水平	
	当前水平	增强水平
公共教育	2014 年南京市浦口泰山街道桥北社区建成南京市首家社区气象防灾避险科普室，其他行政区尚无系统地开展暴雨灾害减灾免灾公共教育项目	全市范围内积极开展暴雨灾害减灾免灾公共教育项目，以提高全民防涝减灾意识、增加防御暴雨灾害知识、提高公众自救互救能力
支付费用		50 元/年、100 元/年、150 元/年

注：非结构性是指全面的、大规模的；结构性是指非全面的、非大规模的，更强调有选择性的，针对特定区域

8.3.2　选择集与选择项的确定

根据全要素组合设计原则，表 8-2 中 3 个属性含有 2 个水平：当前水平(当前执行的政策)和增强水平(与政策制定者提出的改善政策相一致)，支付费用含 3 个水平(50 元/年、100 元/年、150 元/年)，总计可以组合形成 24($2^3\times3^1$)种方案。再将这些方案进行两两组合，构成了 276 个选择集。然而，过多的选择集既无法保证问卷调查的质量，也不具有现实的可行性。

因此，在不包含重叠和理论上矛盾的选择集的前提下，本章首先应用 SPSS 统计软件进行筛选实验(部分因子试验设计)，进而随机获取研究所需的 12 个选择集，再随机分成 2 组，每组包含 6 个选择集。在问卷调查过程中，只需让被调查者完成其中的一组选择集，即相当于完成了 6 次方案的选择问题。每个选择集有 3 个选项，需要被调查者从中选出自己最满意的一个选项(表 8-3)。

表 8-3　选择集示例

项目	选项 A	选项 B	选项 C
支付费用	150 元/年	150 元/年	前两个组合，我都不选择
暴雨源头径流控制改造政策(非结构性，9 个行政区)	改善	保持现状	
暴雨排放设施改造政策(结构性，主城区)	保持现状	改善	
公共教育	改善	改善	
您的选择(划 √)	□	□	□

此外，本章的选择试验模型遵循了随机设计原则。相对于固定设计，随机设计可以消除问题排序和公众心理的影响，并且和对称的选择试验一样有效(所有属性都具有相同的水平)。

8.3.3　选择实验模型构建

Lancaster 要素价值理论和随机效用理论是选择实验法的理论基础。要素价值

理论指出，每一种物品都可以用一组不同水平的属性来描述，选择实验法正是基于这种观点来确定研究对象的属性水平组合，形成不同的选择集(陈琦等，2015)。具体而言，公众 i 从暴雨防御政策中获得的效用 V_i 是指从防御政策的每个属性 $k(k=1, 2, \cdots, K)$ 中所获得的效用 V_{ki} 之和。在对属性的评价以线性方式的假定下，效用 V_i 可以写作：

$$V_i = \mathrm{Sum}(\beta_i V_{1i}, \beta_2 V_{2i}, \cdots, \beta_K V_{ki}) \tag{8-4}$$

式中，β_K 为公众 i 对防御政策的属性 k 的效用(V_{ki})的权重，即表示衡量公众对防御政策某个属性偏好的参数。

随机效用理论进一步指出，效用并非来自商品本身，而是来自商品所拥有的属性。受访者追求效用最大化过程本质上就是从选择集中选出最佳组合方案的过程。公众做出的选择总是由确定性部分和随机性部分共同组成。即公众 i 从防御政策 j 中获得的选择效用 U_{ij} 既包括效用函数的确定性部分(V_{ij})，又包括不可观察的反映随机因素的随机效用(ε_{jn})，并假设其服从独立极值分布。受访者 i 从第 n 个选择集中选择 j 选项获得的效用可表述为

$$U_{ijn} = V_{ijn}\beta + \varepsilon_{jn} \tag{8-5}$$

式中，U_{ijn} 为选择效用；V_{ijn} 为可观测效用；ε_{jn} 为随机效用。受访者根据每种方案所带来的效用大小选择给其带来最大效用的方案。具体而言，U_{ijn} 表示公众对城市暴雨灾害防御政策的选择效用，该变量可以分割成给定水平的暴雨灾害防御政策及支付工具(V_{kijn})、属性偏好参数(β)及随机效用(ε_{jn})。

本章采用 Mixed Logit 模型和潜在分层(Latent Class，LC)模型作为选择实验的具体计量模型。

第一，传统的 Logit 模型假定消费者具有同质性，而 Mixed Logit 模型允许消费者偏好存在异质性，即不同的公众对城市暴雨防御政策的偏好可以不同，对于每个受访问者参数 β 是不可观察的，但是该参数 β 可能通过密度函数 $f(\beta)$ 来表现。因此，通过计算密度函数 $f(\beta)$ 对 β 的积分就可以得到个体 i 选择防御政策 j 的非条件概率 P_{ij}：

$$P_{ij} = \int \frac{\exp(V_{ijn}\beta)}{\sum\limits_{n=1} \exp(V_{ijn}\beta)} f(\beta) d(\beta) \tag{8-6}$$

式中，β 为参数向量；V_{ijn} 为可观测效用向量；j 为选项的数量(为一个选择集中的选项数)。

第二，不同群体或者不同层次的消费者的偏好可能存在一定差异，此时可以

利用 LC 模型，分析不同层次消费者对属性的偏好。假设 N 个消费者被分成 S 层，每层消费者近似同质的偏好，在该模型中，$f(\beta)$ 是离散的且有 S 个不同的值，则 LC 模型中消费者选择商品 j 的概率为

$$P_{ij}=\sum_{S=1}^{S}\frac{\exp(V_{ijn}\beta_S)}{\sum_{n=1}\exp(V_{ijn}\beta_S)}R_{iS} \tag{8-7}$$

式中，β_S 为层次 S 的参数向量；R_{iS} 为消费者 i 落到层次 S 的概率。假设变量服从正态分布，同时价格为选定市场价的参考价格，以直接计算支付意愿。在效用函数是线性的假定下，某一属性的支付意愿 WTP 就是效用函数中属性变量的参数与价格变量参数的比值，即

$$\text{WTP}=-\frac{\beta_j}{\beta_p} \tag{8-8}$$

式中，β_j 和 β_p 分别为政策属性与价格属性的估计系数。

8.4 调查与数据描述

笔者于 2017 年 1～2 月在南京市 9 个行政区(主城区：鼓楼、秦淮、玄武和建邺；新增城区：雨花台和栖霞；近郊：浦口、江宁和六合)进行了调查，整个选取过程采用随机抽样方法，调查对象为城市市区的常住人口(不包括本地大学生)，调查地点为各行政区的大型购物中心、超市，大量研究表明这些场所的公众所处的社会阶层比较多样，避免了单个场所抽样产生的只关注某一类公众的样本选择偏误问题。在调查过程中坚持当场填表、当场审核和当场回收的原则，总计发放问卷 679 份，有效样本 636 个，有效回收率达 93.67%。其中，选择实验模型采用了 624 个样本。样本总体的年龄集中于 24～40 岁，男女性别比值为 1.7。具有初中及以下、高中或专科、本科及以上的样本分别约占样本总体的 11.53%、38.94%和 49.53%。

关于样本及社会人口统计特征见表 8-4。与南京常住人口相比，调查样本受过良好教育，女性偏多。这样的结果并不令人惊讶，因为受访者是至少 16 岁的城市居民，而常住人口包括城市居民和农村居民。本章选取的样本分布于主城区(鼓楼、玄武、秦淮和建邺)和新增城区(雨花台和栖霞)和近郊(浦口、江宁和六合)，其中主城区占 48.08%，新增城区占 17.79%，近郊占 34.13%。受访者年龄和月均家庭可支配收入基本呈正态分布。此外，过去半年有 74.52%的居民参加了工作，其中超过半数的居民在主城区工作，而且居住地和工作地点不同居民超过 50%。

表 8-4 样本统计描述

人口统计特征	测度	城镇居民样本占比/%	南京统计调查
男性		48.24	51.52%[a,b]
年龄	1=16～23 岁	11.54	
	2=24～30 岁	32.21	
	3=31～40 岁	36.06	
	4=≥41 岁	20.19	
受教育程度	1=初中及以下	11.53	46.18%[a,b]
	2=高中或专科	38.94	18.47%[a,b]
	3=本科及以上	49.53	35.35%[a,b]
月均家庭可支配收入	1=≤2000 元	3.84	
	2=2001～4000 元	16.35	
	3=4001～6000 元	18.75	
	4=6001～8000 元	18.27	
	5=8001～10000 元	16.83	
	6=10001～12000 元	9.13	
	7=>12000 元	16.83	
居住地	1=主城区(鼓楼、玄武、秦淮和建邺)	48.08	48.16%[c,d]
	2=新增城区(雨花台、栖霞)	17.79	12.81%[c,d]
	3= 近郊(浦口、江宁、六合)	34.13	39.03%[c,d]
工作	1=过去半年参加工作	74.52	
	0=不工作	25.48	
工作地	1=主城区	52.25	
	2=新增城区	16.77	
	3=近郊	30.98	
居住地与工作地是否相同	1=不相同	52.26	
	0=相同	47.74	

a 表示根据南京市统计局发布的 2015 年南京市 1%人口抽样调查数据公报

b 表示基于南京常住人口调查

c 表示基于南京统计局 2017 年相关信息

d 表示占 9 个行政区的比例

8.5 公众对增强型城市气象灾害防御支付意愿模型估计与分析

8.5.1 特征性事实

统计数据显示(表 8-5)，第一，57.55%的公众表示愿意对增强型城市气象灾害防御制度支付一定的费用。第二，对于暴雨灾害可能引发的人身危害(污染生活用水、树木倒伏)、财产危害(住户被淹、店铺损坏)、生活生产危害(路段积水、交通堵塞、污水倒灌)等风险，表示不认同、一般和认同的公众分别占 11.32%、25.94%和 62.74%。第三，对于暴雨灾害防御措施了解程度而言，公众对暴雨排放改造措施的辨识率(89.15%)最高，其次是预警和公告(76.42%)、日常管理工作(66.98%)、暴雨源头径流控制改造(57.55%)，而对灾后信息发布(43.40%)和公共教育(43.87%)的辨识率较低；此外，37.74%的公众能够辨识其中的 5～6 项，36.32%的公众能够辨识其中的 3～4 项。第四，对于暴雨灾害防御主管及协同部门，表示不相信、一般和相信的公众分别占 18.87%、43.40%和 37.73%。第五，对于暴雨灾害趋势认识，29.72%的公众认为近年来南京暴雨灾害频繁发生，其余 70.28%的公众认为偶尔发生。第六，48.58%的公众经历过城市暴雨灾害。

表 8-5 关键变量的统计分析

变量	指标说明	统计值
支付意愿	愿意支付的公众所占比例	57.55%
暴雨灾害风险认知	不认同(非常不认同、比较不认同)，一般，认同(比较认同、非常认同)的公众分别所占比例	11.32%、25.94%、62.74%
暴雨灾害防御措施了解程度	公众对每一项防御措施(暴雨源头径流控制改造、暴雨排放改造、日常管理工作、灾后信息发布、预警和公告、公共教育)的辨识率	57.55%、89.15%、66.98%、43.40%、76.42%、43.87%
	公众对 6 项防御措施的辨识率(辨识 1 项、2 项、3 项、4 项、5 项、6 项)	14.15%、11.79%、21.23%、15.09%、10.85%、26.89%
暴雨灾害防御制度认可程度	不相信(完全不相信、比较不相信)，一般，相信(比较相信、完全相信)的公众分别所占比例	18.87%、43.40%、37.73%
暴雨灾害趋势认知	认为频繁发生的公众所占比例	29.72%
暴雨灾害经历	经历过灾害的公众所占比例	48.58%

资料来源：江苏省南京市 9 个行政区公众调查数据整理，2017 年

8.5.2 模型估计

第一，针对公众对增强型气象灾害防御措施的支付意向模型，采用同方差假设的 Probit 模型估计方法。第二，考虑到截面数据可能存在异方差问题，采用异方差的 Probit 模型估计方法，估计结果表明方程整体未通过显著性(Wald=1.78)，但似然比检验结果(LR=63.10)表明二值 Probit 模型存在异方差，且本章选取的影响扰动项平方的三个外生变量(暴雨灾害趋势认知、暴雨灾害经历、居住地为主城区)均通过 1%水平的显著性检验。第三，针对混合模型估计方法，已有研究主要聚焦于多阶段算法(Multistage Procedures)，该方法在统计量较少的情况下是一种非常高效的计算方法。然而，最大似然估计法凭借更快的计算、更有效的模拟，

能够实现更高维度的累积正态分布曲线的估计。Roodman(2011)提出的递归混合模型就是采用最大似然估计法。因此，针对本章构建的递归混合模型，采用最大似然估计法，运用计量经济软件 Stata13 中的 CMP[conditional (recursive) mixed-process]指令进行稳健标准差的模型估计，既能有效解决异方差问题，又能有效解决模型可能存在的内生性问题，估计结果见表 8-6。

表 8-6 公众对城市气象灾害防御的支付意向的估计结果

因变量	符号	自变量	模型估计结果		
			同方差模型	异方差模型	递归混合模型
支付意愿	$INSTO_1$	暴雨灾害风险认知	–0.023	–0.052	0.319**
			(0.05)	(0.04)	(0.13)
	$INSTO_2$	暴雨灾害防御措施了解程度	0.386**	0.142	0.360**
			(0.18)	(0.11)	(0.17)
	$INSTO_3$	暴雨灾害防御制度认可程度	0.235***	0.104	0.219***
			(0.05)	(0.08)	(0.05)
	INCOME	平均月家庭收入	–0.029	0.023	–0.034
			(0.03)	(0.02)	(0.03)
	$LIVINGPLACE_1$	居住地为主城区	0.047	0.147	0.043
			(0.12)	(0.16)	(0.10)
	$LIVINGPLACE_2$	居住地为新增城区	0.243	0.054	0.208
			(0.15)	(0.05)	(0.14)
	PLACECHANGEWORKING	工作地与居住地是否为同一行政区	–0.115	–0.031	–0.105
			(0.16)	(0.03)	(0.15)
	CONSTANT	常数项	–0.642**	–0.278	–1.818***
			(0.27)	(0.22)	(0.47)
扰动项的平方	$INSTO_4$	暴雨灾害趋势认知		2.244***	
				(0.50)	
	$INSTO_5$	暴雨灾害经历		–3.391***	
				(0.79)	
	$LIVINGPLACE_1$	居住地为主城区		2.211***	
				(0.62)	
暴雨灾害风险认知	$INSTO_4$	暴雨灾害趋势认知			0.426***
					(0.10)
	$INSTO_5$	暴雨灾害经历			0.317***
					(0.09)
	EDU	受教育程度			0.027
					(0.05)

续表

因变量	符号	自变量	模型估计结果		
			同方差模型	异方差模型	递归混合模型
暴雨灾害风险认知	cut_2_1	切点 1 估计值			-1.111^{***} (0.15)
	cut_2_1	切点 2 估计值			-0.918^{***} (0.15)
	cut_2_2	切点 3 估计值			–0.003 (0.14)
	cut_2_3	切点 4 估计值			1.084^{***} (0.15)
	atanhrho_12	递归模型中方程 1 与方程 2 的相关性			-0.456^{**} (0.19)
	Log likelihood/Log likelihood/Log pseudol likelihood	似然函数对数/似然函数对数/伪似然函数对数	–417.095	–385.546	–1264.741
	LR/Wald/Wald	似然比值/瓦尔德值/瓦尔德值	32.95^{**}	1.78	108.12^{***}
	Likelihood-ratio test	似然比检验值		63.10^{***}	

注：同方差模型和异方差模型括号内报告的标准差为普通标准差，递归混合模型括号内报告的标准差为稳健标准差

资料来源：江苏省南京市 9 个行政区公众调查数据整理，2017 年

*表示在 10%水平上显著；**表示在 5%水平上显著；***表示在 1%水平上显著

递归模型中 atanhrho_12 的结果表明递归方程 1 与 2 确实存在相关性。为了进一步检验递归模型的有效性，笔者比对了递归混合模型和同方差模型、异方差模型的估计结果。结果表明，首先，变量 $INSTO_1$(暴雨灾害风险认知)在同方差和异方差模型中的估计系数为负，且未通过显著性检验，无论是作用方向还是作用效果与理论预期相悖，而在递归混合模型中估计结果与理论预期相符。其次，关键解释变量($INSTO_1$、$INSTO_2$ 和 $INSTO_3$)的估计系数在同方差模型和异方差模型中明显被低估。产生上述结果的原因，一是初始模型存在异方差，二是初始模型很有可能存在内生性问题，而上述问题在递归混合模型中得到了很好的解决。

8.5.3　实证结果与讨论

递归混合模型的估计结果与理论预期相符，具体分析如下：

(1) 变量 $INSTO_1$ 的估计系数(0.319)显著为正，且通过 5%水平的显著性检验。表明随着公众对暴雨灾害风险感知的提高，公众对城市气象灾害防御支付意愿的

概率也会不断提高。这一结论与理论预期相符。近年来，城市暴雨灾害频发，且给居民的生活、生产带来了严重危害，如人身危害(污染生活用水、树木倒伏)、财产危害(住户被淹、店铺损坏)、生活生产危害(路段积水、交通堵塞、污水倒灌)等。因此公众暴雨灾害风险感知的提高势必会增加他们对暴雨灾害防御的支付意愿。

(2)变量 $INSTO_2$ 的估计系数(0.360)显著为正，且通过 5%水平的显著性检验。表明随着公众对暴雨灾害防御措施了解程度的加深，公众对城市气象灾害防御支付意愿的概率也会不断提高。这一结论与理论预期相符。当前城市暴雨防御措施主要包括暴雨源头径流控制、暴雨排放改造、日常管理工作、灾后信息公布、预警和预告、公共教育六项，研究表明政府相关部门加强上述六项措施的科普工作将有助于增加公众对暴雨灾害防御的支付意愿，以便补上社会最优供给的城市气象灾害防御与公共部门出于财政拨款考虑所能承担的额外成本之间存在的空缺。

(3)变量 $INSTO_2$ 的估计系数(0.219)显著为正，且通过 1%水平的显著性检验。表明随着公众对暴雨灾害防御制度认可程度的提高，公众对城市气象灾害防御支付意愿的概率也会不断提高。这一结论与理论预期相符。当前，南京市气象灾害防御主管及协同部门主要有南京市人民政府、南京市气象局、南京市环境保护局、南京市规划和自然资源局、南京市水利局等。研究表明，公众对上述部门信任程度的提高有助于增加公众对暴雨灾害防御的支付意愿。

(4)变量 $INSTO_1$(暴雨灾害风险认知)又受到 $INSTO_4$(暴雨灾害趋势认知)和 $INSTO_5$(暴雨灾害经历)的共同影响。$INSTO_4$ 和 $INSTO_5$ 两个变量的估计系数(0.426 和 0.317)显著为正，且均通过 1%水平的显著性检验。研究表明，从暴雨风险感知的广度来讲，近年来 6～9 月南京暴雨日趋加重，公众对暴雨灾害趋势认知的提升有助于增加公众对暴雨灾害防御的支付意愿；从暴雨风险感知的深度来讲，经历过暴雨灾害造成的生产和生活方面危害的公众，对暴雨灾害防御的支付意愿更强，但受教育程度的影响未通过显著性检验，这里可以解释为长期以来，公众在暴雨等城市气象灾害相关知识的获取上，学校和社区等单位所起的作用微乎其微，政府相关部门可以与学校、社区等单位开展合作，以提升公众对暴雨灾害的认知。

此外，人口统计学特征(居住地为主城区、居住地为新增城区、工作地与居住地是否为同一行政区)未通过显著性显著。

8.6　公众对增强型暴雨灾害防御政策属性的支付意愿研究

8.6.1　模型估计

本章利用 ML 模型(mixed logit model)测算支付意愿，该模型显著优于条件

Logit 模型。本章还使用了 LC 模型，基于分层概念平均化原则参数显著程度综合考虑将样本分为 2 层。ML 模型和 LC 模型估计见表 8-7，估计结果帮助我们进一步了解受访者对增强型暴雨灾害防御政策的偏好。LF 检验结果(1143.81)通过 1%水平的显著性检验，因此所有受访者偏好为同质的原假设被拒绝，表明 ML 模型比条件 Logit 模型估计效果更佳。价格的符号显著为负表明随着每年污染处理费用的增加，公众对增强型防御政策选择的概率会下降。最重要的是，本书提出的所有增强型防御策略均显著为正，表明公众对增强型暴雨源头径流控制改造政策(9 个行政区)、暴雨排放改造政策(主城区)和公共教育具有正的支付意愿。由此可见，ML 模型的解释能力较强。我们也可以通过观察样本比例分析公众对每个防御政策的偏好程度。基于正态分布，我们发现大部分暴雨防御政策属性具有显著的标准差，表明公众对不同防御策略的偏好存在显著差异。

估计结果表明，最具吸引力和影响力的防御策略是加大公共教育力度，其次是改造暴雨源头径流控制(9 个行政区)和改造暴雨排放(主城区)。上述结果表明，受访者普遍赞成改善城市暴雨灾害防御水平。LC 模型中分两层的参数估计结果显著性符合分层的最优原则。LC 模型估计结果显示，偏好异质性在 LC 模型中不同分层的受访者中得到印证，2 个层次的被访者在偏好上表现出显著的差异。68%的被访者被分到第一层，暴雨源头径流控制改造政策(9 个行政区)和公共教育等防御政策属性参数明显大于 ML 模型估计参数，表明受访者对非结构性防御政策有强烈的偏好，因此将这一层受访者划定为“非结构性政策偏好者”，这一层的受访者对暴雨排放改造政策(主城区)属性(结构性政策)的偏好明显降低。第二层(比例为 31.3%)价格变量系数较小，暴雨源头径流控制改造政策(9 个行政区)和公共教育的参数显著为负，暴雨排放改造政策(主城区)属性的参数不显著，即此类受访者对价格十分敏感，因此第二层受访者属于“价格敏感者”。

表 8-7　增强型城市暴雨灾害防御政策属性选择实验模型的估计结果

	ML 模型		LC 模型	
	系数	标准差	分层一系数	分层二系数
价格	-0.005^{***}		-0.005^{***}	-0.008^{***}
	(0.001)		(0.001)	(0.003)
暴雨源头径流控制改造政策(9 个行政区)	0.412^{***}	1.594^{***}	0.637^{***}	-0.429^{**}
	(0.127)	(0.304)	(0.076)	(0.173)
暴雨排放改造政策(主城区)	0.255^{***}	0.290	0.196^{***}	0.254
	(0.072)	(0.235)	(0.063)	(0.185)
公共教育	0.644^{***}	1.455^{***}	0.846^{***}	-0.573^{***}
	(0.126)	(0.294)	(0.093)	(0.193)

续表

	ML 模型		LC 模型	
	系数	标准差	分层一系数	分层二系数
共享(Share1)				0.785***
				(0.118)
似然函数对数	–1771.041			
LR chi2(3)	1143.810***			
选项数	6588		4526(0.687)	1996(0.313)

*表示在 10%水平上显著；**表示在 5%水平上显著；***表示在 1%水平上显著

8.6.2 支付意愿测算

上述两种模型的参数估计并不能提供经济意义上的信息，本节根据 ML 模型和 LC 模型的估计结果测算公众的平均支付意愿(表 8-8)。支付意愿表示当暴雨防御政策的某项属性特征变化时，为了保持效用不变，受访者愿意为此属性支付的货币数量。正的支付意愿表明公众认同增强型城市暴雨灾害防御策略，尤其是针对公共教育，该策略并没有从物理层面上影响暴雨，但是公众却能够从中获利。

表 8-8 公众对增强型暴雨灾害防御策略的平均支付意愿

属性	独立正态分布的 ML 模型	LC 模型	
		非结构性政策偏好者	价格敏感者
暴雨源头径流控制改造政策(9 个行政区)	85.16***	127.40***	–53.63***
暴雨排放改造政策(主城区)	52.60***	39.20***	31.75
公共教育	133.03***	169.20***	–71.63***

***表示在 1%水平上显著

支付意愿结果表明，总体而言，受访者对暴雨防御政策属性有正的支付意愿。在 ML 模型中，被访者对公共教育支付意愿最高，每年愿意多支付 133.03 元，其次是暴雨源头径流控制改造政策(9 个行政区)，支付意愿为 85.16 元/年，而对暴雨排放改造政策(主城区)的支付意愿最低，约 52.60 元/年。

在 LC 模型中，计算不同层次消费者支付意愿，以反映不同层次消费者偏好的差异。对于第一层消费者(非结构性政策偏好者)，他们对公共教育的偏好更加突出，对这一属性的支付意愿高于平均支付意愿 36.17 元/年；其次是对暴雨源头径流控制改造政策(9 个行政区)的支付意愿，每年的支付意愿比平均水平高 42.24 元/年，但是对暴雨排放改造政策(主城区)的支付意愿最低，且比平均水平低 13.40 元/年。第二层消费者(价格敏感者)，价格弹性系数显著大于第一层消费者，所以对增强型暴雨灾害管理政策这种更高层次的需求偏好程度较弱，基本上没有积极的溢价支付意愿(支付意愿为负数或参数不显著)。

8.7　主要结论与启示

全球气候变暖，暴雨等城市极端天气事件频繁发生，加强城市气象灾害防御办法的完善和执行刻不容缓。市气象灾害防御水平的提升在防灾减灾的同时，必然带来额外的建设与维护成本。社会最优供给的城市气象灾害防御与公共部门出于财政拨款考虑所能承担的额外成本之间存在差异。本章基于成本分担视角分析在政府公共财政适度承担的同时，公众对增强型气象灾害防御制度的支付意愿。

第一，调查表明，当前公众对暴雨灾害可能发生的风险认知较高，但仍有部分公众(38.26%)未意识到暴雨灾害的严重性；对于暴雨灾害趋势认识，约 70.28%的公众认为南京暴雨灾害只是偶尔发生。对于暴雨灾害防御措施了解程度而言，公众对暴雨排放改造措施的辨识率(89.15%)最高，其次是预警和公告(76.42%)、日常管理工作(66.98%)，而对灾后信息发布(43.40%)和公共教育(43.87%)的辨识率较低；此外，37.74%的公众能够辨识其中的 5～6 项，36.32%的公众能够辨识其中的 3～4 项，其余公众只能辨识其中的 1～2 项；对于暴雨灾害防御主管及协同部门，表示相信的公众占 37.74%，这一比例有待提高。

第二，实证研究表明，超过半数(57.55%)的公众愿意为增强南京市暴雨灾害防御水平支付一定的费用，且随着公众对暴雨灾害风险感知、暴雨灾害防御措施了解程度、暴雨灾害防御制度认可程度的提高，公众的支付意愿越强。而公众对暴雨灾害风险感知又受到暴雨灾害趋势认知和暴雨灾害经历的共同影响，上述两个变量分别影响暴雨灾害风险感知的广度和深度，但受教育程度对风险感知深度的影响并不显著。

第三，受访者对暴雨防御政策属性有正的支付意愿。被访者对公共教育、暴雨源头径流控制改造政策(9 个行政区)和暴雨排放改造政策(主城区)人支付意愿分别为 133.03 元/年、85.16 元/年和 52.60 元/年。具体而言，“非结构性政策偏好者”对公共教育和暴雨源头径流控制改造政策(9个行政区)的支付意愿分别高于平均支付意愿 36.17 元/年和 42.24 元/年，但是对暴雨排放改造政策(主城区)的支付意愿最低，且比平均水平低 13.40 元/年。而“价格敏感者”对上述防御政策基本上没有积极的溢价支付意愿。

本章的核心建议是：从满足公众当前及未来对城市暴雨灾害风险、防御措施、灾害趋势等知识的需求，政府应该加强城市暴雨灾害科普宣传的主动性、提升主管和协同部门的公信力；规范暴雨灾害科普知识内容；拓宽城市暴雨灾害知识科普渠道。详细建议如下：

第一，加强城市暴雨灾害科普宣传的主动性，提升主管和协同部门的公信力。健全暴雨灾害相关知识科普宣传的组织体系，设立动态管理等职能部门，及时做好相关信息的科普宣传工作。具体职能可能包括：①暴雨灾害潜在风险、暴雨灾害防御措施、暴雨灾害发生趋势等相关信息的动态收集与整理；②通过权威可信的信息发布主体和渠道及时向公众公布信息；③建立网络信息门户，设立疑问解答窗口，允许实名注册的公众询问城市暴雨灾害的相关问题，并及时予以解答。

第二，规范暴雨灾害科普知识内容。梳理并规范暴雨灾害科普知识内容，主要从暴雨灾害潜在风险、防御措施及发生趋势等方面整理。一是城市暴雨灾害风险包括潜在人身危害，如对生活用水的污染程度、树木倒伏等统计情况；财产危害，如指定区域住户被淹、店铺损坏等统计情况；生活生产危害，如指定路段积水、交通堵塞、污水倒灌等统计情况。二是暴雨灾害防御措施科普力度按照公众辨识率由低到高的顺序，优先科普公共教育和灾后信息发布相关知识，其次科普暴雨灾害源头径流控制、日常管理工作、预警和公告相关知识，最后是暴雨排放改造措施相关知识。三是提升暴雨灾害防御制度认可程度。通过制度的公正、公开，灾害准确预测与预警，灾害及时应对，信息准确及时发布，灾后及时妥善处理等手段，提升南京市人民政府、南京市气象局、南京市环境保护局、南京市规划和自然资源局、南京市水利局等灾害防御主管及协同部门公信力。

第三，拓宽城市暴雨灾害知识科普渠道。科普渠道的选取应遵循可信性、可获性、可持续性原则。相关部门在科普宣传过程中，重点利用好传统信息渠道，有效借助新兴信息渠道，具体建议如下：①借助可信度高的信息渠道，如电视新闻与广播、报纸与杂志，及时向民众公布信息；②借助网络平台(互联网、微博与微信等)，对录制好的视频加以广泛传播；③充分发挥学校和社区在宣传中的重要用途，定期在中小学、高中及大学等各级学校开展讲座，做到暴雨灾害知识科普从娃娃抓起；定期在社区开展知识咨询、有奖知识问答等形式多样的活动，让家长充分意识到暴雨灾害防御人人有责。然而，需要指出的是，由于受到物力、财力的限制，本书并未测算上述增强型暴雨防御政策的额外成本，因此未能基于成本收益的视角，对增强型暴雨灾害防御政策进行最终的选择，但这将是我们接下来研究的重点。

第9章 基于多区域投入产出模型的区域间产业贸易与环境损害转移研究

9.1 区域间贸易隐含环境损害转移及研究诉求

近年来，中国经济快速发展，生态环境损害不断增长。根据国家统计局发布的数据，1978～2017年，中国的国内生产总值(GDP，按不变价计算)年均增速约在9.5%，成为仅次于美国的全球第二大经济体。与此同时，中国成为几乎所有污染物排放量最大的国家，包括各类水污染物、二氧化硫(SO_2)和温室气体(GHG)等。不断增长的污染物排放带来日益严重的环境损害和公众健康损害。一项由世界银行、世界卫生组织和中国生态环境部环境规划研究院的研究表明，中国每年有35万～50万人因室外大气污染而死亡(Chen et al.，2013)。

面对日益严重的环境污染，中国政府采取了一系列政策手段以应对潜在的生态环境损害。特别地，2015年，中国政府提出要建立的生态环境损害责任终身追究制是我国生态文明建设的重要制度创新。众所周知，在中国早期飞速发展的几十年里，经济指标(如GDP)是衡量地方政府官员考核和晋升的重要指标，这在一定程度上导致地方政府官员在执政过程中更关注区域经济快速发展，而忽略了生态环境保护。可以看出，这种传统的政绩考核方式已经无法适应中国的生态文明建设。因此，为健全生态文明制度体系，强化党政领导干部生态环境和资源保护职责，2015年，中共中央办公厅、国务院先后印发《关于加快推进生态文明建设的意见》和《党政领导干部生态环境损害责任追究办法(试行)》，提出要对各地方党政领导干部建立生态环境损害责任终身追究制，这标志着我国生态文明建设进入实质问责阶段。

生态环境损害责任终身追究制旨在通过促进地方政府官员从生产端控制污染物排放，从而实现区域绿色可持续发展。然而，由于中国各区域发展阶段、经济结构、资源禀赋、技术水平和生活方式等方面的显著异质性，各区域产业分工不同，区域间贸易在区域经济发展中扮演着越来越重要的角色。一些污染密集型产业集聚的省份在生产过程中排放了大量污染物，但是这些产业生产的污染密集型产品(如火电、钢铁、水泥等)很大部分会通过贸易供给其他省份消费。换而言之，一个地区的生态环境污染并不仅仅是由本地的生产消费需求导致，一定程度上也是为了满足其他地区的生产消费需求。以近年来京津冀地区频繁出现的雾霾天气为例，河北省因跨省大气污染传输而备受争议和关注。2015 年，北京市和天津市的本地污染排放源贡献分别约为 66%和 56%，而河北省对北京市和天津市的跨区域大气污染传输则分别贡献了约 18%和 20%，成为北京市和天津市 $PM_{2.5}$ 排放的最大外部来源(王燕丽等，2017)。然而，河北省在自身承受较为严重的环境污染的同时，也通过牺牲自身生态环境来满足北京市和天津市的生产消费需求。2011 年，河北省的火电厂占京津冀地区所有电厂装机容量的 73%，火电行业也因此成为河北省 $PM_{2.5}$ 的主要工业排放源。然而，河北 5%以上的电力消费是为了供给北京消费需求。另外，自首钢集团从北京市搬迁至河北省后，河北省作为中国的钢铁基地，其钢铁产业大量的产品被输入到北京市和天津市，然而大量的大气污染物却留在了本地。基于生态环境损害责任终身追究制，河北省地方政府官员将同样需要对这部分由于北京市消费需求但产生在河北省的污染物排放承担责任，从而对河北省污染物排放量较大的支柱行业(如电力和钢铁行业)发展产生重要影响，而这些产业却是河北省部分地区收入较低公众赖以生存的关键产业。此外，通过利用区域技术水平和要素禀赋的相对优势，区域间贸易对中国自然资源综合利用的优化总体而言是有益的。一旦生态环境损害责任终身追究制给总体排放量较高的能源资源密集型地区施加更多的限制和压力，中国区域间发展不平衡可能进一步扩大。基于上述考虑，为了保证中国区域间协调的可持续发展，区域间贸易导致的生态环境损害虚拟转移也应当被纳入生态环境损害责任终身追究制中。

近年来，作为推动区域经济发展的主要动力之一，区域间贸易隐含的污染物排放引起了学界的广泛关注(孙小羽和臧新，2009；马翠萍和史丹，2016)。为了实现区域自身经济增长和环境污染的脱钩，发达区域除了直接将污染物(如固体废弃物)转移到欠发达区域外，还可能通过区域间贸易直接购入各种类型的商品来满足自身的消费，这样，发达区域可以避免在自身行政区域内直接进行生产活动，实现生产和消费的地理分离，将更多污染物转移到欠发达区域(Zhang et al.，2013；Lin et al.，2014)。在这种情况下，由于没有区分区域自身生产和贸易所带来的环境影响，传统的环境账户与经济指标(如 GDP)之间的趋势分析就不能真实反映区域的可持续发展(Ghertner and Fripp，2007)。因此，越来越多的学者针对区域间贸易所带来的污染物虚拟转移开展了一系列的研究。

大量研究显示，发达国家通过国际贸易将污染物和温室气体转移到欠发达国家(Davis and Caldeira，2010；潘安和魏龙，2015)。Peters 等(2011)基于构建的三种多区域投入产出模型对 1990～2008 年全球国际贸易中碳排放转移进行评估，发现全球出口商品的生产过程碳排放从 1990 年的 43 亿吨(占全球碳排放的 20%)上升到 2008 年的 78 亿吨(占全球碳排放的 26%)。其中，非附件 B 国家向附件 B 国家的净排放转移量从 1990 年的 4 亿吨上升到 2008 年的 16 亿吨(年均增长 8%)。

非附件 B 国家增长的碳排放中有 24%～33%是附件 B 国家的消费所导致。Kanemoto 等(2011)使用 Eora 多区域投入产出表对 1970～2011 年全球的贸易隐含碳排放、非碳 GHG 排放以及其他空气污染物的排放进行分析。结果发现，在考虑贸易隐含排放时，发达国家的碳排放并未降低，反而有所增加。贸易中非碳 GHG 排放的转移现象比二氧化碳(CO_2)的转移更为严重。此外，虽然全球主要的排放国家都对 SO_2、氮氧化物(NO_x)和可吸入颗粒物(PM_{10})的排放进行有效限制，但是全球总体的污染物排放依然有所上升。这主要归因于发达国家将大量的气体污染物排放转移至其他国家。Weber 和 Matthews(2007)使用多区域投入产出模型对 1997～2004 年美国和其七大主要贸易国(加拿大、中国、墨西哥、日本、德国、英国和韩国)间贸易隐含污染物排放(CO_2、SO_2、NO_x)进行研究，发现随着进口量的增长和贸易模式的转变，该时期内出口贸易隐含的 CO_2、SO_2、NO_x 均有大幅上升。Steen-Olsen 等(2012)基于多区域投入产出模型对欧盟 2004 年的碳足迹、水足迹和土地利用足迹的评估显示，总体而言，欧盟通过国际贸易将三种不同类型的环境影响转移到全球其他各国。在欧盟内部，英国是主要的生态环境影响净进口国，而波兰、法国和西班牙分别是最大的温室气体、土地和水净出口国。Liang 等(2015)基于世界投入产出数据库(WIOD)41 个地区和 35 个行业的多区域投入产出模型、各国能源消费数据和北极监测与评估计划/联合国环境规划署(AMAP/UNEP)数据库汞排放数据，分别从上游中间生产、下游最终生产和产品最终消费角度对全球 2005 年和 2010 年的大气汞排放足迹进行分析。研究结果显示，巴西、中国、印度尼西亚等发展中国家生产中间投入的直接排放较高，韩国、中国台湾和印度等地区因生产最终产品导致的排放较高，而美国、日本等发达国家则消费驱动的排放较高。

中国幅员辽阔，各区域资源禀赋、经济结构、人口密度、生活方式等方面存在显著的异质性，这使得发达地区通过区域间贸易将越来越多的污染物转移到欠发达地区(Zhang et al.，2014；Zhang and Anadon，2014)。Feng 等(2013)通过构建 2007 年中国 30 个省(区、市)30 个行业的多区域投入产出模型对中国区域间的碳排放转移进行评估发现，京津地区 75%以上的碳排放、中部沿海区域和南部沿海区域 50%的碳排放均发生在其他区域。Zhao 等(2015b)利用多区域投入产出模型对比分析我国在基准政策情景和最严格的水资源管理制度实施的政策情景下 2007 年和 2030 年区域间的虚拟水转移发现，无论是通过虚拟水转移，还是直接的水资源转移(如南水北调工程)，其对缓解水资源进口地的短缺贡献并不大，反而会加剧资源出口地的短缺危机。Zhao 等(2015a)基于清华大学的多尺度大气污染物排放清单(MEIC)，使用 2007 年多区域投入产出模型对 2007 年中国进出口贸易和区域间贸易所产生的大气污染物($PM_{2.5}$、SO_2、NO_x、NMVOC)转移进行研究，并分析其可能对我国的减排产生的影响。结果显示，2007 年中国出口隐含的大气污染物排放占全国总排放的 15%～23%。因经济水平和地区环境政策的差异，约有 23%的 $PM_{2.5}$ 排放、33%的 SO_2 排放、31%的 NO_x 排放和 23%的 NMVOC 排放是其他地区的生产和消费造成，这些大气污染物的虚拟转移主要发生在中西部地区和东部发达地区之间。同样地，由于区域间贸易的存在，发达地区的消费所导致的大气汞排放被转嫁到欠发达地区（Liang et al.，2014）。

此外，区域间贸易带来的污染物虚拟转移可能进一步带来区域生态环境损害。在大气污染物方面，$PM_{2.5}$ 及其 7 种主要前体物、SO_2 和 NO_x 会导致肺癌、心肺疾病以及其他疾病等公众健康损害（Pope et al.，2002；Matus et al.，2012）。Takahashi 等（2014）基于多区域投入产出模型对东亚地区贸易隐含的黑炭和有机碳所导致的健康损害进行评估，研究结果显示，东亚地区之间的贸易使得中国遭受了约 11 万人的死亡。Jiang 等（2015）基于清华大学的多尺度大气污染物排放清单（MEIC）和卫星 $PM_{2.5}$ 排放数据，使用 2007 年多区域投入产出模型、空气质量预报和评估（CMAQ）模型及暴露响应函数对 2007 年中国出口贸易隐含的 $PM_{2.5}$ 所带来的健康损害进行研究。结果显示，2007 年，中国出口导致了 15%的 $PM_{2.5}$ 排放，并进一步使得 $PM_{2.5}$ 相关死亡率增加了 12%。由于出口结构和区域技术水平的差异，东部沿海地区单位经济产出的健康损害显著低于内陆地区。此外，大气污染物排放也会导致农业损失（Van Dingenen et al.，2009；Wei et al.，2014）和森林生态环境的破坏（Smith，2012）。在区域水污染方面，化学需氧量（COD）、氨氮浓度较高的水体也被发现与公众健康损害息息相关（Prüss et al.，2002）。对区域发展不平衡的中国而言，技术水平较为先进的发达地区，会受到与技术欠发达地区相比更加严格的减排目标的限制，从而进一步通过区域间贸易转移潜在的生态环境损害，加剧区域间发展的不平衡。另外，一个地区可能因区域间贸易成为一种特定污染物的净排放调出区域，但由于区域经济结构、资源禀赋等方面的显著异质，它也可能成为另一种污染物的净排放调入者。在这种情况下，区域间贸易所导致的多种污染物造成的生态环境损害转移需要进行全面系统的评估。那么，综合考虑多种污染物所产生的环境损害，中国各区域间贸易导致的生态环境损害对各区域究竟带来怎么样的影响呢？本章结果将为中国生态文明建设、地方环境保护政策的制定和地方政府官员生态环境损害责任评估提供重要技术支撑。

为实现上述研究目标，本章基于多地区投入产出模型评估我国区域间贸易带来的生态环境损害转移。“十一五”时期以来，中国政府针对 COD、氨氮、SO_2 和 NO_x 等主要的大气污染物和水污染物实施总量控制政策，也因此有了较好的数据基础。因此，本章拟针对由于中国区域间贸易转移所带来的 COD、氨氮、SO_2 和 NO_x 产生的生态环境损害进行评估，以期为我国协调可持续发展的生态环境损害责任终身追究制的相关政策设计提供技术支撑。

9.2　研 究 方 法

9.2.1　投入产出模型

投入产出模型由美国经济学家瓦西里·列昂惕夫（Wassily Leontief）首先提出。1936 年，列昂惕夫在 *The Review of Economics and Statistics* 上发表的“Quantitative Input and Output Relations in the Economic System of the United States”一文是关于投入产出技术的最早论文。此后，列昂惕夫通过 1941 年出版的 *The Structure of the American Economy 1919–1929: An Empirical Application of Equilibrium Analysis* 一书较为系统、详细地阐述了投入产出技术的基本原理、投入产出表的编制方法等。1974 年，列昂惕夫因其提出的投入产出技术（Creator of the input-output technique, a method that provides tools for a systematic analysis of the complicated inter-industry transactions in an economy）而获得 1973 年度诺贝尔经济学奖。

投入产出模型是基于投入产出表开展研究和应用的技术。投入产出表能系统全面地刻画一定国家或区域国民经济各部门的经济关联程度和经济技术联系（陈锡康和杨翠红，2011），由能反映各部门之间的不同投入产出关系的四个象限组成。

表 9-1 给出了一个投入产出表的基本结构，假设有 n 个生产部门，i 和 j 分别表示投入部门和需求部门，第一象限由中间投入和中间需求的交叉形成，称为中间消耗矩阵，是投入产出表的最核心内容。其中，象限内各元素 $z_{i,j}$ 从水平方向来看表征第 i 部门生产商品或服务用于满足第 j 部门中间需求部分，从垂直方向来看表征第 j 部门对第 i 部门生产商品或服务的直接消费。第二象限由中间投入和最终需求的交叉形成，称为最终需求矩阵。象限内各元素 f_i 从水平方向来看表征第 i 部门生产商品或服务用于满足不同类型最终需求（居民消费，资本形成和净出口）情况，从垂直方向来看表征不同类型最终需求的部门结构。第三象限由最初投入和中间需求交叉形成，称为增加值矩阵。象限内各元素 v_j 从水平方向来看表征不同类型增加值（固定资产折旧、从业人员报酬、生产税净额和营业盈余）的部门结构，从垂直方向来看表征不同部门的增加值数额和构成。第四象限由最初投入和最终需求两部分交叉组成，表示各部门在第三象限的最初投入转变为第二象限最终需求的过程，目前编制的投入产出表一般不考虑该象限（陈锡康和杨翠红，2011）。在投入产出表中，一般满足行平衡和列平衡关系。

表 9-1　价值型投入产出表结构

<table>
<tr><td colspan="2" rowspan="2">投入</td><td colspan="3">中间需求</td><td colspan="3">最终需求</td><td rowspan="2">总产出</td></tr>
<tr><td>部门 1</td><td>…</td><td>部门 n</td><td>居民消费</td><td>资本形成</td><td>净出口</td></tr>
<tr><td rowspan="3">中间投入</td><td>部门 1</td><td colspan="3" rowspan="3">$z_{i,j}$ 第一象限</td><td colspan="3" rowspan="3">f_i 第二象限</td><td rowspan="3">x_i</td></tr>
<tr><td>⋮</td></tr>
<tr><td>部门 n</td></tr>
<tr><td rowspan="4">最初投入</td><td>劳动者报酬</td><td colspan="3" rowspan="4">v_j 第三象限</td><td colspan="3" rowspan="4">第四象限</td><td rowspan="4"></td></tr>
<tr><td>生产税净额</td></tr>
<tr><td>固定资产折旧</td></tr>
<tr><td>营业盈余</td></tr>
<tr><td colspan="2">总投入</td><td colspan="3">x_j</td><td colspan="3"></td><td></td></tr>
</table>

行平衡关系：最终需求+中间需求=总产出。

$$\sum_{i=1}^{n}\sum_{j=1}^{n} z_{i,j} + f_i = x_i \tag{9-1}$$

列平衡关系：最初投入+中间投入=总投入。

$$\sum_{j=1}^{n}\sum_{i=1}^{n} z_{i,j} + v_j = x_j \tag{9-2}$$

从总量看，满足总产出=总投入$\left(\sum_{i=1}^{n} x_i = \sum_{j=1}^{n} x_j\right)$，中间需求=中间投入$\left[\sum_{i=1}^{n} f_i = \sum_{j=1}^{n} v_j\right]$，最终需求=最初投入$\left(\sum_{i=1}^{n}\sum_{j=1}^{n} z_{i,j} = \sum_{j=1}^{n}\sum_{i=1}^{n} z_{i,j}\right)$三组平衡关系。

此外，为了进一步刻画各部门之间错综复杂的投入产出关系，投入产出模型中定义了直接消耗系数的概念，即 $a_{i,j}(a_{i,j}=z_{i,j}/x_j)$，表征第 j 部门生产商品或服务对第 i 部门的直接消耗数额。换言之，$z_{i,j}=a_{i,j}\times x_j$。

因此，令矩阵 $A=\begin{pmatrix} a_{11} & a_{12} & \cdots & a_{1n} \\ a_{21} & a_{22} & \cdots & a_{2n} \\ \vdots & \vdots & \ddots & \vdots \\ a_{n1} & a_{n2} & \cdots & a_{nn} \end{pmatrix}$，列向量 $f=\begin{pmatrix} f_1 \\ f_2 \\ \vdots \\ f_n \end{pmatrix}$，列向量 $x=\begin{pmatrix} x_1 \\ x_2 \\ \vdots \\ x_n \end{pmatrix}$，

则有

$$Ax + f = x \tag{9-3}$$

上述方程经变换后，即得到投入产出模型中最核心的公式，即列昂惕夫模型。其中，I 为单位矩阵，$(I-A)^{-1}$ 称为列昂惕夫逆矩阵，刻画国民经济各部门间投入产出关系。

$$x = (I - A)^{-1} \times f \tag{9-4}$$

9.2.2 多区域投入产出模型

在早期，学界更多地关注单个国家和区域的国际贸易所隐含的环境影响（Walter，1973）。如张友国（2009）通过构建 1987～2006 年我国可比价投入产出表，评估中国贸易所隐含的能源消耗和 SO_2 排放。随着投入产出数据的不断更新细化和研究方法的不断完善，多区域投入产出模型得到快速发展应用，从而能更清晰地实现区域间贸易隐含的污染物虚拟转移的刻画（Turner et al.，2007；Wiedmann et al.，2007）。通过将较大区域的经济活动分为多个区域，多区域投入产出模型能有效刻画不同区域不同经济部门之间供应链的关系，通过与细化的区域和行业资源环境数据进一步结合，多区域投入产出模型可以揭示各个区域最终产品消费所导致的其他区域资源消耗和污染物排放（Su and Ang，2010，2013）。近年来，多区域投入产出模型被广泛地应用到资源和环境污染区域虚拟转移的研究中，如碳足迹（Guo et al.，2012；Su and Ang，2014；Zhang et al.，2014）、水足迹（Cazcarro et al.，2013；Feng et al.，2014；Zhang and Anadon，2014）、农业用地（Guo and Shen，2015）、大气污染（Lin et al.，2014）。

多区域投入产出表与一般投入产出表的结构基本一致，但是在中间投入部分和最终需求部分涉及中间商品或服务和最终商品或服务的区域间转移，即某一区域生产的中间商品或服务和最终商品或服务被其他地区作为生产的中间投入或最终需求。表 9-2 展示了一定国家或地区的多区域投入产出表（MRIO）的基本结构。假设共有 m 个区域，每个区域内包含 n 个生产部门。r 和 s 分别表示投入区域和需求区域，i 和 j 分别表示各区域投入部门和需求部门。第一象限中所有元素 $z_{i,j}^{r,s}$ 从水平方向看表征 r 区域部门 i 生产商品或服务用于满足 s 区域部门 j 中间需求部分，从垂直方向来看表征 s 区域部门 j 对 r 区域部门 i 生产商品或服务的直接消费。第二象限各元素 f_i^r 从水平方向来看表征 r 区域部门 i 生产商品或服务用于满足不同类型最终需求（居民消费，资本形成和净出口）情况，从垂直方向来看表征各区域不同类型最终需求的部门结构。第三象限内各元素 v_j^s 从水平方向来看表征 s 区域不同类型增加值（固定资产折旧、从业人员报酬、生产税净额和营业盈余）的部门结构，从垂直

方向来看表征 s 区域不同部门的增加值数额和构成。与单区域投入产出模型类似，多区域投入产出模型也同样满足行平衡、列平衡和总量平衡关系。因此，令 $a_{i,j}^{r,s}=z_{i,j}^{r,s}/x_j^s$，则矩阵 $A=\begin{pmatrix} a_{11}^{11} & a_{12}^{11} & \cdots & a_{1n}^{1m} \\ a_{21}^{11} & a_{22}^{11} & \cdots & a_{2n}^{1m} \\ \vdots & \vdots & \ddots & \vdots \\ a_{n1}^{m1} & a_{n2}^{m1} & \cdots & a_{nn}^{mm} \end{pmatrix}$。令矩阵 $F=\begin{pmatrix} f_1^1 \\ f_2^1 \\ \vdots \\ f_n^m \end{pmatrix}$，矩阵 $X=\begin{pmatrix} x_1^1 \\ x_2^1 \\ \vdots \\ x_n^m \end{pmatrix}$，则有

$$AX+F=X \tag{9-5}$$

同样有

$$X=(I-A)^{-1}\times F \tag{9-6}$$

表 9-2　多区域价值型投入产出表结构

<table>
<tr><td colspan="2" rowspan="3">投入</td><td colspan="7">中间需求</td><td colspan="3">最终需求</td><td rowspan="3">总产出</td></tr>
<tr><td colspan="3">区域 1</td><td>…</td><td colspan="3">区域 m</td><td rowspan="2">区域 1</td><td rowspan="2">…</td><td rowspan="2">区域 m</td></tr>
<tr><td>部门 1</td><td>…</td><td>部门 n</td><td>…</td><td>部门 1</td><td>…</td><td>部门 n</td></tr>
<tr><td rowspan="3">区域 1</td><td>部门 1</td><td colspan="7" rowspan="7">$z_{i,j}^{r,s}$ 第一象限</td><td colspan="3" rowspan="7">f_i^r 第二象限</td><td rowspan="7">x_i^r</td></tr>
<tr><td>⋮</td></tr>
<tr><td>部门 n</td></tr>
<tr><td>⋮</td><td>⋮</td></tr>
<tr><td rowspan="3">区域 m</td><td>部门 1</td></tr>
<tr><td>⋮</td></tr>
<tr><td>部门 n</td></tr>
<tr><td colspan="2">增加值</td><td colspan="7">v_j^s 第三象限</td><td colspan="3">第四象限</td><td></td></tr>
<tr><td colspan="2">总投入</td><td colspan="7">x_j^s</td><td colspan="3"></td><td></td></tr>
</table>

9.2.3　环境拓展的多区域投入产出模型

为有效刻画区域间贸易带来的生态环境损害转移，本章使用基于环境拓展的多区域投入产出模型进行评估。因此，为了计算贸易隐含污染物排放，本章基于各地区各部门的污染物排放清单将多区域投入产出表扩展到环境层面，基于式(9-6)，因此有

$$E_k = \hat{f}_k X = \hat{f}_k (I - A)^{-1} F \tag{9-7}$$

式中，k 为主要污染物种类，在本章主要考虑 COD、氨氮、SO_2 和 NO_x；E_k 为各地区各部门最终需求使用的商品和服务产生的污染物 k 总排放；$\hat{f}_k$ 为各地区各部门单位产出的污染物 k 排放强度列向量的对角矩阵。

为进一步刻画区域间贸易带来的环境损害转移，本章对环境损害进行货币化处理。根据中国绿色国民经济核算框架，污染物导致的生态环境损害应该包括污染物虚拟减排成本、公众健康损害、农业损害等。然而，由于不同污染物造成的区域公众健康损害、农业损害等数据的局限性，本章仅考虑污染物虚拟减排成本（於方等，2014）。所谓虚拟减排成本，即假设目前排放到环境中的所有污染物按照现行减排技术和水平全部治理所需要的支出。换言之，一旦所有的污染物排放都得到有效治理，那么其所带来的对公众健康损害、农业损害及森林系统损害都将不会发生。虚拟减排成本在数值上可以认为是污染物的生态环境损害下限。基于上述假设，区域 s 污染物 k 所造成的环境损害 D_k^s 可以表示为

$$D_k^s = E_k^s \times \hat{q}_k^s \tag{9-8}$$

式中，$\hat{q}_k^s$ 为区域 s 污染物 k 每单位排放的虚拟减排成本列向量的对角矩阵。

考虑到生态环境损害终身追责制主要针对中国地方政府官员，本章仅考虑由国内区域最终需求所带来的生态环境损害，即仅考虑国内生产供应链。基于多区域投入产出模型，令 $\hat{y}^{rs}$ 为区域 r 所消费的区域 s 生产商品和服务的对角矩阵，则区域 r 通过区域间贸易转移到区域 s 的环境损害 D^{rs} 可以表征为

$$D^{rs} = \sum_{k}^{4} \hat{f}_k^s \times \hat{q}_k^s \times (I - A)^{-1} \times \hat{y}^{rs} \tag{9-9}$$

令 $\hat{y}^{sr}$ 为区域 s 所消费的区域 r 生产商品和服务的对角矩阵，则区域 s 通过区域间贸易转移到区域 r 的环境损害 D^{sr} 可以表征为

$$D^{sr} = \sum_{k}^{4} \hat{f}_k^r \times \hat{q}_k^r \times (I - A)^{-1} \times \hat{y}^{sr} \tag{9-10}$$

区域 s 和区域 r 为了满足国内其他地区最终需求所产生的生态环境损害（分别为 D^s 和 D^r）可以分别表征为

$$D^s = \sum_{r}^{m} D^{sr} \tag{9-11}$$

$$D^r = \sum_s^m D^{sr} \tag{9-12}$$

区域 s 通过区域间贸易净转移到区域 r 的环境损害 ΔD 可以表征为

$$\Delta D = D^{sr} - D^{rs} \tag{9-13}$$

若 $\Delta D > 0$，则意味着区域 s 通过区域间贸易转移了更多的环境损害到区域 r。在这种情况下，区域 s 称为环境损害净调出地区，而区域 r 则称为环境损害净调入地区。

9.2.4　数据来源

基于上述环境拓展的多区域投入产出模型，本章的主要数据需求包括中国多区域投入产出表、各地区各部门四种主要污染物排放量、各地区污染物虚拟减排成本三类数据。

1. 多区域投入产出数据

本章以 2007 年为例，使用中国科学院地理科学与资源研究所刘卫东等(2012)基于引力模型编制的 2007 年多区域投入产出表。该多区域投入产出表包含中国 30 个省(区、市)(26 个省区和 4 个直辖市)，港澳台地区和西藏因数据限制未纳入考虑。同时，每个省(区、市)国民经济行业进一步划分为 30 个部门，如表 9-3 所示。为更好地解读区域间生态损害虚拟转移结果，本章将进一步基于区域间经济结构特征和空间位置将中国划为 8 个区域(表 9-4)进行结果阐述。

表 9-3　2007 年多区域投入产出表区域和部门

区域编号	省(区、市)	部门编号	部门
区域 1	北京	部门 1	农林牧渔业
区域 2	天津	部门 2	煤炭开采和洗选业
区域 3	河北	部门 3	石油和天然气开采业
区域 4	山西	部门 4	金属矿采选业
区域 5	内蒙古	部门 5	非金属矿及其他矿采选业
区域 6	辽宁	部门 6	食品制造及烟草加工业
区域 7	吉林	部门 7	纺织业
区域 8	黑龙江	部门 8	纺织服装及其制品业
区域 9	上海	部门 9	木材加工及家具制造业
区域 10	江苏	部门 10	造纸印刷及文教体育用品制造业

续表

区域编号	省(区、市)	部门编号	部门
区域 11	浙江	部门 11	石油加工、炼焦及核燃料加工业
区域 12	安徽	部门 12	化学工业
区域 13	福建	部门 13	非金属矿物制品业
区域 14	江西	部门 14	金属冶炼及压延加工业
区域 15	山东	部门 15	金属制品业
区域 16	河南	部门 16	通用、专用设备制造业
区域 17	湖北	部门 17	交通运输设备制造业
区域 18	湖南	部门 18	电气机械及器材制造业
区域 19	广东	部门 19	通信设备及其他电子设备制造业
区域 20	广西	部门 20	仪器仪表及办公用机械制造业
区域 21	海南	部门 21	其他制造业
区域 22	重庆	部门 22	电力、热力的生产和供应业
区域 23	四川	部门 23	燃气及水的生产与供应业
区域 24	贵州	部门 24	建筑业
区域 25	云南	部门 25	交通运输及仓储业
区域 26	陕西	部门 26	批发零售业
区域 27	甘肃	部门 27	住宿餐饮业
区域 28	青海	部门 28	租赁和商业服务业
区域 29	宁夏	部门 29	研究与试验发展业
区域 30	新疆	部门 30	其他服务业

表 9-4　中国 8 个区域与多区域投入产出表 30 个省(区、市)匹配

区域	省(区、市)
东北地区	辽宁，吉林，黑龙江
京津地区	北京，天津
北部沿海地区	河北，山东
东部沿海地区	上海，江苏，浙江
南部沿海地区	福建，广东，海南
中部地区	山西，安徽，江西，河南，湖北，湖南
西北地区	内蒙古，陕西，甘肃，青海，宁夏，新疆
西南地区	广西，重庆，四川，贵州，云南

2. 各区域各部门主要污染物排放清单数据

本章所使用的各区域各部门主要污染物排放清单主要包含农业、工业、建筑业和服务业部门。农业点源和工业部门主要污染物排放清单主要基于 2007 年中国环境统计数据库编制。环境统计数据库包含中国各地区各行业超过十万家重点工业污染点源(即企业规模大或污染排放大的企业)的污染物产排量信息。然而，该数据库却并未将非重点源(工业企业规模较小或污染排放较小的企业)纳入考量。因此，本章的工业源主要污染物清单编制以《中国环境统计年鉴 2008》中 2007 年各地区工业主要污染物排放量为基准，基于环境统计数据库得到的各地区各工业部门主要污染物排放量按地区比例进行校正。农业部门的主要污染物排放清单也以类似方式进行编制。值得注意的是，中国官方环境统计并未纳入农业面源废水和主要水污染物排放的统计，因此本章并未考虑面源水污染物排放。

各地区建筑业和服务业部门主要污染物排放清单主要基于《中国环境统计年鉴》和《中国能源统计年鉴》进行编制。就各地区建筑业和服务业部门的主要水污染物排放清单而言，《中国环境统计年鉴》中仅有生活源一项，并未对建筑业、服务业部门和家庭消费直接水污染物排放进行区分。为编制建筑业和服务业部门的区域行业排放清单，本章首先基于 2007 年中国第一次全国污染源普查数据计算获得了各地区建筑业和服务业部门水污染物排放与家庭水污染物排放的比例。基于此比例，将《中国环境统计年鉴》中各地区生活源水污染物排放量进行分配，以得到各地区建筑业和服务业部门水污染物排放量。最后，本章假设同一地区建筑业和服务业部门水污染物排放强度相同，从而基于各地区建筑业和服务业各部门的产出比例对各地区建筑业和服务业部门水污染物排放总量进行分配，最终得到各地区建筑业和服务业各部门的主要水污染物排放清单。就各地区建筑业和服务业部门的主要大气污染物排放清单而言，主要根据《中国能源统计年鉴 2008》中 2007 年各部门的能源消耗进行编制。各地区生活源主要大气污染物排放量主要基于一次化石能源消费和对应的排放因子编制。本章仅考虑煤炭消费所产生的 SO_2 排放。区域 s 建筑业和服务业部门 i 的 SO_2 排放 e_i^s 计算如下：

$$e_i^s = w_i^s \times \eta \times 0.8 \times 2 \tag{9-14}$$

式中，w_i^s 为区域 s 建筑业和服务业部门 i 煤炭消耗量；η 为煤的硫含量。在本章中，煤炭的平均含硫量数据从《第一次全国污染源普查城镇生活源产排污系数手册》中获得。对于 NO_x 的排放，本章基于经验系数法进行计算，即基于各地区建筑业和服务业部门的一次化石能源消费(本章主要考虑煤炭和天然气)和经验排放系数计算得到。基于《第一次全国污染源普查城镇生活源产排污系数手册》，每吨煤炭消费约产生 2 千克的 NO_x 排放，每万立方米天然气消费约产生 8 千克的 NO_x 排放。各地区建筑业和服务业部门的一次化石能源消费主要从 2007 年各地区能源平衡表获取。由于《中国能源统计年鉴 2008》中服务业部门划分和多区域投入产出表中服务业部门划分有所差异，本章对服务业部门进行匹配后(表 9-5)，假设同一地区建筑部门和服务业部门大气污染物排放强度相同，从而基于各地区建筑业和服务业各部门的产出比例对一次化石能源消费进行分配，以得到各地区建筑业和服务业各部门的一次化石能源消费量。

表 9-5　2007 年多区域投入产出表和《中国能源统计年鉴 2008》部门匹配

《中国能源统计年鉴 2008》部门	多区域投入产出表部门
交通运输及仓储业	交通运输及仓储业
批发零售和住宿餐饮业	批发零售业
	住宿餐饮业
其他服务业	租赁和商业服务业
	研究与试验发展业
	其他服务业

3. 各区域主要污染物虚拟减排成本数据

本章使用主要污染物的单位虚拟减排成本表征单位污染物排放导致的环境损害下限。2006 年，国家环保总局和国家统计局共同发布了《中国绿色国民经济核算研究报告 2004 公众版》，向全社会公布了经环境污染调整的 GDP 核算结果。参照中国绿色国民经济核算框架，本章采用各地区四种主要污染物的实际治理成本作为虚拟减排成本进行计算。此外，本章假设一种特定污染物在一个地区造成的损害没有显著差异，因此本章使用地区平均污染治理成本而非部门平均减排成本来表征主要污染物造成的环境损害。基于《中国绿色国民经济核算研究报告 2004 公众版》中 2004 年各地区污染物减排成本的数据，结合各地区 GDP 不变价指数进行调整，得到 2007 年各地区平均污染物减排成本(表 9-6)，以此表征各地区主要污染物单位排放所导致的环境损害下限。

表 9-6　各省(区、市)单位污染物排放平均环境损害　(单位：元/吨)

省(区、市)	COD	氨氮	SO_2	NO_x
北京	2512.50	5642.80	9233.80	4361.70
天津	2322.30	9246.30	7676.30	4606.40
河北	2037.90	9540.00	2409.20	4392.70
山西	5781.10	23106.90	2801.10	4425.60

续表

省(区、市)	COD	氨氮	SO_2	NO_x
内蒙古	1720.60	3597.20	2665.60	5288.30
辽宁	1550.30	3816.80	3045.40	4465.80
吉林	1419.20	2570.60	7002.40	4544.60
黑龙江	2490.60	6191.40	9084.70	4255.90
上海	2960.80	18453.10	4867.10	4370.10
江苏	2856.10	7620.70	1157.60	4592.10
浙江	1618.90	6560.20	1137.20	4466.20
安徽	1036.30	4557.40	1108.80	4368.70
福建	1484.60	7660.40	1565.80	4431.70
江西	3192.20	7969.70	362.30	4369.50
山东	1064.80	5283.90	1412.80	4583.20
河南	972.70	4088.90	859.50	4532.00
湖北	1820.30	7583.70	668.70	4381.70
湖南	1372.20	5961.50	615.80	4379.80
广东	2954.40	9906.60	865.40	4540.50
广西	750.80	6267.10	496.70	4511.10
海南	789.70	4549.50	3323.50	4350.50
重庆	3373.70	11648.30	2344.20	4401.80
四川	1421.70	3925.90	3049.50	4441.00
贵州	6253.40	11146.30	685.40	4342.30
云南	1221.40	1979.60	582.90	4168.40
陕西	1366.40	5061.40	2411.60	4472.80
甘肃	2537.80	4842.00	1067.10	4244.20
青海	3162.60	9990.70	10280.50	4368.20
宁夏	862.30	1656.40	4146.10	4267.40
新疆	2059.00	5278.30	6536.50	4187.70

9.3 实证结果分析

9.3.1 中国区域间贸易隐含污染物排放

2007 年，在中国所有的 COD、氨氮、SO_2 和 NO_x 排放量中，约有 36.5%的

COD、41.9%的氨氮、45.7%的 SO_2 和 47.6%的 NO_x 的排放是隐含在区域间贸易中的。如图 9-1 所示，2007 年，人均 GDP 较高的地区往往消费端排放比生产端排放高。发达程度较高的京津地区、东部沿海和南部沿海地区均直接或间接消费了从人均 GDP 较低的中部地区、西北地区和西南地区等调入的排放密集型产品或服务。特别地，京津地区 2007 年 80%以上的四种主要污染物消费端排放都通过区域间贸易转移到其他地区，换言之，京津地区自身仅仅承担了不到 1/4 的当地消费端排放。此外，东部沿海地区通过区域间贸易将约 56.9%的消费端 COD 排放、63.8%的消费端氨氮排放、63.5%的消费端 SO_2 排放和 55.5%的消费端 NO_x 排放转移到全国其他地区。为了满足南部沿海地区的消费需求，其他地区则需要承担南部沿海地区 47.1%的消费端 COD 排放、68.2%的消费端氨氮排放、54.4%的消费端 SO_2 排放和 63.5%的消费端 NO_x 排放。

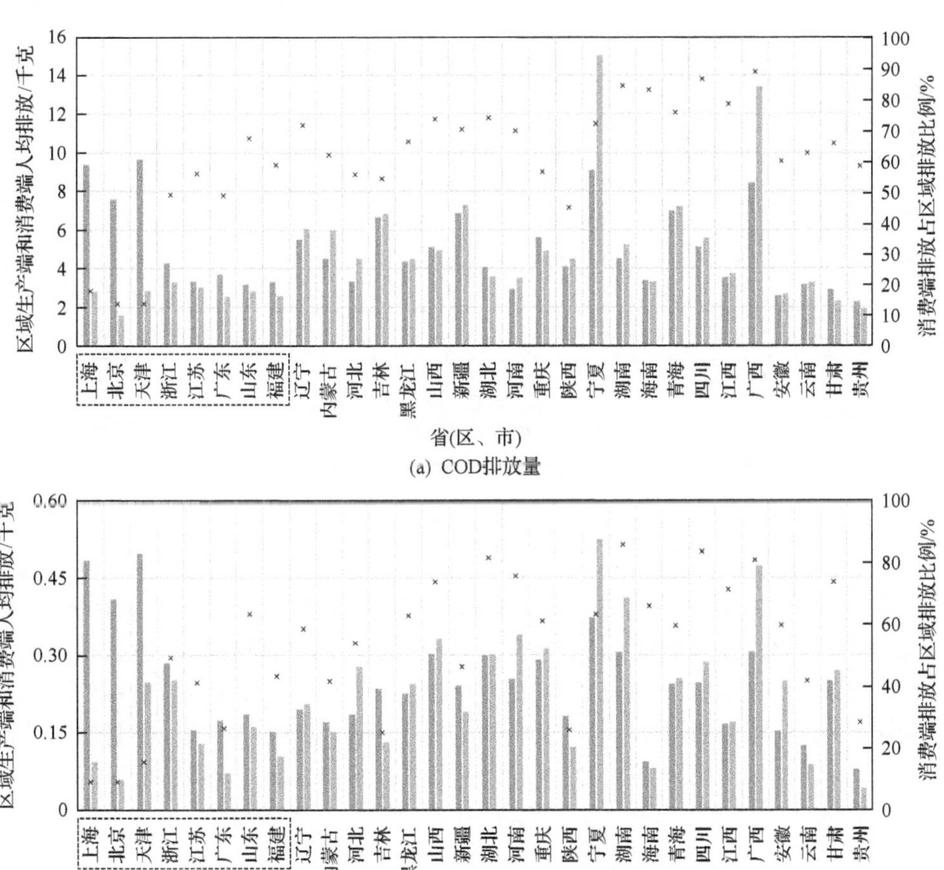

(a) COD排放量

(b) 氨氮排放量

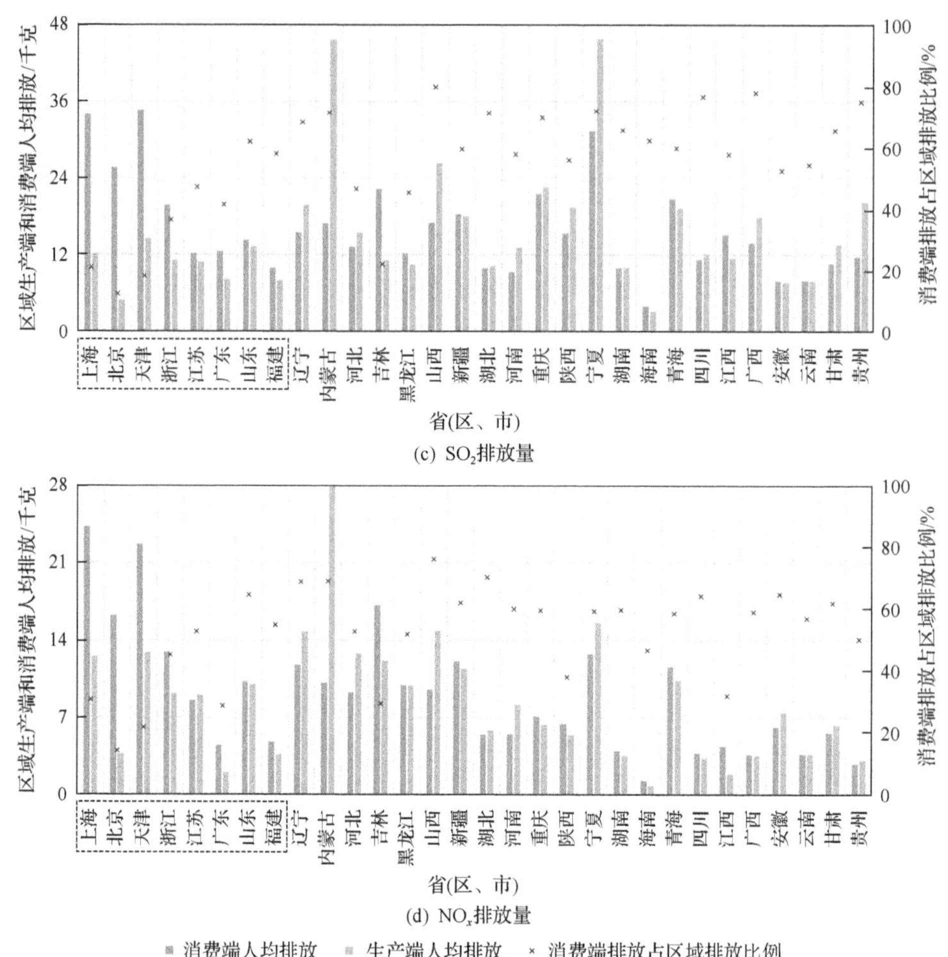

(c) SO_2排放量

(d) NO_x排放量

图 9-1 各省(区、市)生产端和消费端排放比较(分污染物类型)

横轴从左到右按照各区域人均 GDP 由高到低进行排列

在省级层面，上海市通过区域间贸易转移到其他地区的 COD 排放量最高，约为上海市本地 COD 排放量的 2.35 倍。广东省则是最大的氨氮和 NO_x 排放净调出地区，约有 73.6%的消费端氨氮排放和 71.2%的消费端 NO_x 排放被转移到国内其他地区。此外，浙江省是最大的 SO_2 排放净调出地区，通过区域间贸易向其他地区虚拟转移了约 43.8 万吨的 SO_2 排放，相当于贵州省 2007 年区域 SO_2 排放总量。另外，广西壮族自治区是最大的 COD 和氨氮排放净调入地区。由于广西壮族自治区聚集了大量水污染物密集型企业，如造纸印刷及文教体育用品制造业、食品制造及烟草加工业，广西壮族自治区在区域间贸易承担了最大的主要水污染物转移。类似地，内蒙古自治区由于聚集了大量大气污染物密集型企业，如电力、热力的生产和供应业、非金属矿物制品业和金属冶炼及压延加工业，从而成为最大

的 SO_2 和 NO_x 的净调入地区。

图 9-2 和图 9-3 分别展示了区域间贸易隐含污染物排放贡献较大的主要行业部门。可以看出，造纸印刷及文教体育用品制造业、化学工业和食品制造及烟草加工业对区域间贸易隐含主要水污染物排放贡献较大。2007 年，造纸印刷及文教体育用品制造业、食品制造及烟草加工业、化学工业生产商品和服务的区域间贸易分别贡献了约 29.9%、22.2%、14.1%的区域间贸易隐含 COD 排放，而在区域间贸易隐含的氨氮排放中，近 70%可归因于化学工业(45.3%)、食品制造及烟草加工业(15.0%)和造纸印刷及文教体育用品制造业(10.0%)。另外，电力、热力的生产和供应业，以及化学工业、非金属矿物制品业和金属冶炼及压延加工业则对区域间贸易隐含主要大气污染物排放贡献较大。2007 年，约 800 万吨 SO_2 排放是为了满足中国其他地区的商品和服务的需求，电力、热力的生产和供应业，金属冶炼及压延加工业，非金属矿物制品业和化学工业分别贡献了约 57.6%、12.1%、7.1%和 6.3%。类似地，2007 年中国约有 466 万吨 NO_x 排放含在区域间贸易中，同样主要集中于电力、热力的生产和供应业(62.9%)，以及化学工业(9.1%)、金属冶炼及压延加工业(9.0%)和非金属矿物制品业(6.7%)的区域间贸易中。

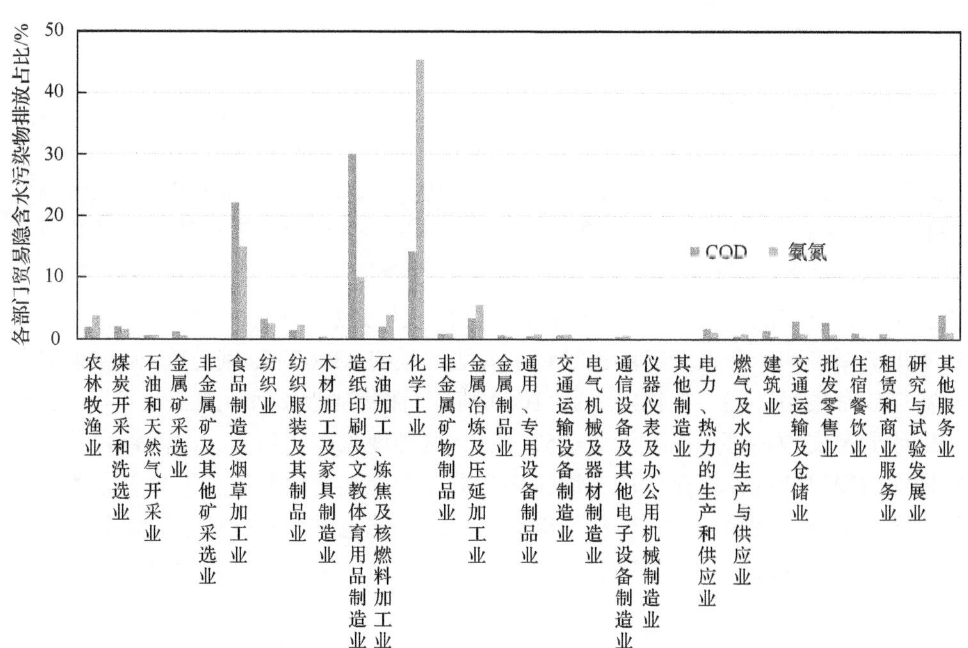

图 9-2　各部门贸易隐含水污染物排放占比

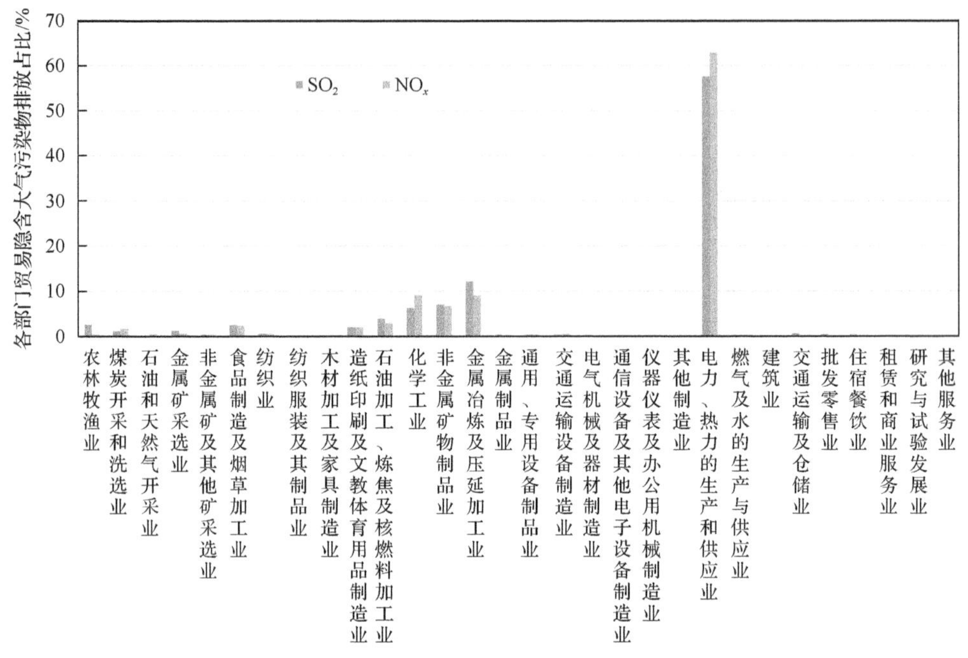

图 9-3 各部门贸易隐含大气污染物排放占比

此外，研究结果还显示，一个特定地区可能是一种污染物的净调出地区，同时也会成为另一种污染物的净调入地区。以内蒙古为例，区域消费端的化学需求量、SO_2 和 NO_x 的排放比生产端排放低 25%～64%，同时内蒙古是氨氮排放净调出地区，其为满足本地消费需求而导致其他地区的人均氨氮净排放达到0.02千克。2007 年，内蒙古本地氨氮总排放的 53%(约 1936 吨)是为了满足其他地区的消费所产生，主要来自于化学工业(330 吨)、食品制造及烟草加工业(626 吨)、造纸印刷及文教体育用品制造业(165 吨)和金属冶炼及压延加工业(281 吨)。然而，内蒙古本地的商品和服务消费需求也导致了其他地区约 2396 吨氨氮排放，同样集中于氨氮排放密集型部门，如化学工业(1060 吨)、食品制造及烟草加工业(319 吨)、造纸印刷及文教体育用品制造业(257 吨)。这种现象在四川省、湖南省和湖北省等地区也得以验证，但是这三个地区生产端和消费端排放差异并不显著。考虑到区域之间不同的污染物虚拟转移可能流向相反，这也进一步强调了需要同时评估多种污染物产生的环境损害的必要性，从而为各地区的污染物排放责任界定提供依据。

9.3.2 中国区域间贸易隐含环境损害

2007 年，中国国内最终需求产生的四种主要污染物排放带来的总环境损害高达约 954 亿元，约占当年度全国 GDP 的 0.35%。按 2007 年不变价计算，与国内供应链相关环境损害约占中国 2006～2007 年 GDP 增长的 8%。此外，区域间贸易隐含环境损害高达 438 亿元，占国内需求引致的总环境损害的 45.9%。就不同污染物种类而言，区域间贸易隐含的 COD 排放损害、氨氮排放损害、SO_2 排放损害和 NO_x 排放损害分别约占国内环境损害的 34.7%、41.6%、46.9%和 48.0%。

图 9-4 展示了各区域生产端和消费端的环境损害。可以看出，2007 年，京津地区、东部沿海地区和南部沿海地区通过区域间贸易，当地 GDP 更加绿色。这些人均 GDP 较高的地区通过区域间贸易将大量环境损害转移到国内其他地区从而成为环境损害净调出地区。东部沿海地区是最大的环境损害净调出地区，净调出的环境损害达 410 亿元，约占区域当地 GDP 的 0.07%。同样地，京津地区和南部沿海地区分别通过区域间贸易向其他地区转移的环境损害分别相当于区域当年 GDP 的 0.18%和 0.06%。另外，主要的环境损害净调入区域主要集中在欠发达的西北地区、西南地区和中部地区。为了满足京津地区和沿海发达地区等消费需求，西北地区需要承担高达 580 亿元的环境损害。

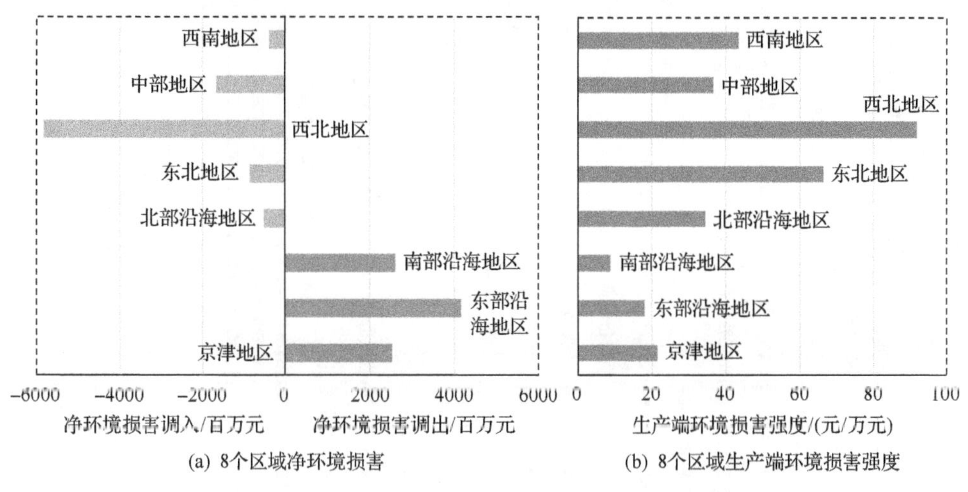

(a) 8个区域净环境损害　　(b) 8个区域生产端环境损害强度

图 9-4　各区域环境损害净流动和生产端环境损害强度

在行业层面，电力、热力的生产和供应业对区域间贸易隐含环境损害最大，约占区域间贸易隐含总环境损害的 55%，而金属冶炼及压延加工业、化学工业、非金属矿物制品业、造纸印刷及文教体育用品制造业和食品制造及烟草加工业对区域间贸易隐含环境损害的贡献紧随其后，分别约占区域间贸易隐含总环境损害的 9.7%、9.1%、5.6%、3.9%和 3.7%。特别地，对于像内蒙古、山西、河北和河南等环境损害净调入较大的地区而言，被转移的环境损害主要集中在电力、钢铁和化工等能源密集型部门的商品生产过程(图 9-5)。这些地区作为我国主要的煤炭和钢铁基地，由于区域生产结构和资源禀赋等，煤炭消费量占本地能源消费量的 80%以上，因此产生了较高的环境损害净调入。

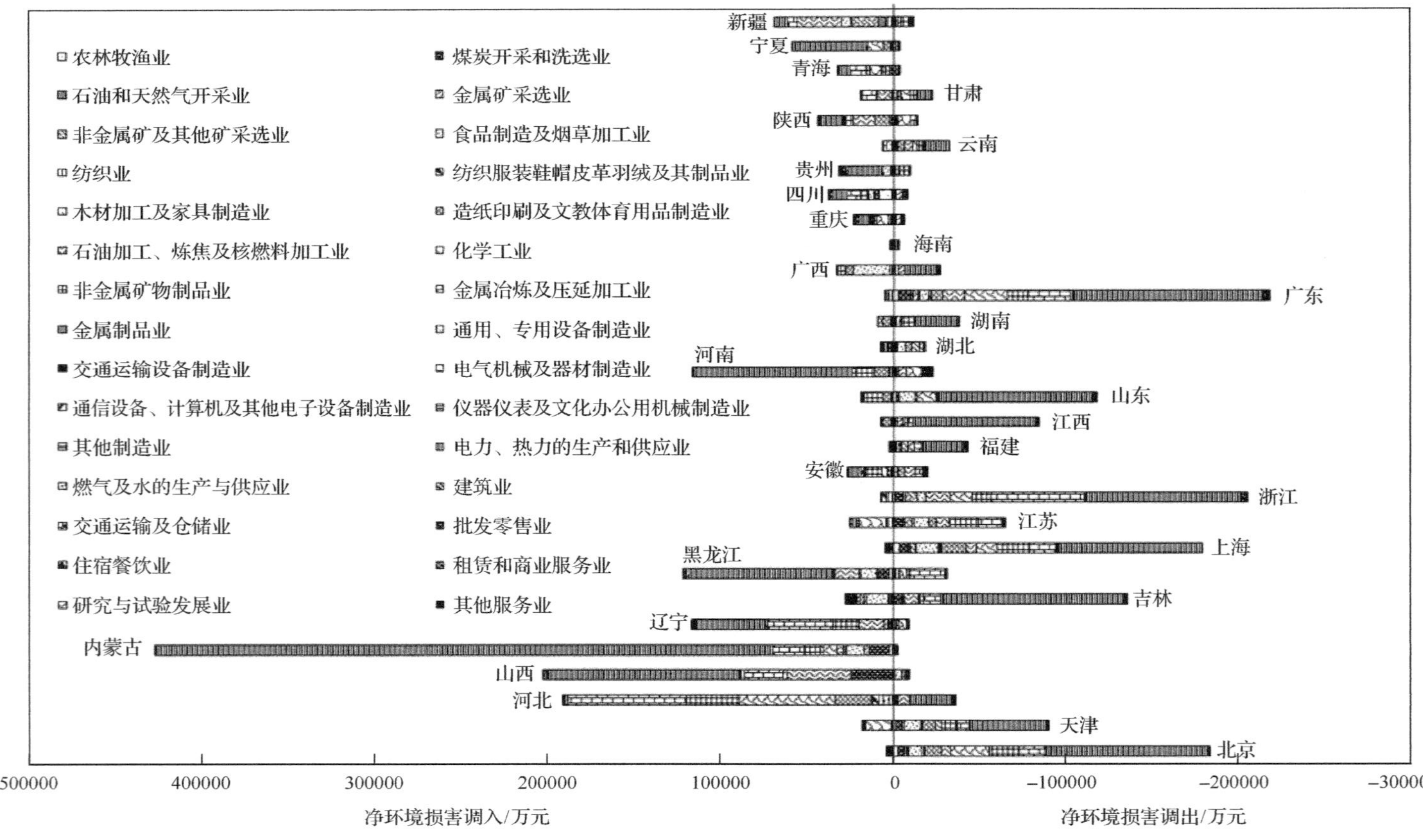

图9-5　各区域各部门环境损害净流动情况

对于不同的污染物种类而言，区域间贸易隐含大气污染物虚拟转移带来的环境损害占据主要地位。值得注意的是，这个结果的出现主要是本章仅考虑了单位污染物所产生最低环境损害所致。因此，对于区域间贸易带来的 COD 和氨氮排放导致的环境损害转移同样值得注意。食品制造及烟草加工业、造纸印刷及文教体育用品制造业和化学工业对区域间贸易隐含的 COD 损害和氨氮损害贡献最大。河北省和山西省是水污染环境损害的两个最大的净调入区域，而调入的环境损害主要为了满足其他地区的造纸和化工商品需求。同时，作为中国重要的钢铁基地和煤炭基地，煤炭开采和洗选业、金属冶炼及压延加工业两部门贡献了约 22%、17%的 COD 和氨氮所致的调入损害。此外，由于单位水污染物环境损害相对较低，广西作为最大的 COD 和氨氮排放净调入地区，水污染物环境损害净调入排名第三。作为全国最大的糖类生产者，广西生产了全国近 60%的糖类商品，这也使得广西的食品制造业造成的环境损害分别占调入的 COD 损害和氨氮环境损害的 66.5%和 50.2%。

9.3.3　中国区域间环境损害转移

图 9-6 展示了中国各区域间贸易的环境损害转移。可以看到，人均 GDP 较高的京津地区、南部沿海地区和东部沿海地区为了使得本地 GDP 更加绿色，通过区域间贸易将环境损害转移到中部地区、西南地区和西北地区（图 9-6）。2007 年，

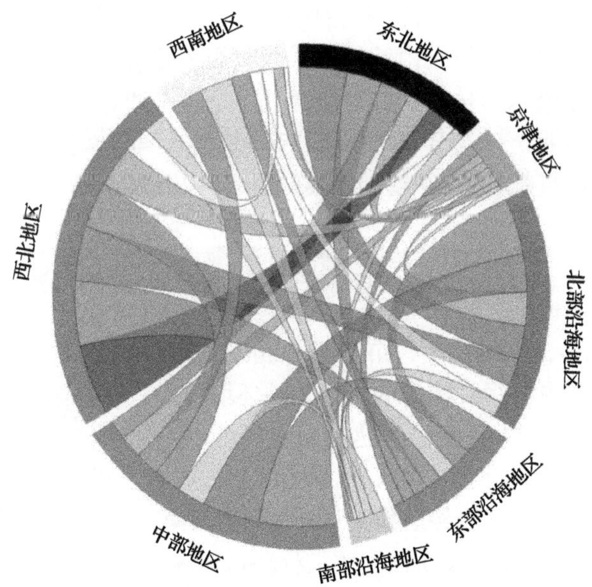

图 9-6　区域间环境损害转移

各区域弧度上各部分表征其他对应各地区转移到该区域的环境损害，区域弧度越大表征被其他区域通过区域间贸易虚拟转移的环境损害越大

东部沿海地区通过区域间贸易向中国其他地区转移了约 410 亿元环境损害，其中，中部地区、西北地区、北部沿海地区和东北地区分别被转移约 218 亿元、177 亿元、155 亿元和 99 亿元的环境损害。南部沿海地区也通过区域间贸易净调出约 266 亿元环境损害，主要转移到西北地区（110 亿元）、北部沿海地区（90 亿元）和中部地区（60 亿元）。同样地，京津地区向西南地区（90 亿元）、中部地区（79 亿元）和西北地区（63 亿元）共转移了约 250 亿元的环境损害。另外，由于区域间贸易西北地区承担了最大的环境损害转移。2007 年，在西北地区所产生的总环境损害中，仅有 24.5%是由于本地消费需求所产生，其他约有 21.5%、12.7%、16.8%、19.7%和 7.0%分别是为了满足东北地区、京津地区、北部沿海地区、东部沿海地区和南部沿海地区等的消费需求。

值得注意的是，环境损害强度（生产端环境损害占地区 GDP 比例）较高的地区往往是环境损害净调入地区，环境损害强度较低的地区往往是环境损害净调出地区。这一结果表明发达地区对欠发达地区的环境损害转移，带来区域间发展的进一步不均衡，这一现象也是我国过去几十年区域发展的一个缩影。20 世纪 90 年代以来，为了缩小区域间发展差距，中央政府提出了一系列地方发展战略，如西部大开发、中部崛起等，这也使得这些地区的基础设施和能源资源项目获得了大量资金。因此，中部和西北部地区成为中国经济发展的重要能源和资源基地，内蒙古就是其中的一个典型案例。2007 年，内蒙古因中国其他地区的消费需求而被净转移了约 420 亿元的环境损害，约占区域当年 GDP 增长的 13.1%（按 2007 年不变价计）。通过比较内蒙古与国内其他地区之间的环境损害调入和调出，可以发现，内蒙古环境损害净调入的角色主要是能源主导型重工业导致的。特别地，电力、热力的生产和供应业，以及金属冶炼及压延加工业、非金属矿物制品业、煤炭开采和洗选业等部门贡献了约 390 亿元的环境损害净调入。

9.4 主要结论与启示

本章基于中国 30 个省（区、市）30 个部门的多区域投入产出模型，评估区域间贸易隐含的四种主要污染物排放所导致的环境损害。研究结果显示，2007 年，中国国内需求导致的环境损害高达 954 亿元，约占当年度全国 GDP 增长的 8.0%（按 2007 年不变价计）。一直以来，地方政府政绩考核机制以经济指标（如 GDP）为主导，这也导致我国社会经济发展所带来环境损害成本和社会成本被忽视，使得 GDP 无法成为有效度量公众福利的指标（Bockstael et al.，2000；Costanza et al.，2014）。因此，将地方政府官员的政绩考核从以 GDP 为主的经济指标考核转向重点考虑区域生态环境损害体现了我国生态文明制度的巨大进步。在当前的生态环境损害终身问责制中，包含土地、水、大气和自然资源在内的自然资源负债表作为生态环境损害离任审计的重要基础。然而，当前自然资源负债表的编制并未考虑到区域间贸易隐含的巨大生态环境损害，这部分区域间虚拟转移的环境损害同样需要在未来的自然资源负债表中进行考量，从而为我国生态环境损害终身问责制相关政策设计提供重要支撑。

2007 年，区域间贸易隐含了巨大的环境损害，约占国内环境损害的 45%。发达的京津地区和沿海地区通过区域间贸易向中西部地区转移环境损害，从而实现自身渐渐步入绿色发展道路。换言之，发达的京津地区和沿海地区应当对中西部地区的环境损害负有部分责任。“十一五”时期以来，中央政府通过强制性的区域减排目标来实现主要污染物总量控制。虽然发达地区的减排目标相对于欠发达地区较高，但同样由于较高的边际减排成本，发达地区可能进一步通过产业转移和区域间贸易将环境损害转移至欠发达地区，从而实现自身减排目标的达成。基于当前我国区域减排目标分配政策，可以通过污染物排放权交易来实现更大范围内的高效减排。虽然我国针对 COD、氨氮、SO_2 和 NO_x 等主要污染物的排放权交易开展了试点，但试点范围相对较小，预留交易的污染物排放量也较少。因此，建议未来逐步扩展主要污染物排放权交易试点范围和规模，以促进发达地区将先进的减排技术和资金转移到中西部地区，实现区域间协调可持续发展。

区域间贸易隐含的环境损害存在显著的行业集聚特征。水污染物环境损害主要集中于食品制造及烟草加工业、造纸印刷及文教体育用品制造业和化学工业等部门，而大气污染物环境损害则主要集中于电力、热力的生产和供应业，以及化学工业、非金属矿物制品业和金属冶炼及压延加工业等部门。因此，这些行业部门在未来的环境管理中应当进一步予以重视。一方面，中央政府和地方政府可以进一步加强命令控制型政策，如加大淘汰落后产能，进一步提升行业排放标准，促进行业重点源技术革新和清洁生产等。另一方面，积极鼓励出台基于市场的经济政策，如提升能源资源税税率等，有效实现区域环境损害成本内部化。

本章存在以下几点不足。首先，由于数据限制，本章仅仅考虑了区域间贸易隐含的当前实施总量控制的四种主要污染物。在评估区域可持续发展过程中，更多维度的环境影响考虑应该在未来工作中进一步开展（Steen-Olsen et al.，2012）。其次，本章使用虚拟减排成本进行区域环境损害的刻画，一定程度上低估了主要污染物排放可能导致的实际环境损害，如公众健康损失、农业损害、林业系统损害、渔业损害和环境退化等。在今后研究中，将上述所有环境损害纳入区域发展评估考量将更有利于国家和区域的协调可持续发展。最后，在多区域投入产出模型中，区域和部门的分辨率将可能对环境扩展的投入产出分析结果有一定程度的影响。Su 等（2010）发现，更高的区域分辨率能带来更为精确的结果，Lenzen（2011）和 Steen-Olsen 等（2014）指出，更细化的部门分类能更有效地实现对现实情况的刻画。本章的多区域投入产出表涉及 30 个省(区、市)30 个部门，相对而言，行业分辨率有待进一步提升。未来研究中，可以选择更为细化的行业部门开展研究，如 Wang 等(2015)编制的 1997～2011 年 30 个地区 135 个部门多区域投入产出表，以实现中国现实情况的更精确刻画。

第 10 章　基于非线性规划的碳市场排放权初始分配研究

10.1　碳配额分配问题的提出

自 20 世纪中期以来，全球所观测到的显著性气候变暖引起了全世界广泛关注，已成为 21 世纪人类可持续发展面临的重大挑战。IPCC（Intergovernmental Panel on Climate Change）第 5 次评估报告（IPCC，2013）重申了全球气候变化与温室气体排放的重要关联性，并指出 95%的可能性是人类活动造成自 20 世纪中期以来全球气候变暖。

目前已经观测到许多气候变化所产生的风险和挑战，如海平面上升、极端天气和气候事件增加、生态系统破坏和水资源减少等，表明自然和人类系统对气候变化非常敏感。限制气候变暖要求全球尽快付诸行动，制定气候政策和落实减排责任，大幅、持续地减少温室气体排放。2015 年巴黎气候大会就 2020 年以后中长期减排行动安排，并形成《巴黎协议》。《巴黎协议》中提出到 21 世纪末全球温度上升控制在 2 摄氏度以内的目标，各缔约方自主提出减排贡献并设定 2020～2030 年的减排目标。为落实减排承诺，各国纷纷寻求符合本国国情的减排政策。作为目前全球最大的二氧化碳排放体，中国在减缓和适应气候变化中做出了不懈努力，积极探索应对气候变化的政策，先后承诺 2020 年、2030 年碳强度下降目标，2020 年中国碳强度目标比 2005 年下降 40%～45%，2030 年碳强度目标比 2005 年下降 60%～65%。

排放权交易市场在理论上被视为低成本的排放控制手段，欧洲将它作为主要的温室气体减排工具并大力推行。自欧盟排放交易体系（European Union Emission Trading Scheme，EU ETS）成立以来，其发展取得重要进展，并获得巨大碳减排成效，成为全球碳减排领导者。EU ETS 成功经验正在全球范围发挥积极影响，也增强了全球共同达成减排目标的信心。2013～2014 年，北京、天津、上海、湖北、广东、深圳和重庆先后启动了试点碳排放权交易市场，2017 年全国碳排放权交易体系正式启动，标志着我国碳市场建设步入新局面。中国碳市场发展无疑向全球发出令人鼓舞的信号，将在全球气候变化治理方面发挥举足轻重的作用。随着碳市场发展成功经验的推广，全球其他各地区的新兴碳排放权交易体系也在蓬勃发展，如东京、北美、韩国等地区。

然而，全球碳市场发展并非无往不利。事实上，EU ETS 运行初期在不断吸取大量的实操经验和教训，并针对新问题进行调整，才得以持续发展。目前，学术界针对全球碳市场已显现和潜在的问题展开了大量研究，研究议题大致涵盖碳配额初始分配、减排效应和经济影响、碳市场有效性和碳价稳定与风险管理等方面，并获得多方面的进展。本章着重关注碳配额初始分配的问题。科斯定理表明市场配置有效性有赖于明晰的产权，碳配额初始分配正是将 CO_2 排放总量控制下的"公共物品"转化为"私人物品"的产权确定过程。当初始排放权确定后，排放权可通过市场再配置，最终实现排放权有效分配，这是碳市场运行的基本原理。因此，配额初始分配是碳市场运行的前提条件，其重要性毋庸置疑。

按照 EU ETS 第三阶段（2013～2020 年）配额分配实施方案，它是"自上而下"的两阶段过程：第一阶段，欧盟委员会统一制定 EU ETS 各国碳排放配额；第二阶段，各国碳排放管理机构再将配额分配至排放源。受 EU ETS 启发，中国碳配额初始分配也可采取"自上而下"的两阶段做法：第一阶段，中央部门确定各省（区、市）碳配额分配；第二阶段，各省（区、市）再将配额分配至排放源。因此，这实际上就是碳配额两个阶段的优化分配问题。本章重点关注如何将 2030 年减排任务分配至省（区、市），然后由省（区、市）再分配至排放源，或者反过来说，如何将排放配额分配至省（区、市），再分配至排放源。

如何分配配额，涉及遵循什么样的分配原则以及采用哪种分配方法的问题。碳市场的根本宗旨是如何以最小减排成本来实现减排目标，因此在全国层面，省际分配方案应尽可能以较低成本实现减排目标，也即省际分配要遵循减排成本优化原则。对应地，分配方法是减排成本最优的线性或者非线性规划方法，解决全国省际配额初始分配问题。相对于省际配额分配，排放源碳分配需考虑的现实影响更多。首先，碳配额分配直接影响企业生产活动，从而区域分配结果直接影响区域经济水平和就业等方面，这是决策者要重点考虑的问题；其次，相对公平的分配结果可对减排企业产生较大的激励作用，而行业之间存在多方面差异，如何度量公平至关重要；最后，终端分配结果更加强调易操作性和可行性，分配结果既要简单，又要确保企业生产的连续性。排放源分配应至少考虑效率、公平和可行性等原则，因此需要采用多目标优化决策方法加以解决。本章以广东省石化、化工、水泥、钢铁、有色金属和电力 6 个重点排放行业为例，考察排放源碳配额分配。

10.2　国内外研究现状

现有关于碳配额免费初始分配的研究主要集中在两个方面：分配原则和分配方法。分配原则中讨论最多的是公平原则与效率原则。根据公平属性，公平度量标准呈多样化(Rose and Zhang，2004；Zhou and Wang，2016)，主要包括碳排放权平等、历史累积排放平等、支付能力平等、福利变化平等。效率原则强调实施碳配额分配的国家或地区所能实现的最小成本和最大收益，主要包括三种分配思路。第一种是碳强度分配(Miketa and Schrattenholzer，2006)；第二种是成本-效益责任分担方案(Salant，2016)，强调以最低减排成本实现碳排放的目标；第三种则是投入产出方法(Feng et al.，2015)。

分配方法可大致分为三种：指标分配、优化分配、博弈论分配。指标分配方法又可以分为单指标分配方法和多指标分配方法。单指标分配方法主要包括历史排放量(祖父法)(Böhringer and Lange，2005；Schmidt and Heitzig，2014)、人口(Ding et al.，2009)、GDP(或碳强度)(Rose et al.，1998；Miketa and Schrattenholzer，2006)、产量(Böhringer et al.，2014)、减排成本(Okada，2004；李陶等，2010)。祖父法是按照各地区基准年碳排放占比进行分配；人口分配按照各地区人口比重进行分配；GDP 分配则按照各地区 GDP 比重分摊配额；产量分配则按照分配主体的产量比重分摊配额；减排成本分配则指使得各地区减排成本之和最小化。

多指标分配方法大致可以分为两类：三部门法、多目标决策法(MCDA)。Hof 和 Den Elzen(2010)将一个国家的经济划分为轻工业部门、能源密集型部门和电力生产部门三个，分别构建每部门的碳排放函数，结合经济增长、人口变化和碳排放定额增量，分别核算各部门的碳排放配额，最终确定各个国家的总配额。多目标决策法是指在若干备选方案中选择最佳方案的分析过程。近年来，相关研究呈单目标到多目标转变的趋势(Wei and Rose，2009；De Brucker et al.，2013)。相比单一指标分配结果，多指标分配结果兼顾多个原则，进而使得排放源更易接受。

优化分配方法强调采用线性规划、DEA 和非线性规划等运筹学模型进行配额分配(Wang et al.，2016)。此外，一些研究将配额分配过程视为信息不对称下的多阶段动态博弈,引入了基于博弈论的碳配额初始分配方法(Mackenzie et al.,2008)。事实上，EU ETS 在碳配额初始分配采用祖父法为主的分配方法，中国试点碳市场也多数实施祖父法进行分配(除深圳碳市场以外)。

现有文献提出的配额分配方法各具特点。单指标分配方法简单易行，但是分配结果可能不合理。多指标分配结果优势是可将多原则纳入分配体系，分配更为科学合理，然而现有研究多集中于分配的第一阶段分配，对第二阶段分配研究较少。博弈论分配方法可解决不完全信息条件下的配额分配问题，缺陷是模型过于复杂且不够透明。现有研究的优化分配方法以单目标优化决策为主，如以减排成本最小化或经济效益最大化为目标，而以多目标优化集成研究较少。针对现有研究不足，本章在“自上而下”的分配模式下，分别提出了省际和排放源分配方法。省际排放配额分配方面，通过估计全国和省际边际减排成本函数，提出减排成本最小化分配模型，获得了 2030 年省际碳配额分配结果；排放源配额分配方面，从行业角度，基于公平、效率和可行原则，创新性地构建了一个新的排放源配额分配多目标优化分配模型。该模型不仅能有效克服单目标分配缺陷，而且可得到不同决策偏好下的最优分配结果，具有广泛的适用性。

10.3 研 究 方 法

10.3.1 省际碳配额分配模型构建

首先估计出全国及省际边际减排成本曲线，然后在 2030 年碳强度减排目标约束下，建立全国减排总成本优化分配模型，进而求解获得省际配额分配结果，并与其他分配方法进行对比分析，验证本分配方法的减排成本有效性。

1）国家边际减排成本函数估计

受 Wei 和 Rose（2009）启发，本章将该方法改进用于测算中国二氧化碳边际减排成本。碳减排项目总成本等于碳减排项目资本成本与运营成本之和。项目投资通常是项目运营开始前所发生的一次性投资，资本的当年价值可通过利率折现转化成项目寿命期内的年度资本回收成本。运营成本是项目寿命期内发生的，一旦项目终止运营则不再发生运营成本，因此项目运营成本可以基于每年进行估算。年度资本回收成本与年度运营成本之和定义为等效年成本。因此，项目碳减排成本等于项目寿命期内年度等效成本累计之和。本章节碳减排项目的生命周期参考 CDM 项目生命周期，CDM 执行理事会提出了两种可供选择的核算 CDM 项目活动期限和减排额计入期方法：第一种是可更新计入期，可更新两次，每次最长 7 年；第二种是固定计入期，只有一期，最长不超过 10 年。为方便计算，本章选择第二种。令 t 年度减排总成本为 TC_t，年度资本回收成本为 RC_t，年度运营成本为 OC_t，年度等效成本为 EC_t，则

$$\mathrm{TC}_t = \sum_{t=1}^{10} \mathrm{EC}_t = \sum_{t=1}^{10} (\mathrm{RC}_t + \mathrm{OC}_t) \tag{10-1}$$

项目资本成本可通过折现方法，转换成项目年度回收成本（Park，2015），其实质是项目寿命期内，每年年末需要支付给投资方的资本回报价值。令 I_t 为项目投资的资本当期价值，r_t 为当期投资利率，则

$$\mathrm{RC}_t = \frac{I_t r_t}{1-(1+r_t)^{-10}} \tag{10-2}$$

运营成本为项目寿命期内发生的成本，主要包括管理成本、工资福利和材料费用及其他成本。设年度运营管理费用、工资和福利、材料费用及其他成本占年

度资本回收成本比重之和为 l，则

$$\mathrm{OC}_t = l \times \mathrm{RC}_t \tag{10-3}$$

令 TR_{t,t_0} 为 t 年相对 t_0 年 CO_2 减排总量，GDP_t 为按基年不变价计算的国内生产总值，e_t，e_{t_0} 分别为 t，t_0 年的 CO_2 排放强度，即单位 GDP 的 CO_2 排放量，t 年相对 t_0 年减排总量 TR_{t,t_0} 计算如下：

$$\mathrm{TR}_{t,t_0} = \mathrm{GDP}_t(e_{t_0} - e_t) \tag{10-4}$$

由于 TR_{t,t_0} 是多种因素所导致的减排量总和，这些因素非常广泛，如节能减排技术进步、产业结构调整和大自然吸收等，而节能减排技术是推动碳减排最重要的因素。由节能减排技术进步导致的减排量定义为直接减排量，由其他因素导致的减排量定义为间接减排量。因此直接减排量 R_{t,t_0} 等于减排总量乘以某个折算系数 h_t：

$$R_{t,t_0} = h_t \times \mathrm{TR}_{t,t_0} \tag{10-5}$$

全国 CO_2 排放总量根据煤炭、石油和天然气三类主要化石能源消费量计算获得。设 E_t 为 t 年全国 CO_2 排放量，$N_{\mathrm{coa}t}$、$N_{\mathrm{oil}t}$ 和 $N_{\mathrm{nag}t}$ 分别为 t 年度全国煤炭、石油和天然气消费量，k_{coa}、k_{oil} 和 k_{nag} 分别为煤炭、石油和天然气三类能源碳排放系数。设 K_t 为 t 年度相对于 t_0 年的二氧化碳减排比例，K_t 等于 t 年相对 t_0 年减排量除以 t 年实际排放量与减排量之和，边际减排成本 MAC_t 等于当年减排成本除以当年直接减排量。E_t，K_t，MAC_t 计算如下：

$$E_t = (k_{\mathrm{coa}} N_{\mathrm{coa}t} + k_{\mathrm{oil}} N_{\mathrm{oil}t} + k_{\mathrm{nag}} N_{\mathrm{nag}t}) \times 44/12 \tag{10-6}$$

$$K_t = \frac{R_{t,t_0}}{E_t + R_{t,t_0}} \tag{10-7}$$

$$\mathrm{MAC}_t = \frac{\mathrm{TC}_t}{R_{t,t-1}} \tag{10-8}$$

令 E_t^p 为 t 年度某省(区、市)CO_2 排放量，它由煤炭、焦炭、汽油、煤油、柴油、燃料油和天然气 7 种化石能源消费量计算获得。计算公式如下：

$$E_t^p = (k_{\mathrm{coa}} N_{\mathrm{coa}t} + k_{\mathrm{cok}} N_{\mathrm{cok}t} + k_{\mathrm{gaso}} N_{\mathrm{gaso}t} + k_{\mathrm{ker}} N_{\mathrm{ker}t} + k_{\mathrm{die}} N_{\mathrm{die}t} + k_{\mathrm{fue}} N_{\mathrm{fue}t} + k_{\mathrm{nag}} N_{\mathrm{nag}t}) \times 44/12 \tag{10-9}$$

式中，$N_{\mathrm{coa}t}$、$N_{\mathrm{cok}t}$、$N_{\mathrm{gaso}t}$、$N_{\mathrm{ker}t}$、$N_{\mathrm{die}t}$、$N_{\mathrm{fue}t}$和$N_{\mathrm{nag}t}$分别为t年度全国煤炭、焦炭、汽油、煤油、柴油、燃料油和天然气消费量；k_{coa}、k_{cok}、k_{gaso}、k_{ker}、k_{die}、k_{fue}和k_{nag}分别为焦炭、汽油、煤油、柴油、燃料油和天然气碳排放系数。

二氧化碳边际减排成本曲线刻画了不同减排比例对应的边际减排成本。一般来说，随着减排比例增加，减排难度增加，故边际减排成本随减排比例递增。目前常用的边际减排成本函数形式主要有二次形式、指数形式和对数形式。本章采用 Nordhaus(1991)提出的经典对数形式：

$$\mathrm{MAC}_t = \beta_1 + \beta_2 \ln(1 - K_t) \tag{10-10}$$

利用式(10-7)和式(10-8)估算的全国二氧化碳减排比例及边际减排成本序列样本，利用这些样本数据估计出系数β_1和β_2，从而得到全国边际减排成本曲线。

2)省际边际减排成本估计

本章参考 Okada(2004)以及李陶等(2010)的研究模型，推导省际边际减排成本曲线。如图 10-1 所示，令全国碳强度为e，i省(区、市)的碳强度为e_i，i省(区、市)减排比例K_i对应横坐标的数值为x_i。

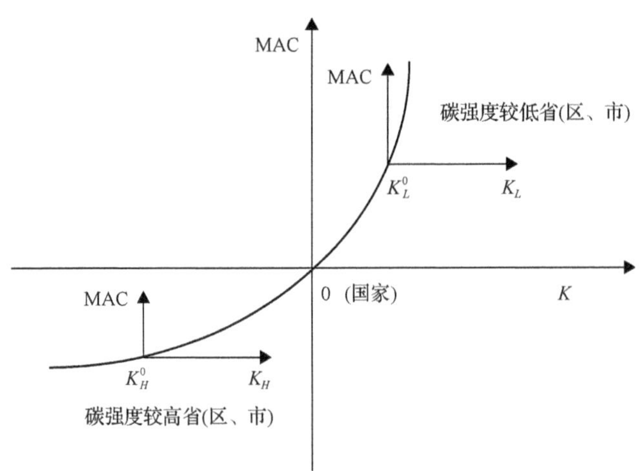

图 10-1　全国及省际边际减排成本函数

若某省(区、市)L的碳强度为e_L，且低于全国碳强度e，那么表明该省(区、市)已通过减排措施降低了碳强度，故它的边际减排成本应高于全国边际减排成本，其边际减排成本函数曲线则始于比原点处更陡峭的第一象限点K_L^0，并沿着全国边际减排成本曲线向右上方延伸，故$x_L > 0$，又因为$e(1 - x_L) = e_L$，故满足如下关系：$x_L = 1 - \frac{e_L}{e}$。反之，若某省(区、市)H的碳强度为e_H，且高于全国碳强度e，那么其边际减排成本应低于全国，边际减排成本曲线则始于比原点处更平缓的第三象限点 K_H^0，并沿着全国边际减排成本曲线向右上方延伸，故 $x_H<0$，由 $e(1-x_H)=e_H$ 得到：$x_H=1-\frac{e_H}{e}$。因此，任意 i 省(区、市)边际减排成本 MAC_i 可以表示为

$$\mathrm{MAC}_i(K_i)=\mathrm{MAC}(K_i+x_i)-\mathrm{MAC}(x_i)=\beta_2\ln\left(1-\frac{K_i}{1-x_i}\right) \tag{10-11}$$

式中，K_i 为 i 省(区、市)二氧化碳减排比例。对 $\mathrm{MAC}_i(k)$ 在 $[0,K_i]$ 上积分，则得到 i 省(区、市)二氧化碳减排总成本：

$$C_i(K_i)=\int_0^{K_i}\mathrm{MAC}_i(k)\mathrm{d}k=-\beta_2\left[\ln\left(1-\frac{K_i}{1-x_i}\right)(1-x_i-K_i)+K_i\right] \tag{10-12}$$

3)减排成本优化配额分配模型

根据式(10-12)可得到各省(区、市)减排成本，将它们加总便可得到全国减排总成本，进而可构建如下减排成本优化配额分配模型：在全国二氧化碳减排总量约束下，通过选择最优的省际减排配额方案，使得全国减排总成本最小化。

$$\min \mathrm{TC}=\sum_{i=1}^{30}-\beta_2\left[\ln\left(1-\frac{K_i}{1-x_i}\right)(1-x_i-K_i)+K_i\right] \tag{10-13}$$

$$\text{s.t.}\begin{cases}\sum_{i=1}^{30}R_i=R\\ 0<K_i<1\end{cases}$$

式中，TC 为全国减排总成本；R 和 R_i 分别为全国和 i 省(区、市)目标年 t 相对基准年二氧化碳的直接减排量；K_i 为 t 年相对基准年的直接减排比例。一旦求解出上述非线性规划模型最优解 R_i，则可获得各省际减排配额。

10.3.2　排放源碳配额分配模型构建

在考察了第一阶段分配——省际配额分配的基础上，本节从行业角度，基于公平、效率和可行原则，构建了排放源碳配额初始分配的多目标优化分配模型，同时结合广东省石化、化工、水泥、钢铁、有色金属和电力 6 个重点排放行业进行实证分析。

1. 分配标准

首先，排放源的碳配额分配直接影响企业生产活动，从而区域分配结果直接

影响区域经济水平和就业等方面，即分配会影响效率；其次，因行业之间存在差异，分配需要考虑企业激励作用，即如何实现分配公平性；最后，排放源分配属于终端分配，它更加强调易操作性，分配结果既要简单，又要确保企业生产的连续性。因此，排放源分配应至少考虑效率、公平和可行性等原则。下面分别对三种分配原则加以定量刻画。

(1) 效率原则。效率原则目标是实现经济效益最大化或减排成本最小化。因数据不可获得性，无法获得行业碳减排成本，故本章仅选择以经济效益最大化为目标。行业经济效益以行业增加值来刻画。

(2) 公平原则。由于各个行业历史排放水平、行业绩效存在较大差异，故实现公平分配的目的是激励行业减排。公平原则强调不仅要考虑行业自身发展的平等性，还要兼顾行业对区域经济发展的贡献。据此，本章引入行业公平碳排放权：行业公平碳排放权等于行业基本碳排放权与行业绩效碳排放权的加权和。其中，行业基本碳排放权体现的是初始分配排放权利的平等性；行业绩效碳排放权体现的是行业对区域经济发展的贡献。令 C_{iT}^{f} 为行业 i 目标年 T 的所获得公平排放权，其定义如下：

$$\begin{cases} C_{iT}^{f} = \phi(1-\varphi_i)\dfrac{1}{n}\sum\limits_{i=1}^{n} C_{iT}^{f} + \varphi_i C_T \\ \sum\limits_{i=1}^{n} C_{iT}^{f} = \mu_T C_T \end{cases} \tag{10-14}$$

式中，C_T 为目标年区域碳排放总量；μ_T 为 n 个行业排放量之和占排放总量的比重，由决策者事先决定；$\mu_T C_T$ 为 n 个行业排放总量；φ_i 为行业 i 的贡献系数；$\varphi_i C_T$ 为绩效排放权；$\phi(1-\varphi_i)\dfrac{1}{n}\sum\limits_{i=1}^{n} C_{iT}^{f}$ 为基本排放权；ϕ 为调整系数。

行业对区域经济发展绩效贡献分为三个方面：一是行业对区域经济利税的贡献；二是对区域经济发展规模的贡献；三是排放行业对区域劳动就业的贡献。贡献系数 φ_i 定义为

$$\varphi_i = \omega_1 \frac{T_i}{T} + \omega_2 \frac{\mathrm{VA}_i}{\mathrm{VA}} + \omega_3 \frac{H_i}{H} \tag{10-15}$$

式中，T_i 、VA_i 和 H_i 分别为行业 i 的利税总额、工业增加值和吸纳的就业人口；T、VA 和 H 分别为区域的利税总额、工业生产总值和就业总人口；为了便利，本章仅取三者同等重要情形，即 $\omega_1 = \omega_2 = \omega_3 = \dfrac{1}{3}$ 。进而通过式(10-15)，可计算得到调整系数 ϕ：

$$\phi = 1 + \left(\frac{1}{n} - \frac{1}{\mu}\right)\sum_{i=1}^{n}\varphi_i$$

(3)可行原则。排放源碳配额分配直接影响到行业(企业)生产经营活动，因此分配结果须保证行业(企业)生产经营的连续性，使得各排放源易于接受，从而实现区域经济社会稳定发展。尽管许多文献认为祖父法存在多方面的不足，如非效率、引致财富扭曲分配、减排的弱激励性，但是有文献研究表明它对企业产出影响较小(Demailly and Quirion，2008；Anger and Oberndorfer，2008)，并且实施的行政阻力较小(Zetterberg et al.，2012)。相对基准线法，祖父法在 EU STS 初期被广泛使用，因为它可以保证企业分配最大限度地接近于企业排放现状，进而鼓励企业在试验期积极参与交易体系。因此，本章采用祖父法来刻画可行原则，并以行业最近 5 年历史排放平均水平作为祖父法分配的历史依据。

2. 单目标分配模型

1)基于效率原则分配模型

效率原则分配目标是实现行业经济效益最大化。为了构造经济效益函数，首先需要估计行业 i 拓展的 C-D 生产函数：

$$\mathrm{VA}_{it} = A_{0i}e^{v_i t}K_{it}^{\alpha_i}L_{it}^{\beta_i}E_{it}^{\gamma_i} \tag{10-16}$$

式中，VA_{it} 为行业工业增加值；K_{it} 为行业物质资本存量；L_{it} 为行业人力资本(即行业就业人数)；E_{it} 为行业能源消费量(标准煤)；A_{0i} 为行业初始年份的全要素生产率；v_i 为行业全要素生产率的年增长速度，反映技术进步；t 为年份；α_i、β_i 和 γ_i 分别为行业物质资本存量、人力资本和能源消费量的产出弹性系数。对 C-D 生产函数方程两边同时取自然对数：

$$\ln \mathrm{VA}_{it} = \delta_i + \alpha_i \ln K_{it} + \beta_i \ln L_{it} + \gamma_i \ln E_{it} + v_i t \tag{10-17}$$

其中 $\delta_i = \ln A_{0i}$。令经济效益函数为 F_1，定义为行业工业增加值加总：

$$F_1 = \sum_{i=1}^{n}\mathrm{VA}_i \tag{10-18}$$

一旦完成参数估计，那么可得到经济效益函数 F_1。给定目标年的各行业物质资本存量、劳动力及碳排放总量约束条件，通过求解经济效益最大化问题，得到模型决策变量的最优解。具体约束条件如下：

(1)资本存量约束。目标年 T 行业 i 的资本存量为

$$K_{iT} = K_{it_0}(1+\sigma)^{T-t_0} \tag{10-19}$$

式中，K_{it_0} 为基年 t_0 物质资本存量；σ 为年物质资本存量年平均增长率。

(2) 人力资本约束。充分和稳定就业是区域发展的重要目标之一。为保证各行业稳定就业水平，本章将行业就业目标作为约束条件纳入分配模型。首先，目标年各行业就业总人数占区域工业企业就业总人口的比例保持在一定范围内变动；其次，各行业就业人数不低于某个阈值。

$$\underline{\lambda} \leqslant \frac{\sum_{i=1}^{n} L_{iT}}{\hat{L}_T} \leqslant \overline{\lambda} \tag{10-20}$$

$$\frac{L_{iT}}{\sum_{i=1}^{n} L_{iT}} \geqslant \underline{\lambda_i} \tag{10-21}$$

式中，L_{iT} 为目标年行业 i 就业人数；$\hat{L}_T$ 为区域工业企业目标年就业总人数；$\underline{\lambda}$ 和 $\overline{\lambda}$ 分别为 n 个行业就业总数占工业企业比重的上限和下限；$\underline{\lambda_i}$ 为行业 i 就业人数占 n 个行业就业总人数比重的下限。

(3) 排放约束。决策者预先设定减排行业排放目标总配额，排放目标总量约束如下：

$$\sum_{i=1}^{n} X_{iT} \mathrm{VA}_{iT} = \mu_T C_T \tag{10-22}$$

式中，C_T 为目标年区域碳排放总量；μ_T 为 n 个行业排放量之和占排放总量的比重；X_{iT} 为目标年分配给行业 i 单位工业增加值碳排放量，$X_{iT}\mathrm{VA}_{iT}$ 为行业 i 排放额，则行业能源消费量 E_{iT} 定义为

$$E_{iT} = \frac{X_{iT} \mathrm{VA}_{iT}}{d_i} \tag{10-23}$$

式中，d_i 为行业 i 的碳综合排放系数，$d_i = \sum_{j=1}^{m} b_j \eta_{ij}$，$b_j$ 为第 j 种能源碳排放系数，η_{ij} 为行业 i 第 j 种能源占该行业能源消费量的比重。

结合上述设定的经济效益目标函数和 3 个约束条件，可构建基于效率原则的碳排放源配额化分配模型：

$$\max F_1 = \sum_{i=1}^{n} \mathrm{VA}_{iT} \tag{10-24}$$

$$
\text{s.t.}\begin{cases}K_{iT}=K_{it}(1+\sigma)^{T-t}\\ \underline{\lambda}\leqslant\dfrac{\sum\limits_{i=1}^{n}L_{iT}}{\hat{L}_T}\leqslant\overline{\lambda};\ \underline{\lambda_i}\leqslant\dfrac{L_{iT}}{\sum\limits_{i=1}^{n}L_{iT}}\\ \sum\limits_{i=1}^{n}X_{iT}\mathrm{VA}_{iT}=\mu_T C_T\\ 0<X_{iT},0<L_{iT}\end{cases}
$$

该模型本质上是非线性规划问题，求解可得到单位工业增加值排放额 X_{iT}^{I} 及行业人力资本 L_{iT}^{I} 决策变量的最优解。

2) 基于公平原则分配模型

根据公平原则定义，行业 i 公平排放权为：$C_{iT}^{f}=\phi(1-\varphi_i)\dfrac{1}{n}\sum\limits_{i=1}^{n}C_{iT}^{f}+\varphi_i C_T$。若行业 i 获得公平排放权 C_{iT}^{f}，行业的经济效益为 VA_{iT}^{f}，则行业 i 单位工业增加值排放额为 $X_{iT}^{f}=\dfrac{C_{iT}^{f}}{\mathrm{VA}_{iT}^{f}}$。同样地，公平原则分配必须满足物质资本存量约束、人力资本约束碳排放约束条件。因此，可以构建如下分配模型：在资本存量、人力资本和碳总量约束下，使得各行业分配结果与公平排放权差距平方之和最小化。

$$
\min F_2=\sum_{i=1}^{n}(X_{iT}-X_{iT}^{f})^2 \tag{10-25}
$$

$$
\text{s.t.}\begin{cases}K_{iT}=K_{it}(1+\sigma)^{T-t}\\ \underline{\lambda}\leqslant\dfrac{\sum\limits_{i=1}^{n}L_{iT}}{\hat{L}_T}\leqslant\overline{\lambda};\ \underline{\lambda_i}\leqslant\dfrac{L_{iT}}{\sum\limits_{i=1}^{n}L_{iT}}\\ \sum\limits_{i=1}^{n}X_{iT}\mathrm{VA}_{iT}=\mu_T C_T,\sum\limits_{i=1}^{n}C_{iT}^{f}=\mu_T C_T\\ 0<X_{iT},X_{iT}^{f},L_{iT}\end{cases}
$$

通过求解，可得决策变量最优解：单位工业增加值排放额 X_{iT}^{II} 及行业人力资本 L_{iT}^{II}。

3）基于可行原则分配模型

与其他方法相比，祖父法的优势在于：第一，方法简单，可操作性强；第二，对行业或企业生产经营活动造成的影响较小，易实现生产的连续性，保证分配结果的可行性。受祖父法启发，设 C_{iT}^{g} 为基于历史平均排放量的分配额，X_{iT}^{g} 为单位工业增加值碳排放额，VA_{iT}^{g} 为行业工业增加值，则行业碳排放总额 $C_{iT}^{g}=X_{iT}^{g}\mathrm{VA}_{iT}^{g}$。设定各行业排放分配额占行业排放总额的比重在其若干期历史占比平均值的一定范围内上下浮动：

$$\underline{\theta_i}\leqslant\frac{C_{iT}^{g}}{\sum_{i=1}^{n}C_{iT}^{g}}\leqslant\overline{\theta_i}\tag{10-26}$$

式中，$\underline{\theta_i}$ 和 $\overline{\theta_i}$ 分别为给定的下限和上限。为了保证生产连续性，使得分配结果尽量趋近于历史排放水平，在约束条件下，分配给各个行业 X_{iT} 与根据历史排放水平 X_{iT}^{g} 相比，变化幅度范围达到最小，因此可建立如下分配模型：

$$\min F_3=\sum_{i=1}^{n}(X_{iT}-X_{iT}^{g})^2\tag{10-27}$$

$$\text{s.t.}\begin{cases}K_{iT}=K_{it}(1+\sigma)^{T-t}\\ \underline{\lambda}\leqslant\dfrac{\sum_{i=1}^{n}L_{iT}}{\hat{L}_T}\leqslant\overline{\lambda};\ \underline{\lambda_i}\leqslant\dfrac{L_{iT}}{\sum_{i=1}^{n}L_{iT}}\\ \sum_{i=1}^{n}X_{iT}\mathrm{VA}_{iT}=\mu C_T;\ \sum_{i=1}^{n}C_{iT}^{g}=\mu C_T\\ \underline{\theta_i}\leqslant\dfrac{C_{iT}^{g}}{\sum_{i=1}^{n}C_{iT}^{g}}\leqslant\overline{\theta_i}\\ 0<X_{iT},X_{iT}^{g},L_{iT}\end{cases}$$

通过求解，可得决策变量最优解：单位工业增加值排放额 X_{iT}^{III} 及就业人数 L_{iT}^{III}。

3. 多目标分配模型

综合上述目标函数和约束条件，构建如下行业碳配额分配的多目标优化分配模型：

$$\max F_1 = \sum_{i=1}^{n} \mathrm{VA}_{iT}$$
$$\min F_2 = \sum_{i=1}^{n} (X_{iT} - X_{iT}^f)^2 \tag{10-28}$$
$$\min F_3 = \sum_{i=1}^{n} (X_{iT} - X_{iT}^g)^2$$

$$\text{s.t.}\begin{cases} K_{iT} = K_{it}(1+\delta)^{T-t} \\ \underline{\lambda} \leqslant \dfrac{\sum_{i=1}^{n} L_{iT}}{\hat{L}_T} \leqslant \overline{\lambda};\ \underline{\lambda_i} \leqslant \dfrac{L_{iT}}{\sum_{i=1}^{n} L_{iT}} \\ \sum_{i=1}^{n} X_{iT}\mathrm{VA}_{iT} = \mu C_T, \sum_{i=1}^{n} C_{iT}^f = \mu C_T, \sum_{i=1}^{n} C_{iT}^g = \mu C_T \\ \underline{\theta_i} \leqslant \dfrac{C_{iT}^g}{\sum_{i=1}^{n} C_{iT}^g} \leqslant \overline{\theta_i} \\ 0 < X_{iT}, X_{iT}^g, X_{iT}^f, L_{iT} \end{cases}$$

本章采用理想点法求解上述多目标优化问题，将多目标求解问题转换成单目标求解问题。令经济效益函数、公平目标函数和可行目标函数分别为 $F_1(z)$、$F_2(z)$ 和 $F_3(z)$，对应的理想值分别为 F_1^*、F_2^* 和 F_3^*，通过寻求解向量 $\overline{z}$，使得向量 $\left(F_1(\overline{z}), F_2(\overline{z}), F_3(\overline{z})\right)$ 和向量 $\left(F_1^*, F_2^*, F_3^*\right)$ 尽量接近，故上述多目标优化问题转换为如下问题：

$$\min_{z\in Z} \sum_{i=1}^{3} w_i (F_i(z) - F_i^*)^2 \tag{10-29}$$

式中，w_i 为目标函数 $F_i(z)$ 的权重，通过求解，可得如下多目标决策有效解：单位工业增加值排放配额 X_{iT} 及行业就业人数 L_{iT}。

10.4 数据来源与处理

1) 省际分配研究数据与处理

由于数据的不可获得性，本章未将西藏、台湾、香港和澳门纳入研究范围。数据来源和预处理如下：

(1) 减排目标：中国提出到 2020 年，中国碳强度比 2005 年下降 40%～45%的目标，2015 年中国进一步宣布 2030 年中国碳强度比 2005 年下降 60%～65%的减排目标，本章选择 2030 年碳强度比 2005 年下降 60%作为碳减排目标。

(2) 节能减排投资：1980～2002 年节能投资数据来源于《中国统计年鉴》，2003～2011 年投资数据来源于齐晔主编的《中国低碳发展报告(2011)》。

(3) 能源消费：煤炭、焦炭、汽油、煤油、柴油、燃料油和天然气消费量源于《中国能源统计年鉴》。

(4) 人口和 GDP：人口和 GDP 数据来源于《中国统计年鉴》。2030 年全国人口和 GDP 分别以 2014 年、2015 年为基期，设定年平均增长率分别为 0.48%、4.50%计算得到。2030 年各省(区、市)人口和 GDP 分别基于 2013 年各省(区、市)所占比例计算得到。

(5) 投资利率：1980～2011 投资利率 r 数据源于《中国金融统计年鉴》。假定 1980～1981 年年利率为 5.04%，1982～1984 年年利率为 6.48%，1985 年年利率为 7.92%，1986～1989 年年利率为 10.08%，1990～1995 年采用更新改造投资利率。如果在当年内有多次调整，取多次调整后的利率均值，1996～2011 年技术更新改造贷款利率取 5 年以上中长期贷款利率。如果当年内有多次调整，取多次调整后的利率均值。

(6) 参数处理：以 CDM 项目为参考基准(Wei and Rose，2009)，其运营管理费用、工资及福利和材料费用及其他成本占年度资本回收成本比重的平均值分别为 15%、5%和 19%，因此其比重之和 $l=39\%$。折算系数 h_t 参考 Tian 等(2014)的研究，调整后取值为：1990～1998 年为 90%，1998～2011 年为 87.5%。各类化石能源碳排放系数参考 IPCC，并参考国家发展和改革委员会等编制的《综合能耗计算通则》(GB/T2589—2008)进行调整后如表 10-1 所示。

表 10-1 碳排放系数 (单位：吨碳/标准煤)

化石能源碳排放	k_{coa}	k_{oil}	k_{cok}	k_{gaso}	k_{ker}	k_{die}	k_{fue}	k_{nag}
系数值	0.7304	0.5630	0.8550	0.5538	0.5714	0.5921	0.4483	0.4190

2) 排放源分配研究数据与处理

(1) 宏观数据。行业固定资产投资、就业人数、能源消费量、工业增加值、利税总额数据均来源于 1997～2004 年的《广东省统计年鉴》。依据广东工业企业历史就业平均增长水平，本章预期 2014～2030 年全省工业企业就业人数的年均增长率为 2%，估算得到 2030 年工业企业就业总人数 $\hat{L}_T$ 为 1998.47 万人。

(2) 物质资本存量 (K_{it})。物质资本存量采用永续盘存法计算，计算公式为 $K_{it}=(1-\delta_{it})K_{it-1}+I_{it}$。其中，$\delta_{it}$ 为行业 i 的物质资本存量的折旧率，I_{it} 为当年固定资产投资额。δ_{it} 取各行业 i 在 1999～2007 年的每年折旧率平均值，具体取值见表 10-2；将 1985 年各行业固定资产除以 10%作为该行业初始物质资本存量，并按 1978 年价格折算；工业增加值采用 1978 年价格计算；由于广东省各行业的投资价格指数数据不可获得，本章利用第二产业指数(1978 年价格)计算得到的平减指数来代替投资价格指数，将 I_{it} 按照 1978 年价格进行折算。年份 t 设定为 1, 2, 3, …, 且 $t_{1996}=0$。

表 10-2　$\underline{\theta_i}$、$\overline{\theta_i}$ 与 $\underline{\lambda_i}$ 估计

参数	石化	化工	水泥	钢铁	有色金属	电力
$\underline{\lambda_i}$ /%	1.5	21.0	40.0	6.5	10.5	13.0
$\underline{\theta_i}$ /%	0.67	7.19	22.65	9.97	3.12	56.60
$\overline{\theta_i}$ /%	0.57	7.09	22.55	9.87	3.02	56.50
δ_{it} /%	6.57	6.39	6.73	5.80	8.66	5.72
φ_i /%	4.41	5.19	2.96	1.18	1.52	5.44

(3) 排放系数。各类能源碳排放系数参考表 10-2，j 种能源的 CO_2 排放系数计算公式为：$b_j=a_j\times 44/12$。

(4) 行业绩效贡献系数。φ_i 按式(10-16)计算，计算得到的数值见表 10-2。

(5) 排放上限 $\mu_T C_T$。本章将 2030 年设定为目标年，以 2030 年全国碳强度比 2005 年下降 60%作为碳减排目标。根据第 9 章分配结果， 2030 年广东省排放总配额 C_T 为 6.7 亿吨。根据历史排放情况，6 个行业排放之和占广东总排放量比例逐年下降。假定目标年 6 个行业排放占比 μ_T 设定为 70%，将该值作为基准情形。在后续敏感性分析中，进一步改变 μ_T 值，考察实证结果变动情况。

(6) 其他参数。参考倪泽强和汪本强(2016)、靖学青(2013)的研究，前者测算表明 2009～2013 年广东物质资本存量的年增长率逐年下降，2013 年年均增长率为 9.19%，2009～2013 年年均增长率为 11.87%，后者研究结果表明 2005～2010 年广东物质资本存量年均增长率为 16.15%。本章测算表明 6 个行业物质资本存量在 2010～2014 年年均增长率为 10.96%，且年均增长率逐年下降。综上所述，本章将广东 6 个行业的物质资本存量在 2014～2030 年年均增长速度 σ 设定为

6.5%，并作为基准情形。类似地，在后续敏感性分析中，进一步改变σ值，考察实证结果敏感性变化。根据历史数据趋势，6 个行业就业总人口约束的上下限参数λ_1和λ_2分别设定为 9%和 10%。行业就业人数占比下限$\underline{\lambda_i}$取各行业历史最低占比水平。$\underline{\theta_i}$和$\overline{\theta_i}$按照 2005～2014 年各行业排放平均占比水平分别上下浮动适度幅度获得，如表 10-2 所示。

本章通过设置情景来考察决策者偏好对分配结果的影响。本章参考 Yi 等(2011)提出的情景设置方法，分别设置权重等同(情景 1)、偏重于效率原则(情景 2)、偏重于公平原则(情景 3)、偏重于可行原则(情景 4)四种政策情景。令w_1、w_2和w_3分别为效率原则、公平原则和可行原则的权重，四种情景下的权重值见表 10-3。

表 10-3　四种情景下的权重组合设定

权重	情景 1	情景 2	情景 3	情景 4
w_1	1/3	0.5	0.25	0.25
w_2	1/3	0.25	0.5	0.25
w_3	1/3	0.25	0.25	0.5

10.5　实证结果分析

10.5.1　省际碳配额分配结果分析

1. 边际减排成本函数估计

利用上述方法和数据，本章测算了中国 1990～2011 年边际减排成本和减排比例，如图 10-2 所示。测算结果显示 2002～2005 年 CO_2 减排量为负值，这与实际

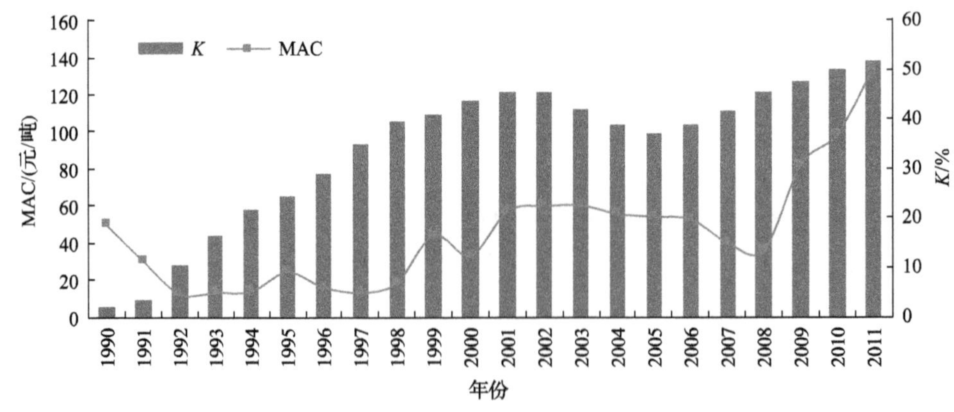

图 10-2　1990～2011 年中国边际减排成本与减排比例

不符。为解决这个问题，本章采用如下做法：1990～2011 年中国碳排放强度总体趋势是下降的，为了不扩大计算偏差，本章选择附近样本 2001～2006 年的碳强度年平均下降速度作为 2002～2005 年碳强度下降速度，重新估算了 2002～2005 年碳减排量。

进一步地，对全国边际减排函数 $\mathrm{MAC}=\beta_1+\beta_2\ln(1-K)$ 进行回归。首先采用 OLS 进行回归，为了提高回归结果的稳健性，还分别进行了 Newey-West、Bootstrap 及 LAD 回归①(最小绝对离差回归)，估计结果见表 10-4。

表 10-4　国家边际减排成本系数回归结果

系数	OLS	Newey-West	Bootstrap	LAD
β_2	-91.79^{***}	-91.79^{**}	-91.79^{**}	-89.95^{**}
β_1	5.351	5.351	5.351	2.725

表示在 5%水平上显著；*表示在 1%水平上显著

表 10-4 第 2 列为 OLS 回归，常数项在 10%水平上不显著，非常数项在 1%水平上显著。本章进行 OLS 回归残差的 DW 和 LM 自相关检验，DW 统计量为 0.52，LM 检验 p 值为 0.27%，因此存在一阶自相关。第 3 列为 Newey-West 估计，常数项在 10%水平上不显著，非常数项在 5%水平上显著。第 4 列为 Bootstrap 估计，常数项在 10%水平上不显著，非常数项系数与 OLS、Newey-West 估计相等，并且在 5%水平上显著。最后一列为 LAD 估计，常数项在 10%水平上依然不显著，非常数项系数在 5%水平上显著，但比前三种估计系数略大。本章取 $\beta_2=-91.79$，由于常数项在所有回归模型均不显著，因此全国边际减排成本函数估计如下：

$$\mathrm{MAC}=-91.79\ln(1-K) \tag{10-30}$$

根据式(10-30)，可得到 30 个省(区、市)省际边际减排成本函数，见表 10-5。利用表 10-5 中省际边际成本曲线可构建出全国减排总成本最优分配模型，进而计算出 30 个省(区、市)2030 年的减排配额。

①当数据样本较小时，普通最小二乘法回归结果可信度有限。Bootstrap 方法通过数据重复抽样，解决小样本分布不明确的问题，从而提高估计的可信度。相比普通最小二乘法，当样本量较小时，LAD 估计(最小绝对离差回归估计)可以克服因变量异常值而提供更加稳健的估计结果。

表 10-5 2030 年 30 个省(区、市)省际边际减排成本函数估计

省(区、市)	MAC_i	省(区、市)	MAC_i
北京	$-91.79\times\ln(1-K_1/(0.51\times(1-K_1)))$	河南	$-91.79\times\ln(1-K_{16}/(1.83\times(1-K_{16})))$
天津	$-91.79\times\ln(1-K_2/(1.12\times(1-K_2)))$	湖北	$-91.79\times\ln(1-K_{17}/(1.31\times(1-K_{17})))$
河北	$-91.79\times\ln(1-K_3/(3.17\times(1-K_3)))$	湖南	$-91.79\times\ln(1-K_{18}/(1.16\times(1-K_{18})))$
山西	$-91.79\times\ln(1-K_4/(6.14\times(1-K_4)))$	广东	$-91.79\times\ln(1-K_{19}/(0.79\times(1-K_{19})))$
内蒙古	$-91.79\times\ln(1-K_5/(4.38\times(1-K_5)))$	广西	$-91.79\times\ln(1-K_{20}/(1.36\times(1-K_{20})))$
辽宁	$-91.79\times\ln(1-K_6/(1.95\times(1-K_6)))$	海南	$-91.79\times\ln(1-K_{21}/(1.31\times(1-K_{21})))$
吉林	$-91.79\times\ln(1-K_7/(1.85\times(1-K_7)))$	重庆	$-91.79\times\ln(1-K_{22}/(1.22\times(1-K_{22})))$
黑龙江	$-91.79\times\ln(1-K_8/(2.07\times(1-K_8)))$	四川	$-91.79\times\ln(1-K_{23}/(1.42\times(1-K_{23})))$
上海	$-91.79\times\ln(1-K_9/(1.01\times(1-K_9)))$	贵州	$-91.79\times\ln(1-K_{24}/(3.56\times(1-K_{24})))$
江苏	$-91.79\times\ln(1-K_{10}/(1.20\times(1-K_{10})))$	云南	$-91.79\times\ln(1-K_{25}/(2.17\times(1-K_{25})))$
浙江	$-91.79\times\ln(1-K_{11}/(0.98\times(1-K_{11})))$	陕西	$-91.79\times\ln(1-K_{26}/(2.43\times(1-K_{26})))$
安徽	$-91.79\times\ln(1-K_{12}/(1.90\times(1-K_{12})))$	甘肃	$-91.79\times\ln(1-K_{27}/(2.61\times(1-K_{27})))$
福建	$-91.79\times\ln(1-K_{13}/(1.03\times(1-K_{13})))$	青海	$-91.79\times\ln(1-K_{28}/(2.87\times(1-K_{28})))$
江西	$-91.79\times\ln(1-K_{14}/(1.34\times(1-K_{14})))$	宁夏	$-91.79\times\ln(1-K_{29}/(7.02\times(1-K_{29})))$
山东	$-91.79\times\ln(1-K_{15}/(1.77\times(1-K_{15})))$	新疆	$-91.79\times\ln(1-K_{30}/(4.23\times(1-K_{30})))$

2. 优化结果分析

本章采用 LINGO 11.0 求解式(10-13)非线性规划问题，获得全局最优解 K_i^*，减排配额分配结果如图 10-3 所示。

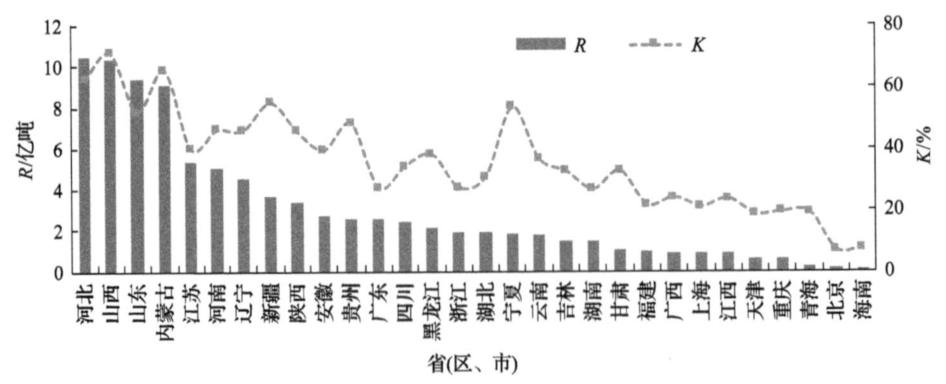

图 10-3 2030 年 30 个省(区、市)减排配额及减排比例

减排比例最高的为山西，2030 年该省需在 2013 年的基础上减排 71.33%，其

次分别是内蒙古、河北，其减排比例均超过 60%，主要原因是上述 3 个省(区、市)2013 年碳强度大幅度超过当期全国碳排放强度(9.72 吨/万元)，其边际减排成本远低于全国水平，按照减排成本最小化原则，其减排比例应该较高。河北减排配额最高，相比 2013 年其减排量需达 10.43 亿吨，其次分别是山西、山东、内蒙古，上述 4 省(区、市)均大幅超过其他省(区、市)。

分配特征主要体现在两个方面：第一，当经济总量相近时，排放强度越大的省(区、市)减排比例越大，如山西和云南，两者经济总量在全国占比非常接近，但 2013 年山西排放强度为云南排放强度的 2.8 倍，山西减排比例比云南多出近一倍；第二，碳排放强度相近时，经济总量越大的省(区、市)减排比例越大，以湖北和海南为例，2013 年两者碳排放强度比较接近，湖北经济总量为海南的近 8 倍，湖北减排比例比海南多 23 个百分点。

图 10-4 报告了 2030 年 30 个省(区、市)边际减排成本。地域差异方面，除四川，西部省(区、市)边际减排成本低于多数中部和东部省(区、市)，除福建和上海，东部沿海省(区、市)边际减排成本高于多数内陆省(区、市)，其中江苏、山东和广东最高，这说明边际减排成本与经济发展水平存在正向关系；省际差异方面，各省(区、市)边际减排成本存在显著差异，最高边际减排成本(山东)是最低减排成本(海南)的 15 倍。

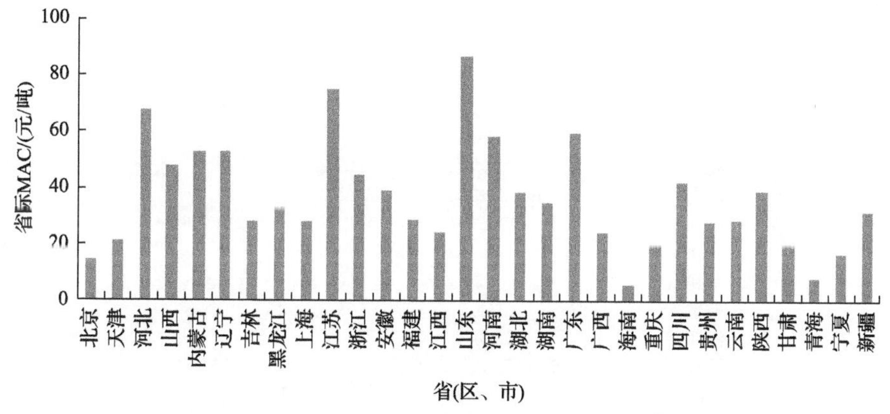

图 10-4　2030 年 30 个省(区、市)CO_2 边际减排成本

减排比例越高表明减排潜力越大。按减排潜力排序，可将 30 个省(区、市)分成 4 个等级，具体见表 10-6。第 I 等级减排比例 $K>50\%$，包括山西、内蒙古、河北、新疆、宁夏和山东 6 个省(区、市)；第 II 等级减排比例为 $40\%<K\leqslant 50\%$，包括贵州、河南、辽宁、陕西和江苏 5 个省(区、市)；第III等级减排比例为 $30\%<K\leqslant 40\%$，包括安徽、黑龙江、云南、四川、甘肃、吉林、湖北共 7 个省(区、市)；第Ⅳ等级减排比例 $K\leqslant 30\%$，包括浙江、广东、湖南、广西、江西、福建、上海、重庆、青海、天津、海南和北京共 12 个省(区、市)。

表 10-6　30 个省(区、市)CO_2减排潜力等级划分

等级	减排潜力 K	省(区、市)
Ⅰ	50%<K	山西、内蒙古、河北、新疆、宁夏、山东
Ⅱ	40%<K≤50%	贵州、河南、辽宁、陕西和江苏
Ⅲ	30%<K≤40%	安徽、黑龙江、云南、四川、甘肃、吉林、湖北
Ⅳ	K≤30%	浙江、广东、湖南、广西、江西、福建、上海、重庆、青海、天津、海南和北京

排放配额分配比例见图 10-5。本章将 2030 年 30 个省(区、市)排放配额占比与 2013 年排放量进行对比，各省(区、市)占比均存在变动。相对 2013 年 30 个省(区、市)碳排放占比，2030 年共有 10 个省(区、市)配额比例减少，合计减少 11.68 个百分点。其中山西、河北和内蒙古减少幅度是最大的 3 个省(区、市)，3 个省(区、市)共减少 8.78 个百分点，因此上述 3 个省(区、市)是未来减排任务的重点地区。

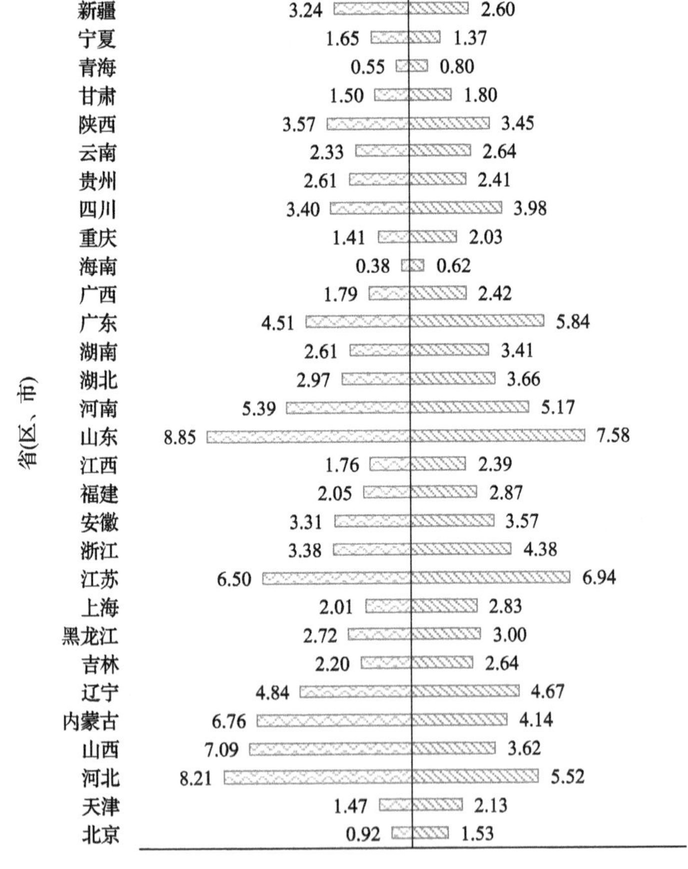

图 10-5　2013 年和 2030 年 30 个省(区、市)碳排放量占比

竖线左边为 2013 年碳排放占比，单位为%；竖线右边为 2030 年配额占比，单位为%

西部省(区、市)中，贵州、陕西、宁夏和新疆均有不同程度下降，其中新疆下降最多，降低 0.64 个百分点。广东、浙江比例增加幅度较大，相对 2013 年分别增加 1.33 个百分点、1.00 个百分点，山东、江苏和广东是排放配额较高的 3 个省。2013 年山东、河北、山西和内蒙古排放强度较高，表明其减排潜力较大，因此降低配额占比是适合的；广东、浙江碳排放强度相对较低，表明其减排潜力较小，而且其经济总量较大，因此适当提高配额占比是合理的。

3. 与其他分配方法比较

进一步地，利用目前主流的分配方法，即人均分配、GDP 分配、祖父法分配三种方法分别实现中国省际配额分配，并比较本章分配方案(成本优化分配)与上述三种分配方案的差异，表 10-7 报告了 2030 年四种方法的分配结果，表中减排配额均是相对 2013 年减排量。

表 10-7　多种分配原则的分配结果及其减排成本

省(区、市)	成本优化分配		人均分配		GDP 分配		祖父法分配	
	减排额	排放额	减排额	排放额	减排额	排放额	减排额	排放额
北京	0.13	1.75	0.72	1.16	0.47	1.40	0.82	1.05
天津	0.56	2.45	1.38	1.62	1.19	1.82	1.32	1.69
河北	10.43	6.32	7.79	8.96	7.94	8.81	7.35	9.41
山西	10.32	4.15	7.05	7.42	7.16	7.31	6.34	8.13
内蒙古	9.04	4.75	6.84	6.96	6.70	7.09	6.05	7.75
辽宁	4.54	5.35	4.59	5.30	4.42	5.47	4.33	5.55
吉林	1.47	3.03	2.00	2.50	1.99	2.50	1.97	2.53
黑龙江	2.12	3.44	2.42	3.14	2.50	3.05	2.43	3.12
上海	0.86	3.24	1.83	2.27	1.57	2.53	1.80	2.30
江苏	5.31	7.96	5.92	7.35	5.35	7.92	5.82	7.45
浙江	1.89	5.02	2.92	3.99	2.61	4.29	3.03	3.88
安徽	2.68	4.09	2.78	3.98	3.01	3.75	2.96	3.80
福建	0.90	3.29	1.72	2.47	1.61	2.58	1.84	2.35
江西	0.84	2.74	1.32	2.27	1.49	2.10	1.57	2.01
山东	9.37	8.69	8.18	9.88	7.94	10.12	7.92	10.14
河南	5.07	5.92	4.57	6.43	4.86	6.13	4.82	6.17
湖北	1.86	4.20	2.44	3.62	2.50	3.56	2.66	3.40
湖南	1.42	3.90	1.96	3.37	2.13	3.20	2.33	2.99
广东	2.51	6.70	3.50	5.71	3.17	6.04	4.04	5.17
广西	0.88	2.77	1.33	2.32	1.52	2.13	1.60	2.05

续表

省(区、市)	成本优化分配		人均分配		GDP 分配		祖父法分配	
	减排额	排放额	减排额	排放额	减排额	排放额	减排额	排放额
海南	0.06	0.71	0.29	0.48	0.32	0.45	0.34	0.43
重庆	0.55	2.33	1.14	1.74	1.17	1.71	1.26	1.62
四川	2.38	4.57	2.63	4.32	2.92	4.03	3.05	3.90
贵州	2.57	2.76	2.34	2.99	2.55	2.78	2.34	3.00
云南	1.74	3.02	1.90	2.86	2.16	2.60	2.09	2.67
陕西	3.32	3.96	3.32	3.96	3.36	3.93	3.19	4.09
甘肃	1.00	2.06	1.28	1.79	1.42	1.64	1.34	1.72
青海	0.21	0.91	0.51	0.61	0.53	0.60	0.49	0.63
宁夏	1.80	1.57	1.66	1.70	1.67	1.69	1.47	1.89
新疆	3.63	2.98	3.15	3.46	3.21	3.41	2.90	3.72
合计	89.46	114.62	89.46	114.62	89.46	114.62	89.46	114.62
成本	201.78		324.06		308.10		387.44	

注：减排额、排放额单位为亿吨；成本单位为亿元，且为 1978 年价格

减排成本差异方面，祖父法分配减排成本最高，2030 年减排成本达 387.44 亿元；其次分别为人均分配、GDP 分配；成本优化分配总成本最低，为 201.78 亿元，分别比人均分配、GDP 分配、祖父法分配节省成本 37.73%、34.51%、47.92%。

个体差异方面，各分配方案表现较大的个体差异，各省(区、市)在四种分配方案中的最大配额比最小配额均超过 10%。其中，北京、天津、海南、重庆、甘肃、青海和宁夏最大配额比最小配额超过 60%，是各分配方案中差异程度最大的 7 个省(区、市)。GDP 分配明显有利于 GDP 大省，如山东、江苏、广东、浙江，但不利于经济总量较小的省(区、市)，如西部 7 个省(区、市)获得的配额比其他方案更少；祖父法分配对碳强度较高或碳排放量较大的省(区、市)分配更多，如河北、山西、内蒙古、贵州、宁夏和新疆，对碳强度较低或排放量较低的省(区、市)则分配更少，如北京、浙江、福建、海南等。成本优化分配方案中，碳强度较高的省(区、市)获得的配额均低于其他方案，如河北、山西、内蒙古、贵州、宁夏和新疆，说明成本优化分配方案更侧重从减排潜力进行分配。

配额分配不平等程度方面，祖父法分配方案不平等程度最高，基尼系数[①]达 0.415，其次分别是 GDP 分配方案、人均分配方案，基尼系数分别为 0.405、0.401，

①基尼系数计算公式：$G=1-\frac{1}{n}\left(2\sum_{i=1}^{n-1}w_i+1\right)$，$n$ 为样本组数，本章 n=30，将各组排放配额占比由低到高排序，w_i 为第 i 组排放配额占比。

成本优化分配方案不平等程度最低，基尼系数为 0.337，这是因为其他三种方案以单一指标作为分配准则，并且没有考虑各省(区、市)减排成本差异性，从而提高了分配的不平等程度。

10.5.2 排放源碳配额分配结果分析

本节首先利用 1997～2014 年样本数据，估计出 6 个行业 C-D 生产函数，然后提供单目标决策及多目标决策优化分配结果。

1. 单目标分配结果

表 10-8 和表 10-9 给出单目标分配模型求解结果。为简化表述，上角标 I，II 和III分别代表基于效率分配、公平分配和可行性分配模型，行业 $i=1,2,3,4,5,6$，分别代表石化、化工、水泥、钢铁、有色金属、电力行业。

表 10-8 单目标分配模型的 X_i 值 (单位：吨/万元)

历史期及单目标分配	X_1	X_2	X_3	X_4	X_5	X_6
2014 年	0.9371	4.7337	14.7769	16.0078	5.2177	25.5305
效率分配	0.7751	1.7244	5.4676	7.6113	1.3169	5.6767
公平分配	0.8963	1.3799	5.2276	4.4642	1.098	14.6714
可行性分配	0.0983	0.9173	5.575	4.8885	0.8023	16.5307

表 10-9 单目标分配模型的 L_i 值 (单位：万人)

历史期及单目标分配	L_1	L_2	L_3	L_4	L_5	L_6
2014 年	2.74	34.16	61.15	11.35	15.7	20.24
效率分配	3.00	41.97	79.94	12.99	35.97	25.98
公平分配	2.70	51.25	71.96	11.69	18.89	23.38
可行性分配	2.70	51.25	71.94	11.70	18.89	23.38

行业差异方面，在三个分配模型中，电力、钢铁和水泥行业的万元增加值排放配额大幅超过其他行业，均超过 4.4 吨/万元，另三个行业配额均不超过 1.8 吨/万元，表明行业配额分配差异显著。配额最低的为石化行业，在三个分配模型中其配额均低于 1 吨/万元，另外，相比另两个分配原则，可行性分配模型行业配额分化程度是最高的，最高配额(X_6^{III})是最低配额(X_1^{III})的 168 倍。

模型差异方面，电力和石化行业配额差异明显。在效率分配模型中，电力行业配额 X_6^{I} 为 5.6767 吨/万元，明显低于另两个分配模型，且远低于历史排放水平。这导致了化工、钢铁及有色金属行业排放配额不同程度地高于其他分配模型配额。

石化行业的配额在可行性分配中最低，在公平分配模型中最高。原因是石化行业对区域绩效贡献较大，基于公平分配较多，而它的历史排放量较小，基于可行性分配较小，显然有失公平。除石化行业外，基于公平分配的配额均介于效率分配和可行性分配的配额之间。

相比 X_i 在模型间的差异，就业人数差异则表现更小。水泥行业劳动力在三个模型中均是最高的，最低的是石化行业，并且该行业与历史就业水平相比，增长较少。

图 10-6 报告了 2014 年各行业排放量以及三种分配模型的 2030 年各行业排放配额量。基于可行性分配的行业配额结构与 2014 年的行业排放结构基本保持一致，除石化行业外，其他行业排放量均不同程度增加。与 2014 年相比，效率分配的行业配额结构变动非常显著，其中，电力行业所获得配额量为 6476 万吨，远低于它在 2014 年的实际排放量，其他行业排放量均增加。这是因为目前电力行业碳生产效率(排放单位碳产生的 GDP)远低于其他行业，提高经济效益需要大幅度地降低电力行业配额。与 2014 年相比，基于公平分配的配额占比变动最大是石化行业，这说明从公平角度，石化行业碳排放总配额则需要分配更多。

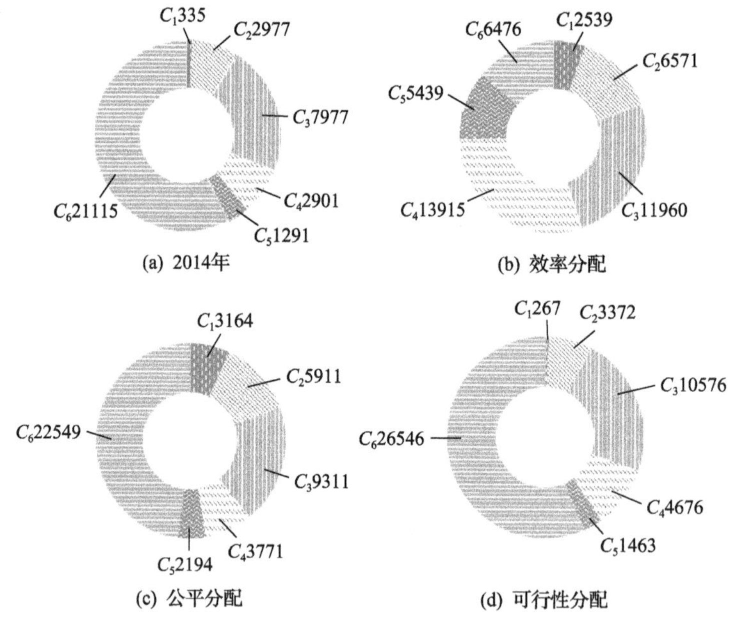

图 10-6　2014 年各行业碳排放量及 2030 年各行业配额量(单位：万吨)

2. 多目标分配结果

多目标分配模型的分配结果见表 10-10。四种情景下多目标分配差异明显小于单目标分配差异，但仍然存在小幅变动。情景 1 中各原则权重基本相等，故将其视为参考情景。偏重效率分配（情景 2）对电力和钢铁行业有利，X_4 和 X_6 比情景 1 分别高 0.55%和 4.23%。偏重公平分配（情景 3）对石化、化工和有色金属行业有利，X_1、X_2 和 X_5 分别比情景 1 分别高 9.07%、2.61%和 7.16%。偏重可行性分配（情景 4）则对石化、化工和电力行业不利，X_1、X_2 与 X_6 比情景 1 分别低 8.03%、2.07%和 1.08%。

表 10-10　2030 年四种情景中的分配结果　（单位：吨/万元）

情景	X_1	X_2	X_3	X_4	X_5	X_6
情景 1	0.5304	1.3274	4.9806	4.6271	0.7886	13.3270
情景 2	0.5228	1.3162	4.9680	4.6525	0.7281	13.8912
情景 3	0.5785	1.3621	4.9666	4.5960	0.8451	12.9881
情景 4	0.4878	1.2999	5.0023	4.6406	0.8136	13.1834

与 2014 年相比，四种情景中万元工业增加值排放额降低幅度最大的均是有色金属行业，下降比例达 85%左右，其次分别是化工和钢铁行业，下降比例均约 72%。水泥行业下降比例约为 66%。石化和电力行业下降幅度最低，分别下降约 47%和 43%，这说明要实现广东碳强度目标，减排潜力较大的行业是有色金属、化工和钢铁三个行业。

图 10-7 报告了 2030 年各行业工业增加值。四种情景下工业增加值最高的均是化工行业，最低的均为钢铁行业。情景 2 的经济效益最高，达 14098 亿元；其次是情景 1，经济效益为 13834 亿元，情景 4 的经济效益最低，为 13653 亿元。

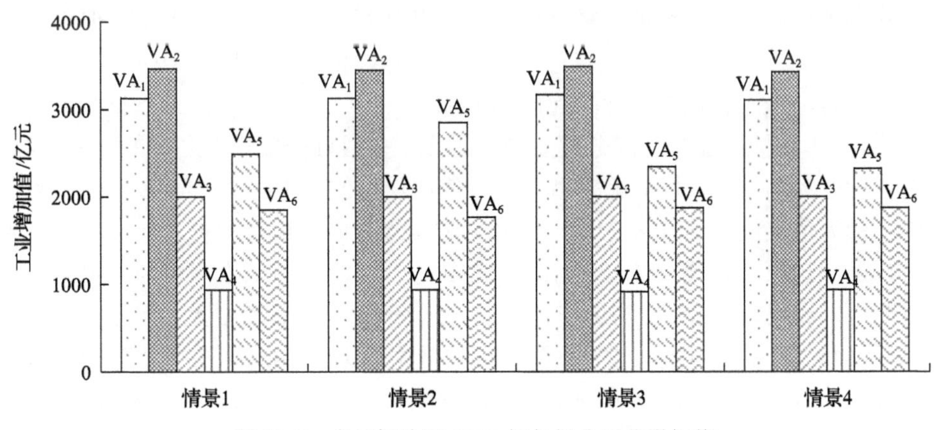

图 10-7　多目标分配 2030 年各行业工业增加值

图 10-8 展示了四种情景下 2030 年 6 个行业排放配额分配结果。2030 年 6 个

行业排放总额为 4.69 亿吨，比 2014 年排放量增加 28.16%。分行业方面，各行业配额比 2014 年排放水平均有不同幅度增加。其中，石化行业增加幅度最大，增长 3.5 倍以上。其次是化工行业，四种情景增长平均值为 54%。电力行业增长最小，到 2030 年，四种情景下的增长水平在 16%左右。

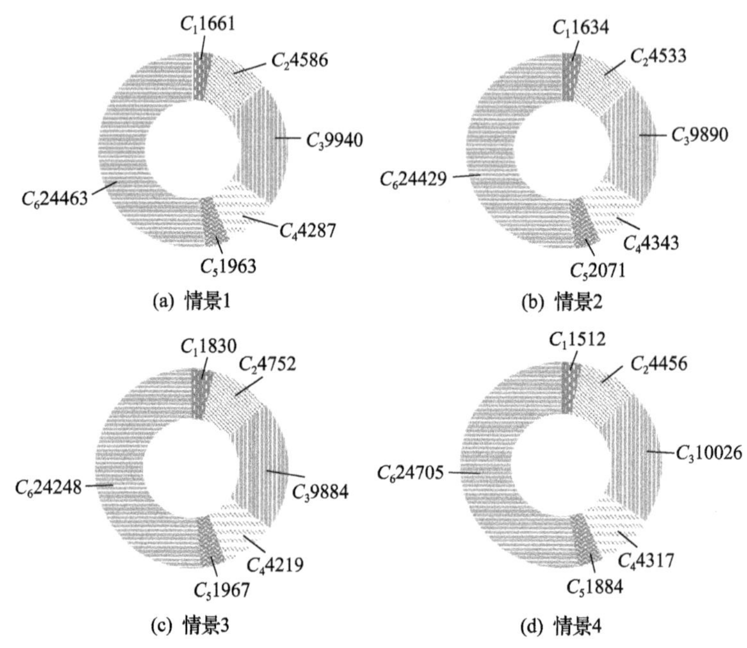

图 10-8　四种情景下 2030 年 6 个行业排放配额分配结果(单位：万吨)

情景分配差异方面，仍以情景 1 作为参考情景，对比发现当偏重效率分配时，钢铁和有色金属行业分配的配额都增加了，其他行业的配额均减少了。偏重公平分配时，石化、化工和有色金属行业的配额增加。偏重可行性分配时，历史排放较多的电力、水泥和钢铁行业的配额均增加。

此外，单目标分配模型的分配差异要远大于多目标分配模型之间的分配差异。以石化行业为例，单目标分配模型的最大值比最小值多 10.9 倍，而多目标分配模型中，最大值比最小值仅多 21%，前者分配结果方差比后者的更大。效率分配模型下，虽然该原则实现效益最大化，却显然违背可行性分配原则，因为电力行业排放配额占比仅为 13.8%，与历史排放占比水平(57.7%)相差很大，无法实现分配的可行性和生产的连续性。公平分配产生的效率损失为 14.6%(与效率分配相比)，且部分行业(如石化行业)明显高于可行性分配模型，因此与可行性分配原则相悖。基于可行性分配效益损失为 22.5%，而且分配结果明显偏离效率分配与公平分配。这表明单目标分配均存在不合理的分配现象，而兼顾多目标的分配有效克服单目标分配不合理的情形。图 10-8 中各情景分配趋近均衡，使得分配既尽量实现公平分配和可行性分配，又使得效益损失控制在一定范围内(四种情景效率损失最大为 16.6%)。另外，单目标情景 1～4 均为决策者不同决策偏好下的最佳分配结果，因此与单目标分配相比，多目标分配方法还可以提供不同决策偏好下的最优分配方案。

图 10-9(a)报告了 2014 年和 2030 年各行业能源消费占比，(b)报告了各行业 2014 年和 2030 年能源效率。以情景 1 方案考察行业能源消费变动和能源效率变化情况。2030 年电力行业能源消费占比仍然最高，达 50.17%，但是比 2014 年下降近 6 个百分点。石化行业能源消费占比为 5.41%，比 2014 年占比水平大幅提升。有色金属、钢铁及化工行业占比均有不同程度的增加，水泥行业则减少约 1.2 个百分点。

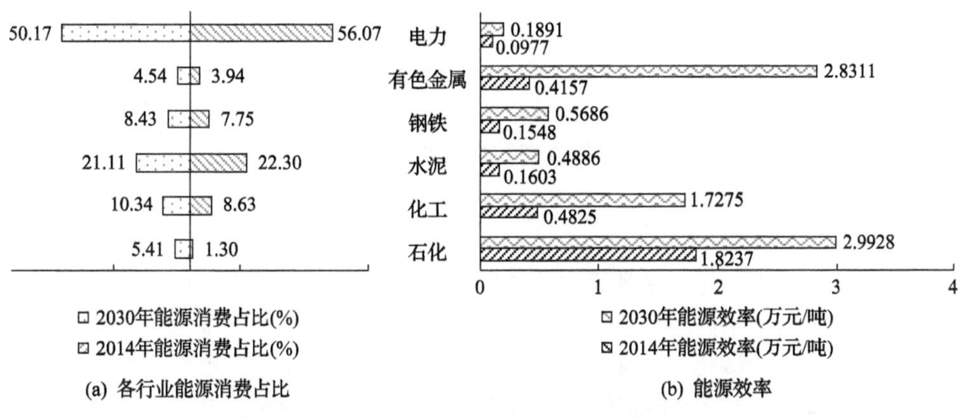

图 10-9　各行业能源消费占比和能源效率

2030 年各行业能源效率均比 2014 年提高，其中，石化、有色金属、化工行业能源效率大幅领先其他三个行业，它们的能源消费占比有不同幅度的提高，能源效率较低的为电力及水泥行业，其能源消费占比较 2014 年均下降。需要注意的是，基于可行性分配结果的经济效益要比情景 1 小，这意味着，从经济效益角度，广东省 6 个重点行业能源分配存在一定程度的不合理性，通过调整行业间的能源消费结构，可进一步释放经济增长空间。

10.6　敏感性分析

10.6.1　省际分配研究结果敏感性分析

1. h_t 变化

在上述分析中，折算系数 h_t 在 1990～1998 年被设定为 90%，在 1999～2011

年被设定为 87.5%，本章将此种情形视为中等情景。本章保持其他参数不变，变动折算系数 h_t，以检验实证结果对折算系数变化的敏感程度。因此，需要进一步考察折算系数高、低水平情景的实证结果。h_t 高水平情景设定如下：1990～1998 年为 95%；1999～2011 年为 92.5%。低水平情景设定为：1990～1998 年为 85%；1999～2011 年为 82.5%。相应地，边际减排成本函数的系数回归结果如表 10-11 所示(因 β_1 在三种情景中均不显著，故略去，未报告其系数)。可以发现，β_2 受折算系数变化影响较大，且呈正方向变化，情景 2 中的 β_2 要比情景 1 高 10.10%，情景 3 的 β_2 比情景 2 高 9.49%。这意味着折算系数越大，边际减排成本越小。

表 10-11　β_2 在 h_t 的不同情景下的估计结果

系数	情景 1：低水平	情景 2：中水平	情景 3：高水平
β_2	−102.10	−91.79	−83.08

然而，折算系数的变化并不会影响初始分配结果。这是因为它仅仅对 β_2 有影响，即便 β_2 发生变动，也并不会改变在非线性规划中最优解（K_i）的值。

2. l 变化

在上述分析中，比重 l 被设定为 39%，视为中等水平。类似地，将比重 l 分别设定为高、低水平两种情景。其中，高水平为 44%，低水平为 34%，其他参数则保持不变，检验敏感性变化。回归结果如表 10-12 所示，结果显示 β_1 在所有情景中仍不显著，并且 β_2 同样随 l 正方向变化，但是变化敏感程度较小，情景 2 中 β_2 比情景 1 低 3.73%，而情景 3 中 β_2 比情景 2 低 3.60%。由于比重 l 同样仅影响 β_2，因此它的变动也不会影响初始分配结果。

表 10-12　β_2 在 l 的不同情景下的估计结果

系数	情景 1：低水平	情景 2：中水平	情景 3：高水平
β_2	−88.49	−91.79	−95.09

10.6.2　排放源分配研究结果敏感性分析

1. 物质资本存量增速变动

上述分析假定 2014～2030 年广东省 6 个行业物质资本存量增长速度为 6.50%，为了考察分配结果对物质资本存量增速的敏感性变化，控制其他变量不变，将资本存量年均增长率设置高速增长和低速增长两种情景，分别为 8%和 5%，得到多目标分配的四种情景分配结果，具体见表 10-13，仍以情景 1 为例，分析主要结果敏感性变化[①]。

表 10-13　σ 取不同值时四种情景中的 X_i

行业	X_1		X_2		X_3		X_4		X_5		X_6	
	σ 值		σ 值		σ 值		σ 值		σ 值		σ 值	
	8%	5%	8%	5%	8%	5%	8%	5%	8%	5%	8%	5%
情景 1	0.469	0.601	1.217	1.449	4.838	5.129	4.270	5.022	0.731	0.856	12.769	13.922
情景 2	0.461	0.523	1.204	1.316	4.822	4.968	4.303	4.653	0.685	0.728	13.313	13.891
情景 3	0.511	0.655	1.250	1.486	4.825	5.114	4.240	4.990	0.778	0.923	12.435	13.582
情景 4	0.432	0.551	1.192	1.418	4.860	5.151	4.280	5.039	0.750	0.889	12.624	13.784

注：X_i 单位为吨/万元

图 10-10 展示了情景 1 的 X_i 与 C_i 随 σ 变化情况。当物质资本存量增长速度设定更低时，X_i 值都毫无例外地增加，这是因为物质资本存量缩小限制了经济规模，而总排放额作为外生变量保持不变。另外，排放量越小的行业 X 值变动越明显，如排放量占比最小的石化行业变化最为敏感，X 值增加 28.2%，排放量占比较大的电力和水泥行业敏感性变化则较小，X 值分别增加 9.0%和 6.0%。相比 X_i 变化，行业排放配额 C_i 变化幅度要小得多，结果更加稳健，因为 X_i 与 VA_i 的变化均随 σ 反向变化，且两个变量变化幅度差异不大，因此，C_i 受 σ 影响会缩小。

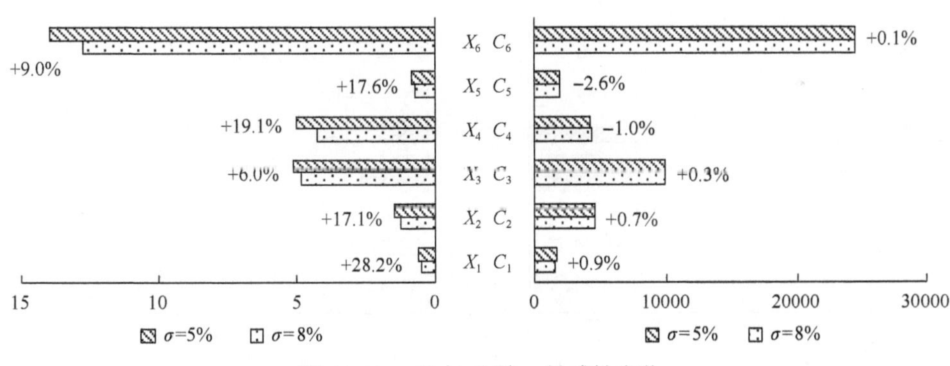

图 10-10　X_i 与 C_i 随 σ 敏感性变化

X_i 单位为吨/万元；C_i 单位为万吨

2. 总配额约束变动

为考察行业总配额约束敏感性效应，控制其他变量不变，将排放约束进一步

①其他情景下的配额敏感性变化过程是类似的，因此本章不再针对其他三种情景的敏感性变化结果进行展示和分析。

设置为严格和宽松约束，分别设定为 50%和 90%。表 10-14 报告了多目标分配的四种情景的 X_i。当 μ 值从 90%调整至 50%时，行业排放总额则减少 44.4%。仍以情景 1 为例分析。图 10-11 中当 μ 取值降低时，X_i 和 C_i 均下降。与 σ 敏感性效应相反，排放量越大的行业的 X 值变动越明显，如电力行业减少幅度最大，达 36.7%，石化行业较少幅度最小，为 12.7%。所有 C_i 的下降幅度均大于 X_i，且排放量越大的行业 C 值变动越明显。其中，电力和水泥行业的 C 值下降幅度接近 50%，排放量较少的行业，如有色金属和石化行业，则下降幅度较小，意味着当排放约束变紧时，排放量越多的行业受冲击越大。

表 10-14　μ 取不同值时四种情景中的 X_i

行业	X_1		X_2		X_3		X_4		X_5		X_6	
	μ 值		μ 值		μ 值		μ 值		μ 值		μ 值	
	90%	50%	90%	50%	90%	50%	90%	50%	90%	50%	90%	50%
情景 1	0.563	0.491	1.532	1.111	5.692	4.159	5.151	4.007	0.955	0.662	16.020	10.149
情景 2	0.560	0.474	1.526	1.096	5.684	4.142	5.163	4.058	0.868	0.624	16.595	10.588
情景 3	0.609	0.543	1.564	1.149	5.677	4.143	5.124	3.969	1.024	0.706	15.688	9.849
情景 4	0.518	0.452	1.504	1.084	5.711	4.182	5.168	4.015	0.987	0.677	15.874	10.061

注：X_i 单位为吨/万元

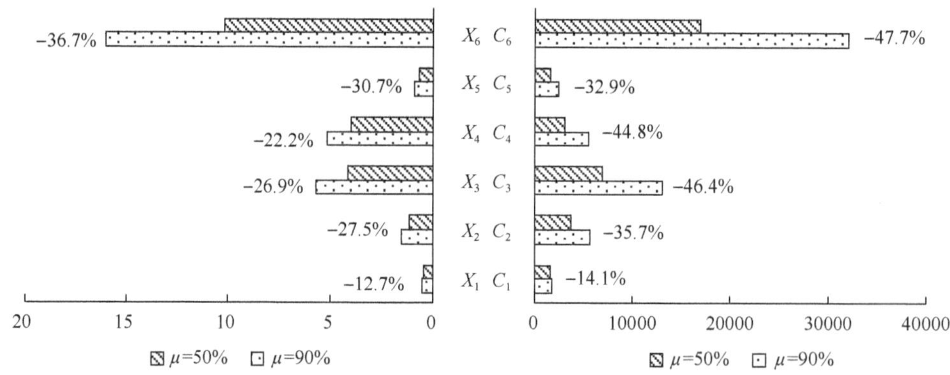

图 10-11　X_i 与 C_i 随 μ 敏感性变化

X_i 单位为吨/万元；C_i 单位为万吨

10.7　主要结论与启示

本章利用中国宏观投资数据、二氧化碳减排量测算了中国二氧化碳边际减排成本和省际边际减排成本曲线，在排放约束性下建立成本优化模型，然后基于公平、效率和可行性原则，构建了排放源碳配额初始分配多目标优化分配模型。实证结果表明，按减排潜力大小可将 30 个省(区、市)划分为四个等级，为达到 2030 年全国总体减排目标，山西、河北和内蒙古是未来减排重点区域，江苏、山东和广东是排放配额最大的三个省；本章分配结果所产生减排总成本最小，分别比人均分配、GDP 分配和祖父法分配节省成本 37.73%、34.51%和 47.92%。多目标决策分配方法不仅可有效克服单目标分配的缺陷，而且可得到不同决策偏好下的最优分配结果。在等权情景下，2030 年广东电力行业万元增加值碳排放配额最高，达 13.33 吨/万元，其次分别是水泥、钢铁、化工和有色金属行业，最低为石化行业，仅达 0.53 吨/万元。单因素敏感性分析表明，碳排放量越小的行业，其万元增加值碳排放配额受物质资本存量变化的影响越大，而受总配额变化的影响越小。

本章为当前我国碳市场分配提供相关政策启示。省际边际减排成本差异较大，因此实现低成本减排不可忽略省际边际减排成本差异，减排任务分布不均，减排焦点应放在减排潜力较大的省(区、市)，对碳强度越低或经济总量越大的省(区、市)应分配更多排放配额。

目前，中国 7 个试点碳市场现行的排放源碳配额分配方法是基于单目标分配——可行性原则(祖父法)进行分配。虽然这种分配结果易于操作，但是是以牺牲经济效益为代价，并且有损公平。基于多目标分配结果在不同情景方案虽有差异但总体比较接近，且可以有效缓解单目标分配的不合理状况，故基于多目标的分配结果要优于单目标分配结果。另外，多目标分配结果还可以为决策者提供偏好选择空间。鉴于排放源分配自身的特点和复杂性，多目标决策分配方法更适合中国排放源碳配额初始分配。

多目标决策分配结果表明，可行性分配和效率分配存在冲突，决策者要在可行性分配和效率分配之间权衡。提高经济效益必然要改变行业间的碳排放或能源消费现状。从经济效益发展角度，反映了广东省现阶段行业间能源消费结构存在一定程度的不合理性，适当调整能源分配，可进一步释放经济增长空间，即将部分能源从能源效率较低的电力、水泥行业调整至能源效率更高的石化行业。

第 11 章　基于相空间重构和最小二乘支持向量回归模型参数同步优化的碳市场价格预测

11.1　碳市场价格预测研究现状及主要问题

作为应对气候变化的成本有效手段，碳市场日益受到理论界与实践界的广泛关注。近年来，以欧盟碳排放交易体系为代表的全球碳市场发展迅猛，但价格波动剧烈，显著影响了减排绩效与市场价值。准确预测碳市场价格，不仅有利于深入理解和把握碳市场价格波动规律，建立有效的碳市场价格稳定机制，而且有利于投资者规避碳市场风险，实现碳资产保值增值。因此，碳市场价格预测成为当前国际能源与气候经济领域亟待解决的焦点问题之一(Zhang and Wei，2010)。

碳市场价格波动剧烈、频繁，呈现出高度的非平稳、非线性等复杂性特征，给碳市场价格预测带来了极大挑战(Zhu et al.，2014)。碳市场价格预测，既是学术界的研究热点，也是研究难点。目前碳市场价格预测的研究方法和手段趋于多元化，早期学者主要采用定性方法分析预测碳市场价格(Reilly and Paltsev，2005；Kanen，2006)。近年来，越来越多的学者采用定量方法预测碳市场价格，计量经济模型和统计模型是碳市场价格预测的常用方法。Chevallier(2011)采用非参数统计建模方法预测了 2005 年 4 月～2010 年 4 月的 BNX(BlueNext)的碳现货日度价格和 ECX(European Climate Exchange)的碳期货日度价格，结果表明非参数统计模型的预测精度大幅优于 AR(Autoregressive)模型。Byun 和 Cho(2013)应用 GARCH(Generalized Autoregressive Conditional Heteroskedasticity)模型预测了 EU ETS 下 2008 年 1 月～2011 年 8 月的碳期货价格，实证表明 GARCH 模型优于 AR、MA(Moving Average)模型，并且 GJR-GARCH(Glosten-Jagannathan-Runkle GARCH)模型优于 TGARCH(Threshold GARCH)和 GARCH 模型。María 等(2015)将时变跳跃概率函数引入 ARMAX-GARCH 模型，预测了 EU ETS 第二阶段碳市场价格，结果表明引入时变跳跃概率函数的 ARMAX-GARCH 模型克服了标准 ARMAX-GARCH 模型的不足，取得了更好的建模效果。然而，由于碳市场价格波动呈现高度的非线性、非平稳性等特征，传统统计模型和计量经济模型对数据的平稳性假设及线性假设具有比较高的要求，很难有效处理隐藏在非平稳碳市场价格中的非线性模式，通常不能得到精确的碳市场价格预测结果。

为了克服传统统计模型和计量经济模型的局限性，以人工神经网络(Artificial

Neural Networks，ANN）、支持向量回归（Support Vector Regression，SVR）、最小二乘支持向量回归（Least Square Support Vector Regression，LSSVR）为代表的非线性人工智能方法陆续被应用于碳市场价格预测。人工智能算法是为了克服传统统计模型和计量经济模型的局限性而发展起来的，它们通过对历史数据的统计分析，归纳总结出序列相关的复杂非线性映射关系（Vapnik，1995），对隐藏在碳市场价格中的非线性模式具有良好的捕捉能力。Zhu（2012）采用经验模态分解算法结合 ANN 模型预测了 EU ETS 下第一、二阶段碳市场价格，实证分析表明 ANN 模型能够有效提高碳市场价格的预测精度。Fan 等（2015）建立了基于多层感知器（multi-layer perceptron，MLP）的 ANN 模型预测了 EU ETS 下的 DEC14 和 DEC15 合约价格，取得了较好的预测效果。Zhu 和 Wei（2013）建立了 ARIMA 与 LSSVR 混合模型预测了 EU ETS 2005 年 4 月～2011 年 3 月碳期货价格，结果表明该模型显著优于 ANN 和 ARIMA 模型。然而，传统 ANN 模型自身算法的局限性，导致其预测结果不够稳定，模型缺乏鲁棒性，并且 ANN 算法收敛速度慢，求解耗时。SVR 建立在统计学习理论的基础上，以结构风险最小化原则代替传统的经验风险最小化原则，在确保模型结构风险降低的同时，还能够保证模型泛化误差达到最小，表现出良好的预测泛化能力。作为一种改进型 SVR，LSSVR 用等式约束代替不等式约束，将二次规划问题转变为简单的求解线性方程，加快了求解速度，降低了模型计算的复杂度，尽管 LSSVR 方法具有良好的非线性预测建模能力，有效克服了传统方法的局限性，但由于 LSSVR 模型参数决定其学习和泛化能力，现有方法仍未有效地解决 LSSVR 模型参数的选择优化问题，尤其对于具有非平稳、非线性、混沌特性的碳市场价格数据（Fan et al.，2015）。相空间重构（phase space reconstruction，PSR）是碳市场价格预测的基础。PSR 涉及最佳延迟时间（τ）和嵌入维（m）的选择，对碳市场价格预测具有重要影响，同时使得 PSR 和 LSSVR 参数优化过程更加复杂。然而传统的 PSR 和 LSSVR 模型采取单独分开优化或轮流优化的方法，前者主要采用试凑法、自相关函数法、平均互信息法、Cao 方法和 C-C 法（Kim et al.，1999），后者通常采用梯度下降法、交叉验证法、网格搜索法、遗传算法和粒子群算法。碳市场价格预测模型中，PSR 和 LSSVR 参数优化过程是相互依赖、不可分割的，优化其一需要另一个才能测试，无法确定先优化 m、τ 还是 LSSVR 参数，无论分开单独优化还是轮流优化均割裂了参数组合之间的内在联系，不能保证参数组合整体达到最优，导致有时预测效果不理想。因此准确预测碳市场价格是一项富有挑战性的工作，必须对 PSR 和 LSSVR 参数进行同步优化，才能获得碳市场价格预测模型整体性最优的预测结果。

本章的研究目的在于打破当前模型参数组合单独优化或轮流优化的缺陷，探索一种基于 PSR 和 LSSVR 模型参数同步优化的碳市场价格预测模型以最大限度地提高碳价预测精度。其创新性主要体现在两个方面：第一，构建了基于

PSO-PSR-LSSVR 的碳市场价格预测模型。首先，将 PSR 和 LSSVR 参数同步编码，选用具有极强寻优能力的 PSO 算法对 PSO-PSR-LSSVR 模型参数组合进行同步优化，以保证 PSR 和 LSSVR 参数组合的整体最优；其次，通过选用 LSSVR 模型作为碳市场价格的预测模型，在加快求解速度，降低模型计算复杂度的同时，保证了模型具有良好的非线性逼近能力和优异的自学习能力，增强了模型的鲁棒性和预测能力。第二，实证结果表明，相比常见的预测方法，本章提出的基于 PSO 算法的碳市场价格预测 PSR 和 LSSVR 参数同步优化模型具有明显的优势。

11.2　研 究 方 法

11.2.1　LSSVR

给定训练集 $S=\{(x_i,y_i),x_i\in R^n,y_i\in R\}_{i=1}^{l}$，其中 x_i 是第 i 个输入向量，y_i 是相应于 x_i 的目标值，l 为样本数目。LSSVR 定义如下优化问题（Suykenns and Vandewalle，1999）：

$$\begin{aligned}&\min\ Q(\omega,b,e)=\frac{1}{2}\|\omega\|^2+\frac{\gamma}{2}\sum_{i=1}^{l}e_i^2\\&\text{s.t.}\\&\quad y_i=\omega^{\mathrm{T}}\varphi(x_i)+b+e_i,\ i=1,2,\cdots,l\end{aligned}\tag{11-1}$$

式中，$\varphi(\cdot)$ 为非线性映射函数，权向量 $\omega\in R^n$，误差向量 $e_i\in R$，惩罚因子 $\gamma>0$。引入 Lagrange 乘子 a_i，得

$$L(\omega,b,e,a)=Q(\omega,b,e)-\sum_{i=1}^{l}a_i[\omega^{\mathrm{T}}\varphi(x_i)+b+e_i-y_i]\tag{11-2}$$

根据 KKT（Karush-Kuhn-Tucker）条件可得：

$$\begin{cases}\dfrac{\partial L}{\partial\omega}=0\Rightarrow\omega-\sum\limits_{i=1}^{l}a_i\varphi(x_i)=0\\\dfrac{\partial L}{\partial b}=0\Rightarrow\sum\limits_{i=1}^{l}a_i=0\\\dfrac{\partial L}{\partial e_i}=0\Rightarrow\gamma e_i-a_i=0\\\dfrac{\partial L}{\partial a_i}=0\Rightarrow\omega^{\mathrm{T}}\phi(x_i)+b+e_i-y_i=0\end{cases}\tag{11-3}$$

消去变量 ω、e_i，得线性方程组：

$$\begin{bmatrix} 0 & I_v^{\mathrm{T}} \\ I_v & \Omega+\gamma^{-1}I \end{bmatrix}\begin{bmatrix} b \\ a \end{bmatrix}=\begin{bmatrix} 0 \\ y \end{bmatrix} \tag{11-4}$$

式中，$y=[y_1,y_2,\cdots,y_l]^{\mathrm{T}}$；$I_v=[1,1,\cdots,1]^{\mathrm{T}}$；$a=[a_1,a_2,\cdots,a_l]^{\mathrm{T}}$；$I$ 为 1 阶单位矩阵；Ω 为 $l\times l$ 非负正定矩阵，满足 Mercer 条件：$\Omega_{ij}=K(x_i,x_j)=\varphi(x_i)^{\mathrm{T}}\varphi(x_j), i,j=1,2,\cdots,l$；$K(\cdot)$ 为满足 Mercer 条件的对称函数。最终得 LSSVR 的预测函数：

$$f(x)=\sum_{i=1}^{l}a_iK(x,x_i)+b \tag{11-5}$$

11.2.2　PSO

PSO 是受到鸟群觅食行为的启发而提出的一种新型群体智能优化算法(Kennedy and Eberhart，1995)。PSO 算法中，每个待优化问题的潜在解称为“粒子”，总的粒子个数即为种群规模 s，其中每个粒子都由其在解空间中的位置及其飞行速度决定。首先 PSO 随机初始化种群中粒子的初始位置和初始速度，假设第 i 个粒子在 D 维搜索空间的初始位置表示为 $x_i=(x_{i1},x_{i2},\cdots x_{iD})$，$i=1,2,\cdots,s$，初始速度为 $v_i=(v_{i1},v_{i2},\cdots,v_{iD})$，$i=1,2,\cdots,s$，其中，$s$ 为种群规模，D 为待优化问题中的参数个数，即解空间的维数。粒子的适应度函数由待优化的具体问题决定，根据粒子的适应度值确定粒子的个体最优值 $P_{\text{best}}=(P_1,P_2,\cdots,P_D)$ 以及粒子群的全局最优值 $G_{\text{best}}=(G_1,G_2,\cdots,G_D)$。每个粒子根据式(11-6)和式(11-7)不断迭代计算在解空间中进行搜索，并不断更新其速度和位置：

$$v_{ij}(t+1)=w(t)\cdot v_i(t)+c_1\cdot r_1\cdot[P_j(t)-x_{ij}(t)]+c_2\cdot r_2\cdot[G_j(t)-x_{ij}(t)] \tag{11-6}$$

$$x_{ij}(t+1)=x_{ij}(t)+v_{ij}(t+1) \tag{11-7}$$

式中，$j=1,2,\cdots,D$；t 为迭代次数；c_1, c_2 为加速因子，通常在[0,2]区间取值；r_1, r_2 为均匀分布在[0,1]区间的随机数，惯性权重 $w(t)$ 则采用式(11-8)计算：

$$w(t)=w_{\max}-\frac{w_{\max}-w_{\min}}{t_{\max}}\times t \tag{11-8}$$

式中，惯性权重 $w\in[0.1,1]$，t 为当前代数。

为了保证粒子在迭代更新过程中始终在解空间内搜索，需要设定粒子在每一维的飞行速度不能超过算法所设定的最大速度 $v_{\max}$。粒子的速度更新需满足：若 $v_{ij}(t+1) > v_{\max}$，则 $v_{ij}(t+1) = v_{\max}$；若 $v_{ij}(t+1) < -v_{\max}$，则 $v_{ij}(t+1) = -v_{\max}$。其中 $v_{\max}$ 决定了粒子在解空间的搜索能力，较小的 $v_{\max}$ 则会加强种群的局部搜索能力，而较大的 $v_{\max}$ 则可以保证粒子种群更强的全局搜索能力。为了有效避免因 $v_{\max}$ 设置不当而引起的算法搜索最优解能力的下降，引入动态惯性权重 $w(t)$ 以保证局部和全局搜索能力的平衡。

11.2.3 PSO-PSR-LSSVR 算法

核函数类型的确定是构建 LSSVR 模型的前提(Smola，1998)。虽然不同的核函数类型对 LSSVR 模型的预测能力有一定影响，但由于径向基(Radial Basis Function，RBF)核函数 $K(x_i, x_j) = \exp\left\{-\|x_i - x_j\| / 2\sigma^2\right\}$ 具有较强的非线性映射能力以及更广泛的适用范围，当缺少过程的先验知识时，选择 RBF 核函数的模型总体性能比选择其他核函数的模型更好(Liu et al.，2011；Zhang W et al.，2013；Silva et al.，2015)，所以本章选择 RBF 核函数作为 LSSVR 模型的核函数，进而对其参数进行优化研究。

由于相空间重构是进行碳市场价格预测的基础，重构参数 m 和 τ 的选取决定了其重构质量，对碳市场价格预测结果有着直接的影响。LSSVR 中 RBF 核函数参数 σ^2 和惩罚因子 γ，决定了 LSSVR 模型的预测能力，σ^2 定义了高维特征空间的结构，反映了训练数据集的特性，对于模型的泛化能力有影响；γ 决定模型的复杂度和对拟合偏差的惩罚程度。碳市场价格系统具有时变性，随着新的输入、输出数据不断获得，系统的状态不断变化，为了使模型能准确地反映系统的当前状态，就要用新的数据描述模型，而与当前状态相关性较小的旧数据可以忽略或所占的比重应降低；同时根据“近大远小”的原理，距离预测部分近的数据对未来预测结果影响更大，因此需要建立一个随时间滚动的建模数据区间，即滚动时间窗，模型滚动地引入最新获得的时间序列信息，来捕捉碳市场价格数据的时间结构特征。

由此可知，为了获取整体预测性能最佳的碳市场价格预测模型，建模过程需要优化的参数有 m、τ、σ^2、γ 和 w，这些参数之间均存在高度的关联性，不能割裂参数之间的内在联系。传统方法是依次找到每个参数的最优水平，将多参数组合优化问题转化为单优化参数问题，忽略了参数之间的交互作用，每个参数分别达到最优并不能保证参数组合的整体最优。因此，需要对参数组合进行同步优化，本章通过采用 PSO 将这些参数编码到粒子群中，自适应同步优化选择，确定最优的参数组合，其算法流程如图 11-1 所示。

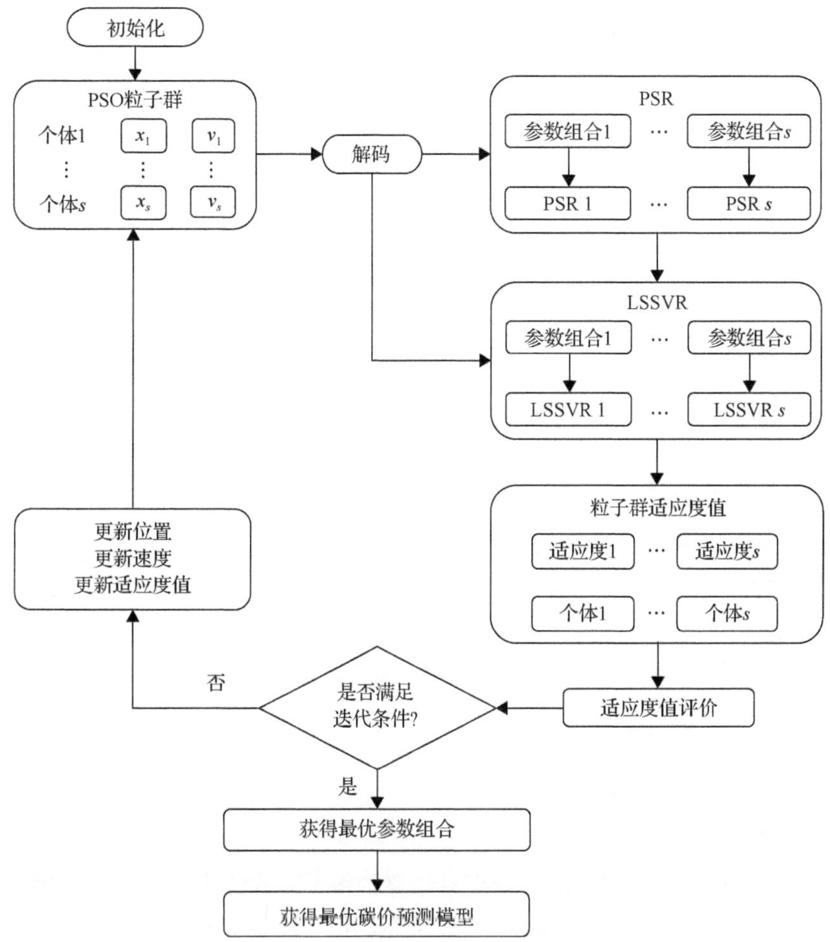

图 11-1　基于自适应 PSO 的 PSR-LSSVR 模型参数同步优化流程

步骤 1：确定种群规模，限定最大迭代次数、$v_{\max}$ 的最大值、w 的取值范围、PSR 及 LSSVR 的参数取值范围。

步骤 2：将 PSR 及 LSSVR 的各参数分别用一个实数表示，编码到粒子群中，随机初始化粒子群，生成每个粒子的初始位置和初始速度。

步骤 3：解码粒子群，对碳市场价格进行相空间重构，并建立 LSSVR 模型。

步骤 4：选择最小化训练集均方根误差(RMSE)为 PSO 的适应度函数：

$$F_{\text{fitness}} = \sqrt{\frac{1}{n}\sum_{i=1}^{n}[y_i - y_i']^2} \tag{11-9}$$

式中，y_i 为第 i 个样本的实际值；y_i' 为样本 y_i 对应的预测值；n 为样本个数。

步骤 5：根据式(11-9)计算当前个体适应度极值 $F(P_{i\text{present}})$，按照式(11-6)～式(11-8)更新种群中粒子的速度和位置。

步骤 6：比较 $F(P_{i\text{present}})$ 和 $F(P_{i\text{best}})$。若 $F(P_{i\text{present}})<F(P_{i\text{best}})$，则 $P_{i\text{best}}=P_{i\text{present}}$。

步骤 7：比较更新之后的 $F(P_{i\text{present}})$ 和 $F(G_{\text{best}})$。若 $F(P_{i\text{present}})<F(G_{\text{best}})$，则 $G_{\text{best}}=G_{\text{present}}$。

步骤 8：判断是否满足迭代的最大次数或设置的误差标准，若满足，则停止迭代，并将种群的全局最优适应度值所对应的粒子映射为优化的 PSR 和 LSSVR 模型参数；否则转至步骤 5，继续寻优。

11.3 数据来源与预测评价标准

11.3.1 数据来源与描述

EU ETS 是世界上首个多国参与的碳排放交易体系，对全球碳排放市场具有重要影响，所以本章所选择的两个碳期货价格(DEC15、DEC16)均来自 EU ETS 下交易量最大的碳期货交易所(Intercontinental Exchange，ICE)配额期货价格。其中，DEC15 选取时间区间是 2011 年 11 月 29 日至 2014 年 12 月 24 日，共计 787 个样本数据；DEC16 选取时间区间是 2012 年 11 月 27 日至 2015 年 1 月 30 日，共计 555 个样本数据。单位为欧元/吨二氧化碳当量。

为便于预测建模，本章将样本数据分割成两个子集，即训练集和测试集。训练集用于构建模型，测试集用于检验模型的预测能力。DEC15 训练集选为 2011 年 11 月 29 日至 2014 年 7 月 31 日交易结算价格，共 683 个数据，测试集为 2014 年 8 月 1 日至 2014 年 12 月 24 日交易结算价格，共 104 个数据；DEC16 训练集选为 2012 年 11 月 27 日至 2014 年 9 月 9 日交易结算价格，共 455 个数据，测试集为 2014 年 9 月 10 日至 2015 年 1 月 30 日交易结算价格，共 100 个数据。

11.3.2 评价准则

为了检验模型的预测效果，本章从水平预测和方向预测两个角度对模型进行评价。模型的评价准则分别为根方误差(RMSE)和方向预测统计(D_{stat})(Zhu and Wei，2013)。RMSE、D_{stat} 分别定义为

$$\text{RMSE}=\sqrt{\frac{1}{n}\sum_{t=1}^{n}[\hat{x}(t)-x(t)]^2}$$

$$D_{\text{stat}}=\frac{1}{n}\sum_{t=1}^{n}a_t\times 100\% \tag{11-10}$$

式中，$x(t)$ 为实际值；$\hat{x}(t)$ 为预测值；n 为测试期数；$a=\begin{cases}1, & [x(t+1)-x(t)][(\hat{x}(t+1)-x(t)]\geqslant 0\\ 0, & \text{其他}\end{cases}$。显然，RMSE 越小，$D_{stat}$ 越大，则预测精度越高，预测模型越好。

11.4　预测结果分析

本章采用 PSO 算法对 PSR 和 LSSVR 参数进行自适应同步优化(朱帮助和魏一鸣，2011；Zhu and Wei，2013；Chamkalani et al.，2014)。PSO 采用实值编码，初始种群为 100，最大迭代次数为 100，加速因子 $c_1=c_2=2$，惯性权重 $w\in[0.1,1]$，最大速度 v_{max} 等于各参数的最大值，适应度函数定义为训练集的 RMSE，PSR 参数 m 和 τ 取值范围分别为[1,15]和[1,10]，LSSVR 参数 σ^2 和 γ 取值范围分别为[0.1, 50000]和[1, 100000]。为了对比检验模型的预测精度，本章还采用 ARIMA、GARCH、PSO-ANN 模型以及分别优化 PSR 和 LSSVR 参数的 PSR-LSSVR 模型对碳市场价格进行了学习和预测。通过 PSO 算法对 PSR 和 LSSVR 参数进行同步优化选择，得到 DEC15 最优参数组合：m=5，τ=1，σ^2=289.28，γ=2691，w=340；DEC16 最优参数组合：m=4，τ=1，σ^2=14.7，γ=16.94，w=300。各模型预测结果见表 11-1。所有的 ARIMA、GARCH 模型都采用 Eviews 6.0 软件实现，所有 LSSVR 模型都选择 RBF 核函数，并通过 MATLAB R2012b 平台编程实现，PSR-LSSVR 模型参数分别采用 C-C 法和 PSO 算法单独获得，所有模型程序采用一台 Windows7 32 位系统、处理器为 AMD Phenom (tm) B40 Processor 主频 3.00GHz、内存 4.0GB 的台式机调试实现。

表 11-1　各模型的 RMSE 和 D_{stat} 结果比较

模型	评价标准			
	DEC 15		DEC 16	
	RMSE	D_{stat}	RMSE	D_{stat}
ARIMA	0.1401	0.433	0.1691	0.46
GARCH	0.1386	0.442	0.1194	0.49
PSO-ANN	0.0977	0.635	0.1157	0.56
PSR-LSSVR	0.0904	0.558	0.1084	0.64
PSO-PSR-LSSVR	0.0872	0.683	0.1060	0.67

从水平预测角度，表 11-1 中 RMSE 表明，PSO-PSR-LSSVR 模型相比 ARIMA、GARCH、PSO-ANN 以及 PSR-LSSVR 模型都取得了最好的水平预测结果。其主要原因可能在于：①PSO-PSR-LSSVR 模型能够对模型的参数组合达到更好的同

步优化效果，避免了各参数单独优化的缺陷；②LSSVR 模型相比传统方法具有更强的非线性逼近能力和自学习能力，泛化能力优异，适合用于碳市场价格预测；③PSO 算法具有更好的全局优化能力，提高了模型的学习和预测能力。从表 11-1 中还可以发现，人工智能算法（PSO-ANN、PSO-LSSVR 和 PSO-PSR-LSSVR）的预测精度要优于传统的计量经济模型（ARIMA 和 GARCH），非线性模型（GARCH、PSO-ANN、PSO-LSSVR 和 PSO-PSR-LSSVR）优于线性模型（ARIMA）。

从方向预测角度，依据表 11-1 中 D_{stat} 结果容易得出与 RMSE 类似的结论，PSO-PSR-LSSVR 模型具有最高的 D_{stat} 值，相比 ARIMA、GARCH、PSO-ANN 及 PSR-LSSVR 也是最优的。值得注意的是，PSR-LSSVR 模型的水平预测精度优于 PSO-ANN 模型，而其方向预测精度低于 PSO-ANN 模型，这意味着一个获得高的水平预测精度的模型并非总能获得高的方向预测精度。

总之，根据实证分析结果，无论是水平预测角度还是方向预测角度，PSO-PSR-LSSVR 模型的预测精度相比 ARIMA、GARCH、PSO-ANN 及 PSR-LSSVR 模型都是最好的，其有效克服了参数组合单独优化和轮流优化的不足，泛化能力优异，能够有效提高碳市场价格预测的精度。

11.5　主要结论与启示

本章构建了基于相空间重构和最小二乘支持向量回归模型参数同步优化的碳市场价格预测模型，并以 EU ETS 两组碳期货价格为例进行了实际预测。实证结果表明：①PSO- PSR-LSSVR 参数组合的同步优化算法有效克服了模型参数组合分别单独优化和轮流优化的缺陷，保证了 PSO-PSR-LSSVR 参数组合优化的同步性；本章采用的 PSO 算法具有较强的全局优化能力，有利于模型参数组合达到整体最优，改善了模型的预测能力。②非线性预测模型相比传统的线性预测模型在碳市场价格方面具有更强的预测能力，尤其是 LSSVR 模型具有很高的非线性逼近能力和较强的预测泛化能力，对隐藏在碳市场价格中的非线性模式具有良好的捕捉能力。③PSO-PSR-LSSVR 模型的预测精度最高，表明该模型具有较好的泛化能力，能够预测碳市场价格。当然，如何依据碳市场价格数据的非平稳、非线性等复杂特征建立最优预测模型，以期进一步提高模型的预测精度，将是未来进一步研究的课题之一。

第 12 章　基于 EMD 的碳市场价格多尺度分析

12.1　碳市场价格多尺度分析的问题提出

2005 年 2 月 16 日，《京都议定书》正式生效，这意味着发达国家的温室气体排放目标开始具有法律约束力，同时也昭示了利用市场机制减少温室气体排放的开端。为了以最低成本实现《京都议定书》中的承诺，欧盟创建了 EU ETS。EU ETS 始于 2005 年 1 月，为欧盟 1.2 万个排放设施设立了 CO_2 排放上限。无论市场价值还是成交量，目前 EU ETS 都是全球最大的碳市场，其价值远高于澳大利亚新南威尔士体系、美国芝加哥气候交易所和英国排放交易体系市场等主要碳市场，也显著超过了包括清洁发展机制（Clean Development Mechanism，CDM）在内的基于项目的碳市场。因此，EU ETS 成了碳市场交易的风向标。

碳市场不仅成为人类应对气候变化的重要工具，而且成为投资者分散投资风险的一种重要选择（Zhang and Wei，2010）。近年来，碳市场跌宕起伏，碳价变化呈现出非线性、非平稳等复杂特征，使得碳价分析和预测研究成为能源经济学领域的热点之一。在此背景下，从多尺度角度深入分析碳市场价格变化的周期、强度、特点及其成因，进而深入认识碳市场价格的形成机制，把握碳市场价格的变化规律，预测未来碳市场价格的演变趋势，不仅有利于监管部门制定正确的碳价政策，保证碳市场安全运行，而且有利于投资者采取有效措施降低碳价变化所造成的不利影响，规避与碳市场有关的投资风险。

目前，国内外学者已对碳市场价格分析与预测进行了较广泛的研究，并取得了较为丰硕的成果，所采用的研究方法总体上可分为两类：结构模型和数据驱动方法。结构模型侧重从碳市场的供需均衡角度分析和预测碳价变化（Kanen，2006；Seifert et al.，2008），而数据驱动方法又可分为线性模型如多元线性回归、VAR、Granger Test（Mansanet-Bataller et al.，2007；Bunn and Fezzi，2008，Keppler and Mansanet-Bataller，2010）和非线性模型如 GARCH、微分方程模型、R/S 分析（Chevallier，2009；Montagnoli and de Vries，2010；Feng et al.，2011）。现有研究成果为本章研究工作的开展提供了重要参考，但目前关于碳市场价格形成机制方面的实证研究刚起步（Zhang and Wei，2010）。虽然结构模型有助于理解碳市场价格的形成机制和量化各因素对碳价影响的大小，然而由于碳市场的某些特性，这种方法在实际中很难执行。例如，供应很难建模，因为碳排放配额是由众多独立的拥有者提供的，同时动态的市场环境加大了供应的建模难度。数据驱动方法通常能够很好地用于碳市场价格分析和短期预测，然而这种方法由于缺乏经济含义，不能很好地解释碳价变化的内在驱动力。

面对建模困难和缺乏经济含义的两难境地，一种新的自适应数据分析方法——经验模态分解(Empirical Model Decomposition，EMD)（Huang et al.，1998）有望提供一种有效的解决办法。EMD 基于信号局部特征时间尺度，从原信号中提取内在模态函数(intrinsic mode function，IMF)。每一个 IMF 代表了原信号中所包含的一个尺度成分，而残差项通常代表原信号的趋势或均值。与小波分析相比，EMD 可以更准确地反映信号原有的物理特性，有更强的局部表现能力，所以在处理非线性、非平稳信号时，EMD 更有效(Huang et al.，1999)。EMD 最初用于海洋领域，后来用于生物工程、地震工程、信号处理等诸多自然科学与工程领域。近年来，EMD 开始应用于社会科学领域(Huang et al.，2003；Zhang et al.，2008；Yu et al.，2010)，他们的研究结果均表明了 EMD 的优越性。

碳市场价格经 EMD 分解后，得到若干个彼此间影响甚微的 IMF，这些 IMF 具有不同的尺度，代表了不同影响因素所引起的碳价变化，从而简化了碳价序列中不同尺度的特征信息之间的干涉或耦合。基于上述分析和文献的启发，本章将 EMD 应用于碳市场价格影响因素多尺度分析，以期从一个新的角度解释碳价信息。首先，碳价序列被分解成若干个相互独立、从高频到低频的 IMF 和 1 个残差项。其次，IMF 和残差项通过 fine-to-coarse reconstruction 算法被重构成三个分量：高频分量、低频分量和趋势分量。根据三个分量的时间尺度和特点，高频分量辨识为由于正常供求平衡和市场活动引起碳价短期波动；低频分量刻画了外部重大事件对碳价的影响；趋势分量则代表了碳价的长期趋势。通过分析三个分量的特点和碳价的演化特征，给出相应的预测启示。

12.2 碳市场价格多尺度分析方法

12.2.1 EMD 算法

EMD 假设任何信号都是由一系列幅度和相位都随时间变化的 IMF 构成。这些 IMF 满足两个条件：①在整个信号中，极值点的数量与过零点的数量必须相等或最多相差 1 个；②在任何时间上，由信号的局部最大值点确定的上包络线和局部极小值点确定的下包络线均值为 0。

设原始碳价序列为 $x(t)$，EMD 算法流程如下：

(1) 确定碳价序列 $x(t)$ 的所有局部最大值点和局部最小值点。

(2) 利用三次样条线把所有局部极大值点连接起来形成上包络线 $e_{\max 1}(t)$，再利用三次样条线将所有的局部极小值点连接起来形成下包络线 $e_{\min 1}(t)$，上下包络线应包络所有数据点。

(3) 由极大值包络线与极小值包络线取平均得到均值包络线 $m_1(t)$：

$$m_1(t)=[e_{\max 1}(t)+e_{\min 1}(t)]/2 \tag{12-1}$$

(4) 计算 $x(t)$ 与 $m_1(t)$ 之差 $d_1(t)$：

$$d_1(t)=x(t)-m_1(t) \tag{12-2}$$

(5) 判断 $d_1(t)$ 是否满足 IMF 的条件。如果满足条件，则 $d_1(t)$ 为第 1 个 IMF；如果不满足条件，则将 $d_1(t)$ 当作原始序列，得到 $d_1(t)$ 极大值、极小值包络线的均值包络线 $m_{11}(t)$，再判断 $d_{11}(t)=d_1(t)-m_{11}(t)$ 是否满足 IMF 的条件，如不满足，则重复循环 k 次，得到 $d_{1k}(t)=d_{1(k-1)}(t)-m_{1k}(t)$，使 $d_{1k}(t)$ 满足 IMF 的条件。记 $c_1(t)=d_{1k}(t)$，则 $c_1(t)$ 为 $x(t)$ 的第 1 个 IMF。

典型的筛分终止条件是：定义函数 $\alpha(t)=\left|e_{\max}+e_{\min}\right|/\left|e_{\max}-e_{\min}\right|$($e_{\max}, e_{\min}$ 分别为上下包络线) 作为判定是否终止筛分过程的判据。设定三个门限值 θ_1、θ_2、α，规定当 $\alpha(t)$ 里面小于 θ_1 的比率达到 α，且不存在大于 θ_2 的值时，终止筛分过程。

(6) 将 $c_1(t)$ 从 $x(t)$ 中分离出来，将残差项 $r_1(t)=x(t)-c_1(t)$ 当作原始序列，重复步骤(1)～(5)，得到 m 个 IMF 和 1 个残差项 $r(t)$。此时，原始碳价序列等于所有 IMF 与最终残差项之和：

$$x(t)=\sum_{i=1}^{m}c_i(t)+r(t) \tag{12-3}$$

12.2.2　fine-to-coarse reconstruction 算法

设碳价序列 $x(t)$ 通过 EMD 分解得到 m 个 IMF 和 1 个残差项，第 i 个 IMF 表示为 $c_i(t)$，残差项表示为 $r(t)$。

基于 fine-to-coarse reconstruction 算法(Zhang et al., 2008) 对 EMD 解析出的 m 个 IMF 及残差项进行重构：

(1) 计算从 c_1 到 c_i 的叠加和序列 $s_i=\sum_{k=1}^{i}c_k$ 的平均值；

(2) 选取显著性水平 α，利用 t 检验判别 s_i 中均值距离零点最远的序列；

(3) 如果判别出 s_i 的均值距离零点最显著，则将 c_i 到 c_m 叠加进行局部重构并作为低频分量，其余 IMF 叠加重构为高频分量，同时，残差项 $r(t)$ 作为趋势分量。

12.3 数据选择与说明

欧洲气候交易所(European Climate Exchange，ECX)是 EU ETS 体系下交易量最大的碳交易所，其每日的碳交易量一般占欧盟主要碳交易所碳交易总量的 80%以上。因此，ECX 的碳交易状况很大程度上能够反映 EU ETS 碳市场总体态势。

本章数据选择 ECX 2012 年 12 月到期的期货合约(DEC12 合约)，选取时间区间为 2005 年 4 月 22 日至 2011 年 9 月 19 日，共 1643 个交易日度价格。之所以选择 DEC12 合约，是因为该合约自 2005 年 4 月 EU ETS 开始运行就在市场上交易，是交易时间最长的合约之一，涵盖了 EU ETS 的整个运行区段。图 12-1 是 ECX DEC12 碳价序列走势，单位是欧元/吨二氧化碳。可以发现，碳价除了具有不同尺度的周期波动，还会出现异常的随机波动，但总体上保持一个相对稳定的下降趋势。所以，复杂的碳价变化特性造成了精确预测的困难。

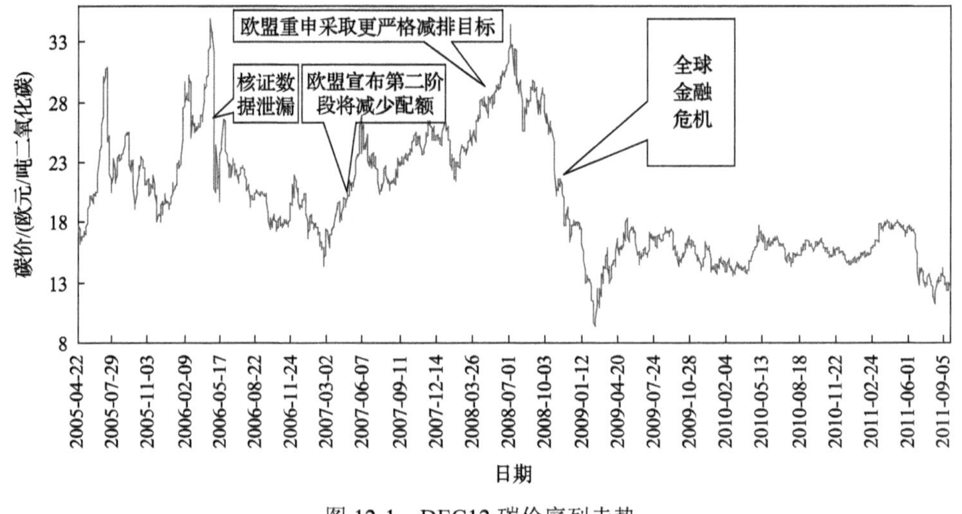

图 12-1 DEC12 碳价序列走势

12.4 多尺度分解结果统计分析

本章设置的 EMD 终止条件是$\theta_1 = 0.05$、$\theta_2 = 0.50$、$\alpha = 0.05$，并采用了 EMD 对 DEC12 碳价序列进行分解，得到了 7 个 IMF 和 1 个残差项。图 12-2 中的 IMF 是按从高频到低频的顺序排列，最后 1 个是残差项。所有 IMF 的频率和振幅都是随时间变化的。随着 IMF 的频率由低到高，其振幅也逐渐增大。与原始碳价序列相对应，IMF 函数在 2009 年以前变动剧烈，但是在 2009 年以后波动迅速

减少，振幅缩小。

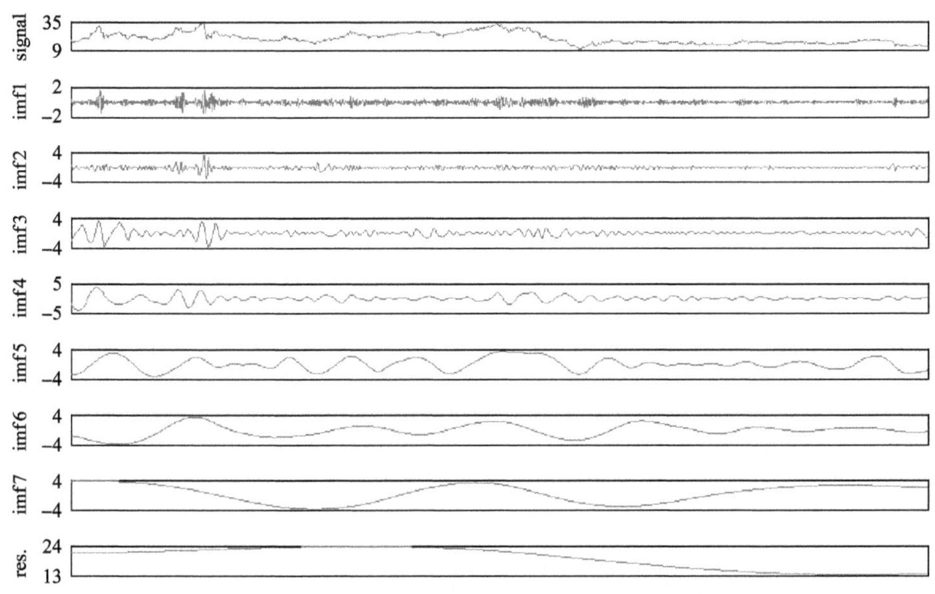

图 12-2　DEC12 碳价序列分解

各 IMF 的频率是随时间变化的，对于 IMF 而言只有平均周期；对于长度为 T 的 IMF，若其波峰和波谷为 s 个，则 IMF 平均周期定义为 $t = 2T / s$。为更全面地认识 IMF 与原始碳价序列之间的关系，本章同时使用了皮尔逊相关系数和肯达尔相关系数来衡量各 IMF 与原始碳价序列之间的相关性。考虑到各 IMF 彼此之间都是独立的，本章利用方差百分比来解释各 IMF 对原始碳价序列变化的贡献度。实际应用中，这些 IMF 与残差项的方差相加往往不与原始碳价序列的方差相等。其主要原因是舍入误差的综合、原序列的非线性、三次样条插值等引起的误差，在分析中可以忽略(Yu et al.，2010)。

表 12-1 展示了 DEC12 碳价序列分解的相关统计量信息。IMF1~IMF3 周期非常短(均在 40 天以内)，是典型的高频序列，其振幅集中在 2 以内；IMF4~IMF7 周期逐渐加长，振幅也略有增加，属于低频序列，其振幅在 5 以内；残差项自从 2005 年 4 月开始，呈先快速上升后缓慢下降的趋势。对原始碳价序列的变化趋势而言，最重要的模态是残差项。残差项对碳价整体走势的影响最高，方差贡献达到了 55.42%，与原始碳价序列的皮尔逊相关系数和肯达尔相关系数分别达到 0.675 和 0.416，均在 1%水平上显著；同时，IMF7 的方差贡献度也较高，达到了 20.50%。除残差项和 IMF7 之外，各 IMF 的方差贡献度几乎随着频率的增加而递减，IMF1 的方差贡献度只有 0.26%。

表 12-1　IMF 和残差项统计

项目	平均周期/天	皮尔逊相关系数	肯达尔相关系数	方差	方差占原序列方差的百分比/%	方差占各 IMF(残差)总方差的百分比/%
原序列				24.27		
IMF1	6.27	0.058*	0.034*	0.08	0.31	0.26
IMF2	14.54	0.060*	0.027	0.16	0.65	0.55
IMF3	36.51	0.135**	0.052**	0.54	2.21	1.89
IMF4	84.26	0.185**	0.077**	1.01	4.14	3.53
IMF5	219.07	0.501**	0.328**	2.55	10.49	8.94
IMF6	547.67	0.268**	0.148**	2.54	10.45	8.91
IMF7	1095.33	0.288**	0.171**	5.84	24.05	20.50
残差	—	0.675**	0.416**	15.78	65.02	55.42
加总					117.32	100

*表示在 5%水平(双侧)上显著相关；**表示在 1%水平(双侧)上显著相关

12.5　多尺度分解结果重构分析

本章采用 fine-to-coarse reconstruction 算法将 DEC12 日度碳价序列分解后的 IMF 和残差项重构成高频分量、低频分量和趋势分量，并分析这三个分量的经济含义。应用 fine-to-coarse reconstruction 算法，从细尺度到粗尺度对 IMF1～IMF7 进行重构，计算 $s_i(i=1,2,\cdots,7)$ 均值的 t 检验值，如表 12-2 所示(显著性水平 $\alpha=0.05$)。可以发现，t 检验值在 $i=4$ 处距离 0 点开始显著。所以，IMF1～IMF3 叠加代表高频分量，而 IMF4～IMF7 叠加描述低频变量，残差项则为趋势分量。

表 12-2　s_i 均值和 t 检验值

项目	s_1	s_2	s_3	s_4	s_5	s_6	s_7
s_i 均值	0.0003	–0.0003	–0.0069	–0.0191	0.0085	–0.0315	0.0446
t 检验值	0.039	–0.058	–0.957	–2.322	0.826	–2.911	3.512

重构后各分量与原始碳价序列对比及基本的统计分析如图 12-3 和表 12-3 所示。每个组成部分都具有很明显的特征：趋势分量体现了碳价总体趋势走向，碳价总是在趋势项附近波动，趋势项具有碳价进化中长期均衡价格的特性；低频分量与原始碳价序列的形态高度一致，每个剧烈变化点都对应着严重影响碳价的重大事件；高频分量波动不大，代表着市场的正常波动和不规则事件引起的碳价变化。对原始碳价序列的变化趋势而言，最重要的组成部分是趋势分量和低频分量。趋势分量对碳市场价格整体走势的影响最高，方差贡献度达到了 53.53%，与原始

碳价序列的皮尔逊相关系数和肯达尔相关系数分别达到 0.675 和 0.416，均在 1%水平上显著；低频分量与原序列的皮尔逊和肯达尔相关系数很高，分别达到了 0.586 和 0.339，均在 1%水平上显著；同时，低频分量的方差贡献度也很高，达到了 43.82%。高频分量对碳市场价格整体走势的影响很小。

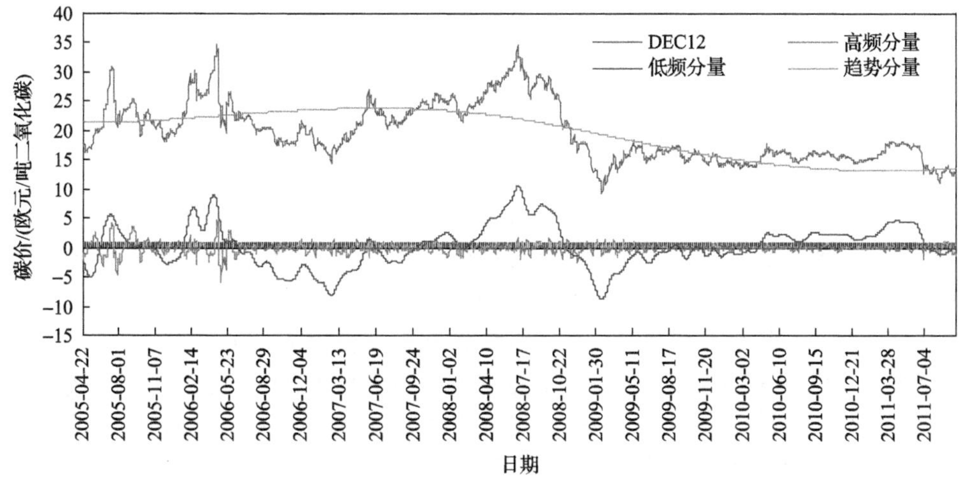

图 12-3　DEC12 日度碳价序列分解重构

表 12-3　重构后各分量统计

项目	平均周期/天	皮尔逊相关系数	肯达尔相关系数	方差	方差占原序列方差的百分比/%	方差占各 IMF(残差)总方差的百分比/%
原序列				24.27		
高频分量	8.07	0.156**	0.069**	0.78	3.22	2.65
低频分量	96.65	0.586**	0.339**	12.92	53.22	43.82
趋势分量	—	0.675**	0.416**	15.78	65.02	53.53
加总					121.46	100.00

**表示在 1%水平(双侧)上显著相关

(1)趋势影响(残差项)。趋势是长期碳价走势的决定性因素，目前碳价的长期趋势项与原始碳价序列具有很高的相关性，原始碳价序列中 50%以上的变化是由趋势项的变化引起的。因此，趋势项可以为碳价长期均衡价格提供参考。长期均衡价格实质上是碳市场所有利益相关方综合博弈的结果。

观察历史序列，虽然碳价在某个时段由于突发事件、短期供求失衡、投机基金操作等因素影响剧烈波动，出现远离趋势项的情况，但当这些因素的影响逐渐消退之后，碳价总是会回到趋势项附近。2006 年 5 月核证数据泄漏事件造成碳价由 2006 年 4 月中期的 33 欧元/吨二氧化碳以上暴跌到 20 欧元/吨二氧化碳以下，之后碳价缓慢回落到当时的趋势项 25 欧元/吨二氧化碳附近。

趋势项总体呈下降状态，这与 2008 年 9 月以来的全球金融危机造成碳价一直处于低位有关，同时趋势项方差占总方差的比例很高，与碳价总体趋势变化有较高的一致性。

(2)重大事件影响(IMF4~IMF7)。重大事件对碳价影响主要体现在由 IMF4～IMF7 加总得到的低频分量中，这种异质性的环境对于碳价影响大，持续时间长，幅度较大，但是频率较低。从 IMF4～IMF7 的平均周期角度看，其周期在 84～1095 天，说明碳市场自身难以消除重大事件的影响，其持续时间可能是非常长的。此外，低频分量在很多时点振幅都超过 5 欧元/吨二氧化碳甚至接近 10 欧元/吨二氧化碳，说明重大事件对碳价的影响程度较大。其主要原因可能是碳市场由于开发时间较短，处于一个较为复杂的外部环境中，碳价除了受到长期趋势和市场机制影响外，还受到外在环境的影响，如政府间谈判、国家配额分配、经济危机、金融危机、信息泄露等重大事件都会影响到碳价。

低频分量与原始碳价序列的相关程度较高，一次波动的持续时间较长，且与碳价变化的大体走势基本相同，因此皮尔逊相关系数和肯达尔相关系数都较高，达到了 0.586 和 0.339。而低频分量的均值与 0 偏差较大，从而表现出明显的长期记忆性。事实上，虽然趋势项在长期对碳价走势具有决定性作用，但趋势项变化缓慢，中期重大事件才是影响碳价走势的最重要原因。若考虑碳价的变化率(即当日相对于前日的变化率)，低频分量变化率与原始碳价序列变化率几乎完全一致。因此，由于去除了高频分量，低频分量本身的变化率比原始碳价序列的变化率平缓，这使得低频分量很像是平滑后的原始碳价序列。

通过将重大事件的影响从整个碳价序列中分解出，可以评估重大事件对碳价的真实影响。2006 年 5 月的核证数据泄露事件期间，低频分量下降了约 15 欧元/吨二氧化碳，粗略说明这一个事件对碳价的最大影响在 15 欧元/吨二氧化碳左右。这一事件持续大约 1 个月的时间，直到 5 月 15 日欧盟委员会正式发布核证数据，价格才纷纷回升，恢复正常，但是事件持续的影响还未结束，一直到 2007 年 2 月才结束。2008 年 9 月开始的全球金融危机，碳价从夏季的最高点 31 欧元/吨二氧化碳以上下跌到 10 欧元/吨二氧化碳以下，跌幅超过 20 欧元/吨二氧化碳，粗略说明这一个事件对碳价的最大影响在 20 美元/吨二氧化碳以上，并且这一影响的持续时间一直到现在还没结束。

尽管这种来自外部环境的重大事件影响一般发生频率较低，但是一旦发生，对碳价的冲击大，短时间内可能超过 10 欧元/吨二氧化碳(核证数据泄露事件)，甚至 20 欧元/吨二氧化碳以上(全球金融危机)；持续的时间较长，2008 年金融危机，持续时间长达两年，2011 年碳价仍受到影响。由于碳价的趋势变化非常缓慢，高频分量的波动幅度较小，只有在遇到外在环境影响时，碳价才会发生大幅度变动，而碳市场本身对于价格的调节是有限的，导致了低频分量变化与原始碳价走势具有高度的一致性。因此，通过分析历史上重大事件对碳价的影响模式、影响程度和持续时间，可以为分析将要发生的类似事件提供参考。

(3)短期市场供需失衡和不规则事件的影响(IMF1~IMF3)。虽然碳市场是一类特殊的产品交易市场，但是碳市场具有一般市场属性，受到供给、需求等市场机制的影响。市场参与者增多，需求增多，碳价上升；如果参与者需求减少，供给过多，碳价就会下跌。而市场机制下配额的供给与需求会受到能源价格、工业生产、天气条件、库存状况、投机基金操作以及罢工、政治局势等突发事件和随机波动的影响。

这些事件往往持续时间短(平均周期在 40 天以内)，发生频繁，因此它们对碳价的影响主要体现在由 IMF1～IMF3 加总得到的高频分量中。通常，这些事件对碳价的影响不是很严重，往往限制在±2 欧元/吨二氧化碳以内，并且长期而言均值在 0 附近波动。高频分量波动频率较高，基本上是随机游走序列，不存在记忆性，规律性较差。

IMF1～IMF3 的平均周期较短，方差贡献度很小，说明它们对碳价的长期趋势影响不大。虽然这些事件对碳价影响幅度较小，但是频率高，对于碳价的短期影响较大，因此，长期趋势预测中可忽略高频波动，但是它们在短期预测中很重要。

基于上述分析，碳市场价格是由其内在的长期趋势、重大事件影响和市场短期波动三方面构成。重大突发事件的影响对中期内碳价的走势起到了决定性作用，而趋势项则反映了在没有突发事件影响的情况下碳价的正常走势，市场正常波动的区间有限，对市场的影响主要在短期预测时考虑。2007 年 2 月的碳价 16 欧元/吨二氧化碳的低位实际上是一个趋势价格(约 21 欧元/吨二氧化碳)，加上重大事件的持续影响(2006 年 5 月核证数据泄露、投机基金涌入等系列影响碳市场的重大事件，影响大小约为–5 欧元/吨二氧化碳)，再加上市场短期波动(约–0.5 欧元/吨二氧化碳)构成的；2009 年 2 月的碳价 10 欧元/吨二氧化碳以下的低位实际上是一个趋势价格(约 20 欧元/吨二氧化碳)，加上重大事件的持续影响(2008 年 9 月以后的全球金融危机影响碳市场的重大事件，影响大小约为–10 欧元/吨二氧化碳)，再加上市场短期波动(约为–2 欧元/吨二氧化碳)构成的。

12.6　主要结论与启示

本章应用 EMD 对碳市场价格影响因素进行了多尺度分析。EMD 对碳市场价格的分解结果表明：碳市场价格是由其内在的长期趋势、重大事件影响和市场短期波动三方面构成。长期趋势是碳价在没有重大突发事件影响下的均衡价格，是碳价在长期中的重要决定因素；重大突发事件是造成中期内碳价剧烈波动的主要原因，而市场正常波动的区间有限，仅造成碳价短期波动。

基于上述分析，根据各组成分量波动特点的不同，在碳价预测时，可采取对各分量单独预测再集成的策略：根据实际需要，应用 EMD 分解碳市场价格得若干个 IMF 和 1 个残差项，再应用 fine-to-coarse reconstruction 算法将所得 IMF 和残差项重构高频分量、低频分量和趋势分量，然后根据高频分量、低频分量和趋势分量各自的特点选择适当的预测方法进行分析和预测，最后通过直接加总法或其他方法集成高频分量、低频分量和趋势分量的预测值作为碳市场价格最终的预测值。具体实现可分为三步：①预测趋势分量。由于趋势分量变化方向明确，因此可采用符合曲线特征的回归函数进行预测。②预测低频分量。低频分量波动规律性很好，且对整体碳价变化贡献很大，在预测精度要求不是很高时，可采取直接外推的方法进行预测，简单实用。但在精度要求较高时，可以考虑建立组合预测或其他新方法进行预测。③预测高频分量。由于高频分量具有随机性，可选择对随机过程描述效果较好的计量经济模型如 ARIMA、GARCH 等或采用对非线性时间序列具有较好描述性能的人工智能技术如支持向量机、人工神经网络等进行预测，从而能够综合各种因素对碳市场价格的影响。由此可见，本章将新型多尺度分析方法 EMD 引入碳市场价格分析中，得到的结论可以为碳价预测提供指导。

第13章　基于集合经验模态分解、核函数原型和自适应粒子群优化LSSVR的碳市场价格多尺度预测

13.1　碳市场价格多尺度预测及主要问题

碳市场价格波动剧烈、频繁，呈现出高度的非平稳、非线性、混沌性等复杂特征，给碳市场价格预测带来了极大挑战。目前碳市场价格预测的研究方法和手段趋于多元化，早期学者主要采用定性方法分析预测碳市场价格。近年来，越来越多的学者采用定量方法预测碳市场价格，计量经济模型和统计模型是碳市场价格预测的常用方法。Koop 和 Tole(2013)应用动态模型平均法(Dynamic Model Averaging，DMA)预测了2005年4月～2010年8月ECX的碳现货日度价格和碳期货日度价格，结果表明DMA不但能获得高的预测精度，还能更好地刻画碳市场价格的波动规律。虽然统计预测方法能够获得较高精度的碳市场价格预测结果，然而由于碳市场价格变化呈现高度的非线性、非平稳性，传统统计模型和计量经济模型建立在数据是平稳、线性的假设上，难以有效处理隐藏在非平稳碳市场价格中的非线性模式，导致其通常不能获得令人满意的预测结果。

人工智能算法是为了克服传统统计模型和计量经济模型的局限性而发展起来的，它们通过对历史数据的统计分析，归纳总结出序列相关的复杂非线性映射关系，对隐藏在碳市场价格中的非线性模式具有良好的捕捉能力，这类方法对历史数据的准确性要求高，并且对数据的平稳性有一定要求，对具有时变性质的非平稳数据建模能力仍然不足。SVM由于建立在统计学习理论的基础上，能够有效缩小泛化误差区间，降低模型结构风险的同时能保证样本预测误差最小，具有一定的优势。作为一种改进型SVR，LSSVR用等式约束代替不等式约束，能够有效避免求解耗时的二次规划问题，加快求解的速度，降低计算复杂度，LSSVR方法具有良好的非线性预测建模能力，使得预测精度相对于传统方法有较大的提高，但由于LSSVR模型的核函数及其参数决定了其学习和泛化能力，对LSSVR模型具有决定性作用，但现有研究大多是针对核函数参数的优化选取，很少有针对不同核函数选取以及核函数对具体问题是否匹配或单一核函数的优劣势问题的研究。因此，本章提出了混合核函数的LSSVR模型，不但对核函数参数进行优化选取，而且对不同核函数类型进行优化选择，弥补了核函

数对具体问题的不匹配和单一核函数的不足。

近年来，多尺度预测通过将复杂时间序列分解成一系列结构简单、变化平稳、规律性强的简单模态，能够显著提高时间序列的预测准确性。最近一些文献将多尺度预测模型应用在能源时间序列的预测上，取得了比较好的预测效果(Zhang et al.，2015；Yu et al.，2015)。而在碳价的预测上，Zhu(2012)采用EMD(empirical mode decomposition)和ANN预测了EU ETS碳期货价格，结果显示多尺度预测能显著提高模型的预测能力。可见，多尺度预测正成为时间预测领域的一种新趋势，尤其对于碳市场价格领域，有望提高碳市场价格的预测精度。

现有碳市场价格预测研究取得了较丰富的成果，为本章提供了很好的借鉴，但现有研究仍存在三个主要缺陷：第一，多尺度预测通常采用同一种模型方法对所有模态进行预测，而不是依据每个模态的数据特征选择合适的模型方法进行预测。由于各个模态千差万别，每个模态对碳市场价格系统的作用方式都不一样(Zhang et al.，2008)，需要根据模态的特点，选择合适的模型方法进行预测，现有方法可能制约了碳市场价格预测的准确性。同时，多尺度预测多采用经典的经验模态分解(EMD)算法，可能产生模态混叠(Huang et al.，1999)和端点效应(Xiong et al.，2014)，影响了碳市场价格分解质量，进而影响到碳市场价格预测精度。第二，LSSVR具有良好的非线性预测建模能力，但由于LSSVR的预测能力受限于其核函数类型及模型参数(Smola，1998)，而现有研究大多选取径向基核函数，只针对模型参数选择作了相关研究(Zhu and Wei，2013；Chamkalani et al.，2014；Silva et al.，2015；Zhang et al.，2015)，很少就核函数类型选择与具体问题是否匹配问题进行研究，这可能影响碳市场价格预测的准确性。第三，在多尺度预测模型的“分解-集成”策略中，对各模态预测值的集成问题，现有文献多局限于将各模态的预测值线性集成为原始序列的预测值，但这种简单的线性组合未必在所有条件下都是合适的，势必会影响到碳市场价格预测的准确性。

本章的目的在于克服现有碳市场价格预测方法的不足，探索一种基于集合经验模态分解(Ensemble EMD)、核函数原型、自适应粒子群优化LSSVR的碳市场价格多尺度非线性集成预测模型来提高碳市场价格预测精度。其创新性主要体现在两个方面：第一，构建了一种基于EEMD、核函数原型、自适应粒子群优化LSSVR的碳市场价格多尺度非线性集成预测模型。首先，采用极值点镜像延拓(extrema symmetry expansion)EEMD将碳市场价格分解成简单模态，可以有效抑制模态混叠和端点效应。其次，采用fine-to-coarse reconstruction算法识别出高频分量、低频分量和趋势分量，鉴于GARCH模型对具有时变性及波动聚集性质的高频数据具有很强的建模能力，适用于高频分量预测，而LSSVR具有良好的非线性捕捉能力，适用于低频分量和趋势分量。同时，为充分发挥不同核函数各自的优势，弥补单一核函数的不足，本章引入一种普适的核函数原型(kernel prototype)，能够根据具体数据自适应优化选择核函数类型和模型最优参数。针对“分解-集成”策略中，各分量预测值仅仅局限于线性集成的问题，本章提出了一种新的基于 LSSVR 的非线性集成模型，将不同模型的分量预测结果利用 LSSVR 非线性集成模型重构出碳市场价格预测值。第二，与常用的预测方法比较，实证表明，本章提出的基于 EEMD、核函数原型、自适应粒子群优化 LSSVR 的碳市场价格多尺度非线性集成预测模型不仅能够有效处理碳市场价格波动的非线性、非平稳等复杂特征，而且能够依据数据特征自适应选择核函数类型和 LSSVR 模型参数，还能够非线性集成重构出碳市场价格预测值，从而提高碳市场价格预测准确性。

13.2 研究方法

13.2.1 集成经验模态分解

作为一种新型自适应数据分解方法，EMD 在处理非平稳、非线性碳市场价格时表现出了很大的优越性，然而，传统 EMD 算法存在一个缺陷：分解结果可能出现模态混叠现象(mode mixing)，即单个 IMF 包含了稀疏分布的时间尺度，或者相似的时间尺度被分解到不同 IMF 中。为了克服该缺陷，Wu 和 Huang(2009)提出了集成经验模态分解(EEMD)算法，其基本思想是利用高斯白噪声具有频率均匀分布的统计特性，当碳市场价格加入白噪声后，使碳市场价格在不同尺度上具有连续性以减小模态混叠程度。EEMD 算法流程如下：

(1)在碳市场价格 $X(t)$ 上重复多次增加一系列白噪声 $n_i(t)$，且 $n_i(t)\sim N(0,\sigma^2)$：

$$X_i(t)=X(t)+n_i(t) \tag{13-1}$$

式中，$X_i(t)$ 为第 i 次加入的高斯白噪声。

(2)对 $X(t)$ 分别进行 EMD 分解，得若干个 IMF 分量 $c_{ij}(t)$ 和一个残余分量 $r_i(t)$。其中 $c_{ij}(t)$ 为第 i 次加入高斯白噪声后进行 EMD 分解得到的第 j 个 IMF。

(3)重复上述步骤，利用不相关随机序列的统计均值为 0 的原理，将上述对应 IMF 的集成均值作为最终的分解结果。

$$c_j(t)=\frac{1}{N}\sum_{i=1}^{N}c_{ij}(t) \tag{13-2}$$

式中，N 为集成的数量。N 越大，对应高斯白噪声的各 IMF 的和将趋于 0。

增加白噪声是为了提供标准的参考框与 IMF 对照，达到目的后通过集成平均消除自身的影响，进而减少了模式混淆的机会，增加白噪声的后果可通过统计规律来控制：

$$\sigma_n = \frac{\sigma}{\sqrt{N}} \tag{13-3}$$

式中，σ_n为最终误差的标准差。通常N设为100，σ设为0.1或0.2。

虽然EEMD算法能够有效解决传统EMD算法存在的模态混叠现象，但仍存在一个缺陷，即常会产生端点效应。其主要原因在于EEMD算法采用三次样条函数确定碳市场价格的包络线，由于三次样条函数的不确定性，将会在数据两端产生“飞翼”现象。随着EEMD分解，端点效应不但会污染碳市场价格的内部，而且还会增加虚假的IMF分量，影响分解精度。因此，本章采用极值点镜像延拓法(extrema symmetry expansion method)(Shu and Yang，2006)来抑制EEMD端点效应。

13.2.2 核函数原型

核函数在LSSVR算法中占核心地位。对于一个具体问题，核函数类型的选择应该能够体现问题本身的一些性质，然而这种以问题本身特性为先验信息做指导的核函数类型选择方法很难实现。研究人员往往根据经验选用一些常用的核函数(如径向基核)，而这种根据经验选择的核函数类型有可能对于具体问题不是最优的，因此需要一种方法针对具体问题选择最优的核函数类型。

目前，常用的核函数(Vapnik，1995)有线性核$K_{\text{lin}}(x_i,x_j)=(x_i,x_j)$、多项式核$K_{\text{poly}}(x_i,x_j)=[(x_i,x_j)+t]^d$、径向基核$K_{\text{rbf}}(x_i,x_j)=\exp\left(-\frac{\|x_i\text{-}x_j\|^2}{2\sigma^2}\right)$和Sigmoid核$K_{\text{sig}}(x_i,x_j)=\tan h[s\cdot(x_i,x_j)+h]$。根据Mercer核理论(Vapnik，1995)可知，单一核函数进行线性组合将得到一种新的核函数。原始数据包含了问题的完整信息，不考虑任何先验信息，完全在数据驱动下采用机器学习方法得出针对某一具体问题的核函数，充分考虑到不同核函数对数据分析所呈现出的不同优势，则该核函数对于这个问题就是最优的。基于这样的观点和Mercer核理论给出的核函数的性质，本章提出了如下核函数原型：

$$K(x,x')=\lambda_1 K_{\text{sig}}(x,x')+\lambda_2 K_{\text{rbf}}(x,x')+\lambda_3 K_{\text{poly}}(x,x')+\lambda_4 K_{\text{lin}}(x,x') \tag{13-4}$$

核函数原型描述了一种普适的核函数，不仅可以生成目前常用的核函数，而且可以针对具体数据生成新类型的核函数。它是对具有不同特点的核函数的一个综合考虑，可充分发挥不同核函数的优势，弥补单一核函数在应用上的不足。

基于核函数原型的 LSSVR 核函数选择存在两类参数：核函数类型参数 λ 和核函数自身的参数 μ 。其中， λ 是所有核函数类型参数的集合， μ 是由 λ 所确定的基本核函数自身参数的集合。不同的 λ 、 μ 构成了不同类型的核函数，通过粒子群算法(Particle Swarm Optimization，PSO)将参数 λ 、 μ 编码到粒子群中，自适应地选择出针对具体问题的最优 λ 、 μ 组合，将 λ 、 μ 组合代入核函数原型中，就可以针对该具体的问题自适应地选择出最优的核函数类型，该核函数可以是某个基本核函数类型(如 $\lambda_1 = 1, \lambda_i = 0, i = 2,3,4$)，也可以是复合核函数类型(如 $\lambda_i \neq 0, i = 1,2,3,4$)。

13.2.3 基于核函数原型和自适应 PSO 的 LSSVR 模型选择算法

作为一类时间序列预测问题，碳价格预测以相空间重构为基础，其相空间重构质量会直接影响到后续模型的建立与预测。相空间重构涉及嵌入维 m 和延迟 τ 的选取，若 m 太小，不足以展示混沌系统的细致结构；m 太大，则会使计算工作复杂化，引起噪声影响。同时，若 τ 选取太小，相空间中的相邻延迟坐标元素差别太小，出现信息冗余； τ 太大，相邻延迟坐标元素不相关，则导致信息丢失，信号轨迹就会出现折叠现象。因此，m 和 τ 的正确选取对混沌碳市场价格预测结果有着直接的影响。

由于碳市场价格系统具有时变性(Zhu et al.，2014)，随着新的输入、输出数据不断获得，系统的状态不断变化，为了使模型能准确地反映系统的当前状态，就要用新的数据描述模型，而与当前状态相关性较小的旧数据可以忽略或所占的比重应降低；同时根据“近大远小”的原理，距离预测部分近的数据对未来预测结果影响更大，因此需要建立一个随时间滚动的建模数据区间，即滚动时间窗 w，模型滚动地引入最新获得的时间序列信息，来捕捉碳市场价格数据的时间结构特征。

因此，基于核函数原型和 PSO 的 LSSVR 模型选择参数包括核函数类型参数 λ ，核函数自身参数 μ ，相空间重构 m、 τ ，滚动时间窗 w 和惩罚因子 γ 。通过采用 PSO 将这些参数编码到粒子群中，自适应优化选择，并对其他相关参数进行优化，确定最优的参数组合。

根据上述建模思路，结合碳市场价格预测的实际需要，本章提出基于核函数原型和自适应 PSO 的 LSSVR 模型选择算法，其算法流程如图 13-1 所示。

步骤 1：编码。采用连续值编码，模型参数分别用一个实数表示，种群规模为 s， $x_i = (x_{i1}, x_{i2}, \cdots, x_{iD})$， $i = 1,2,\cdots,s$ ， D 为待优化问题中的参数个数。

步骤 2：初始化。随机生成粒子种群和粒子速度，设置粒子最大速度、最大迭代次数、权重取值范围和参数取值范围。

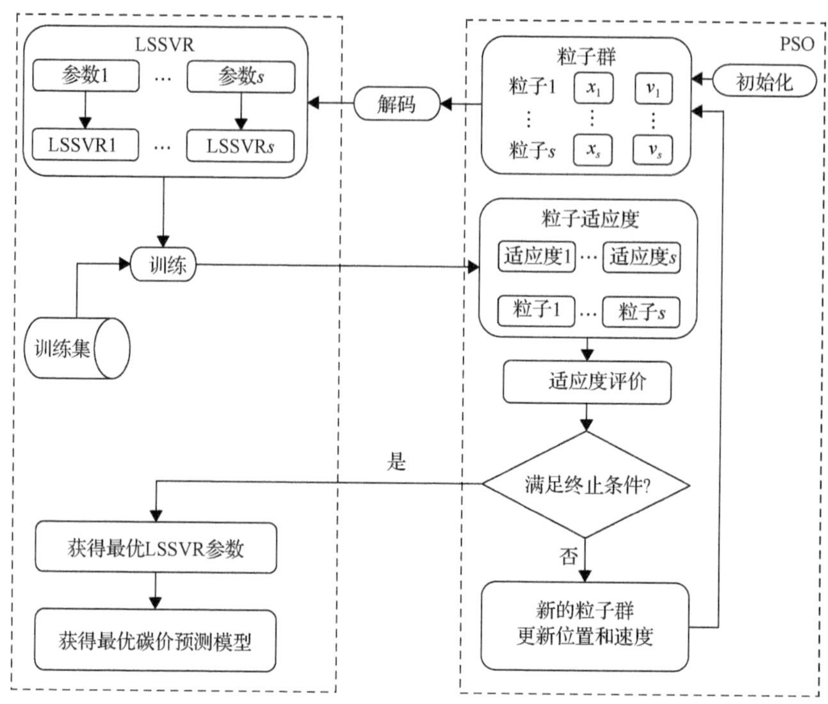

图 13-1　基于自适应 PSO 的 LSSVR 模型选择流程

步骤 3：确定粒子适应度函数。目标函数可以选择最小化训练集根方误差(RMSE)：$\min \mathrm{RMSE}(\lambda,\mu,m,\tau,w,\gamma)=\sqrt{\frac{1}{n}\sum_{i=1}^{n}[y_i-\varphi(x_i,\lambda,\mu,m,\tau,w,\gamma)]^2}$，其中，$\varphi(\cdot)$表示给定参数与训练样本得出的 LSSVR 回归函数，$x_i \in$训练集样本，y_i为训练样本x_i对应的目标值，n为训练集样本个数。此时，PSO 的适应度函数可采用能直接反映 LSSVR 回归性能的均方根误差函数：

$$F_{\text{fitness}}=\mathrm{RMSE}(\lambda,\mu,m,\tau,w,\gamma) \tag{13-5}$$

步骤 4：计算每个粒子的适应度。将每个粒子的个体极值$P_{i\text{best}}$设置为当前位置，利用适应度函数计算出每个粒子的适应度值，取适应度值最好的粒子所对应的个体极值作为最初的全局极值G_{best}。

步骤 5：更新速度、位置和适应度值。由式(11-6)～式(11-8)和式(13-5)进行迭代计算，更新每个粒子的速度、位置和适应度值$F(P_{i\text{present}})$。

步骤6：比较$F(P_{i\text{present}})$和$F(P_{i\text{best}})$。若$F(P_{i\text{present}})<F(P_{i\text{best}})$，则$P_{i\text{best}}=P_{i\text{present}}$。

步骤 7：比较更新之后的$F(P_{i\text{present}})$和$F(G_{\text{best}})$。若$F(P_{i\text{present}})<F(G_{\text{best}})$，则$G_{\text{best}}=G_{\text{present}}$。

步骤 8：判断是否满足终止条件。若满足，则停止迭代，输出优化的 LSSVR 参数；否则转至步骤(4)。

13.2.4　基于 EEMD、核函数原型和 LSSVR 的碳市场价格多尺度非线性集成预测模型

本章提出一种新的碳市场价格多尺度非线性集成预测模型 EEMD-HLT-LSSVR，有机集成了 EEMD、核函数原型、LSSVR 和 GARCH，整体上可分为四个主要阶段，如图 13-2 所示。

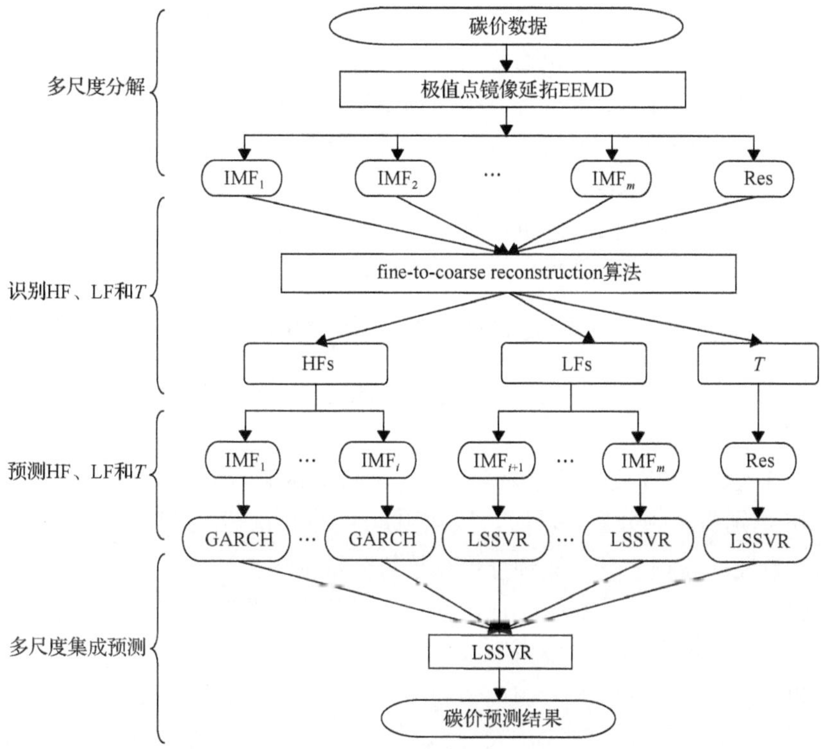

图 13-2　基于 EEMD、核函数原型和自适应 PSO 优化 LSSVR 的碳市场价格预测模型

第一阶段：EEMD 分解。

采用极值点镜像延拓 EEMD 算法，将碳市场价格从高频到低频分解成若干(m)个有不同振幅和频率的结构简单、变化平稳、规律性强、易于预测的独立的 IMF 分量和 1 个残差项。

$$X(t)=\sum_{j=1}^{m}c_j(t)+r(t)=\text{HFs}+\text{LFs}+T \tag{13-6}$$

根据 IMF 的频率大小，可将其进一步分为三个部分：①高频分量(HFs)，表

现为频率高，振幅小，反映了由正常的短期市场供需失衡所导致的碳市场价格随机波动特性。虽然高频分量短期波动频繁，但不产生长期影响，价格变动快，回调也快，价格的上升(下降)总是紧跟着价格的下降(上升)，表现出波动的时变性和聚集性。②低频分量(LFs)，频率较低，振幅较大，反映了在外界影响下碳市场价格的周期波动，重大突发事件等的影响表现在低频分量中的每次急速上升或下降。虽然低频分量波动频率较低，但可能对碳市场价格影响很大，甚至改变碳市场定价机制。③趋势分量(T)，表现为在长期均值附近的缓慢变化，刻画了碳市场价格变化的长期稳定趋势。可见，每个分量各具特点，依据每个分量的数据特征选择各自恰当的模型方法进行预测则必然能提高碳市场价格预测的精度。

第二阶段：高频、低频和趋势分量识别。

高频、低频和趋势分量具有的不同数据特征，分别反映原始碳市场价格不同的内在特性。一旦 EEMD 分解完成，我们可以采用 fine-to-coarse reconstruction(细到粗重构)算法(Zhang et al.，2008)来识别出高频分量、低频分量和趋势分量，以选取最合适的模型对不同的分量进行预测。基于 fine-to-coarse reconstruction 算法的高频分量、低频分量和趋势分量识别过程如下：

步骤 1：计算从 c_1 到 c_i 的叠加和序列 $s_i=\sum_{k=1}^{i}\mathrm{IME}_k\,(i=1,2,\cdots,m)$ 的平均值 $\overline{s_i}$；

步骤 2：选取显著性水平 α (通常 $\alpha=0.05$)，基于 t 检验判别均值 $\overline{s_i}$ 是否显著偏离 0；

步骤 3：如果在 i 处 $\overline{s_i}$ 开始显著偏离 0，则将 IMF_i 到 IMF_m 识别为低频分量，其余 IMF 识别为高频分量。同时，残差项 $r(t)$ 识别为趋势分量。

第三阶段：高频分量、低频分量和趋势分量预测。

依据每个分量自身的数据特征，在碳市场价格预测时，可采取先选择合适的模型方法对各分量单独预测再集成的策略。对于时间序列 $X_t\ (t=1,2,\cdots,n)$，其预测模型为

$$\hat{X}_{t+h}=f(X_t,X_{t-\tau},X_{t-2\tau},\cdots,X_{t-(m-1)\tau})+\varepsilon_t \tag{13-7}$$

式中，$\hat{X}_t$ 为预测值；h 为预测步长；m, τ 分别为相空间重构的嵌入维和延迟；ε_t 为模型残差。当 h=1 时，模型为单步预测，当 h≥2 时，模型为多步预测。

(1)高频分量预测。高频分量体现了价格的短期波动，具有较高的随机性，表现为分量波动的时变性和聚集性，可选择对随机过程和异方差现象描述效果较好以及对序列波动的时变性和聚集性具有很强建模能力的 GARCH 模型对各个高频 IMF 进行预测，从而能够综合各种因素对碳市场价格的影响。具体模型构建过程可以参考文献(Bollerslev，1986)，建立 GARCH(1,1)模型。

(2)低频分量预测。低频分量周期性波动较强，可以选择对非线性时间序列具

有较好刻画性能的 LSSVR 对各个低频 IMF 进行预测。LSSVR 模型核函数选择核函数原型，采用 2.4 节设计的方法依据各 IMF 数据特征，自适应优化选择最佳的核函数类型及模型参数。

(3)趋势分量预测。趋势分量变化方向较明确、稳定，可以选择对非线性时间序列具有较好描述能力的 LSSVR 进行预测。LSSVR 模型选择方法与低频分量预测相同。

第四阶段：高频分量、低频分量和趋势分量预测结果集成。

在“分解-集成”策略中，对于 m 个 IMF 分量的预测结果 $\{\hat{c}_1(t),\hat{c}_2(t),\cdots,\hat{c}_m(t)\}$，如何将这些结果集成为一个更好的原始预测结果 $\{\hat{X}(t)\}$ 是集成预测的关键所在，其基本线性组合形式可以定义为

$$\hat{X}(t)=\sum_{j=1}^{m}\omega_j\hat{c}_j(t) \tag{13-8}$$

式中，ω_j 为第 j 个 IMF 分量预测值的分配权重，默认值为 1；$\hat{c}_j(t)$ 为碳价格分解第 j 个 IMF 分量的预测值。

考虑到线性组合集成的局限性，为了得到更好的集成预测结果，本章提出一种基于 LSSVR 的非线性集成方式。一般地，对于 m 个 IMF 分量预测结果的非线性集成模型，可以表述为

$$\hat{X}=f(\hat{c}_1,\hat{c}_2,\cdots,\hat{c}_m) \tag{13-9}$$

式中，$\hat{X}$ 为碳市场价格预测值；$\hat{c}_j$ 为碳价格分解第 j 个 IMF 分量的预测值；$f(\cdot)$ 为一个非线性函数。实际上要确定这个非线性函数 $f(\cdot)$ 是非常困难而又具有挑战性的。本节用 LSSVR 来实现这个非线性映射关系，通过 LSSVR 的训练来确定集成的权重，LSSVR 训练过程的目的是使训练集的平方误差和最小，即

$$\min\left\{[\hat{X}-f(\hat{c}_1,\hat{c}_2,\cdots,\hat{c}_m)][\hat{X}-f(\hat{c}_1,\hat{c}_2,\cdots,\hat{c}_m)]^{\mathrm{T}}\right\} \tag{13-10}$$

13.3　数据来源与预测评价标准

13.3.1　数据来源

为了检验本章所提出方法的有效性，我们选取 EU ETS 下交易量最大的碳期货交易所(Intercontinental Exchange，ICE)2015 年 12 月和 2016 年 12 月到期的欧盟碳排放配额(European Union Allowance，EUA)期货日交易结算价格(DEC15 和 DEC16)作为考察样本。为了便于预测建模，我们将样本划分成两个子集，即训练

集和测试集。前者用于构建预测模型，后者用于检验模型的有效性。碳市场价格样本划分见表 13-1。

表 13-1 碳市场价格样本

样本		数量	起止日期
DEC15	总样本	861	2011 年 11 月 29 日～2015 年 4 月 14 日
	训练集	701	2011 年 11 月 29 日～2014 年 8 月 26 日
	测试集	160	2014 年 8 月 27 日～2015 年 4 月 14 日
DEC16	总样本	555	2012 年 11 月 27 日～2015 年 1 月 29 日
	训练集	455	2012 年 11 月 27 日～2014 年 9 月 9 日
	测试集	100	2014 年 9 月 10 日～2015 年 1 月 29 日

13.3.2 评价准则

为评价预测性能，本章使用根方误差(RMSE)、方向预测统计(D_{stat})作为模型的评价准则。

RMSE、D_{stat} 都是根据单个模型的预测结果计算统计量。然而，在预测比较中，一个很重要的问题是，模型 A 的预测精度是否显著地比模型 B 的预测精度更好。因此，本章还引入了 DM 检验(Diebold and Mariano，1995)、PT 检验(Pesaran and Timmermann，1992)和 RT 检验。

DM 检验考虑真实时间序列 $\{x_t\}_{t=1}^T$，定义待检验模型和参考基准模型的预测值为 $\{\hat{x}_{\text{tet}}\}_{t=1}^T$ 和 $\{\hat{x}_{\text{ret}}\}_{t=1}^T$，令其相应的误差序列为 $\{e_{\text{tet}}\}_{t=1}^T$ 和 $\{e_{\text{ret}}\}_{t=1}^T$，其中 $e_{\text{tet}}=x_t-\hat{x}_{\text{tet}}$，$e_{\text{ret}}=x_t-\hat{x}_{\text{ret}}$。定义损失函数为预测误差的平方和函数：$g(e_{\text{tet}})=\sum_{t=1}^T(e_{\text{tet}})^2$，$g(e_{\text{ret}})=\sum_{t=1}^T(e_{\text{ret}})^2$。DM 检验统计量定义为：$z_{\text{DM}}=\dfrac{\bar{d}}{\sqrt{\hat{V}_{\bar{d}}/T}}\sim N(0,1),T\to\infty$；其中，$\bar{d}=\dfrac{1}{T}\sum_{t=1}^T[g(e_{\text{tet}})-g(e_{\text{ret}})]$，$\hat{V}_{\bar{d}}=\gamma_0+2\sum_{j=1}^{\infty}\gamma_j$；$\gamma_j=\text{cov}(d_t,d_{t-1})$；$\hat{V}_{\bar{d}}$ 为 $\sqrt{T}\bar{d}$ 的渐进长期方差的一致估计。DM 检验原假设：两个模型预测精度相等。对于双侧检验，当 z 的绝对值大于 1.96 时，在 5%水平上拒绝原假设。

PT 检验统计量定义为：$z_{\text{PT}}=\dfrac{\hat{p}-p^*}{\sqrt{p^*(1-p^*)/n}}\sim N(0,1),n\to\infty$；其中 $\hat{p}=\dfrac{1}{n}\sum_{t=1}^n H_t[(x_{t+1}-x_t)(\hat{x}_{t+1}-x_t)]$，即模型方向预测精度；$p^*=p_1\hat{p}_1+(1-p_1)(1-\hat{p}_1)$，$p_1=\dfrac{1}{n}\sum_{t=1}^n H_t(x_{t+1}-x_t)$，$\hat{p}_1=\dfrac{1}{n}\sum_{t=1}^n H_t(\hat{x}_{t+1}-x_t)$，$H(x)=\begin{cases}1 & x\geqslant 1\\ 0 & x<0\end{cases}$。PT 检验原假设：

模型预测方向与实际方向是独立的。对于双侧检验，当 z 的绝对值大于 1.96 时，在 5%水平上拒绝原假设。

RT 检验统计量定义为：$z_{\mathrm{RT}}=\dfrac{p_A-p_B}{\sqrt{\dfrac{p_A(1-p_A)+p_B(1-p_B)}{n}}}\sim N(0,1), n\to\infty$；其中 p_A、p_B 分别为模型 A 和模型 B 的方向预测精度。RT 检验原假设：模型 A 和模型 B 方向预测精度相等。对于双侧检验，当 z 的绝对值大于 1.96 时，在 5%水平上拒绝原假设。

13.4　实证结果分析

13.4.1　数据非平稳、非线性检验

ADF (Augmented Dicky-Fuller) 检验是检验时间序列平稳性的一种有效方法，而 BDS (Brock-Decher-Scheikman) 检验能够有效地检测出时间序列存在的非线性特征，在 BDS 检验中相空间重构的嵌入维数 m，一般 $m\in[2,5]$。本章选择 Eviews 6.0 软件检验碳市场价格的平稳性、非线性，结果见表 13-2 和表 13-3。ADF 检验显示，所有碳市场价格的 p 值均大于 10%，这意味着在 10%水平上所有碳市场价格均是非平稳的。BDS 检验显示，所有碳市场价格的 p 值均为 0，这表明在 1%水平上所有碳市场价格均是非线性的。

表 13-2　ADF 检验结果

碳市场价格	t 统计量	p 值	平稳性
DEC 15	–2.5045	0.1147	×
DEC 16	–2.5036	0.1153	×

×表示在 10%水平上碳市场价格的 ADF 检验是非平稳的

表 13-3　BDS 检验结果

碳市场价格	嵌入维数								线性
	2		3		4		5		
	统计量	p 值	统计量	p 值	统计量	p 值	统计量	p 值	
DEC 15	0.018	0.000	0.043	0.000	0.069	0.000	0.086	0.000	×
DEC 16	0.026	0.000	0.052	0.000	0.075	0.000	0.09	0.000	×

×表示在 1%水平上碳市场价格的 BDS 检验是非线性的

13.4.2　EEMD 分解

本章选择 EEMD 作为碳市场价格的多尺度分解工具，其中，N 设为 100，σ 设

为碳市场价格标准差的 0.2 倍。EEMD 算法筛分终止条件设定为最大筛分次数为 10。由于 EEMD 分解可能产生端点效应，影响分解质量，我们采用极值点镜像对称、信号包络极值延拓 EEMD 来抑制端点效应和模态混叠。

EEMD 分解结果是正交的，各分量的能量总和等于原序列的能量，而端点效应使 EEMD 分解出了一些虚假分量，导致各分量的能量总和增加（Wu and Huang，2009；Ren et al.，2012）。因此，EEMD 分解前后的序列能量变化程度可以反映端点效应的影响程度。定义原始碳市场价格和 EEMD 得到的各 IMF（含残差项）的有效值（即能量）：

$$E=\sqrt{\frac{1}{n}\sum_{i=1}^{n}s^2(i)} \tag{13-11}$$

式中，E 为序列有效值；$s(t)$ 为需计算有效值的碳市场价格、IMF（含残差项）；n 为样本容量。

比较各 IMF 的有效值总和与原始碳市场价格的有效值，可以获得评价指标 θ：

$$\theta=\frac{\left|\sqrt{\sum_{i=1}^{m+1}E_i^2}-E_{X(t)}\right|}{E_{X(t)}} \tag{13-12}$$

式中，$E_{X(t)}$ 为原始碳市场价格的有效值；E_i 为第 i 个 IMF（含残差项）的有效值；m 为 IMF 的总个数。

由定义可知 $\theta\geqslant 0$，若 EEMD 没有出现端点效应则 $\theta=0$。θ 值越大，说明端点效应的影响越大。极值点镜像对称、信号包络极值延拓 EEMD 的 θ 值见表 13-4。可知，极值点镜像对称延拓 EEMD 的 θ 值在各碳市场价格中都是最小的，因此我们采用极值点镜像对称延拓 EEMD 分解碳市场价格，分别得到 8 个 IMF 和 1 个残差项，如图 13-3 所示。图 13-3 中所有的 IMF 按从高频到低频的顺序排列，它们展示了变化的频率和振幅，最后 1 个显示的是残差项。可见，高频 IMF 表现出随机无序性，低频 IMF 具有很强的周期波动性，而残差则表现出趋势性。很明显，这些 IMF（含残差项）相对于原始碳市场价格而言结构更简单、变化更平稳、规律性更强、更容易预测。

表 13-4　延拓 EEMD 比较

碳市场价格	θ 值		
	EEMD	信号包络极值延拓 EEMD	极值点镜像对称延拓 EEMD
DEC15	0.0129	0.0108	0.0084
DEC16	0.0083	0.0018	0.0015

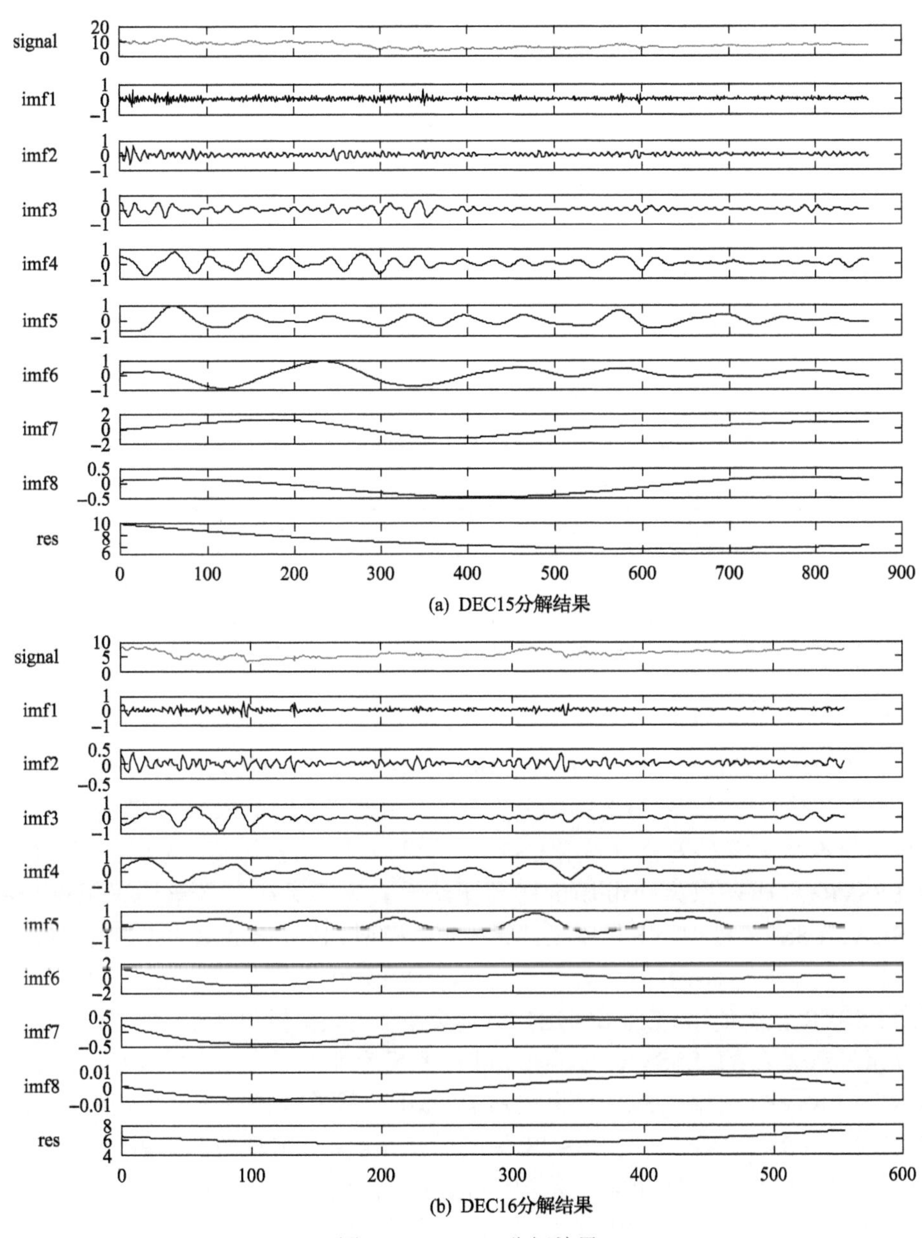

图 13-3　EEMD 分解结果

13.4.3　高频分量、低频分量和趋势分量识别

本节应用 fine-to-coarse reconstruction 算法，从细尺度到粗尺度对 IMF_1-IMF_m

计算 $s_i=\sum_{k=1}^{i}\text{IMF}_k(i=1,2,\cdots,m)$ 的均值 $\overline{s_i}$ 的 t 检验值和 p 值，结果见表 13-5。可见，在显著性水平 $\alpha=0.05$ 上，DEC15 在 $i=7$ 处距离 0 点开始显著，因此 IMF_1～IMF_6 为高频分量，而 IMF_7～IMF_8 为低频分量；在显著性水平 $\alpha=0.10$ 上，DEC16 在 $i=4$ 处距离 0 点开始显著，因此 IMF_1～IMF_3 为高频分量，而 IMF_4～IMF_8 为低频分量。所有碳市场价格的残差项均为趋势分量。

表 13-5 高频分量和低频分量识别结果

碳市场价格	参数	S_1	S_2	S_3	S_4	S_5	S_6	S_7	S_8
DEC15	$\overline{s_i}$	–0.0011	–0.0013	0.0005	0.0043	–0.012	–0.0313	0.1291	0.0108
	t 检验值	–0.3367	–0.2217	0.0561	0.3001	–0.6090	–1.2256	3.4464	0.2555
	p 值	0.7365	0.8246	0.9553	0.7642	0.5427	0.2207	0.0006	0.7984
DEC16	$\overline{s_i}$	0.0003	0.0013	0.0088	0.0323	0.0344	–0.014	0.0176	0.0167
	t 检验值	0.086	0.184	0.754	1.844	1.469	–0.450	0.464	0.439
	p 值	0.9315	0.8542	0.4514	0.0657	0.1424	0.6532	0.643	0.6612

13.4.4 预测结果分析

在碳市场价格预测 EEMD-HLT-LSSVR 建模时，我们首先识别出高频分量、低频分量和趋势分量，然后对高频分量中的各 IMF 采用 GARCH 建模预测，低频分量中的各 IMF 和残差分量采用 LSSVR 建模预测，最后将不同分量的预测值利用 LSSVR 集成还原为碳市场价格预测结果。为了对比，本章还采用单独的 GARCH、LSSVR 模型、多尺度线性集成预测模型 EEMD-GARCH-Σ（直接加总所有 IMF、残差项的 GARCH 预测值）、EEMD-LSSVR-Σ（直接加总所有 IMF、残差项的 LSSVR 预测值）和 EEMD-HLT-Σ（直接加总高频分量的 GARCH 预测值、低频分量和残差项的 LSSVR 预测值）以及多尺度非线性集成预测模型 EEMD-GARCH-LSSVR（利用 LSSVR 集成所有 IMF、残差项的 GARCH 预测值）和 EEMD-LSSVR-LSSVR（利用 LSSVR 集成所有 IMF、残差项的 LSSVR 预测值）对碳市场价格进行了学习和预测。所有的 GARCH 模型都采用 Eviews 6.0 软件实现，所有 LSSVR 模型都选择核函数原型，并通过 MATLAB R2012b 平台编程实现。PSO 采用实值编码，初始种群为 100，最大迭代次数为 50，$\gamma\in[0.01,100000]$，$\sigma^2\in[0.01,100000]$，$c_1=c_2=2$，$w\in[0.1,0.9]$，$v_{\max}=50$，适应度函数定义为 $F_{\text{fitness}}=\text{RMSE}(\lambda,\mu,m,\tau,w,\gamma)$。表 13-6 是碳市场价格预测 EEMD-HLT-LSSVR 模型参数。表 13-7 是各预测模型的 RMSE 和 D_{stat} 比较结果。DM 检验、RT 检验和 PT 检验结果分别见表 13-8、表 13-9 和表 13-10。

表 13-6　碳市场价格预测 EEMD-HLT-LSSVR 模型最优参数

碳市场价格	参数	原序列	IMF1	IMF2	IMF3	IMF4	IMF5	IMF6	IMF7	IMF8	RES	LSSVR 集成
DEC15	d	1							7	10	0	1
	t	3.35							20	4.21	1.56	−2.64
	σ^2	6658.94							10000	0.01	1056.30	3612.21
	s	41.99							0.01	10.26	12.15	47.69
	h	42.31							−4	−100	−78.06	53.79
	λ_1	4.05							−20	2.44	−2.45	28.53
	λ_2	17.95	GARCH (1,1)*	GARCH (1,1)	GARCH (1,1)	GARCH (1,1)	GARCH (1,1)	GARCH (1,1)	20	−10	1.49	−32.71
	λ_3	10.07							−20	−7.92	−1.66	−11.67
	λ_4	−8.47							−20	−10	6.36	−31.47
	γ	4933.33							0.01	5172.55	3380.98	53072.07
	m	4							10	10	7	
	τ	1							4	4	1	
	w	384							400	400	236	158
DEC16	d	2				7	10	10	3	10	0	1
	t	11.31				−13.93	5.865893	4.84	3.02	20	20	−8.26
	σ^2	2008.54	GARCH (1,1)	GARCH (1,1)	GARCH (1,1)	494.83	0.01	5658.18	9955.92	10000	10000	60522
	s	28.60				26.75	0.01	44.22	0.01	0.01	48.22	42.57
	h	−76.81				−92.03	−100	−33.73	45.39	100	100	80.47
	λ_1	−14.51				−0.002	−20	−50	−39.03	20	−2.11	6.67

续表

碳市场价格	参数	原序列	IMF1	IMF2	IMF3	IMF4	IMF5	IMF6	IMF7	IMF8	RES	LSSVR 集成
	λ_2	9.38				–28.97	–20	38.31	34.73	–18.4	5.54	–1.49
	λ_3	–17.8				–2.40	–20	–1.41	12.05	20	20	7.01
	λ_4	16.47				15.40	–9.35	–47.69	–10.01	20	–20	43.38
DEC16	γ	7603.08				4897.29	2486.15	100000	100000	0.01	10000	6145
	m	7				9	10	10	5	10	10	
	τ	3				1	4	4	4	4	4	
	w	100				193	42	41	199	115	146	205

*GARCH(p, d, q)模型，其中 p, q 分别是自回归和移动平均的阶数，d 是模型的差分阶数

表 13-7　各预测模型的 RMSE 和 D_{stat} 比较

模型	DEC15		DEC16	
	RMSE	D_{stat}	RMSE	D_{stat}
GARCH	0.109	0.713	0.110	0.64
LSSVR	0.105	0.669	0.108	0.71
EEMD-GARCH-∑	0.056	0.881	0.053	0.86
EEMD-LSSVR-∑	0.052	0.906	0.044	0.86
EEMD-HLT-∑	0.047	0.919	0.042	0.87
EEMD-GARCH-LSSVR	0.045	0.900	0.045	0.89
EEMD-LSSVR-LSSVR	0.046	0.900	0.042	0.90
EEMD-HLT-LSSVR	0.043	0.919	0.041	0.90

表 13-8　各预测模型的 DM 检验

碳市场价格	待检验模型	DM 检验基准模型						
		GARCH	LSSVR	EEMD-GARCH-∑	EEMD-LSSVR-∑	EEMD-HLT-∑	EEMD-GARCH-LSSVR	EEMD-LSSVR-LSSVR
DEC15	LSSVR	1.614* (0.054)						
	EEMD-GARCH-∑	6.151 (0.000)	5.485 (0.000)					
	EEMD-LSSVR-∑	6.555 (0.000)	5.827 (0.000)	1.056 (0.146)				
	EEMD-HLT-∑	6.800 (0.000)	6.129 (0.000)	3.261 (0.001)	2.696 (0.004)			
	EEMD-GARCH-LSSVR	7.050 (0.000)	6.328 (0.000)	3.885 (0.000)	2.368 (0.010)	0.862 (0.187)		
	EEMD-LSSVR-LSSVR	6.943 (0.000)	6.223 (0.000)	3.196 (0.001)	2.255 (0.013)	0.472 (0.319)	−0.503 (0.692)	
	EEMD-HLT-LSSVR	6.070 (0.000)	6.385 (0.000)	4.194 (0.000)	3.233 (0.001)	2.524 (0.006)	1.492 (0.069)	1.827 (0.035)
DEC16	LSSVR	0.684 (0.248)						
	EEMD-GARCH-∑	4.482 (0.000)	4.922 (0.000)					
	EEMD- LSSVR-∑	4.519 (0.000)	4.966 (0.000)	1.851 (0. 034)				
	EEMD-HLT-∑	4.733 (0.000)	5.261 (0.000)	2.735 (0.004)	0.551 (0.291)			
	EEMD-GARCH-LSSVR	4.635 (0.000)	5.124 (0.000)	1.908 (0.030)	−0.287 (0.613)	−1.087 (0.860)		
	EEMD-LSSVR-LSSVR	4.723 (0.000)	5.232 (0.000)	2.716 (0.004)	0.602 (0.274)	0.084 (0.467)	0.923 (0.179)	
	EEMD-HLT-LSSVR	4.810 (0.000)	5.324 (0.000)	3.558 (0.000)	0.841 (0.201)	0.864 (0.195)	1.899 (0.030)	0.414 (0.340)

*z_{DM} (p 值)

表 13-9　各预测模型的 RT 检验比较

碳市场价格	待检验模型	RT 检验基准模型						
		GARCH	LSSVR	EEMD-GARCH-∑	EEMD-LSSVR-∑	EEMD-HLT-∑	EEMD-GARCH-LSSVR	EEMD-LSSVR-LSSVR
DEC15	LSSVR	0.354** (0.362)						
	EEMD-GARCH-∑	5.196 (0.000)	4.868 (0.000)					
	EEMD-LSSVR-∑	5.516 (0.000)	5.193 (0.000)	0.373 (0.355)				
	EEMD-HLT-∑	5.845 (0.000)	5.526 (0.000)	0.767 (0.222)	0.396 (0.346)			
	EEMD-GARCH-LSSVR	5.355 (0.000)	5.029 (0.000)	0.184 (0.427)	–0.189 (0.575)	–0.584 (0.720)		
	EEMD-LSSVR-LSSVR	5.355 (0.000)	5.029 (0.000)	0.184 (0.427)	–0.189 (0.575)	–0.584 (0.720)	0.000 (0.863)	
	EEMD-HLT-LSSVR	5.845 (0.000)	5.526 (0.000)	0.767 (0.222)	0.396 (0.346)	0.000 (0.500)	0.584 (0.280)	0.584 (0.280)
DEC16	LSSVR	0.761 (0.224)						
	EEMD-GARCH-∑	2.758 (0.003)	2.016 (0.023)					
	EEMD-LSSVR-∑	3.311 (0.001)	2.582 (0.006)	0.586 (0.280)				
	EEMD-HLT-∑	3.895 (0.000)	3.182 (0.001)	1.223 (0.112)	0.641 (0.261)			
	EEMD-GARCH-LSSVR	3.502 (0.000)	2.778 (0.003)	0.792 (0.215)	0.207 (0.418)	–0.435 (0.668)		
	EEMD-LSSVR-LSSVR	4.097 (0.000)	3.391 (0.001)	1.448 (0.075)	0.870 (0.193)	0.231 (0.409)	0.665 (0.254)	
	EEMD-HLT-LSSVR	4.097 (0.000)	3.391 (0.001)	1.448 (0.075)	0.870 (0.193)	0.231 (0.409)	0.665 (0.254)	0.000 (0.500)

**z_{RT}（p 值）

表 13-10　各预测模型的 PT 检验比较

碳市场价格	模型	GARCH	LSSVR	EEMD-GARCH-∑	EEMD-LSSVR-∑	EEMD-HLT-∑	EEMD-GARCH-LSSVR	EEMD-LSSVR-LSSVR	EEMD-HLT-LSSVR
DEC15	t 统计量	3.850	4.364	10.048	10.333	10.633	10.143	10.096	10.562
	p 值	0.000	0.000	0.000	0.000	0.000	0.000	0.000	0.000
DEC16	t 统计量	3.072	3.898	6.729	7.168	7.657	7.352	7.888	7.904
	p 值	0.003	0.002	0.000	0.000	0.000	0.000	0.000	0.000

从水平预测角度，RMSE 表明：第一，多尺度预测模型(EEMD-GARCH-∑、EEMD-LSSVR-∑、EEMD-HLT-∑、EEMD-GARCH-LSSVR、EEMD-LSSVR-LSSVR 和 EEMD-HLT-LSSVR)明显优于所有的单项预测模型(GARCH 和 LSSVR)，其主要原因在于 EEMD 分解能够大幅提高模型的预测能力。第二，在单独预测模型中，LSSVR 模型的预测精度优于 GARCH 模型，其主要原因在于前者是非线性的，而后者是线性的，碳市场价格高度的波动性，具有非稳定性、非线性特征，线性模型不太适合用于碳市场价格预测，同时，基于核函数原型，依据数据特征驱动和 PSO 全局优化能力的自适应选择核函数也提高了 LSSVR 的学习和预测能力。第三，在多尺度集成预测模型中，非线性集成模型相比线性集成模型具有很大的优势，除 DEC16 序列中 EEMD-LSSVR-LSSVR 模型和 EEMD-LSSVR-∑模型具有相同预测精度之外，其他所有非线性集成模型在水平预测精度上都要优于线性集成模型，其主要原因是基于 LSSVR 的非线性集成模型能够较好地克服线性集成模型的局限性，获得更好的集成预测结果。另外，EEMD-LSSVR-∑模型在 DEC16 价格上的预测精度略高于 EEMD-GARCH-∑模型，而在 DEC15 上，EEMD-GARCH-∑和 EEMD-LSSVR-∑模型的 RMSE 基本相当，其可能的原因是：一方面，碳市场价格经过 EEMD 分解后，成分结构更简单，变化更平稳，更易于预测，使得 GARCH 模型和 LSSVR 模型都能够获得相对较好的预测效果；另一方面，对具有不同数据特征的 IMF 分量使用同一预测模型，无论是线性的 GARCH 模型还是非线性的 LSSVR 模型都不能达到最好的预测效果。值得注意的是，EEMD-GARCH-LSSVR 模型在水平预测精度方面达到了很高的预测水准，与 EEMD-HLT-LSSVR 模型并列第一，优于其他所有的预测模型，其可能原因是非线性集成模型弥补了 GARCH 单一线性预测模型的不足，线性预测模型和非线性集成模型的结合，同时弥补了两者的不足，具有很高的预测能力。第四，相比其他模型，本章所提出的 EEMD-HLT-LSSVR 模型在所有的碳市场价格预测中都获得了最高的水平预测精度，其主要原因可能是在 EEMD 分解的基础上，依据 IMF 分量所具有的不同数据特征识别出高频分量和低频分量，进而分别采用更合适的 GARCH 和 LSSVR 模型进行预测，通过 LSSVR 模型的非线性集成，从而提高了模型的预测能力。并且 EEMD-HLT-∑模型的预测精度也达到了很高的水准，要优于所有的线性集成模型，甚至在 DEC16 上优于 EEMD-LSSVR-LSSVR 模型，这也证明了根据不同 IMF 分量的数据特征分别进行建模具有一定的优势，同时利用 LSSVR 对不同高、低频分量预测结果进行非线性集成也要优于各高、低频分量简单的线性相加集成。

根据 DM 检验结果，可以得到如下结论：首先，所有多尺度集成预测模型在 1%水平上显著优于单项预测模型，这意味着“分解-集成”策略可以显著提高模型的预测能力。其次，在 5%水平上所有非线性集成模型与 EEMD-HLT-∑模型的预测精度并没有显著性差别，这主要得益于根据不同 IMF 分量的数据特征分别进行建模的优势。另外，除了在 DEC16 上与 EEMD-LSSVR-∑模型的预测精度无显著差异外，非线性集成模型显著优于线性集成模型。而对于所有非线性模型之间的 DM 检验并不显著，主要因为非线性集成模型都达到了很高的预测水准，各模型之间的预测精度并没有很大差异。对于线性集成模型，EEMD-LSSVR-∑和 EEMD-GARCH-∑两个模型的预测精度没有显著性差别，这可能主要得益于 EEMD 分解使得数据更平稳、更有规律性，更易于预测以及对具有不同数据特征的 IMF 分量使用同一模型建模的局限性。最后，在 5%水平上，EEMD-HLT-LSSVR 和 EEMD-HLT-∑模型除了在 DEC16 价格上与 EEMD-LSSVR-∑模型无显著差异外，要显著优于其他线性集成模型以及单项预测模型，这也说明根据不同 IMF 分量的数据特征而分别进行建模的优势，但在两个碳价格上 EEMD-HLT-LSSVR 与 EEMD-HLT-∑模型并无显著性差异。

从方向预测角度，依据 D_{stat} 结果可以得出类似于 RMSE 的结论：首先，多尺度预测模型明显优于所有的单项预测模型。其次，非线性集成模型在 DEC16 上都要优于线性集成模型，在 DEC15 上 EEMD-GARCH-LSSVR 模型也要优于 EEMD-GARCH-∑模型。最后，本章所提出的 EEMD-HLT-LSSVR 模型的 D_{stat} 值相比其他所有模型都能达到最好或并列最好。值得指出的是，在 DEC15 上 EEMD-HLT-∑模型的 RMSE 差于非线性集成模型，而其 D_{stat} 值却是最优的，与 EEMD-HLT-LSSVR 模型的 D_{stat} 值并列第一；在 DEC16 上 EEMD-LSSVR- LSSVR 模型的 D_{stat} 值也与 EEMD-HLT-LSSVR 模型的 D_{stat} 值并列第一，但其 RMSE 却要差于其他非线性集成模型，这意味着一个获得高的水平预测精度的模型并非总能获得高的方向预测精度。

PT 检验结果显示，对于所有碳市场价格，多尺度集成模型在 99%的置信水平上能够获得很高的方向预测精度。进一步地，RT 检验结果显示：多尺度集成预测模型在 99%的置信水平上显著优于单项预测模型，单独 LSSVR 模型并不显著优于 GARCH 模型。EEMD-HLT-LSSVR 模型对所有的单项预测模型在 99%的置信水平上都具有显著优势，而相比其他多尺度集成预测模型，优势并不总是显著。

碳市场价格测试集预测结果表明，无论在水平预测还是在方向预测上，EEMD-HLT-LSSVR 模型都能够获得最好的预测效果，预测值非常接近真实值。

总之，根据两个碳期货合约价格的实证分析结果，可以得出如下结论：第一，无论是水平预测还是方向预测，本章提出的 EEMD-HLT-LSSVR 模型相比其他模型的预测精度都能达到最高的预测水准，无论是水平预测精度还是方向预测精度，相比其他所有模型都是最优的。第二，多尺度集成预测模型优于单项预测模型，意味着“分解-集成”策略能够显著提高模型对碳市场价格的预测能力，非线性集成预测模型优于线性集成预测模型，说明基于 LSSVR 的非线性集成模型克服了线性集成模型的局限性，提高了预测精度。第三，由于碳市场价格波动的非平稳性和非线性，非线性模型相比线性模型更适合于碳市场价格预测。第四，本章提出的 EEMD-HLT-LSSVR 模型能够显著提高碳市场价格预测的精度，可以作为一种很有竞争力的碳市场价格预测方法。

13.5　主要结论与启示

针对碳市场价格波动内在高度的复杂性，本章提出了一种基于 EEMD、核函数原型与自适应 PSO 优化 LSSVR 的碳市场价格多尺度非线性集成预测模型。首先，采用极值点镜像延拓 EEMD 算法将碳市场价格分解为若干个 IMF 分量和一个残差项，这些 IMF 分量和残差项序列规律性显著、结构简单、变化平稳、易于预测；然后，通过 fine-to-coarse reconstruction 算法识别出高频分量、低频分量和趋势分量，继而根据不同分量的数据特征用 GARCH 模型预测高频分量，用 LSSVR 模型预测低频分量和趋势分量；最后，为了克服各分量预测值仅仅局限于线性集成的问题，提出了一种新的基于 LSSVR 的非线性集成模型，将不同模型的分量预测结果利用 LSSVR 非线性集成模型还原出碳市场价格预测值。实证结果表明，与常用的预测方法相比，本章所提出的碳市场价格多尺度非线性集成预测模型能够显著提高预测精度，无论在水平预测精度还是在方向预测精度都达到了较理想的效果。这意味着对具有高度波动和不规则性特征的碳市场价格而言，所提出的多尺度非线性集成预测模型是一种很有前途、很有竞争力的预测方法。当数据条件充分满足时，如何在建模过程中依据各分量的不同特性并加入更多影响因素分别建立分量最优预测模型，以及如何选择最优的集成模型，以期进一步提高模型的预测精度，是我们未来的研究重点方向之一。

第 14 章　考虑碳排放权交易和电价风险的发电商优化调度研究

14.1　国内外研究现状与问题提出

电力市场体制下，发电商为了自身利润的最大化，需要根据对系统不同时段负荷和边际电价的预测，在考虑机组运行的约束和其他一些因素后，进行机组的发电优化调度。基于利润的机组优化调度是发电商之间进行竞价上网和发电商争取实现利润最大化的重要手段。

基于利润的发电商机组优化调度问题最早由 Richter 和 Sheble(2002)提出，并采用遗传算法进行求解。此后，Attaviriyanupap 等(2003)、Yamin 等(2004)分别利用拉格朗日进化算法和内点奔德斯算法对基于利润的发电优化调度问题从求解方法上进行了研究。他们的研究均假设电价是被精确预测的，而在实际市场环境中，电价往往具有不确定性的特点。因此，考虑到电价的不确定性给发电商带来的影响，Conejo 等(2004)、Yamin 等(2009)、王晛等(2012)引入风险管理方法降低发电商的风险。他们的研究利用 Markowitz 的均值-方差理论，协调发电商利润和风险，并且把电价的方差作为风险放入目标函数，建立了发电商机组优化调度混合整数二次规划模型。除了利用方差作为分析工具以外，Lei 和 Shahidehpour(2009)使用下方风险和绝对离差风险分析工具建立了发电商的基于价格的发电机组调度模型。另外，由于方差关于平均收益是对称的，这意味着高于该平均值的收益也被计为风险，实际上收益的损失才是风险的本质特征。金融领域提出了风险价值(value at risk，VaR)和条件风险价值(conditional value at risk，CVaR)方法，以便更准确地反映风险的本质。因此，Jabr(2005)、Garcia-gonzalez 等(2007)采用 VaR 和 CVaR 刻画电价风险。

随着节能减排政策的实施，在机组优化调度过程中，发电商应将发电成本和污染成本在模型中一并加以考虑进行机组的出力优化。目前，已有一些学者对具有排放限制的发电商优化调度模型进行了研究。Catalao 等(2010)通过引入权重因子，权衡发电商的利润，发电成本和排放建立了发电商优化调度模型。Venkatesan 和 Sanavullah(2013)把发电利润和污染物排放同时作为目标函数，建立了多目标发电商优化调度模型。Smajo 等(2012)在排放限制条件下，提出了基于收益的优化调度模型，通过协调发电商的收益和排放限制来应对不同时段的预测电价，进而帮助决策者进行排放配额交易。由于排放权交易的实施，Ivana 等(2009)研究了排放限制和欧盟排放交易方案对发电商优化调度的影响。

上述文献对影响发电商优化调度的碳排放因素和电价风险因素单独建模，难以与实际市场相吻合。事实上，碳排放因素和电价风险因素均对发电商优化调度产生深远影响。本质上，发电商优化调度问题的数学模型是一个含混合变量、多时段、非线性的动态最优化问题。国内外学者对其开展了大量的研究工作，并提出了许多求解方法，主要分为两大类，一是数学规划方法(Smajo et al.，2012；Venkatesan and Sanavullah，2013)；二是人工智能算法(Catalao et al.，2010；原文林等，2012)。近年来，由于计算机性能的提升和求解大规模优化问题软件包的发展，混合整数规划法成为求解发电商优化调度问题的一类重要方法。

基于此，本章在总量管制和排放交易的管理和交易模式下，借鉴 VaR 和 CVaR 方法刻画电价风险，并定义鲁棒利润(robust profit，RP)和条件鲁棒利润(conditional robust profit，CRP)描述发电商的利润，建立了考虑碳排放权交易和电价风险的发电商优化调度(carbon trading risk self-scheduling，CTRSS)模型；进一步，提出混合整数二阶锥规划(mixed integer second-order cone programming，MISOCP)方法对模型进行求解。

14.2　考虑碳排放权交易和电价风险的发电商优化调度数学模型

14.2.1　鲁棒利润和条件鲁棒利润

记 $F(x,\lambda)$ 为发电商利润函数，其中 x 为决策变量，λ 为随机向量，表示不确定的电价。$F(x,\lambda)$ 不少于临界值 α 的概率可表示为

$$\psi(x,\alpha)=\int_{F(x,\lambda)\geqslant\alpha} p(\lambda)\mathrm{d}\lambda \tag{14-1}$$

式中，$p(\lambda)$ 为随机向量 λ 的密度函数。

给出置信水平 β，发电商鲁棒利润和条件鲁棒利润定义为

$$\mathrm{RP}_{\beta}(x)=\max\{\alpha\in R:\psi(x,\alpha)\geqslant\beta\} \tag{14-2}$$

$$\mathrm{CRP}_{\beta}(x)=\frac{1}{1-\beta}\int_{F(x,\lambda)\leqslant \mathrm{RP}_{\beta}(x)} F(x,\lambda)p(\lambda)\mathrm{d}\lambda \tag{14-3}$$

14.2.2　风险价值和条件风险价值

电价波动对发电商造成的损失可用风险价值和条件风险价值来测度。从利润的角度，Jabr(2005)定义了发电商风险价值和条件风险价值：

$$\mathrm{VaR}_{\beta} = \mathrm{EP} - \mathrm{RP}_{\beta} \tag{14-4}$$

$$\mathrm{CVaR}_{\beta} = \mathrm{EP} - \mathrm{CRP}_{\beta} \tag{14-5}$$

式中，EP 为期望利润。

根据上述定义，EP、RP、VaR、CRP 和 CVaR 的关系如图 14-1 所示。

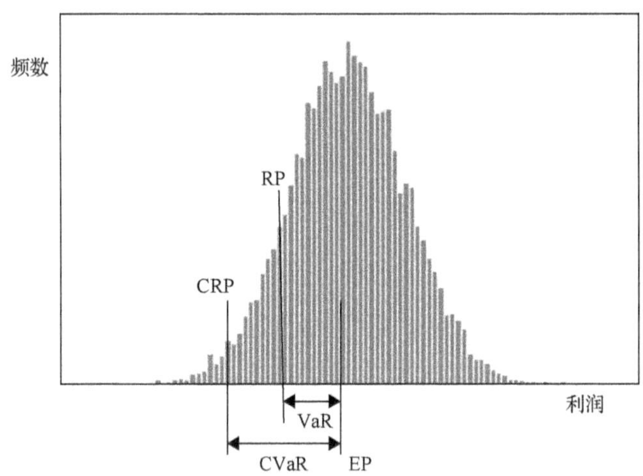

图 14-1　EP、RP、VaR、CRP 和 CVaR 的关系

由图 14-1 可知，CRP 的值小于 RP 的值，CVaR 的值大于 VaR 的值。说明发电商调度周期内的利润低于鲁棒利润时可能获得的平均利润会下降；发电商调度周期内的风险超过风险价值时可能遭受的平均潜在风险会增加。

14.2.3　CTRSS 的目标函数

由于电价的不确定性会影响发电商利润，CTRSS 的目标函数为最大化发电商条件鲁棒利润。

$$\max \mathrm{CRP}_{\beta}(x) \tag{14-6}$$

式中，$\mathrm{CRP}_{\beta}(x)$ 的积分中含有 $\mathrm{RP}_{\beta}(x)$ 项，而 $\mathrm{RP}_{\beta}(x)$ 的解析表达式难以求出。引入辅助函数：

$$G_{\beta}(x,\alpha)=\alpha+\frac{1}{1-\beta}\int[F(x,\lambda)-\alpha]^{-}p(\lambda)\mathrm{d}\lambda \tag{14-7}$$

其中 $[F(x,\lambda)-\alpha]^{-}=\min\{F(x,\lambda)-\alpha,0\}$。由式(14-1)可知

$$\mathrm{CRP}_{\beta}(x)=\max G_{\beta}(x,\alpha) \tag{14-8}$$

因为式(14-7)概率密度 $p(\lambda)$ 的解析式很难得到，通常采用随机变量 λ 的历史数据或利用蒙特卡罗方法模拟样本来处理式(14-7)中的积分(Rockafella and Uryasev，2000)。假设随机变量 λ 服从离散分布，它的样本空间由 $\{\lambda_1,\lambda_2,\cdots,\lambda_S\}$ 给出，每组数据出现的概率为 π_k，即 $P_r\{\lambda_k\}=\pi_k$，且 $\sum_{k=1}^{S}\pi_k=1$。令 $\pi=(\pi_1,\pi_2,\cdots,\pi_S)^{\mathrm{T}}$，引入 $\tilde{G}_{\beta}(x,\alpha,\pi)$ 近似 $G_{\beta}(x,\alpha)$。

$$\tilde{G}_{\beta}(x,\alpha,\pi)=\alpha+\frac{1}{1-\beta}\sum_{k=1}^{S}\pi_k[F(x,\lambda_k)-\alpha]^{-} \tag{14-9}$$

则

$$\mathrm{CRP}_{\beta}(x)=\max\tilde{G}_{\beta}(x,\alpha,\pi) \tag{14-10}$$

因此，CTRSS 问题的目标函数式(14-6)转化为

$$\max\tilde{G}_{\beta}(x,\alpha,\pi) \tag{14-11}$$

式中，$\tilde{G}_{\beta}(x,\alpha,\pi)$ 由式(14-9)给出；$F(x,\lambda_k)$ 为第 k 组电价下的发电商利润函数。发电商利润等于发电收入减去发电总成本和碳交易成本：

$$F(x,\lambda_k)=R_V-T_C-E_C \tag{14-12}$$

式(14-12)中

$$R_V=\sum_{t=1}^{T}\sum_{i=1}^{N}\lambda_k^t u_i^t P_i^t \tag{14-13}$$

$$T_C=\sum_{t=1}^{T}\sum_{i=1}^{N}[u_i^t f_i(P_i^t)+u_i^t(1-u_i^{t-1})C_{Ui}^t] \tag{14-14}$$

$$E_C=\mu_P E_{\mathrm{purc}}-\mu_S E_{\mathrm{sell}} \tag{14-15}$$

式中，R_V 为发电收入；T_C 为发电成本和启动成本；E_C 为碳排放市场上出售或购买碳排放配额产生的费用；T 为时段总数；N 为发电机组总台数；λ_k^t 为第 t 时段第 k

组电价；u_i^t 为机组 i 在第 t 时段的运行状态，$u_i^t=1$ 表示机组 i 处于运行状态，$u_i^t=0$ 表示机组 i 处于停机状态；P_i^t 为机组 i 在第 t 时段的实际有功出力；μ_S 为出售碳排放配额价格；E_{sell} 为出售的碳排放配额；μ_P 为购买碳排放配额价格；E_{purc} 为购买的碳排放配额；$f_i(P_i^t)$ 为机组 i 在第 t 时段的耗量特性函数，为二次函数 $f_i(P_i^t)=a_{0i}+a_{1i}P_i^t+a_{2i}(P_i^t)^2$，其中 a_{0i},a_{1i},a_{2i} 为机组 i 的参数；C_{Ui}^t 为机组 i 在第 t 时段的启动费用，其定义为

$$C_{Ui}^t=\begin{cases}C_i^{\text{hot}}: & \underline{T}_i^{\text{off}}\leqslant -T_i^t\leqslant \underline{T}_i^{\text{off}}+T_i^{\text{cold}}\\ C_i^{\text{cold}}: & -T_i^t>\underline{T}_i^{\text{off}}+T_i^{\text{cold}}\end{cases} \tag{14-16}$$

式中，C_i^{hot} 为机组 i 的热启动费用；C_i^{cold} 为机组 i 的冷启动费用；$\underline{T}_i^{\text{off}}$ 为机组 i 的最小停机时间；T_i^t 为机组 i 在第 t 时段已连续运行时间（为正值）或连续停机时间（为负值）；T_i^{cold} 为机组 i 的冷启动时间。

14.2.4　CTRSS 的约束条件

CTRSS 的约束条件包括系统负荷约束、机组出力约束、最小启停时间约束、碳排放配额约束。

(1) 系统负荷约束：

$$\sum_{i=1}^{N}P_i^t\leqslant P_D^t \tag{14-17}$$

(2) 机组出力约束：

$$u_i^tP_i^{\min}\leqslant P_i^t\leqslant u_i^tP_i^{\max} \tag{14-18}$$

(3) 最小启停时间约束：

$$(u_i^{t-1}-u_i^t)(T_i^{t-1}-\underline{T}_i^{\text{on}})\geqslant 0 \tag{14-19}$$

$$(u_i^t-u_i^{t-1})(-T_i^{t-1}-\underline{T}_i^{\text{off}})\geqslant 0 \tag{14-20}$$

(4) 碳排放配额约束：

$$\sum_{t=1}^{T}\sum_{i=1}^{N}u_i^tg_i(P_i^t)\leqslant E_{\text{allow}}+E_{\text{purc}}-E_{\text{sell}} \tag{14-21}$$

$$0\leqslant E_{\text{purc}}\leqslant vmE_{\text{allow}} \tag{14-22}$$

$$0 \leqslant E_{\text{sell}} \leqslant (1-v)E_{\text{allow}} \tag{14-23}$$

式中，P_D^t 为系统第 t 时段的总负荷；$P_i^{\min}$ 为机组 i 的有功出力下限；$P_i^{\max}$ 为机组 i 的有功出力上限；$\underline{T}_i^{\text{on}}$ 为机组 i 的最小运行时间；$g_i(P_i^t)$ 为机组 i 的排放特性函数，为二次函数 $g_i(P_i^t)=b_{0i}+b_{1i}P_i^t+b_{2i}(P_i^t)^2$，其中 b_{0i},b_{1i},b_{2i} 为参数；E_{allow} 为碳排放配额；v 取值为 0 或 1，当 v 取 0 时表示出售碳排放配额，当 v 取 1 时表示购买碳排放配额；m 为常数，用来限制发电商在碳市场上购买的碳排放配额。

以上建立的发电商优化调度模型同时考虑了碳排放权交易和电价风险。目标函数考虑了发电商在碳排放市场上出售或购买碳排放配额产生的费用，出售碳排放配额发电商从碳市场获得利润，购买碳排放配额发电商付出了碳排放成本。同时，目标函数为最大化 CRP_β，在求解 CRP_β 的过程中同时可得到 RP_β，而且由 Jabr (2005) 可计算出发电商风险价值 VaR_β（期望利润减去鲁棒利润）和条件风险价值 CVaR_β（期望利润减去条件鲁棒利润）。约束条件式(14-17)表示在调度周期内不需要满足系统预测负荷，除非可以产生更多的利润。系统负荷的满足由独立系统操作员(independent system operator，ISO)负责(Yamin et al.，2004)。式(14-18)表示开机时机组出力在最小出力和最大出力之间，停机时机组出力为 0。式(14-19)表示最小开机时间约束。式(14-20)表示最小停机时间约束。式(14-21)表示当发电商选择在碳市场购买配额时，发电商在调度周期内的碳排放不能超过分配的配额加上碳市场上购买的配额；当发电商选择在碳市场出售配额时，发电商在调度周期内的碳排放不能超过分配的配额减去碳市场上出售的配额。式(14-22)表示发电商可购买碳排放配额的限制。式(14-23)表示发电商可出售碳排放配额的限制。

14.3　CTRSS 问题的 MISOCP 求解方法

14.3.1　锥规划和二阶锥规划

锥规划是一种凸规划，目标函数为线性函数，约束集为仿射空间和锥的交集。一般锥规划的标准形式为(Andersen et al.，2003)

$$\min\{c^{\mathrm{T}}x \mid Ax=b, x\in K\} \tag{14-24}$$

式中，K 为闭凸点锥。

式(14-24)的对偶问题为

$$\max\{b^{\mathrm{T}}y \mid A^{\mathrm{T}}y+s=c, x\in K_*\} \tag{14-25}$$

式中，K_* 为 K 的对偶锥。线性规划(linear programming，LP)、SOCP 和半定规划(semidefinite programming，SDP)为锥规划的三种特殊情况。

二阶锥约束的类型包括二阶锥和旋转二阶锥(Alizadeh and Goldfarb，2003)。

(1) 二阶锥：

$$C^q = \left\{ x \in R^n : x_1 \geqslant \sqrt{\sum_{j=2}^{n} x_j^2} \right\} \tag{14-26}$$

(2) 旋转二阶锥：

$$C^r = \left\{ x \in R^n : 2x_1 x_2 \geqslant \sum_{j=3}^{n} x_j^2, x_1, x_2 \geqslant 0 \right\} \tag{14-27}$$

二阶锥规划为凸规划问题，而且凸二次规划、二次约束凸二次规划问题以及许多其他问题都可以转化为二阶锥规划问题求解。在二阶锥规划的求解算法中，Nemiroveski(1996)首先应用内点算法求解二阶锥规划。在此基础上，Nesterov(1998)提出了二阶锥规划的原始-对偶内点算法，此算法被证明具有多项式时间特性。此后，二阶锥规划迅速发展，特别是在工程、控制、金融、鲁棒优化及组合优化中得到了广泛的应用。

14.3.2 CTRSS 问题的 MISOCP 模型

CTRSS 优化模型的目标函数为非线性函数，约束条件中的最小启停时间约束和碳排放配额约束也是非线性函数，同时机组启停状态为整数变量，因此，CTRSS 优化模型是一个大规模的混合整数非线性规划(mixed integer nonlinear programming，MINLP)模型。现有研究表明采用求解器直接对 MINLP 求解并不能保证解的最优性，而对 MISOCP 求解却能保证解的最优性，而且效率更高(杜玉泉等，2011；Yuan et al.，2013)。基于此，本章将 CTRSS 问题转化为 MISOCP 进行求解。

CTRSS 问题的目标函数式(14-11)含有表达式$[F(x,\lambda_k)-\alpha]^-$，$[F(x,\lambda_k)-\alpha]^-$表示当 $F(x,\lambda_k)-\alpha<0$ 时取 $F(x,\lambda_k)-\alpha$，当 $F(x,\lambda_k)-\alpha>0$ 时取 0，即 $[F(x,\lambda_k)-\alpha]^- = \min\{F(x,\lambda_k)-\alpha, 0\}$。为便于计算，引入辅助变量 z_k($k=1,2,\cdots,S$)，将目标函数式(14-11)等价转化为

$$\max \alpha + \frac{1}{(1-\beta)} \sum_{k=1}^{S} \pi_k z_k \tag{14-28}$$

另增加如下约束条件：

$$z_k \leqslant \sum_{t=1}^{T}\sum_{i=1}^{N} \lambda_k^t P_i^t - (\mu_P E_{\text{purc}} - \mu_S E_{\text{sell}}) - \sum_{t=1}^{T}\sum_{i=1}^{N} [a_{0i} u_i^t + a_{1i} P_i^t + a_{2i} (P_i^t)^2] - \alpha \tag{14-29}$$

$$z_k \leqslant 0 \tag{14-30}$$

为了得到 CTRSS 问题的 MISOCP 形式，将式(14-29)转化为

$$z_k \leqslant \sum_{t=1}^{T}\sum_{i=1}^{N}\lambda_k^t P_i^t - (\mu_P E_{\text{purc}} - \mu_S E_{\text{sell}}) - \sum_{t=1}^{T}\sum_{i=1}^{N}(a_{0i}u_i^t + a_{1i}P_i^t) - p - \alpha \tag{14-31}$$

$$w_i^t = \sqrt{a_{2i}}P_i^t \tag{14-32}$$

$$2pq \geqslant \sum_{t=1}^{T}\sum_{i=1}^{N}(w_i^t)^2 \tag{14-33}$$

$$q = \frac{1}{2} \tag{14-34}$$

$$p \geqslant 0 \tag{14-35}$$

式中，$2pq \geqslant \sum_{t=1}^{T}\sum_{i=1}^{N}(w_i^t)^2$ 为旋转二阶锥约束。

最小启停时间约束式(14-19)和式(14-20)为非线性约束，采用 Madrigal 和 Quintana(1999)的线性化方法，将其等价转化为如下线性约束：

$$\sum_{\tau=t}^{\theta(\underline{T}_i^{\text{on}})} u_i^\tau \geqslant (u_i^t - u_i^{t-1})\varsigma(\underline{T}_i^{\text{on}}) + \xi(t-1)\theta_i^0 \tag{14-36}$$

$$\sum_{\tau=t}^{\theta(\underline{T}_i^{\text{off}})} (1-u_i^\tau) \geqslant (u_i^{t-1} - u_i^t)\varsigma(\underline{T}_i^{\text{off}}) + \zeta(t-1)\varsigma_i^0 \tag{14-37}$$

式(14-36)和式(14-37)中 $\xi(t-1)$ 为单位冲激函数；

$$\begin{cases}\theta(\omega) = \min\{t+\omega-1, T\} \\ \varsigma(\omega) = \min\{\omega, T-t+1\} \\ \theta_i^0 = u_i^1 u_i^0 \max\{0, \underline{T}_i^{\text{on}} - T_i^0\} \\ \varsigma_i^0 = (1-u_i^1)(1-u_i^0)\max\{0, \underline{T}_i^{\text{off}} + T_i^0\}\end{cases}$$

式中，$u_i^0 \in \{0,1\}, T_i^0$ 均为已知量。

碳排放配额约束式(14-21)为非线性约束，采用 Carrion 和 Arroyo(2006)的分段线性化方法将式(14-21)转化为如下线性约束：

$$\sum_{t=1}^{T}\sum_{i=1}^{N}A_i u_i^t + \sum_{t=1}^{T}\sum_{i=1}^{N}\sum_{l=1}^{L}F_{li}\delta_{li}^t \leqslant E_{\text{allow}} + E_{\text{purc}} - E_{\text{sell}} \tag{14-38}$$

$$P_i^t = \sum_{l=1}^{L}\delta_{li}^t + P_i^{\min}u_i^t \tag{14-39}$$

$$\delta_{1i}^t \leqslant Q_{1i} - P_i^{\min} \tag{14-40}$$

$$\delta_{li}^t \leqslant Q_{li} - Q_{(l-1)i}, l = 2,\cdots,L-1 \tag{14-41}$$

$$\delta_{Li}^t \leqslant P_i^{\max} - Q_{(L-1)i} \tag{14-42}$$

$$\delta_{li}^t \geqslant 0 \tag{14-43}$$

式中，$A_i = b_{0i} + b_{1i}P_i^{\min} + b_{2i}(P_i^{\min})^2$；$L$ 为线性化的分段数；F_{li} 为机组 i 第 l 分段斜率；Q_{li} 为机组 i 第 l 分段点出力；δ_{li}^t 为辅助变量。

至此，可得到 CTRSS 问题的 MISOCP 形式：

$$\max \ \alpha + \frac{1}{(1-\beta)}\sum_{k=1}^{S}\pi_k z_k \tag{14-44}$$

s.t. 式(14-17)，式(14-18)，式(14-22)，式(14-23)，式(14-30)～式(14-43)

$$v \in \{0,1\}, u_i^t \in \{0,1\}$$

14.4 仿真分析

14.4.1 考虑电价风险的发电商优化调度

为了验证本章所提方法的有效性，首先讨论考虑电价风险的发电商优化调度问题，即在 CTRSS 问题中目标函数暂不考虑碳排放市场上出售或购买碳排放配额产生的费用，约束条件不包括碳排放配额约束。

数值计算的硬件环境为 Pentium® Dual-Core CPU T4300(2.1GHz，2.09GHz) PC，1.93GB RAM。软件环境为在 MS-Windows XP(32 bit)操作系统下使用 MATLAB 2010a 编程，并调用 MOSEK 6.0 进行计算。

10 机组 24 时段系统的发电机参数及各时段负荷数据来源 Senjyu 等(2003)。排放参数数据来自 Saber 和 Venayagamoorthy(2011)，具体数据见表 14-1～表 14-3。利用蒙特卡罗方法模拟 1000 组电价离散样本。表 14-4 给出了样本各时段电价均值。图 14-2 为样本各时段电价。

表 14-1　发电机成本系数和 CO_2 排放系数

机组	a_{0i} /(美元/时)	a_{1i} /[美元/(兆瓦·时)]	a_{2i} /[美元/(兆瓦^2·时)]	b_{0i} /(吨/时)	b_{1i} /[吨/(兆瓦·时)]	b_{2i} /[吨/(兆瓦^2·时)]
1	1000	16.19	0.00048	10.33908	–0.24444	0.00312
2	970	17.26	0.00031	10.33908	–0.24444	0.00312
3	700	16.60	0.00200	30.03910	–0.40695	0.00509
4	680	16.50	0.00211	30.03910	–0.40695	0.00509
5	450	19.70	0.00398	32.00006	–0.38132	0.00344
6	370	22.26	0.00712	32.00006	–0.38132	0.00344
7	480	27.74	0.00079	33.00056	–0.39023	0.00465
8	660	25.92	0.00413	33.00056	–0.39023	0.00465
9	665	27.27	0.00222	35.00056	–0.39524	0.00465
10	670	27.79	0.00173	36.00012	–0.39864	0.00470

表 14-2　发电机运行数据

参数	机组									
	1	2	3	4	5	6	7	8	9	10
P_i^{max} /兆瓦	455	455	130	130	162	80	85	55	55	55
P_i^{min} /兆瓦	150	150	20	20	25	20	25	10	10	10
$\underline{T}_i^{on}$ /时	8	8	5	5	6	3	3	1	1	1
$\underline{T}_i^{off}$ /时	8	8	5	5	6	3	3	1	1	1
C_i^{hot} /美元	4500	5000	550	560	900	170	260	30	30	30
C_i^{cold} /美元	9000	10000	1100	1120	1800	340	520	60	60	60
T_i^{cold} /时	5	5	4	4	4	2	2	0	0	0
T_i^0 /时	8	8	–5	–5	–6	–3	–3	–1	–1	–1
u_i^0	1	1	0	0	0	0	0	0	0	0

表 14-3　各时段预测负荷

时段	1	2	3	4	5	6	7	8
负荷/兆瓦	700	750	850	950	1000	1100	1150	1200
时段	9	10	11	12	13	14	15	16
负荷/兆瓦	1300	1400	1450	1500	1400	1300	1200	1050
时段	17	18	19	20	21	22	23	24
负荷/兆瓦	1000	1100	1200	1400	1300	1100	900	800

表 14-4　各时段电价均值

时段	1	2	3	4	5	6	7	8
均值/(美元/兆瓦时)	37.99	37.44	37.13	37.27	37.65	38.61	40.47	45.34
时段	9	10	11	12	13	14	15	16
均值/(美元/兆瓦时)	47.20	45.80	44.50	43.04	42.37	42.06	41.86	42.03
时段	17	18	19	20	21	22	23	24
均值/(美元/兆瓦时)	43.04	46.25	45.80	43.59	41.29	40.25	39.37	38.08

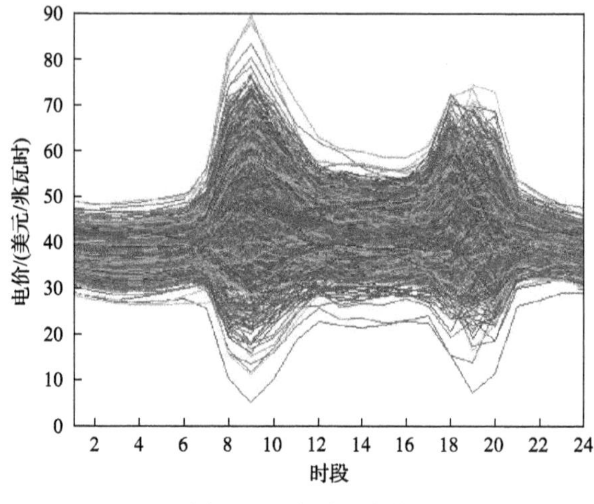

图 14-2　各时段电价

取 $\beta = 0.95$，$\pi_k = 1/1000$。表 14-5 给出了 10 机组 24 时段优化调度。从表 14-5 可知，机组 7、机组 8、机组 9 和机组 10 在调度周期内全部停机。通过比较 10 台机组的容量和煤耗，发现机组 7～10 容量小，并且发电煤耗高，如果参与发电，不能获得利润。调度周期 24 时段的总负荷为 27100 兆瓦，发电 26618 兆瓦，满足负荷需求的比例达到 98%。

表 14-5　10 机组 24 时段优化调度　　（单位：兆瓦）

时段	机组									
	1	2	3	4	5	6	7	8	9	10
1	455	245	0	0	0	0	0	0	0	0
2	455	295	0	0	0	0	0	0	0	0
3	455	395	0	0	0	0	0	0	0	0
4	455	365	0	130	0	0	0	0	0	0
5	455	415	0	130	0	0	0	0	0	0
6	455	385	130	130	0	0	0	0	0	0
7	455	435	130	130	0	0	0	0	0	0
8	455	455	130	130	0	0	0	0	0	0

续表

时段	机组									
	1	2	3	4	5	6	7	8	9	10
9	455	455	130	130	0	0	0	0	0	0
10	455	455	130	130	162	0	0	0	0	0
11	455	455	130	130	162	80	0	0	0	0
12	455	455	130	130	162	80	0	0	0	0
13	455	455	130	130	162	68	0	0	0	0
14	455	455	130	130	130	0	0	0	0	0
15	455	455	130	130	30	0	0	0	0	0
16	455	310	130	130	25	0	0	0	0	0
17	455	260	130	130	25	0	0	0	0	0
18	455	360	130	130	25	0	0	0	0	0
19	455	455	130	130	30	0	0	0	0	0
20	455	455	130	130	162	0	0	0	0	0
21	455	455	130	130	130	0	0	0	0	0
22	455	455	0	130	0	0	0	0	0	0
23	455	445	0	0	0	0	0	0	0	0
24	455	345	0	0	0	0	0	0	0	0

当 β=0.95 时，RP_{β}为 350164 美元，CRP_{β}为 290707 美元，VaR_{β}为 231802 美元，$CVaR_{\beta}$为 291260 美元。CRP_{β}的值小于 RP_{β}的值。说明发电商调度周期内的最大利润为 350164 美元，利润低于 350164 美元时可能获得的平均利润下降到 290707 美元；发电商调度周期内的最大风险(损失)为 231802 美元，风险超过 231802 美元时可能遭受的平均潜在风险增加到 291260 美元。表 14-6 给出了不同置信水平下的优化结果。随着置信水平的增加，风险增加，利润下降。表 14-7 给出了不同置信水平下 CTRSS 问题的计算时间。从表 14-7 可以看出，本章方法收敛速度较快，计算时间在合理范围内。随着置信水平的增加计算时间略有增加。

表 14-6　不同置信水平下的优化结果　(单位：美元)

结果	$\beta=0.90$	$\beta=0.95$	$\beta=0.99$
期望利润	587209	581966	562653
鲁棒利润	404324	350164	258421
条件鲁棒利润	335976	290707	202804
风险价值	182885	231802	304232
条件风险价值	251233	291260	359849

表 14-7　不同置信水平下的计算时间　(单位：秒)

参数	$\beta=0.90$	$\beta=0.95$	$\beta=0.99$
计算时间	142.82	162.31	165.99

14.4.2 考虑碳排放权交易和电价风险的发电商优化调度

CTRSS 问题的 MISOCP 模型为式(14-44)，取 $\beta = 0.95$， $\pi_k = 1/1000$，m=1，L=4。以 10 机组 24 时段为例，由 14.4.1 节可知不计碳排放权交易时二氧化碳总排放 $E_{\max}$=26345 吨。碳排放权的初始分配方式为免费分配，欧盟碳排放初始分配的比例接近 50%，本节取碳排放配额 $E_{\text{allow}} = 1/2E_{\max}$。假设购买碳排放配额和出售碳排放配额的价格相同。碳价场景为 2～20 美元/吨，每个场景碳价差为 2 美元/吨，总共 10 个场景。图 14-3 给出了不同碳价场景下的 VaR 和 CVaR 结果。图 14-4 给出了不同碳价场景下的 RP 和 CRP 结果。

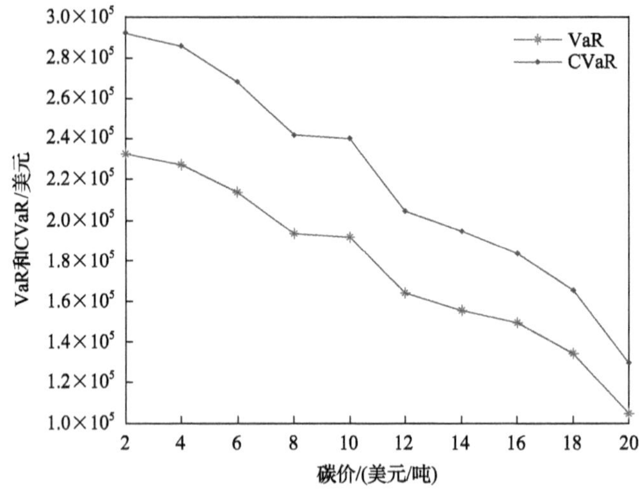

图 14-3 不同碳价场景下的 VaR 和 CvaR 结果

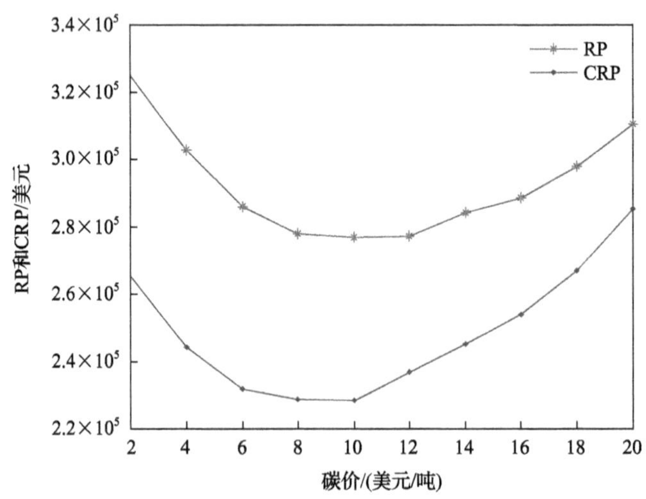

图 14-4 不同碳价场景下的 RP 和 CRP 结果

由图 14-3 可知，随着碳价的增加，发电商来自电力市场的风险不断下降。从图 14-4 发现，当碳价从 2 美元/吨增加到 8 美元/吨时，发电商的利润逐渐减少，主要原因是发电商从碳市场购入配额，而碳价的升高，增加了发电商的碳交易成本；当碳价从 8 美元/吨增加到 20 美元/吨时，发电商的利润又逐渐上升，主要是由于碳价升高，发电商改变碳交易策略，出售配额从碳市场获取利润。表 14-8 给出了不同碳价场景下的碳市场优化策略。

表 14-8　不同碳价场景下的碳市场优化策略

碳价/(美元/吨)	购买配额/吨	出售配额/吨	总排放/吨	碳市场利润/美元
2	11966	0	25093	–23932
4	6972	0	20095	–27891
6	3267	0	16392	–19607
8	0	0	13125	0
10	0	0	13132	0
12	0	3674	9485	44082
14	0	4506	8653	63078
16	0	5285	7875	84554
18	0	6689	6477	120407
20	0	8393	4777	167856

表 14-8 说明，在碳价的 10 个场景中，当碳价为 2 美元/吨、4 美元/吨和 6 美元/吨时，碳排放量高于碳排放配额，发电商需要从碳市场上购买碳排放权，碳市场上获取的利润为负值，即产生碳交易成本；当碳价为 8 美元/吨和 10 美元/吨时，碳排放量减少到和碳排放配额相等的量，发电商既不购买碳排放权也不出售碳排放权，碳交易成本降为 0；当碳价大于 10 美元/吨时，碳排放量不断减少，且低于碳排放配额，发电商开始出售碳排放权，从碳市场获取利润，随着碳价的增加，出售的碳排放权也随之增加。

14.5　主要结论与启示

本章在总量管制和排放交易机制下，提出了考虑碳排放权交易和电价风险的发电商优化调度模型，并将所提模型转化为 MISOCP 进行求解。仿真分析表明：①本章所提的 MISOCP 方法能够快速高效地求解 CTRSS 问题；②随着碳价的增加，发电商来自电力市场的风险不断下降，总利润先减少后增加；③碳价的变化对碳排放量影响较大。基于上述研究结论，发电商可以利用该模型优化发电，平衡利润和风险，根据碳排放权价格的高低做出出售配额或购买配额的最优策略。

第 15 章　基于拍卖的碳市场配额初始分配有效性研究

15.1　问题的提出

温室气体减排正成为全球议题。作为一种市场机制，碳市场是应对全球气候变化成本的有效手段，碳排放权的初始分配是碳市场的关键环节。碳配额分配方式主要包括免费分配、拍卖分配或两者相结合的混合分配方式。碳排放权初始分配需要考虑两个重要问题：一是以何种方式实施分配，二是分配产生的减排成本与福利效应。与免费分配相比，拍卖分配一般被认为更具效率优势。然而，碳市场通常存在少数排放大户，它们在碳配额拍卖中具备市场势力，进而会影响拍卖分配有效性。因此，有必要考察市场势力情形下拍卖分配的有效性问题。进一步地，拍卖市场中潜在的市场势力可能导致混合分配和拍卖分配方式减排成本和社会福利存在差别；此外，混合分配或拍卖分配均会影响企业减排成本，最终会影响产品市场，因此研究排放权初始分配与产品市场存在紧密联系。基于这种考虑，本章将产品市场和拍卖市场纳入统一框架，分析市场势力如何影响不同分配方式下的减排成本及福利效应。

具体地，本章集中研究三个方面的问题：①配额拍卖的市场势力如何影响初始分配的有效性；②产品市场与碳配额交易市场的关系；③比较混合分配和拍卖分配方式在减排方面经济福利的差异性。本章考虑的主要情形是：一个拍卖市场势力企业，其在产品市场中是产量领导者，其他企业是拍卖价格接受者，并且是产量跟随者。本章先分析混合分配方式下，拍卖市场势力企业是如何决定拍卖出清价格，发现当且仅当分配总额等于有效分配总额时，则混合分配方式可实现最小减排成本；碳配额拍卖出清价格和主导企业产品市场份额随主导企业免费分配数量的增加而增加；考虑到分配方式的多样性，本章还将混合分配方式和拍卖分配进行对比，分析两种分配总额、减排总成本和社会福利的差别，发现混合分配方式的有效成本低于拍卖分配方式，社会总福利高于拍卖分配方式。

15.2　文 献 综 述

排放权交易中的市场势力和排放权初始分配的关系研究始于 Hahn(1984)，他发现当且仅当市场势力企业初始分配的排放权数量等于市场均衡下它所需要的数量时，排放权市场可实现减排成本最小化，否则，市场将无效。如果市场势力企业是净买者，则其将价格控制在边际减排成本以下，反之亦然。不过 Hahn 仅仅考虑排放权交易市场，没有将产品市场纳入研究对象。Westskog(1996)、Egteren 和 Weber(1996) 分别将 Hahn 的研究分别拓展到多个古诺厂商和不履约(non-compiance)模型当中，并获得和 Hahn 本质上类似的结论。Maeda(2003)双主导企业，一个主导者净卖者，另一个主导企业和跟随者是净买者。只有在排放权市场有市场势力。利用线性的边际减排成本，并假设两个主导企业参与哪是议价，结果认为许可价格高于有效价格(无市场势力)，与 Hahn 稍有不同。但是这个结论受限于模型的假设。

除上述只考察排放权交易市场研究外，一些文献将排放权交易市场和产品市场同时纳入分析框架。Misiolek 和 Elder(1989)研究表明，如果某个主导型企业在双市场中都有市场势力，则它可通过排放权价格增加对手成本，这种排他性的市场操纵行为，会使得主导企业的配额持有量将大于 Hahn(1984)情形下的有效水平。Sartzetakis(1997a)发现排放权交易的市场势力可限制产品市场的竞争行为。因此，有学者建议可将排放权分配作为一项限制企业的产品市场势力政策(Sartzetakis, 1997a; Disegni, 2005)。进一步地，Sartzetakis(1997b)发现，如果产品市场为非完全竞争市场，排放权交易市场配置功能将受到阻碍，排放权交易市场将不再有效。Hatcher(2012)发现当企业在产品市场和排放权交易市场兼具市场势力时，只要该市场势力企业在初始分配中获得数量大于零的排放权，那么在均衡中它将持有过多排放权，进而导致市场无效。Hintermann(2015)则进一步论证发现，企业仅在排放权交易市场中具有市场势力时，Hatcher(2012)的结论仍然成立。上述研究均将排放权交易市场与产品市场纳入分析框架中，发现产品市场或排放权交易市场是非完全竞争性市场，将导致排放权交易市场配置不再有效，并认为初始分配可作为减轻排放权交易市场配置扭曲程度的政策工具。然而，上述研究均没有考虑和分析初始分配本身仍可能存在分配的非效率性。

在分配方式比较分析及分配策略选择方面，Cramton 和 Kerr(2002)认为拍卖分配效率比免费分配效率更高。他们研究发现，排放权拍卖可明确排放权价格信号，减少交易的成本，使得排放权更合理地流向那些排放权估价更高的企业，进而提高了交易效率和排放权分配效率。另外，拍卖确保了排放权的可获得性，使新企业能通过购买排放权进入相关市场，避免企业通过囤积排放权造成市场垄断。Hahn 和 Noll(1982)、Plott 等(1989)认为，密封式拍卖机制比其他交易机制更具优势，它能够防止部分企业通过控制市场多数排放权达到垄断目的，且有利于维持排放权交易价格的稳定性。分配策略选择方面，Borenstein(1988)研究了不同机制下排放权初始分配的有效性问题，发现从部分拍卖到完全拍卖需要一段过渡时间，在排放权交易计划初始实施阶段，可确定一个免费分配比例，然后逐渐降低免费分配的比例配额。Kling 和 Zhao(2000)研究发现从长期效率角度，排放权拍卖数量与免费分配数量的比例要依污染损害特征而定。

在排放权初始分配的减排成本和福利研究方面，Jensen 和 Rasmussen(2000)充分比较了碳配额的拍卖、祖父法及按产出分配的三种初始分配方式的成本和福利效应，结果发现拍卖能减轻税收扭曲，福利损失最小，但可能引发能源消耗部门高失业率及资本的重置成本。Bohm(2002)的研究也获得类似结论，他发现拍卖究竟是否比祖父法更具成本有效性，取决于拍卖收入用途能否改变税收扭曲。Golombek 等(2013)实证分析了祖父法、按产出分配和拍卖等多种分配方式如何影响欧洲电力市场。类似地，Weber 和 Vogel(2014)也考察了碳的免费分配对欧盟电力市场价格和投资的影响，结果表明免费分配使得企业过度投资，并导致减排成本高于有效成本水平。总体而言，上述文献主要比较分析了纯粹免费与纯粹拍卖的减排成本和福利效应，但未涉及免费与拍卖混合分配和纯粹拍卖减排成本及其福利效应的比较分析。

纵观现有研究，主要存在以下不足：①忽略了碳配额拍卖市场特征对拍卖效率的影响。事实上，拍卖市场势力在现实中是广泛存在的，那么它会不会造成拍卖无效配置？如果造成无效，如何克服无效性？②绝大部分研究考察了配额拍卖和免费分配之间的差异，然而实践中碳配额通常以混合分配的方式分配给减排主体，但鲜有文献比较分析这种混合分配方式与纯拍卖方式减排成本、福利等方面的差异。

15.3 基 本 模 型

假设有 n 个企业被规制者纳入二氧化碳限排范围，它们生产某种同质产品。在产品市场中，令企业 1 是产量领导者，边缘企业 $i(i=2,\cdots,n)$ 是产量跟随者。令企业 1 的产量为 q_1，其余 $n-1$ 个企业产量总和为 $\sum_{i=2}^{n} q_i$ 。产品的反需求函数为 $p=A-BQ$ ，其中外生参数 $A>0, B>0$ ，Q 为所有企业产量总和。

设 n 个企业排放总量控制为 E，企业的分配配额通过混合分配方式实现，即部分配额免费发放给企业，另一部分配额以拍卖方式分配。在拍卖市场中，企业 1 具有市场势力，可决定拍卖出清价格，其他边缘企业则是价格接受者。拍卖具体方式是同一价格拍卖[①](uniform price auction)。企业免费获得的碳配额为 $e_i^0(e_i^0\neq 0)$，其余配额 $E-\sum_{i=1}^{n} e_i^0$ 均通过拍卖实现分配。e_i 为初始分配结束企业后持

① 同一价格即拍卖的总需求量等于或高于总供给量的最高价格。

有的配额量，并且规定企业不能互相交易。因此，企业拍卖获得的配额为 $e_i^a(\beta)$：$e_i^a(\beta)=e_i-e_i^0$，其中，β 为拍卖出清价格。企业在拍卖市场配额需求量与拍卖价格为线性递减关系，$e_i'<0$，$e_i''=0$①。拍卖市场价格出清时有 $E=e_1+\sum_{i=2}^{n}e_i$。

为了不偏离本章讨论的主要目的，本章仅考虑企业减排成本而不考虑生产成本。企业减排成本 C^i 与产量和排放量有关：$C^i=C^i(q_i,e_i)$。进一步地，根据 Hintermann(2015)的研究，企业减排成本函数具有如下性质：减排成本随排放量递减，随产量递增，并且关于排放量和产量是联合凸函数，因此有 $C_e^i<0$，$C_q^i>0$，$C_{ee}^i>0$，$C_{qq}^i>0$，$C_{qe}^i<0$ 以及 $\Delta_i=C_{ee}^iC_{qq}^i-(C_{eq}^i)^2>0$，为简化模型计算，本章在假定 $C^i(q,e)$ 三阶及其以上导数为零②。边缘企业选择最优排放量 e_i 和产出水平 q_i 来最大化其利润，其最大化问题为

$$\max_{e_i,q_i}\pi_i=pq_i-C^i(q_i,e_i)-\beta(e_i-e_i^0),i=2,3,\cdots,n \tag{15-1}$$

企业 1 有市场势力，它选择最优的出清价格 β 和产出水平 q_1 来最大化利润，它最大化的约束条件是其排放量不得超过其配额量：$e_1\leqslant E-\sum_{i=2}^{n}e_i$。当然，由于企业边际减排成本关于排放量递减，企业 1 的理性选择紧约束 $e_1=E-\sum_{i=2}^{n}e_i$。因此，企业 1 的最大化问题为

$$\max_{\beta,q_1}\pi_1=pq_1-C^1(q_1,e_1)-\beta(e_1-e_1^0) \tag{15-2}$$

$$\text{s.t. } e_1=E-\sum_{i=2}^{n}e_i$$

由于企业的拍卖收入最后归入政府财政收入，因此减排总成本 TC 等于所有企业减排成本之和：

$$\text{TC}=\sum_{i=1}^{n}C^i(q_i,e_i)$$

社会福利函数定义为消费者剩余与生产者剩余之和，再减去减排总成本：

① 该假设参考 Hahn(1984)的研究。

② 这样做本质上认为减排成本函数是线性或二次非线性函数。当然需要说明的是，后文命题的证明表明，只要保证成本函数的性质，即便采用更高次的非线性函数，也不会改变本章的基本结论。

$$W = \int_0^Q P(x)\mathrm{d}x - \mathrm{TC}$$

根据上述分析，模型分为两个阶段。第一阶段，政府组织混合分配方式进行配额分配，确定企业排放配额；第二阶段，在排放上限约束下，两个企业进行产量博弈选择，实现利润最大化。由于在各阶段企业 1 都是主导者，可采用逆向归纳法求解：先考虑边缘企业的最优策略行动，然后考虑企业 1 的最优策略行动。基于上述模型用于解决三个问题：第一，分析存在拍卖市场势力下，均衡拍卖价格是如何确定的，以及免费分配对拍卖均衡的影响；第二，初始分配如何影响产品；第三，混合分配与纯粹拍卖下的减排成本及福利比较分析。

15.4 拍卖市场势力

第一阶段，边缘企业 i 决定其最优产量 q_i，由于每个边缘企业是产量跟随者，因此其一阶条件为

$$-Bq_i + p - C_q^i = 0, i = 2,3,\cdots,n \tag{15-3}$$

第二阶段，边缘企业确定最优的排放水平 e_i。在这个阶段，企业 1 会利用市场势力操纵拍卖价格来最大化其利润，而边缘企业是拍卖价格的接受者，因此关于 e_i 的一阶条件为

$$-C_e^i = \beta, i = 2,3,\cdots,n \tag{15-4}$$

式(15-3)表明边缘企业的最优产出是关于其排放量和企业 1 产出的函数，即式(15-5)。式(15-4)表明边缘企业最优策略是通过调整其排放量和产出使得其边际减排成本刚好等于拍卖价格，将式(15-3)代入式(15-4)可得到边缘企业最优排放是关于企业 1 的产出和拍卖价格函数，即式(15-6)。

$$q_i^* = q_i^*(q_1, e_i),\ i = 2,3,\cdots,n \tag{15-5}$$

$$e_i^* = e_i^*(q_1, \beta),\ i = 2,3,\cdots,n \tag{15-6}$$

将式(15-5)和式(15-6)同时代入式(15-2)，并对 q_1 求导得到企业 1 最优产量的一阶条件为

$$-B\left(1 + \sum_{i=2}^{n} \frac{\partial q_i}{\partial q_1}\right) q_1 + p - C_q^1 = 0 \tag{15-7}$$

通过求解式(15-7)，可得到式(15-8)：

$$q_1^* = q_1^*(\beta) \tag{15-8}$$

联合式(15-5)和式(15-6)，得到边缘企业和企业 1 的最优排放量分别为 $e_i^*(\beta)$ 及 $E-\sum_{i=2}^{n}e_i^*(\beta)$，并且有 $e_1'+\sum_{i=2}^{n}e_i'=0$。企业 1 决定拍卖出清价格 β，使得利润最大化，β 最优的一阶条件为

$$(p-C_q^1-Bq_1)\frac{\mathrm{d}q_1}{\mathrm{d}\beta}+(C_e^1+\beta)\sum_{i=2}^{n}e_i'-\left(Bq_1\sum_{i=2}^{n}\frac{\mathrm{d}q_i}{\mathrm{d}\beta}+E-\sum_{i=2}^{n}e_i-e_1^0\right)=0 \tag{15-9}$$

以下命题给出拍卖的均衡价格与市场势力企业的边际减排成本之间的关系。

命题 15-1：假设产品市场有一个主导企业和若干个跟随企业，主导企业拍卖价格决定者且跟随企业是价格接受者。当且仅当分配总额等于有效分配总额时，则混合分配方式可实现最小减排成本 TC^*，否则减排成本超过 TC^*。

证明：根据式(15-7)以及 $\frac{\mathrm{d}q_i}{\mathrm{d}\beta}=\frac{\partial q_i}{\partial q_1}\frac{\mathrm{d}q_1}{\mathrm{d}\beta}+\frac{\partial q_i}{\partial e_i}e_i'$，将式(15-9)化简并整理后可改写为

$$\beta=-C_e^1+\frac{E-E^*}{\sum_{i=2}^{n}e_i'} \tag{15-10}$$

当分配总额 E 等于 E^* 时，式(15-10)右边第二项为 0，企业 1 边际减排成本恰好等于拍卖价格，进而所有企业减排成本之和达到最小化(注意其他边缘企业均是价格接受者，其边际减排成本恒等于拍卖价格)，因此 E^* 为有效分配总额。更进一步地，$e_1=E^*-\sum_{i=2}^{n}e_i=e_1^0-Bq_1\sum_{i=2}^{n}\frac{\partial q_i}{\partial e_i}e_i'$（$Bq_1\sum_{i=2}^{n}\frac{\partial q_i}{\partial e_i}e_i'$ 为负值，证明见附录 2)，这表明 E^* 恰好等于所有企业均衡下所需要排放配额总和。因此分配总额与企业需要的排放量保持一致是实现减排成本最小化途径。如果 E 不等于 E^*，则企业 1 的边际减排成本不会等于拍卖价格(当 $E>E^*$，$\beta<-C_e^1$；反之，则 $\beta>-C_e^1$)，进而减排成本总和将超过有效减排成本。

效率原则是碳初始分配基本原则之一，减排成本最小化则是效率原则表现之一。命题 15-1 回答了初始分配总额如何影响均衡拍卖价格，进而影响减排成本问题。当拍卖市场某个竞拍者存在市场势力时，拍卖的结果导致减排成本可能不是最优的。因为市场势力企业将拍卖价格制定高于其边际减排成本或低于边际减排成

本，从而导致总体减排成本是非效率的。然而，如果政府能够准确了解企业排放总需求，设定合适的排放总额，那么免费和拍卖结合初始分配可以实现减排成本最优。因此从减排成本效率方面，制定减排目标需要充分考虑企业实际排放总需求。

图 15-1 展示了 $n=2$ 简单情形下的拍卖出清价格和配额之间的关系。横坐标是主导企业 1 和跟随企业 2 在拍卖市场中获得的碳配额，坐标总长度为 E，即分配总额。左边纵坐标代表拍卖出清价格或跟随企业边际减排成本 $-C_e^2$，右边纵坐标代表拍卖出清价格以及企业 1 边际减排成本曲线 $-C_e^1$，两个纵坐标刻度与单位保持一致。当 $E=E^*$，$\beta^*=-C_e^1=-C_e^2$，两条边际减排成本曲线交于 A 点，企业 1 和企业 2 获得配额分别为 e_1^*，e_2^*。当 $E_2<E^*$ 时，拍卖出清价格为：$\beta_2^*=-C_e^1+(E_2-E^*)/e_2'$，比 β^* 要高（B 点），因此在排放许可相对稀缺时，企业 1 通过提高拍卖价格，获得更多比例的排放许可；如果排放许可相对富余，则出清价格低于 β^*（C 点），企业 2 则获得更多比例的排放许可。

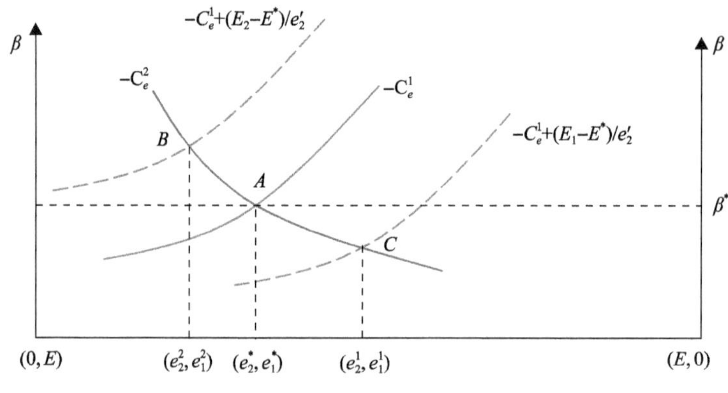

图 15-1 拍卖配额与出清价格

接下来考察市场势力企业免费配额如何影响拍卖市场均衡，得到如下结果：

命题 15-2：若主导企业以免费分配方式获得的排放许可 $e_1^0(0<e_1^0<E)$，则 $\dfrac{\partial\beta}{\partial e_1^0}>0$ 及 $\dfrac{\partial e_1}{\partial e_1^0}>0$。

证明：式(15-10)对 e_1^0 求导数，得到：

$$\frac{\partial\beta}{\partial e_1^0}=-\left(2\sum_{i=2}^{n}e_i'+B\frac{\mathrm{d}q_1}{\mathrm{d}\beta}\sum_{i=2}^{n}\frac{\mathrm{d}q_i}{\mathrm{d}e_i}e_i'+\left(\frac{\mathrm{d}q_1}{\mathrm{d}e_1}C_{eq}^1-C_{ee}^1\sum_{i=2}^{n}e_i'\right)\sum_{i=2}^{n}e_i'\right)^{-1}$$

注意等式右边括号项小于 0，因为它是企业 1 最优拍卖价格的二阶条件（证明见附录 3），因此 $\dfrac{\partial\beta}{\partial e_1^0}$ 大于零。通过链式求导法则，$\dfrac{\partial e_1}{\partial e_1^0}$ 表达式如下：

$$\frac{\partial e_1}{\partial e_1^0}=\frac{\mathrm{d}e_1}{\mathrm{d}\beta}\frac{\partial \beta}{\partial e_1^0}$$

又因为 $\frac{\mathrm{d}e_1}{\mathrm{d}\beta}=\frac{\mathrm{d}\left(E-\sum\limits_{i=2}^{n}e_i\right)}{\mathrm{d}\beta}>0$，因此 $\frac{\partial e_1}{\partial e_1^0}>0$。

如果主导企业拥有的免费配额越多，那么提高拍卖价格增加对手的成本，减少竞争对手排放许可，从而在产品市场中获得更多利益(因为主导利润函数关于拍卖价格是凹函数)。因此，如果分配总额是非有效配额，那么主导企业免费配额越多，拍卖均衡价格就越偏离有效拍卖价格。

15.5　产品市场分析

上述主要考察了拍卖市场的均衡以及减排效率问题。产品市场和拍卖市场是两个互相紧密联系的整体，有必要理解产品市场和拍卖之间的联系。具体地，首先讨论拍卖价格对企业产量的关系，然后在此基础上考察主导企业免费配额如何影响企业的市场份额。市场反需求函数对拍卖价格求导得到：

$$\frac{\mathrm{d}P}{\mathrm{d}\beta}=-B\left(\frac{\mathrm{d}q_1}{\mathrm{d}\beta}+\sum_{i=2}^{n}\frac{\mathrm{d}q_i}{\mathrm{d}\beta}\right)\tag{15-11}$$

式(15-3)、式(15-7)分别对 β 求导得到：

$$\frac{\mathrm{d}P}{\mathrm{d}\beta}=(B+C_{qq}^{i})\frac{\mathrm{d}q_i}{\mathrm{d}\beta}+C_{qe}^{i}e_i',\ i=2,\cdots,n\tag{15-12}$$

$$\frac{\mathrm{d}P}{\mathrm{d}\beta}=\left(C_{qq}^{1}+B\left(1+\sum_{i=2}^{n}\frac{\partial q_i}{\partial q_1}\right)\right)\frac{\mathrm{d}q_1}{\mathrm{d}\beta}+C_{qe}^{1}e_1'\tag{15-13}$$

由于式(15-11)～式(15-13)实际包含 $n+1$ 个方程及 $n+1$ 个未知变量，因此可以解出 $\frac{\mathrm{d}q_1}{\mathrm{d}\beta}$，$\frac{\mathrm{d}q_i}{\mathrm{d}\beta}$。进而得到如下引理：

引理 15-1：配额拍卖出清价格和产量存在的关系为 $\frac{\mathrm{d}q_1}{\mathrm{d}\beta}>0,\frac{\mathrm{d}q_i}{\mathrm{d}\beta}<0$，$i\neq 1$。

证明：因为所有跟随企业产量对于主导企业变化符号是一致的，因此如果获得 $\sum\limits_{i=2}^{n}\frac{\partial q_i}{\partial \beta}$ 符号，那么就可以判断 $\frac{\partial q_i}{\partial \beta}(i=2,\cdots,n)$ 符号。式(15-12)一共包含 $n-1$ 个方程，其中每一个方程都可改写成：

$$\frac{\mathrm{d}P}{\mathrm{d}\beta}(B+C_{qq}^{i})^{-1}=\frac{\mathrm{d}q_{i}}{\mathrm{d}\beta}+(B+C_{qq}^{i})^{-1}C_{qe}^{i}e_{i}',\ i=2,\cdots,n \tag{15-14}$$

将式(15-14)进行加总得到：

$$\sum_{i=2}^{n}(B+C_{qq}^{i})^{-1}\frac{\mathrm{d}P}{\mathrm{d}\beta}=\sum_{i=2}^{n}\frac{\mathrm{d}q_{i}}{\mathrm{d}\beta}+\sum_{i=2}^{n}(B+C_{qq}^{i})^{-1}C_{qe}^{i}e_{i}' \tag{15-15}$$

再次联立式(15-12)、式(15-13)和式(15-15)，得到如下方程组：

$$\begin{pmatrix} B & B & 1 \\ 0 & -1 & M \\ -(R+C_{qq}^{1}) & 0 & 1 \end{pmatrix}\begin{pmatrix} \dfrac{\mathrm{d}q_{1}}{\mathrm{d}\beta} \\ \displaystyle\sum_{i=2}^{n}\frac{\mathrm{d}q_{i}}{\mathrm{d}\beta} \\ \dfrac{\mathrm{d}P}{\mathrm{d}\beta} \end{pmatrix}=\begin{pmatrix} 0 \\ N \\ C_{qe}^{1}e_{i}' \end{pmatrix} \tag{15-16}$$

其中，$M=\sum_{i=2}^{n}(B+C_{qq}^{i})^{-1}$，$N=\sum_{i=2}^{n}(B+C_{qq}^{i})^{-1}C_{qe}^{i}e_{i}'$，$R=B\left(1+\sum_{i=2}^{n}\frac{\partial q_{i}}{\partial q_{1}}\right)$，因 $C_{qq}^{i}>0$，$C_{qe}^{i}<0$ 以及 $e_{i}'<0$，故 $M>0,N<0$。另外还可证明 $R>0$（证明见附录2）。根据克莱姆法则，可解得方程组(15-16)的解如下：

$$\frac{\mathrm{d}q_{1}}{\mathrm{d}\beta}=\frac{-(C_{qe}^{1}e_{1}'+\mathrm{BMC}_{qe}^{1}e_{1}'-\mathrm{BN})}{2B+C_{qq}^{1}(1+\mathrm{BM})}$$

$$\sum_{i=2}^{n}\frac{\mathrm{d}q_{i}}{\mathrm{d}\beta}=\frac{\mathrm{BMC}_{qe}^{1}e_{1}'-N(B+C_{qq}^{1}+R)}{2B+C_{qq}^{1}(1+\mathrm{BM})}$$

$$\frac{\mathrm{d}P}{\mathrm{d}\beta}=\frac{B(C_{qq}^{1}N+\mathrm{RN}+C_{qe}^{1}e_{1}')}{2B+C_{qq}^{1}(1+\mathrm{BM})}$$

显然，解的分母项相同且为正。又因为 $C_{qe}^{1}e_{1}'+\mathrm{BMC}_{qe}^{1}e_{1}'-\mathrm{BN}<0$ 及 $\mathrm{BMC}_{qe}^{1}e_{1}'-N(B+C_{qq}^{1}+R)<0$，故 $\frac{\mathrm{d}q_{1}}{\mathrm{d}\beta}>0$，$\sum_{i=2}^{n}\frac{\mathrm{d}q_{i}}{\mathrm{d}\beta}<0$，由 $\frac{\mathrm{d}q_{i}}{\mathrm{d}\beta}$ 符号一致性，故 $\frac{\mathrm{d}q_{i}}{\mathrm{d}\beta}<0$。

由于拍卖价格变化总是会引起主导企业和跟随企业各自产量相反变化，那么总产量的变化将取决于这两者变化之和：

$$\frac{\mathrm{d}Q}{\mathrm{d}\beta}=\frac{-(C_{qq}^{1}N+C_{qe}^{1}e_{1}'+\mathrm{RN})}{2B+C_{qq}^{1}(1+\mathrm{BM})}$$

式中分母项为正值，但是分子项符号是不确定的，因此$\frac{\mathrm{d}Q}{\mathrm{d}\beta}$符号取决于$\frac{\mathrm{d}q_1}{\mathrm{d}\beta}$及$\sum_{i=2}^{n}\frac{\mathrm{d}q_i}{\mathrm{d}\beta}<0$绝对值大小。

主导企业在拍卖市场的提高拍卖价格的策略行为无疑会提高对手的成本和进入成本。拍卖价格提高减少了跟随企业对排放许可需求，进而产量减少。对于任意边缘企业来说，其退出市场的配额拍卖临界价格为$\beta=\frac{pq_i-C(q_i,e_i)}{e_i-e_i^0}$。如果均衡价格超过上述价格，则边缘企业将被淘汰。同时，拍卖价格提高也会增加进入市场的壁垒。命题 15-2 表明拍卖价格随主导企业免费配额递增，因此主导企业产品市场份额会受主导企业免费配额影响，命题 15-3 阐述了这种关系：

命题 15-3：市场势力企业的产品市场份额随其获得的免费配额的增加而提高。

证明：见附录 4。

15.6　拍卖和混合分配比较

这部分内容主要是将混合分配方式与纯粹拍卖的方式进行比较。本章首先分析在纯拍卖的企业行为，然后再比较两种分配的减排成本和福利。

15.6.1　拍卖分配情形

纯粹拍卖方式中每个企业的免费分配量为 0，即$e_i^0=0$，$i=1,\cdots,n$。类似地，博弈分成两个阶段：第一阶段两个企业进行拍卖，在均衡拍卖价格下企业获得各自排放许可配额，第二阶段，企业在排放许可配额约束下进行生产。从一阶条件可得边缘企业（$i=2,\cdots,n$）的均衡决策变量为

$$q_i^{a*}=q_i^{a*}(q_1^a,e_i^a),\ e_i^{a*}=e_i^{a*}(q_1^a,\beta^a),\ i=2,\cdots,n$$

对于企业 1，在第二阶段需要决定最优产出，第一阶段决定最优的拍卖价格，根据一阶条件可得到最优解为

$$q_1^{a*}=q_1^{a*}(\beta^a)$$

$$\beta^{a*}=-C_e^1+\frac{E-E^{a*}}{\sum_{i=2}^{n}\left(e_i^a\right)'}$$

其中，$E^{a*}=\sum_{i=2}^{n}e_i^a-Bq_1^a\sum_{i=2}^{n}\frac{\partial q_i^a}{\partial e_i^a}\left(e_i^a\right)'$。与 E^* 的表达式相比，E^{a*} 表达式中少了 $-e_1^0$ 项，正是由于这点，两种分配方式在有效分配额存在如下差别：

命题 15-4：假设所有排放许可均通过拍卖进行分配。存在某个排放许可拍卖总量 E^{a*}，实现最优的减排成本 TC^{a*}，并且 $E^{a*}<E^*$。

证明：见附录 5。

如图 15-2 所示，TC 和 TC^A 分别代表混合和拍卖分配方式的减排总成本曲线，且在 E^*，E^{a*} 均实现最低减排总成本。因此，只要选择合适分配总额，两种分配方式都可实现减排总成本的有效性。一旦分配总额低于或高于有效分配总额，都会导致总减排成本的非有效性。然而，存在拍卖势力的情况下，纯粹拍卖方式有效分配总额低于免费和拍卖相结合的分配方式，这也说明，拍卖势力存在情况下采取纯粹拍卖的方式，企业二氧化碳排放总量规制则更加严格，而混合分配方式对排放的规制则相对宽松。进一步地，混合分配方式的有效分配额随拍卖势力企业获得免费配额递增，与跟随企业获得的免费排放配额无关，从而影响两种分配方式的有效分配总量的差别仅与拍卖势力企业获得的免费排放配额相关。

如果拍卖势力企业获得免费配额为 0，则混合拍卖方式的有效分配总量和纯粹拍卖方式是相等的，并且在这种情况下，两种分配方式下分配无差别，减排总成本也是相等的，即拍卖势力企业免费配额为 0 的混合分配方式和纯粹拍卖方式是完全等价的。

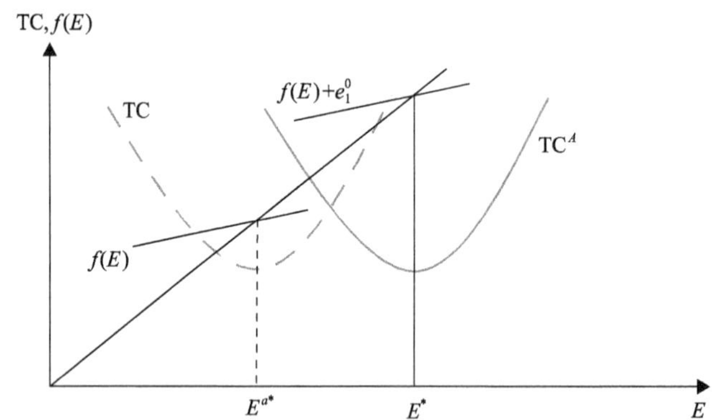

图 15-2 混合分配和拍卖分配的均衡分配总额和减排总成本曲线

然而，从命题 15-4 并不能判断两种拍卖方式的有效成本和福利大小。为了能够比较两种成本的大小关系，下面将采用一个具体的非线性减排成本函数进行考察，比较两种分配方式的减排成本和福利大小。

15.6.2　减排成本和福利分析

假设企业减排成本函数为如下形式：

$$C^i(q_i,e_i)=\begin{cases}0.5c_i(q_i-e_i)^2, q_i>e_i\\ 0,\ 其他情况\end{cases},\ i=1,2,\cdots,n$$

其中 c_i 为大于 0 的常数。为了简化计算，更一步假设所有企业的系数相等且为 1：$c_i=1$，$i=1,2,\cdots,n$。产品市场反需求函数为 $P=A-Q$。并且考虑市场存在两个企业 $i=2$：一个主导企业和一个跟随企业。先比较减排成本再比较福利。在混合分配下，企业最优的产量分别为

$$q_1^*=\frac{4}{7}e_1+\frac{2}{7}A-\frac{1}{7}E,\ q_2^*=\frac{11}{21}e_2+\frac{5}{21}A-\frac{1}{7}E \tag{15-17}$$

最小减排成本必要条件是所有企业边际减排成本等于拍卖价格：$-C_e^1=-C_e^2=\beta$，由此可得到：

$$q_2-e_2=q_1-e_1=\beta \tag{15-18}$$

联立式(15-17)、式(15-18)以及 $e_1+e_2=E$，得到企业的最优产出和排放：

$$\begin{aligned}q_1^*&=\frac{3}{19}E+\frac{6}{19}A,\ q_2^*=\frac{2}{19}E+\frac{4}{19}A\\ e_1^*&=\frac{10}{19}E+\frac{1}{19}A,\ e_2^*=\frac{9}{19}E-\frac{1}{19}A\end{aligned} \tag{15-19}$$

令主导和跟随企业的免费配额为 e_1 和 $le_1^0(l>0)$。根据命题 15-1，当且仅当 $E=E^*$，分配达到有效。混合分配下的有效分配总额表达式为

$$E=e_2+e_1^0-B\frac{\partial q_2}{\partial e_2}\frac{\mathrm{d}e_2}{\mathrm{d}\beta}q_1$$

将式(15-19)代入上式可解得有效分配总额为

$$E^*=\frac{1}{9}A+\frac{19}{9}e_1^0$$

进而计算得到最优减排总成本表达式为

$$\mathrm{TC}^*=(q_i^*-e_i^*)^2=(\frac{2}{9}A-\frac{7}{9}e_1^0)^2$$

根据 15.4 节分析，拍卖分配的有效分配总额表达式为

$$E^{a}=e_{2}^{a}-B\frac{\partial q_{2}^{a}}{\partial e_{2}^{a}}\frac{\mathrm{d}e_{2}^{a}}{\mathrm{d}\beta^{a}}q_{1}^{a}$$

拍卖分配方式下减排总成本的计算可重复混合分配过程。计算得到拍卖分配下的有效减排总成本为 $E^{a*}=\frac{1}{9}A$，显然 $E^{a*}<E^{*}$，有效减排总成本为

$$\mathrm{TC}^{**}=\frac{4}{81}A^{2}$$

因此有 $\mathrm{TC}^{*}<\mathrm{TC}^{a*}$，即混合分配方式下的减排成本低于拍卖分配方式。根据福利函数，均衡下两种分配方式下的福利大小分别为

$$W^{*}=\frac{19}{54}A^{2}+\frac{16}{27}e_{1}^{0}A-\frac{41}{54}(e_{1}^{0})^{2}，\quad W^{a*}=\frac{19}{54}A^{2}$$

所以：

$$\Delta W=\frac{16}{27}e_{1}^{0}A-\frac{41}{54}(e_{1}^{0})^{2}$$

ΔW 的符号均取决于 e_{1}^{0},A 的相对大小。由此得到如下命题：

命题 15-5：如果碳配额拍卖市场具有市场势力，则混合分配方式的有效成本低于拍卖分配方式，社会总福利高于拍卖分配方式。

证明：见附录 6。

只要主导企业的免费配额严格大于 0，则混合分配方式下的有效分配额大于单纯拍卖方式(命题 15-3)。这样混合分配方式下企业减排任务较为宽松，导致其减排总成本低于拍卖分配方式。如果决策者仅仅考虑经济福利，则混合分配的社会福利要高于拍卖分配。

大部分文献认为排放权的拍卖比免费分配效率高。因为拍卖具有以下优点：排污权拍卖能为市场上可交易的排污权提供一个明确的价格信号，使配额合理地流向那些估价更高的排污企业，从而提高了排污权的分配效率。然而，本章研究表明，拍卖(无论混合分配和纯粹拍卖分配方式)能否保证实现减排成本有效，取决于拍卖市场是否为完全竞争市场。如果拍卖市场是完全竞争市场，显然拍卖总是可以实现有效减排成本。然而，如果存在市场势力，则拍卖市场阻碍了资源有效配置，除非分配总额刚好等于有效分配总额，配额紧缺或宽松均会导致减排成本非有效性。相比于拍卖分配，混合分配的经济福利水平要高于拍卖分配。

15.7　主要结论与启示

本章主要将产品市场与碳配额初次分配相结合，当产品市场和拍卖分配市场均存在市场势力时，重点考察了以下三个问题：第一，现存两种主流配额分配方式——混合分配和纯粹拍卖分配的有效分配的条件；第二，产品市场与分配之间的联系；第三，上述两种分配方式的减排成本和福利的差异。本章研究发现当且仅当分配总额等于有效分配总额时，混合分配方式可实现最小减排成本；碳配额拍卖出清价格和主导企业产品市场份额随主导企业免费分配数量的增加而增加；考虑到分配方式的多样性，本章还将混合分配方式和拍卖分配进行对比，分析两种分配总额、减排总成本和社会福利的差别，发现混合分配方式的有效成本低于拍卖分配方式，社会总福利高于拍卖分配方式。

据上述结论，本章提出如下政策启示，决策者就需考虑拍卖市场中的市场势力的影响。事实上，欧洲碳市场实践证明，碳排放需求呈现高集中度，1%排放大户占据了整个市场覆盖范围的排放量近 60%，并且最大的排放行业(电力和热力行业)在第一阶段获得了配额约占总配额的 70%。因此，由于这些大型企业的存在，欧洲碳配额拍卖市场中存在着广泛的市场势力。因此，在设定碳市场总配额时，决策者就需考虑拍卖中的市场势力对拍卖有效性的影响。无论采取混合分配还是拍卖分配，实现减排成本有效性条件均为初始分配总额恰好等于所有企业实际需要排放量。如果碳市场计划采用混合分配方式，那么要求混合分配的有效总配额大于拍卖分配有效总配额。

碳排放总量约束偏紧或偏松均会造成效率损失，要求决策者需运用审慎的配额动态调整市场工具，实现市场碳配额供给动态平衡。碳排放总量约束偏紧，市场势力企业将拍卖价格提高至其边际减排成本之上，从而导致减排成本非有效性，此外，过紧的配额约束会给整个行业带来减排负担，加剧了行业对配额的竞争，进而提高了行业成本和进入门槛；反之，碳排放总量过松约束虽然降低了企业减排负担，但刺激企业过度投资使企业生产过剩，结果是企业边际减排成本高于有效水平，造成市场价格扭曲，同样导致减排成本非有效性。事实上，在第一阶段，欧洲碳市场盈余 10.5%，其结果是欧洲碳价在第一阶段后期低迷，无法发挥市场有效配置作用，导致市场配置无效，市场配额偏紧或偏松可从价格方面干预，如设定碳市场价格上限与价格下限，市场实现价格自动稳定，从而保持供求关系相对平衡；或从数量方面干预，规定市场中碳配额数量流通阈值，实现市场配供给数量自发调整。

第 16 章　基于动态规划的跨期碳市场配额动态调整与排放路径控制研究

16.1　问题的提出

总量交易体系已被全球越来越多的国家和地区作为一项重要的制度来实现碳减排，如 EU ETS、中国试点碳市场、加拿大碳市场和日本东京碳市场。然而，近年来，碳市场在实践中产生的一些问题日益凸显。其中，最受广泛关注的问题之一就是如何调整总排放配额。事实上，总配额设定至关重要，因为它涉及了配额供求平衡问题，以及经济成本和环境损害之间的权衡：宽松的配额政策减轻了社会减排负担，可能造成配额供过于求，同时加剧了环境损害；反之，严格的配额政策增加了减排负担，可能造成配额供不应求，同时减缓了环境损害。

目前，EU ETS 正饱受市场配额供给过剩的困扰，并由此带来了一系列并发症，如碳价持续低迷、薄市场、低碳清洁生产投资的弱激励等问题。碳减排技术进步、经济形势和能源价格变化等因素均可能给碳市场配额需求产生冲击。减排技术进步会让减排主体广泛受益，因为减排成本会下降，其配额需求也会发生变化；当经济形势处于上行趋势时，社会需求扩大，生产也随之增加，配额需求也会增加，反之，当经济处于下行趋势时，配额需求则会降低。能源价格变动导致能源消费需求变动，进而可能改变碳配额需求。鉴于减排技术对企业排放需求有直接且显著效应，且鲜有文献涉及讨论技术变化对总配额变化关系的问题，本章的目的之一是发掘减排技术进步与总配额调整规律，认识这些规律有助于缓冲技术变化对碳市场的冲击，保持配额供求平衡。

在动态视角下，企业减排行为是源于其自利动机——通过市场交易和跨期配额调整，优化其排放路径，使计划期内总减排成本最小化，但是它并不考虑环境损害成本；对于规制者，其目标是以最优的社会排放路径(或称为社会合意路径)实现社会成本的最小化。因此规制者既要考虑减排成本，还要考虑环境损害成本。然而，没有理由认为企业自利的排放路径与社会合意路径具有天然的一致性。因此，本章的另一目的是论证总量交易制度下企业是否会偏离社会合意路径，如果存在偏离，则进一步讨论如何通过政策调整企业行为使其满足社会合意路径，这对深入理解跨期碳市场有效性的性质具有重要意义。

16.2　文献综述

现有文献主要从市场结构(Hagem and Westskog，2008；Liski and Montero，2011)、环境负外部性(Kling and Rubin，1997)、配额调整(Holland and Moore，2013；Hasegawa and Salant，2014；Chaton et al.，2015)和非完全信息(Chesney and Taschini，2012)方面考察了跨期排放权交易市场有效性。由于本章研究没有涉及非完全信息分析内容，故以下主要针对后三个方面研究文献进行回顾和评述。

1) 市场结构对跨期排放权市场有效性影响研究

早期研究主要考察配额储存机制的可行性，即配额储存或借贷机制是否破坏市场配置有效性。Cronsha 和 Kruse (1996)、Rubin(1996)最早开展这方面的研究。他们的研究发现，在完全竞争性市场条件下，允许配额储存的排放权交易市场可实现减排成本有效性。

后续研究则在 Cronsha 和 Kruse(1996)、Rubin(1996)研究的基础上，进一步研究非竞争性市场下跨期碳市场效率问题。Hagem 和 Westskog(1998)首先考察了市场势力如何影响跨期排放权交易市场有效性问题。他们通过一个两期离散时间的跨期交易分析模型，证明了储存、借贷机制和可持续许可证机制均存在效率损失，前者会引起跨主体间次优分配，而后者会引起跨期次优分配。尽管永久许可证机制可减缓市场势力，但他们也指出两种机制下的减排成本孰高孰低并不明确。他们随后的研究(Hagem and Westskog，2008)证明了单独储存机制下，市场势力会导致跨期分配无效率，Hotelling 规则不再意味着分配有效性。Montero(2009)、Liski 和 Montero(2011)研究结论和 Hahn(1984)的基本结论不同，他们发现在动态情形下卖者可充分发挥市场势力，而买者则比较困难。

2) 环境负外部性与跨期排放权市场有效性关系研究

Kling 和 Rubin(1997)研究了纯粹流量负外部情形下，存贷机制下的排污交易市场不必然实现社会最优状态，因为和社会最优排放路径相比，企业通常在早期排放过多而后期排放过少。他们提出了一种修正的储存机制来激励企业沿社会合意路径进行排放。类似于 Kling 和 Rubin(1997)的研究，Leiby 和 Rubin(2001)研究认为可以通过设定合适的总配额和跨期兑换比例刺激企业行为实现社会最优，而且他们推导出最优的跨期兑换比例等于当期边际损害与未来贴现的边际损害之比。

3) 总配额调整与跨期排放权市场有效性关系研究

当前，EU ETS 正饱受的市场配额供给过剩困扰，并由此带来一系列并发症，碳价持续低迷、薄市场、低碳清洁生产投资的弱激励等问题。EU ETS 当局计划启动市场稳定(MSR)机制解决市场配额过剩问题。不过，有学者对该机制的有效性持否定态度(Salant，2016；Koch et al.，2016；Holt and Shobe，2016)，他们认为 MSR 机制并非理想的配额自动稳定器，原因是该机制实质是对碳市场的人工事后干预，这种总配调整会加剧整个市场配额分配扭曲并且提高了总减排成本。Fell(2016)的研究发现价格限制政策缩减过剩配额功能和 MSR 机制等效，但价格波动更小和成本更低。Kollenberg 和 Taschini(2016)基于减少碳价波动和降低减排成本原则提出了非常有效的配额调整方法，该调整幅度以调整率度量，在政策变化幅度上，该调整率可使纯粹数量政策调整至纯粹价格政策。纯粹数量政策中，总配额供给是保持不变的并保持碳价随时变动；纯粹价格政策中，总配额供给完全随冲击调整并保持碳价不变，该调整机制对保持配额供求平衡具有高度敏感性，同时，他们在研究中给出了规制者风险中立和规避两种类型下的最优调整率。

梳理现有文献可发现有研究存在两点值得进一步完善：①没有针对减排技术进步冲击对总配额的影响分析。减排技术进步对企业减排成本和排放需求有直接且显著的效应，认识其与总配额需求的关系对于缓冲技术变化对市场冲击，保持配额供求平衡具有重要意义。②鲜有文献涉及关于既可充分调整企业排放路径，又可实现排放总量有效控制的规制政策研究。

本章仅考虑碳市场但不考虑产品市场，且碳市场是充分竞争性的市场，在两期计划期内，规制者设定排放总量目标，并将排放引致的环境负外部性计入社会成本当中。N 个企业被纳入碳减排范围并实施总量交易，企业可以储存和借贷配额，配额跨期兑换比例为 1∶1。企业减排成本函数是公共信息，减排成本与排放量和减排技术水平有关，并且减排技术在第二期获得进步。本章首先在三种情形下，考察了当第二期减排技术提升时，排放总配额应该如何进行调整。研究发现在纯流量和纯存量负外部性情形下，减排技术进步对配额总量具有负效应，在混合负外部性情形下，该效应的正反方向不确定，取决于 CO_2 存量的衰减率、贴现率、边际减排成本函数及边际损害函数。其次，推导出三种情形下企业分离均衡路径，并论证它们如何偏离社会最优路径。结果表明，一般情形下，跨期碳市场不能实现社会最优排放，因为企业通常选择次优跨期排放。在极少数情形下，当企业首期边际环境损害与第二期贴现边际损害之比等于 CO_2 存量衰减率时，分离均衡可实现社会均衡。最后，本章提出了数量-价格混合政策来矫正企业的偏离行为，其中数量政策表示排放总量控制政策，而价格政策表示排放税收政策。在实施总量交易的同时，也对企业征收合适的碳税，研究表明这种混合式的政策不仅能使企业分离路径满足社会最优路径，而且能够实现排放有效控制。不过，三种情形的碳税时间和税率选择均存在差别。

与以往研究相比，本章的边际贡献在于：①全面地(纯流量外部性、纯存量外部性和混合外部性)论证了技术进步与总配额之间的关系；②比较分析了企业分离均衡路径和社会均衡路径，阐明了上述三种情形下企业如何偏离社会最优路径，并且针对三种情形提出了针对性的数量-价格混合政策矫正企业偏离行为，使其与社会合意路径一致。

16.3 基 本 模 型

假定 N 个碳排放企业被纳入总量交易碳市场，碳市场为完全竞争市场。企业 i 在 j 期的减排成本函数为 $C^{ij}(e_{ij},\mu_j)$，其中 e_{ij} 为当期排放量，$e_{ij}>0$。当企业排放量为零时，减排成本为无限大：$C^{ij}(0,\mu_j)=+\infty$。μ_j 为 j 期的减排技术水平，且 $\mu_j>0$，μ_j 被认为是共性较强的、基础性的减排技术。因为基础技术一旦开发后可快速传播，故不同企业间技术水平具有无差异性。基础性技术在不同期之间存在潜在差异，这是经过一段时间后技术可能发生革新。给定减排技术，减排成本与排放量呈反向变化：$-C_e^{ij}(\cdot)>0$，给定排放量，减排成本与减排技术成本反方向变化：$-C_\mu^{ij}(\cdot)>0$。边际减排成本随排放递减：$-C_{ee}^{ij}(\cdot)<0$，边际减排成本随技术水平递减：$-C_{e\mu}^{ij}(\cdot)<0$①。

令 D 为环境损害成本，该成本与大气 CO_2 存量相关，$D=D(S_j)$，其中 S_j 为 j 期 CO_2 存量。一般地，环境损害函数随存量单调递增，$D'(S)>0$，并且关于 S 是凸函数，$D''(S)>0$②。当期温室气体存量等于本期 CO_2 排放与上期大气 CO_2 剩余存量之和，具体表达如下：

$$S_{j+1}-\sigma S_j+\sum_{i-1}^{N}e_{ij+1} \tag{16-1}$$

式中，$\sum_{i=1}^{N}e_{ij+1}$ 为 $j+1$ 期总排放。$\sigma=1-\tilde{\sigma}$，$\tilde{\sigma}$ 为大气中 CO_2 存量衰减率，假设其在一段时期内保持为常数。$\tilde{\sigma}$ 越大表示大自然吸收、化解的 CO_2 越多，如通过森

---

①为简化表达，本章变量遵循以下缩写惯例：$-C_e^{ij}(\cdot)$ 表示 $-\dfrac{\partial C^{ij}(\cdot)}{\partial e_{ij}}$；$-C_\mu^{ij}(\cdot)$ 表示 $-\dfrac{\partial C^{ij}(\cdot)}{\partial \mu}$；$-C_{ee}^{ij}(\cdot)$ 表示 $-\dfrac{\partial^2 C^{ij}(\cdot)}{\partial e_{ij}^2}$；$-C_{e\mu}^{ij}(\cdot)$ 表示 $-\dfrac{\partial^2 C^{ij}(\cdot)}{\partial e_{ij}\partial \mu_j}$，在简写中，变量 e_{ij} 和 μ_j 的下标被省去，后面与此一致。

②该假设并不是完全无争议的。有少数研究持不同观点，如 Dickinson 和 Cicerone（1986）的研究则认为大气环境损害函数是关于大气中温室气体存量的凹函数。然而，本章按现有多数研究，认为环境损害是关于温室气体存量的凸函数。

林碳汇、海洋吸收等。衰减率范围为 $0\leqslant\tilde{\sigma}\leqslant1$，因此共有三种情形：① $\tilde{\sigma}=0$，表示纯存量外部性，因为 CO_2 存量不会被吸收，故环境损害只与累计排放量相关；② $\tilde{\sigma}=1$，表示纯流量外部性，CO_2 可完全被吸收，环境损害仅与当期排放有关；③ $0<\tilde{\sigma}<1$，表示混合外部性，CO_2 不能完全被吸收，环境损害与当期排放和衰减后的存量均有关。

规制者在计划期内设定排放总量目标，排放的上限由规制者来设定。考虑一个确定时间计划期 T，T 包含两个时期，$j=1,2$，两个时期时间间隔相等，故两期的衰减率相等。令 L 为计划期内排放总配额，在每期期初企业将获得免费配额，令 L_{ij} 为企业在 j 期获得的配额，有 $L=\sum_{i=1}^{N}(L_{i1}+L_{i2})$。单位配额允许单位排放。$x_{ij}$ 表示企业 i 在 j 期的交易量，$x_{ij}\geqslant0$ 表示买入配额，$x_{ij}<0$ 表示售出配额。企业可以跨期储存或者借贷配额，令 B_{ij} 为企业 i 在 j 期的存贷量，$B_{ij}\geqslant0$ 表示储存量，$B_{ij}<0$ 表示借贷量。企业在计划期初的存贷量为零。第一期和第二期存贷量分别表达如下：

$$B_{i1}=L_{i1}+x_{i1}-e_{i1},\ \forall i \tag{16-2}$$

$$B_{i2}=B_{i1}+L_{i2}+x_{i2}-e_{i2},\ \forall i \tag{16-3}$$

联立该方程组得：

$$0=L_{i1}+L_{i2}+x_{i1}+x_{i2}-(e_{i1}+e_{i2}),\ \forall i \tag{16-4}$$

式(16-4)等号左边为零，表示企业在第二期不会留存任何配额，因此它会将两期配额全部用完。进一步地，根据式(16-4)，当交易市场出清 $\sum_{i=1}^{N}x_{ij}=0,\ j=1,2$，有 $L=\sum_{i=1}^{N}(e_{i1}+e_{i2})$。

图 16-1 展示了规制者和企业决策时间序列。规制者需要制定数量政策，即确定最优总排放配额(L)以及每个企业各期初始排放量(L_{i1},L_{i2})，企业通过交易、储存和借贷策略确定各期最优的排放。

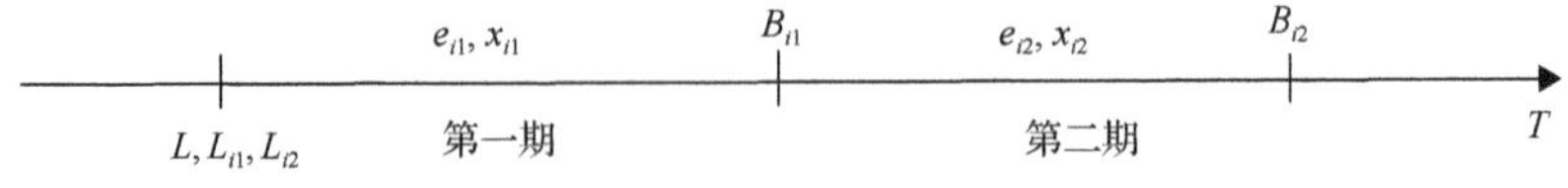

图 16-1　决策时间时序

16.4　技术进步与总配额调整

规制者的目标是在排放目标的约束下，选择最优的排放路径使得社会成本达到最低。社会成本等于减排成本和环境损害成本之和。一旦各期最优排放确定后，最优排放配额便可由它们加总得到。若减排技术在第二期获得进步，但规制者忽略技术进步所确定的排放配额将不再是最优，因为企业边际减排成本随技术发生变化，它的配额需求也发生改变。减排技术进步刻画如下：令第一期减排技术 μ_1 等于 μ ，其中 $\mu > 0$ 。技术进步发生在第二期，技术水平提升至 $\mu + k$ ，其中 k 为进步水平， $k > 0$ 。规制者最优问题为

$$\min_{e_{ij}} \sum_{j=1}^{2} \sum_{i=1}^{N} \delta^{j-1} \left(C^{ij}(e_{ij}, \mu_j) + D(S_j) \right) \tag{16-5}$$

$$\text{s.t.}\ S_{j+1} = \sigma S_j + \sum_{i=1}^{N} e_{ij+1} \tag{16-6}$$

式中， δ 为贴现率， $0 < \delta < 1$ 。式(16-6)为状态方程。 S_j 为状态变量， e_{ij} 为控制变量，因此式(16-5)为最优动态规划问题。Bellman 方程为

$$V_j(S_j) = \min_{e_{ij}} \left\{ \sum_{i=1}^{N} \left(C^{ij}(e_{ij}, \mu_j) + D(S_j) \right) + \delta V_{j+1}(S_{j+1}) \right\} \tag{16-7}$$

式中， $V_j(S_j)$ 为 j 期的最优值函数，据此可得到两期最优排放满足如下欧拉方程：

$$-C_e^{i1} = D'(S_1) - \delta\sigma C_e^{i2}, \forall i \tag{16-8}$$

式(16-8)推导过程见附录 7。由于终值为零，有如下方程：

$$-\delta C_e^{i2} = \delta D'(S_2), \forall i \tag{16-9}$$

目标函数为严格凸函数，故式(16-5)有唯一解。式(16-9)表明第二期社会最优排放应该满足企业第二期贴现边际减排成本等于该期贴现边际环境损害。式(16-8)第一期社会最优排放应满足企业第一期边际减排成本等于 $D'(S_1)$ 与 $\delta\sigma D'(S_2)$ 之和。因此，每期各企业贴现边际减排成本相等，但是对每个企业而言，各期的贴现边际减排成本可能不相等。

接下来分析总配额如何随技术进步变化。式(16-8)对 k 全微分得到：

$$M_{i1}\frac{\partial e_{i1}}{\partial k}+\delta\sigma D''(S_2)\frac{\partial e_{i2}}{\partial k}=0 \tag{16-10}$$

$$\sigma D''(S_2)\frac{\partial e_{i1}}{\partial k}+M_{i2}\frac{\partial e_{i2}}{\partial k}+C_{ek}^{i2}=0 \tag{16-11}$$

其中 $M_{i1}=C_{ee}^{i1}+D''(S_1)+\delta\sigma^2 D''(S_2)$， $M_{i2}=C_{ee}^{i2}+D''(S_2)$，故 M_{i1}， $M_{i2}>0$ 。由于 C_{ek}^{i2}=$C_{e\mu}^{i2}$，因此 $C_{ek}^{i2}>0$ 。记 e_{ij}^{*} 为式(16-5)的最优解，最优总配额 $L^{*}=\sum_{i=1}^{N}(e_{i1}^{*}+e_{i2}^{*})$ 。有如下命题：

命题 16-1：

(1)若 $\tilde{\sigma}=0$ 或者 $\tilde{\sigma}=1$，则 $\frac{\partial L^{*}}{\partial k}<0$；

(2)若 $0<\tilde{\sigma}<1$，则 $\frac{\partial L^{*}}{\partial k}$ 的符号取决于贴现率，第一期企业最优排放的边际减排成本斜率，以及两期边际损害斜率：若 $D''(S_1^{*})-\tilde{\sigma}\sigma\delta D''(S_2^{*})>\frac{1}{N}\sum_{i=1}^{N}C_{e^{*}e^{*}}^{i1}$，$\forall i$，则 $\frac{\partial L^{*}}{\partial k}>0$；反之，则 $\frac{\partial L^{*}}{\partial k}<0$ 。

证明：据式(16-10)，若 $\tilde{\sigma}=1$，则 $\frac{\partial e_{i1}^{*}}{\partial k}=0$， $\forall i$；据式(16-11)，有 $\frac{\partial e_{i2}^{*}}{\partial k}=-\frac{C_{e^{*}k}^{i2}}{M_{i2}}<0,\forall i$ 。故 $\frac{\partial L^{*}}{\partial k}=\sum_{i=1}^{N}\left(\frac{\partial e_{i1}^{*}}{\partial k}+\frac{\partial e_{i2}^{*}}{\partial k}\right)<0$ 。

若 $\tilde{\sigma}=0$，则 k 对 e_{i1}^{*} 和 e_{i2}^{*} 均具有影响。联立式(16-10)和式(16-11)得到：$\frac{\partial e_{i1}^{*}}{\partial k}=\delta D''(S_2^{*})C_{e^{*}k}^{i2}\big/\varPhi_i>0$ 且 $\frac{\partial e_{i2}^{*}}{\partial k}=-M_{i1}C_{e^{*}k}^{i2}\big/\varPhi_i<0$，其中 $\varPhi_i=(C_{e^{*}e^{*}}^{i2}+D''(S_2^{*}))(C_{e^{*}e^{*}}^{i1}+D''(S_1^{*}))+\delta D''(S_2^{*})C_{e^{*}e^{*}}^{i2}>0$ 。因此有 $\frac{\partial L^{*}}{\partial k}=-\sum_{i=1}^{N}\frac{C_{e^{*}k}^{i2}}{\varPhi_i}\left(C_{e^{*}e^{*}}^{i1}+D''(S_1^{*})\right)<0$ 。

$0<\tilde{\sigma}<1$ 情形：联立式(16-10)和式(16-11)求解得到 $\frac{\partial e_{i1}^{*}}{\partial k}=\delta D''(S_2^{*})C_{e^{*}k}^{i2}\big/\overrightarrow{\varPhi}>0$ 以及 $\frac{\partial e_{i2}^{*}}{\partial k}=-M_{i1}C_{e^{*}k}^{i2}\big/\overrightarrow{\varPhi}_i<0$，其中 $\overrightarrow{\varPhi}_i=(C_{e^{*}e^{*}}^{i2}+D''(S_2^{*}))(C_{e^{*}e^{*}}^{i1}+D''(S_1^{*}))+\delta\sigma^2 D''(S_2^{*})C_{e^{*}e^{*}}^{i2}>0$ 。因此，$\frac{\partial L^{*}}{\partial k}=\sum_{i=1}^{N}\frac{C_{e^{*}k}^{i2}}{\overrightarrow{\varPhi}_i}\left(\delta\sigma D''(S_2^{*})-M_{i1}\right)$。因为 $\frac{C_{e^{*}k}^{i2}}{\overrightarrow{\varPhi}_i}>0$，故当

$\sum_{i=1}^{N}\left(\delta\sigma D''(S_2^*)-M_{i1}\right)>0$ 或 $\tilde{\sigma}\sigma<\dfrac{D''(S_1^*)+\frac{1}{N}\sum_{i=1}^{N}C_{e^*e^*}^{i1}}{\delta D''(S_2^*)}$，有 $\dfrac{\partial L^*}{\partial k}<0$；反之，当 $\tilde{\sigma}\sigma>$ $\dfrac{D''(S_1^*)+\frac{1}{N}\sum_{i=1}^{N}C_{e^*e^*}^{i1}}{\delta D''(S_2^*)}$，有 $\dfrac{\partial L^*}{\partial k}>0$。

纯流量外部性情形中，首期社会最优排放不受技术进步的影响，因为本期排放不会影响下一期的社会损害。在纯存量外部性和混合外部性情形下，第一期排放随技术进步递减，而第二期则随技术进步递增。因此，技术变化会带来两种相反的效应：相对于无技术变化，技术进步对第一期排放有正向效应，对第二期排放有负向效应。因此，技术进步对总配额影响取决于这两种效应的相对大小关系。在纯存量和纯流量外部性情形下，负向效应要大于正向效应，故总配额随技术进步递减。

在混合外部性情形中，总配额随技术进步的调整视条件而定。假设减排成本和环境损害均由二次函数形式刻画：$C^{ij}(e_{ij},\mu_j)=\dfrac{1}{2\mu_j}(e_{ij}^0-e_{ij})^2$，$D(S_j)=\dfrac{1}{2}(S_j-\overline{S})^2$，其中 e_{ij}^0 代表企业无减排约束情形下的排放量，$\overline{S}$ 为引致环境损害 CO_2 存量的阈值，其中 $S_j>\overline{S}$。边际减排成本斜率为 $1/\mu$，两期的边际损害函数斜率均为 1，因此 $\tilde{\sigma}\sigma$ (<1) 小于 $\dfrac{1}{\delta}(1/\mu+1)$ (>1)，进而 $\dfrac{\partial L^*}{\partial k}$ 为负。假定减排成本函数仍然为上述二次函数，环境损害变为三次函数：$D(S_j)=\dfrac{1}{6}(S_j-\overline{S})^3$，则 j 期的边际损害函数的斜率为 $S_j-\overline{S}$。在这种情形下，一旦 S_2 足够大而 $1/\mu$ 和 S_1 均较小，则 $\tilde{\sigma}\sigma$ 将大于 $\dfrac{1}{\delta(S_2-\overline{S})}\left(1/\mu+S_1-\overline{S}\right)$，则 $\dfrac{\partial L^*}{\partial k}$ 为正。

16.5　分离均衡路径与社会最优路径比较分析

16.5.1　企业分离均衡路径

据式(16-4)，只要企业累计排放不超过配额总持有量，那么它可通过交易、储存和借贷来优化成本。令 p_1^{**} 和 p_2^{**} 为第一期和第二期的均衡交易价格，存贷机制下的竞争性市场均衡交易价格将遵循无套利的原则(或 Hotelling 规则)：$p^{**}=p_1^{**}=\delta p_2^{**}$，这意味着，企业计划期内总交易量而非各期交易量对企业减排成本具有影响。因此，企业优化问题是：在式(16-4)的约束下，选择每期的排放和交易总量，使得其贴现总减排成本贴现值最小化：

$$\begin{aligned}&\min_{e_{i1},e_{i2},x_{i1}+x_{i2}}\left\{C^{i1}(e_{i1},\mu_1)+\delta(C^{i2}(e_{i2},\mu_2)+p(x_{i1}+x_{i2})\right\}\\&\text{s.t.}\quad L_{i1}+L_{i2}+x_{i1}+x_{i2}-(e_{i1}+e_{i2})=0,\forall i\end{aligned} \tag{16-12}$$

拉格朗日方程为

$$\phi_i=C^{i1}(e_{i1},\mu_1)+\delta(C^{i2}(e_{i2},\mu_2)+p(x_{i1}+x_{i2})-\lambda_i(L_{i1}+L_{i2}+x_{i1}+x_{i2}-(e_{i1}+e_{i2})),\forall i \tag{16-13}$$

最优解满足如下必要条件：

$$-C_e^{i1}=-\delta C_e^{i2}=\lambda_i \tag{16-14}$$

$$p=\lambda_i \tag{16-15}$$

$$\frac{\partial\phi_i}{\partial\lambda_i}=0,\forall i \tag{16-16}$$

式(16-14)～式(16-16)刻画了企业在存贷机制下的排放行为。式(16-14)的经济含义是企业通过优化各期排放使得各期贴现边际减排成本无差异化，并且使得其边际减排成本等于影子价格 $\lambda_i(\lambda_i>0)$①。式(16-15)表明两期贴现的均衡价格等于影子价格。联合式(16-14)和式(16-15)可知，各企业在各期边际减排成本等于该无套利的均衡价格，因此每期各企业的边际减排成本无差异。式(16-16)等价于排放约束式(16-4)。然而，将式(16-14)和社会最优排放式(16-8)、式(16-9)对比，企业均衡排放路径和社会最优排放可能存在差异。后面分析表明，交易价格在比较分析两种路径差异具有关键作用，因此在比较两者差异之前，需对交易价格展开两方面的分析：①技术进步如何影响交易价格；②在不同的外部性情形下，均衡价格处于何种范围。

一方面，从命题 16-1 可发现，当企业配额需求一定时，技术进步对总配额具有负(正)效应，则均衡交易价格 p^{**} 将提高(下降)，该效应定义为技术进步引致的配额调整效应(以下简称调整效应)。另一方面，当总配额一定时，由于边际减排成本随技术进步而降低，故配额需求随技术进步而递减，进而在总配额给定时交易价格随技术进步而递减，该效应定义为技术进步引致的需求效应(以下简称需求效应)。上述两部分效应决定了技术进步如何影响配额交易价格。两期碳市场的出清条件为

① λ_i 的经济含义为企业每增加单位配额，其减排成本的减少量，故 λ_i 为正。

$$L^{*}=\sum_{i=1}^{N}\left(e_{i1}(p,\mu_{1})+e_{i2}(p,\mu_{2})\right) \tag{16-17}$$

其中，L^{*} 由式(16-8)和式(16-9)给出，式(16-17)对 k 求导得：

$$\frac{\partial p}{\partial k}=\gamma\frac{\partial L}{\partial k}+\gamma\sum_{i=1}^{N}\frac{C_{ek}^{i2}}{\delta C_{ee}^{i2}} \tag{16-18}$$

其中 $\frac{1}{\gamma}=\sum_{i=1}^{N}\left(\frac{\partial e_{i1}}{\partial p}+\frac{\partial e_{i2}}{\partial p}\right)$。上述公式等号右边第一项即为调整效应，第二项即为需求效应。由于 $\frac{\partial e_{i1}}{\partial p}=-\frac{1}{C_{ee}^{i1}}<0$ 以及 $\frac{\partial e_{i2}}{\partial p}=-\frac{1}{\delta C_{ee}^{i2}}<0$，进而 $\gamma<0$，因此需求效应为负数(注意 C_{ek}^{i2}、C_{ee}^{i2} 均为正)。据命题 16-1 知，纯流量和存量负外部性情形下，由于 $\frac{\partial L}{\partial k}<0$，故调整效应为正。然而，由于混合负外部性情形的 $\frac{\partial L}{\partial k}$ 符号依条件而定，故调整效应不确定。将 $\frac{\partial L^{*}}{\partial k}$ 一般性表达式①表示如下：

$$\frac{\partial p}{\partial k}=\gamma\sum_{i=1}^{N}\frac{D''(S_{2})C_{ek}^{i2}(C_{ee}^{i1}+D''(S_{1})+\delta\sigma C_{ee}^{i2})}{\vec{\Phi}_{i}C_{ee}^{i2}}<0 \tag{16-19}$$

因此，在三种情形下，均衡交易价格都随技术进步递减，因此企业的边际减排成本也随其递减。进一步地，通过比较静态分析，还可以知道技术进步如何影响企业均衡排放行为。令 e_{ij}^{**} 为式(16-12)的解，公式 $-C_{e}^{i1}=p$ 对 k 求导得：

$$\frac{\partial e_{i1}^{**}}{\partial k}=\frac{\partial e_{i1}^{**}}{\partial p}\frac{\partial p}{\partial k}>0$$

类似地，公式 $-\delta C_{e}^{i2}=p$ 对 k 求导得：

$$\frac{\partial e_{i2}^{**}}{\partial k}=\frac{\frac{\partial p}{\partial k}-C_{ek}^{i2}}{-\delta C_{ee}^{i2}}<0$$

表明在三种情形下，企业第一期的均衡排放随技术进步递减，第二期的均衡排放随技术进步递增。接下来，将分析另一问题——均衡交易价格处于何种范围。具体有如下引理：

①即该求导公式在纯流量、纯存量和混合负外部性三种情形下一致。

引理 16-1：存贷机制下的配额总量交易系统中，配额均衡交易价格 p^{**} 处于如下范围：

(1) 若 $\tilde{\sigma}=1$ 或 $\tilde{\sigma}=0$，则 $-\delta C_{e^*}^{i2} < p^{**} < -C_{e^*}^{i1}$；

(2) 若 $0<\tilde{\sigma}<1$，则 $\min\left\{-C_{e^*}^{i1}, -\delta C_{e^*}^{i2}\right\} \leqslant p^{**} \leqslant \max\left\{-C_{e^*}^{i1}, -\delta C_{e^*}^{i2}\right\}$。

证明：详见附录 8。

在图 16-2 中，图 (a) 代表 $\tilde{\sigma}=1$ 或 $\tilde{\sigma}=0$ 情形，其中水平线 A_1 表示第一期社会最优路径下的边际减排成本水平，水平线 A_2 表示第二期社会最优路径下的贴现边际减排成本水平，p^{**} 将介于水平线 A_1 和 A_2 之间。图 (b) 表示 $0<\tilde{\sigma}<1$ 情形。若 $D'(S_1^*) > \delta\tilde{\sigma}D'(S_2^*)$，则社会最优路径下的第一期边际减排成本将大于第二期边际减排成本，水平线 A_1 表示第一期社会最优路径下的边际减排成本水平，水平线 A_2 表示第二期社会最优路径下的贴现边际减排成本水平；反之，若 $D'(S_1^*) > \delta\tilde{\sigma}D'(S_2^*)$，则社会最优路径下的第一期边际减排成本将低于第二期边际减排成本，此时水平线 A_1 表示第二期社会最优路径下的贴现边际减排成本水平，水平线 A_2 表示第一期社会最优路径下的边际减排成本水平。当 $D'(S_1^*) > (<) \delta\tilde{\sigma}D'(S_2^*)$，均衡交易价格介于水平线 A_1 和 A_2 之间。最后，若 $D'(S_1^*) = \delta\tilde{\sigma}D'(S_2^*)$，表明社会最优路径下两期贴现的边际减排成本相等，并重合于水平线 A_3。此时均衡交易价格恰好和 A_3 重合。

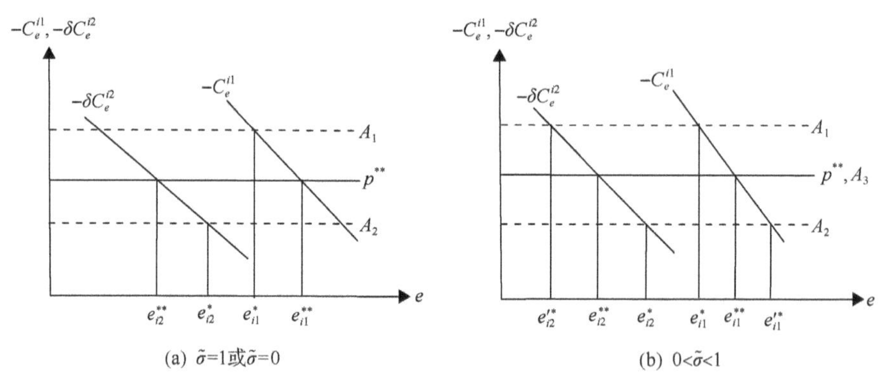

图 16-2 企业分离均衡和社会最优路径

16.5.2 比较分析

本节比较企业分离均衡下路径和社会最优路径之间的差别。与社会最优路径相比，分离均衡路径通常次优的，在少数情况下，分离均衡满足达社会最优路径。结论具体见命题 16-2。

命题 16-2：

(1)在纯流量或纯存量负外部性情形下（$\tilde{\sigma}=1$ 或 $\tilde{\sigma}=0$），各企业第一期均衡排放高于该期社会最优排放，第二期排放低于该期社会最优排放；

(2)在混合负外部性情形下（$0<\tilde{\sigma}<1$），若 $D'(S_1^*)>(<)\delta\tilde{\sigma}D'(S_2^*)$，则各企业第一期均衡排放高于(低于)该期社会最优排放，第二期排放低于(高于)该期社会最优排放；若 $D'(S_1^*)=\delta\tilde{\sigma}D'(S_2^*)$，则企业均衡排放满足社会最优路径。

证明：引理 16-1 表明，当 $\tilde{\sigma}=1$ 或 $\tilde{\sigma}=0$，$p^{**}\in\left(-\delta C_{e^*}^{i2},-C_{e^*}^{i1}\right)$，故

$$-C_{e^*}^{i1}>-C_{e^{**}}^{i1},\ -\delta C_{e^{**}}^{i2}>-\delta C_{e^*}^{i2}$$

又因边际减排成本关于排放量递减，进而有 $e_{i1}^*<e_{i1}^{**}$，$e_{i2}^{**}<e_{i2}^*$。

引理 16-1 还表明，当 $0<\tilde{\sigma}<1$，有 $\min\left\{-C_{e^*}^{i1},-\delta C_{e^*}^{i2}\right\}\leqslant p^{**}\leqslant\max\left\{-C_{e^*}^{i1},-\delta C_{e^*}^{i2}\right\}$。更具体地，当 $D'(S_1^*)>\delta\tilde{\sigma}D'(S_2^*)$，则有 $-\delta C_{e^*}^{i2}<p^{**}<-C_{e^*}^{i1}$；当 $D'(S_1^*)<\delta\tilde{\sigma}D'(S_2^*)$，则有 $-\delta C_{e^*}^{i2}>p^{**}>-C_{e^*}^{i1}$；当 $p^{**}=-C_{e^*}^{i1}=-\delta C_{e^*}^{i2}$，则有 $D'(S_1^*)=\delta\tilde{\sigma}D'(S_2^*)$，这些具体可见于引理 16-1 的证明。因此，当 $D'(S_1^*)=\delta\tilde{\sigma}D'(S_2^*)$，有 $-C_{e^*}^{i1}>-C_{e^{**}}^{i1}$，$-\delta C_{e^{**}}^{i2}>-\delta C_{e^*}^{i2}$，进而 $e_{i1}^*<e_{i1}^{**}$，$e_{i2}^{**}<e_{i2}^*$。当 $D'(S_1^*)<\delta\tilde{\sigma}D'(S_2^*)$，则 $-C_{e^*}^{i1}<-C_{e^{**}}^{i1}$，$-\delta C_{e^{**}}^{i2}<-\delta C_{e^*}^{i2}$，进而有 $e_{i1}^*>e_{i1}^{**}$，$e_{i2}^{**}>e_{i2}^*$。当 $D'(S_1^*)=\delta\tilde{\sigma}D'(S_2^*)$，则 $-C_{e^*}^{i1}=-C_{e^{**}}^{i1}$，$-\delta C_{e^{**}}^{i2}=-\delta C_{e^*}^{i2}$，进而 $e_{i1}^*=e_{i1}^{**}$，$e_{i2}^{**}=e_{i2}^*$，即企业分离均衡路径达到社会最优。

如图 16-2(a)所示，纯流量负外部性情形下，交易价格 p^{**} 居于水平线 A_1 和 A_2 之间。两期社会最优排放分别为 e_{i1}^* 和 e_{i2}^*，两期企业均衡排放分别为 e_{i1}^{**} 和 e_{i2}^{**}，图(a)表明 $e_{i1}^*<e_{i1}^{**}$，$e_{i2}^{**}<e_{i2}^*$，相比于社会最优排放，企业在第一期排放过多，第二期排放过少。这是因为社会最优排放要求第一期边际减排成本大于第二期贴现边际减排成本，纯存量负外部性情形和纯流量外部性情形类似。

混合负外部性情形下的比较如图 16-2(b)所示。当且仅当 $D'(S_1^*)=\delta\tilde{\sigma}D'(S_2^*)$ 满足时，企业均衡排放才达到社会最优路径；否则，企业均衡排放将偏离社会最优。当 $D'(S_1^*)>\delta\tilde{\sigma}D'(S_2^*)$，两期社会最优排放分别为 e_{i1}^* 和 e_{i2}^*，而企业均衡排放分别为 e_{i1}^{**} 和 e_{i2}^{**}，图(b)显示 $e_{i1}^*<e_{i1}^{**}$，$e_{i2}^{**}<e_{i2}^*$，故此时企业在均衡下第一期排放过多而第二期排放过少。相反地，当 $D'(S_1^*)<\delta\tilde{\sigma}D'(S_2^*)$，社会最优排放分别为 $e_{i1}'^*$ 和 $e_{i2}'^*$，显然有 $e_{i1}'^*>e_{i1}^{**}$，$e_{i2}^{**}>e_{i2}'^*$，即企业在均衡下第一期排放过少而第二期排放过多。

虽然在存贷机制下总量交易制度可实现最低减排成本，但环境损害成本很可能被扩大了，其结果是社会成本随之增加，这是因为在该制度下通过跨期无套利

价格能保证企业贴现边际减排成本相等。然而，社会合意排放并不必然要求贴现边际减排成本相等，它需要满足的条件是每期的贴现边际减排成本等于本期边际损害与下期衰减的边际损害之和，如式(16-8)和式(16-9)所表述。不过，在极少数情形下，即第一期边际损害与第二期边际损害之比恰好等于衰减率，企业分离均衡满足社会最优路径。

16.6　数量-价格混合控排政策

据上述16.5节分析，分离均衡一般会偏离社会最优路径。因此，有必要利用政策来矫正企业的偏离行为进而达到社会合意路径，从而降低社会成本。Kling和Rubin(1997)、Leiby和Rubin(2001)都提供一个具有折现比例形式的跨期存贷制度，以此来激励企业储存并抑制借贷。但是该机制存在问题是排放总量控制很可能失效，除非每期借贷量之和刚好等于储存量。因此，有必要提出一个可充分调整企业排放路径，又可实现排放总量有效控制的规制政策。

本章提出一个数量-价格混合控排政策，该政策有机地将数量政策和价格政策结合起来。数量政策的功能是保持排放总量控制有效，价格政策的功能是调整企业排放行为。数量政策如16.3节所构建：规制者决定为计划期设定排放总量，企业通过交易、存贷行为来优化各期排放。在价格政策中，如果企业第一期排放过多，而第二期排放过少，则在第一期对企业单位排放征收适量的碳税t_1 $(t_1>0)$，第二期贴现的碳税为零：$t_2=\delta t_2'=0$，激励企业减少第一期并增加储存，提高第二期排放。相反地，如果企业第二期排放过多，而第一期排放过少，则在第二期对企业单位排放征收适量贴现碳税：$t_2=\delta t_2'$ $(t_2>0)$，而第一期碳税为零：$t_1=0$。若企业排放以达到社会最优，则两期碳税均为零。规制者在计划期初向企业公布一个价格政策(t_1,t_2)。令$\hat{p}_j$、$\hat{e}_{ij}$和$\hat{x}_{ij}$分别为在混合政策下的碳价、企业排放和交易量，在该政策下，均衡价格仍然遵循无套利规则：$\hat{p}^*=\hat{p}_1^*=\delta\hat{p}_2^*$。企业最优问题为

$$\min_{\hat{e}_{i1},\hat{e}_{i2},\hat{x}_{i1}+\hat{x}_{i2}}\left\{C^{i1}(\hat{e}_{i1},\mu_1)+\delta C^{i2}(\hat{e}_{i2},\mu_2)+\hat{p}(\hat{x}_{i1}+\hat{x}_{i2})+t_1\hat{e}_{i1}+t_2\hat{e}_{i2}\right\} \tag{16-20}$$

$$\text{s.t.}\quad L_{i1}+L_{i2}+\hat{x}_{i1}+\hat{x}_{i2}-(\hat{e}_{i1}+\hat{e}_{i2})=0$$

最优解满足如下必要条件：

$$-C_e^{i1}=\hat{p}+t_1,\ -\delta C_e^{i2}=\hat{p}+t_2 \tag{16-21}$$

$$\frac{\partial\hat{\phi}_i}{\partial\hat{\lambda}_i}=0,\forall i \tag{16-22}$$

式中，$\hat{\phi}_i$ 为拉格朗日方程；$\hat{\lambda}_i$ 为拉格朗日乘子。式(16-21)表明，企业在混合政策的最优排放应该使得 j 期贴现边际减排成本等于 $\hat{p}+t_j$。因此，与式(16-14)不同，$-C_e^{i1}$ 与 $-\delta C_e^{i2}$ 可能不再相等。从式(16-21)可得到企业最优的排放为：$\hat{e}_{i1}^*=\hat{e}_{i1}^*(\hat{p},t_1),\hat{e}_{i2}^*=\hat{e}_{i2}^*(\hat{p},t_2)$，将它们代入市场出清条件进一步得到 $\hat{p}^*=\hat{p}^*(t_1,t_2,L)$。若企业均衡排放达到社会最优排放路径，则 t_1 和 t_2 需要满足如下条件：

$$D'(S_1^*)+\delta\sigma D'(S_2^*)=\hat{p}^*(t_1,t_2,L^*)+t_1 \tag{16-23}$$

$$\delta D'(S_2^*)=\hat{p}^*(t_1,t_2,L^*)+t_2 \tag{16-24}$$

情形 1：$\tilde{\sigma}=1$，命题 16-2 表明企业第一期排放过多第二期排放过少。因此，社会最优路径要求在第一期征收某个大于零的碳税 t_1，且第二期贴现碳税为：$t_2^*=0$。据式(16-24)得到 $\hat{p}^*=\delta D'(S_2^*)$，将它代入式(16-23)得到 $t_1^*=D'(S_1^*)-\delta D'(S_2^*)$。因此，该情形下价格政策为：$\left(D'(S_1^*)-\delta D'(S_2^*),0\right)$。

情形 2：$\tilde{\sigma}=0$。类似于 $\tilde{\sigma}=1$ 情形，该情形下社会最优路径要求在第一期征收某个大于零的碳税 t_1，且第二期贴现排放税收为：$t_2^*=0$。据式(16-24)得到 $\hat{p}^*=\delta D'(S_2^*)$，将 $\hat{p}^*$ 代入式(16-23)，得到 $t_1^*=D'(S_1^*)-\delta D'(S_2^*)$。因此，该情形下价格政策为：$\left(D'(S_1^*),0\right)$。

情形 3：$\tilde{\sigma}\in(0,1)$，据命题 16-2，当 $D'(S_1)>\tilde{\sigma}\delta D'(S_2)$，企业第一期排放过多，第二期排放过少。因此，需要在第一期征收某个大于零的碳税 t_1，且第二期贴现排放税收为：$t_2^*=0$。同理可得 $t_1^*=D'(S_1^*)-\tilde{\sigma}\delta D'(S_2^*)$，进而价格政策为 $\left(D'(S_1^*)-\tilde{\sigma}\delta D'(S_2^*),0\right)$。相反地，当 $D'(S_1)<\tilde{\sigma}\delta D'(S_2)$，需要在第二期征收某个大于零的贴现碳税 t_2，且第一期排放税收为：$t_1^*=0$，可得 $t_2^*=\tilde{\sigma}\delta D'(S_2^*)-D'(S_1^*)$，因此该情形下价格政策为 $\left(0,\tilde{\sigma}\delta D'(S_2^*)-D'(S_1^*)\right)$。当 $\tilde{\sigma}\delta D'(S_2^*)=D'(S_1^*)$，价格政策为 $(0,0)$。

需要说明的是，由于 $-C_e^{ij}(0,\mu_j)=+\infty$，边角解 $\hat{e}_{ij}^*=0$ 不会出现在混合政策中，其内在含义是企业不会集中在某期排放，而另一期排放为零。更重要的是，在该政策下，总量控制仍然保持有效，因为当价格政策启动后，配额通过存贷机制自发地跨期流动实现社会最优路径，但不会增加新配额禀赋或减少配额禀赋。虽然混合政策会增加企业的减排成本，但在更大程度上降低了企业环境损害成本，进而降低了总社会成本。不过，混合政策的有效和准确程度高度依赖于政府关于企业减排成本函数、环境损害函数和衰减率。

16.7　主要结论与启示

排放总配额设定总量交易制度至关重要。当考虑环境负外部时，规制者在制定总配额面临减排成本和环境损害成本的权衡问题。通过一个简单离散模型，本章讨论了当存在技术进步时总配额如何调整，并比较分析了纯流量负外部性、纯存量负外部性和混合负外部性三种情形下的企业均衡排放路径和社会最优排放路径。本章延伸了关于动态视角下的 CO_2 排放的环境损害分析的相关结论。本章发现在纯流量和纯存量负外部性情形下，排放配额随技术进步递减，在混合负外部性情形下技术进步对配额效应则不确定。存贷机制下的总量交易制度下，企业排放路径通常会偏离社会合意路径，其结果是扩大了社会成本。最后本章提出了一种数量-价格混合政策来调整企业排放行为。

基于研究结论，本章提出了政策启示。首先，总配额应处于动态调整以缓冲减排技术进步的冲击，进而保持市场供求平衡。政府有必要在设定总配额之前，评估全社会主要共性减排技术发展水平，如高耗能部门能源效率变化、碳捕捉技术、碳吸收技术等。通过建立技术审批和认证系统，尤其是对纳入碳市场的减排企业，建立和实施减排技术普查制度，有益于缓冲技术进步给碳市场带来的供求冲击。其次，存贷机制下总量交易市场通常会扩大社会成本，因为环境损害成本不仅取决于总排放量，而且取决于如何分配各期排放量，这对决策者有重要意义。在执行总量交易制度的同时，还有必要实施辅助性政策——价格政策，它可以激励企业调整跨期排放行为进而达到社会最优，降低社会成本。最后，价格政策不能增加分配扭曲，以保持其实施可行性。因此，政府至少将部分碳税以合适的途径补贴给那些节能减排技术活动(Yang et al., 2017)，而不是用于其他公共活动，以支持和激励企业进行低碳节能、碳减排技术发展和推广等活动。

参考文献

卜茂亮, 李双, 张三峰. 2017. 环境规制与出口: 来自三维面板数据的证据. 国际经贸探索, (9): 40-53.

陈刚, 陈敬之. 2016. 产权保护与企业家精神——基于微观数据的实证研究. 经济社会体制比较, (1): 81-93.

陈琦, 都基隆, 韩立民. 2015. 消费者对水产品质量安全属性的偏好研究——基于选择实验法的分析. 资源开发与市场, 31(9): 1040-1044.

陈强. 2010. 高级计量经济学及 Stata 应用. 北京: 高等教育出版社.

陈诗一, 邓祥征, 章奇, 等. 2014. 应对气候变化: 用市场政策促进二氧化碳减排. 北京: 科学出版社.

陈锡康, 杨翠红. 2011. 投入产出技术. 北京: 科学出版社.

陈锡文. 2015. 中国农业发展形势及面临的挑战. 农村经济, (1): 3-7.

程国强. 2011. 粮价波动与调控政策取向. 农村工作通讯, (8): 14-16.

程国强. 2015. 新常态下的农业发展方式面临重大改变. 农经, (2): 10.

戴觅, 余淼杰, Maitra M. 2014. 中国出口企业生产率之谜——加工贸易的作用.经济学(季刊), (1): 675-698.

邓建平, 曾勇. 2011. 金融关联能否缓解民营企业的融资约束. 金融研究, (8): 78-92.

杜玉泉, 陈秋双, 姬晓涛. 2011. 面向服务的泊位和岸桥联合调度. 计算机集成制造系统, 17(9): 2051-2060.

樊茂清, 郑海涛, 孙琳琳, 等. 2012. 能源价格、技术变化和信息化投资对部门能源强度的影响. 世界经济, (5): 22-45.

樊胜根, 张林秀, 张晓波. 2002. 中国农村公共投资在农村经济增长和反贫困中的作用. 华南农业大学学报(社会科学版), (1): 1-13.

方颖, 赵扬. 2011. 寻找制度的工具变量——估计产权保护对中国经济增长的贡献. 经济研究, (5): 138-148.

高向飞, 邹国庆. 2008. 制度环境约束下的企业绩效分析. 中大管理研究, (4): 1-18.

国家能源局. 2014. 2014 年第 11 届 APEC 能源部长会议北京宣言. http://www.nea.gov.cn/2014-09/05/c_133624292.htm(2014-09-05)[2019-11-26].

韩俊. 2013. 提高粮食生产能力确保国家粮食安全. 农村经济, (5): 3-7.

韩先锋, 惠宁, 宋文飞. 2014. 信息化能提高中国工业部门技术创新效率吗. 中国工业经济, (12): 70-82.

郝枫. 2015. 超越对数函数要素替代弹性公式修正与估计方法比较. 数量经济技术经济研究, (4): 88-105, 122.

何轩, 马骏, 朱丽娜, 等. 2016. 腐败对企业家活动配置的扭曲. 中国工业经济, (12): 106-122.
黄玖立, 李坤望. 2013. 吃喝、腐败与企业订单. 经济研究, (6): 71-84.
黄群慧. 2014. “新常态”、工业化后期与工业增长新动力. 中国工业经济, (10): 5-19.
蒋金荷. 2014. 中国碳排放问题和气候变化政策分析. 北京: 中国社会科学出版社.
焦斌龙, 冯文荣. 2007. 企业家转型与经济增长方式转变. 当代经济研究, (2): 34-37.
金碚. 2014. 工业的使命和价值——中国产业转型升级的理论逻辑. 中国工业经济, (9): 51-64.
金戈. 2012. 中国基础设施资本存量估算. 经济研究, (4): 4-14.
靖学青. 2013. 中国省际物质资本存量估计: 1952-2010. 广东社会科学, (2): 46-55.
黎文靖, 郑曼妮. 2016. 实质性创新还是策略性创新？——宏观产业政策对微观企业创新的影响. 经济研究, (4): 60-73.
李谷成, 尹朝静, 吴清华. 2015. 农村基础设施建设与农业全要素生产率. 中南财经政法大学学报, (1): 141-147.
李宏彬, 李杏, 姚先国, 等. 2009. 企业家的创业与创新精神对中国经济增长的影响. 经济研究, (10): 99-108.
李俊峰, 杨秀, 张敏思. 2014. 中国应对气候变化政策回顾与展望. 中国能源, 36(2): 5-10.
李宁, 何文剑, 仇童伟, 等. 2017. 农地产权结构、生产要素效率与农业绩效. 管理世界, (3): 44-62.
李陶, 陈林菊, 范英. 2010. 基于非线性规划的我国省区碳强度减排配额研究. 管理评论, (6): 54-60.
李宗璋. 2013. 农村基础设施投资对农业全要素生产率的影响研究. 广州: 华南理工大学.
林伯强, 杜克锐. 2013. 要素市场扭曲对能源效率的影响. 经济研究, (9): 125-136.
林伯强, 杜克锐. 2014. 理解中国能源强度的变化: 一个综合的分解框架. 世界经济, (4): 69-87.
林建浩, 赵子乐. 2017. 均衡发展的隐形壁垒: 方言、制度与技术扩散. 经济研究, (9): 182-197.
刘慧龙, 吴联生. 2014. 制度环境, 所有权性质与企业实际税率.管理世界, (4): 42-52.
刘卫东, 陈杰, 唐志鹏, 等. 2012. 中国2007年30省区市区域间投入产出表编制理论与实践. 北京: 中国统计出版社.
刘智强, 廖建桥, 李震. 2006. 员工自愿离职倾向关键性影响因素分析. 管理工程学报, 20(4): 142-145.
罗进辉, 杜兴强. 2014. 媒体报道、制度环境与股价崩盘风险. 会计研究, (9): 53-59.
骆永民. 2010. 中国城乡基础设施差距的经济效应分析——基于空间面板计量模型.中国农村经济, (3): 60-72.
骆永民, 樊丽明. 2012. 中国农村基础设施增收效应的空间特征——基于空间相关性和空间异质性的实证研究.管理世界, (5): 71-87.
马翠萍, 史丹. 2016. 贸易开放与碳排放转移: 来自中国对外贸易的证据. 数量经济技术经济研究, (7): 25-39.

米建伟, 梁勤, 马骅. 2009. 我国农业全要素生产率的变化及其与公共投资的关系——基于1984-2002年分省份面板数据的实证分析. 农业技术经济, (3): 4-16.

倪泽强, 汪本强. 2016. 中国省际公共物质资本存量估算: 1981-2013.经济问题探索, (2): 71-79.

潘安, 魏龙. 2015. 中国与其他金砖国家贸易隐含碳研究. 数量经济技术经济研究, (4): 54-70.

潘家华. 2018. 气候变化经济学. 北京: 中国社会科学出版社.

齐晔. 2014. 中国低碳发展报告(2011～2012). 北京: 社会科学文献出版社.

邵帅, 张曦, 赵兴荣. 2017. 中国制造业碳排放的经验分解与达峰路径——广义迪氏指数分解和动态情景分析. 中国工业经济, (3): 44-63.

沈鸿, 孙雪萍, 苏筠. 2012. 科技信任, 管理信任及其对公众水灾风险认知的影响———基于长江中下游的社会调查. 灾害学, 27(1): 87-93.

史丹. 2015. “十二五”节能减排的成效与“十三五”的任务. 中国能源, (9): 4-11.

史丹. 2018. 绿色发展与全球工业化的新阶段: 中国的进展与比较. 中国工业经济, (10): 5-18.

世界银行. 2007. 政府治理、投资环境与和谐社会——中国120个城市竞争力的提升. 北京: 中国财政经济出版社.

孙莉莉, 陈爱莲, 王祥明, 等. 2010. 山区台风灾害避灾行为的影响因素分析. 自然灾害学报, 19(6): 65-170.

孙小羽, 臧新. 2009. 中国出口贸易的能耗效应和环境效应的实证分析——基于混合单位投入产出模型. 数量经济技术经济研究, (4): 33-44.

谭小宏, 秦启文, 潘孝富. 2007. 企业员工组织支持感与工作满意度、离职意向的关系研究. 心理科学, 30(2): 441-443.

田国强. 2012. 中国经济增长下滑的原因. 学习与探索, (4): 5-15.

万华林, 陈信元. 2010. 治理环境、企业寻租与交易成本——基于中国上市公司非生产性支出的经验证据. 经济学(季刊), (2): 554-570.

汪小勤, 姜涛. 2009. 基于农业公共投资视角的中国农业技术效率分析. 中国农村经济, (5): 79-86.

王班班, 齐绍洲. 2014. 有偏技术进步、要素替代与中国工业能源强度. 经济研究, (2): 115-127.

王斌, 张伟华. 2014. 外部环境, 公司成长与总部自营. 管理世界, (1): 144-155.

王兵, 谢俊. 2015. 全要素能源效率的国际比较——基于能源结构视角的实证研究. 产经评论, 6(2): 72-86.

王金南, 严刚, 姜克隽, 等. 2009. 应对气候变化的中国碳税政策研究. 中国环境科学, 29(1): 101-105.

王晛, 康小宁, 张少华. 2012. 考虑发电商风险偏好的电力市场均衡分析. 系统工程理论实践, 32(8): 1850-1857.

王小鲁, 樊纲, 余静文. 2017. 中国分省份市场化指数报告(2016). 北京: 社会科学文献出版社.

王燕丽, 薛文博, 雷宇, 等. 2017. 京津冀区域 PM2.5 污染相互输送特征. 环境科学, 38(12): 4897-4904.

王永进, 匡霞, 邵文波. 2017. 信息化、企业柔性与产能利用率. 世界经济, (1): 67-90.

王振源, 孙珊珊, 戴瑞林. 2014. 同事离职对留任员工离职意图的影响机制研究——一个被中介的调节作用模型. 管理评论, 26(4): 82-92.

魏楚, 郑新业. 2017. 能源效率提升的新视角——基于市场分割的检验. 中国社会科学, (10): 90-111.

魏下海, 董志强, 金钊. 2015. 腐败与企业生命力: 寻租和抽租影响开工率的经验研究. 世界经济, (1): 105-125.

温忠麟, 叶宝娟. 2014. 中介效应分析——方法和模型发展. 心理科学进展, (5): 731-745.

翁莉, 马林, 徐双凤. 2015. 城市暴雨灾害风险评估及防御对策研究——以江苏省南京市为例. 灾害学, 30(1): 130-134.

翁鸣. 2015. 中国粮食市场挤压效应的成因分析. 中国农村经济, (11): 29-39.

翁清雄, 席酉民. 2010. 职业成长与离职倾向: 职业承诺与感知机会的调节作用. 南开管理评论, 13(2): 119-131.

吴文锋, 吴冲锋, 芮萌. 2009. 中国上市公司高管的政府背景与税收优惠. 管理世界, (3): 134-142.

吴先华, 刘华斌, 郭际, 等. 2014. 公众应对气象灾害风险的行为特征及其影响因素研究——基于深圳市 3109 份调查问卷的实证. 灾害学, 29(1): 103-108.

谢康, 肖静华, 周先波, 等. 2012. 中国工业化与信息化融合质量——理论与实证. 经济研究, (1): 4-16.

辛毅. 2006. 农业生产成本与农村基础设施建设相关性的理论与实证分析. 价格理论与实践, (7): 46-47.

徐浩, 冯涛. 2018. 制度环境优化有助于推动技术创新吗?——基于中国省际动态空间面板的经验分析. 财经研究, (4)47-61.

杨畅, 庞瑞芝. 2017. 契约环境, 融资约束与“信号弱化”效应——基于中国制造业企业的实证研究. 管理世界, (4): 60-69.

杨春江, 逯野, 杨勇. 2014. 组织公平与员工主动离职行为: 工作嵌入与公平敏感性的作用. 管理工程学报, 28(1): 16-25.

杨德明, 刘泳文. 2018. “互联网+”为什么加出了业绩. 中国工业经济, (5): 80-98.

叶仁荪, 倪昌红, 黄顺春. 2015. 职场排斥, 职场边缘化对员工离职意愿的影响: 员工绩效的调节作用. 管理评论, 27(8): 127-140.

尹衍雨, 苏筠, 叶琳. 2009. 公众灾害风险可接受性与避灾意愿的初探——以川渝地区旱灾风险为例. 灾害学, 24(4): 118-124.

应瑞瑶, 郑旭媛. 2013. 资源禀赋、要素替代与农业生产经营方式转型——以苏、浙粮食生产为例. 农业经济问题, (12): 15-24.

余明桂, 潘红波. 2008. 政治关系、制度环境与民营企业银行贷款. 管理世界, (8): 9-21, 39, 187.

余明桂, 回雅甫, 潘红波. 2010. 政治联系、寻租与地方政府财政补贴有效性. 经济研究, (3): 65-76.

於方, 王金南, 马国霞, 等. 2014. 中国环境经济核算研究报告 2013. 北京: 中国环境出版社.

原文林, 吴泽宁, 黄强, 等. 2012. 梯级水库短期发电优化调度的协进化粒子群算法应用研究. 系统工程理论实践, 32(5): 1136-1142.

曾铖, 郭兵, 罗守贵. 2015. 企业家精神与经济增长方式转变关系的文献述评. 上海经济研究, (2): 120-128.

曾福生, 李飞. 2015. 农业基础设施对粮食生产的成本节约效应估算——基于似无相关回归方法. 中国农村经济, (6): 4-12.

张纯, 宋颜. 2015. 美国城市精明增长策略下的暴雨最优管理经验及启示. 国际城市规划, 30(2): 75-80.

张峰, 黄玖立, 王睿. 2016. 政府管制、非正规部门与企业创新: 来自制造业的实证依据. 管理世界, (2): 95-111.

张贵友, 詹和平, 朱静. 2009. 农产品流通基础设施对农业生产影响的实证分析. 中国农村经济, (1): 49-57.

张建琦, 汪凡. 2003. 民营企业职业经理人流失原因的实证研究——对广东民营企业职业经理人离职倾向的检验分析. 管理世界, 9: 129-135.

张军, 吴桂英, 张吉鹏. 2004. 中国省际物质资本存量估算: 1952—2000. 经济研究, (10): 35-44.

张莉, 林与川, 张林. 2013. 工作不安全感与情绪耗竭: 情绪劳动的中介作用. 管理科学, 26(3): 1-8.

张龙鹏, 周立群. 2016. "两化融合"对企业创新的影响研究——基于企业价值链的视角. 财经研究, (7): 99-110.

张勉, 张德. 2007. 企业雇员离职意向的影响因素: 对一些新变量的量化研究. 管理评论, 19(4): 23-28.

张维迎, 盛斌. 2004. 论企业家经济增长的国王. 北京: 三联书店.

张炜, 李思敏, 孙广垠. 2013. 我国城市暴雨内涝形成的影响机制研究. 城市发展研究, 20(1): 120-122.

张友国. 2009. 中国贸易增长的能源环境代价. 数量经济技术经济研究, (1): 16-30.

张正堂, 赵曙明. 2007. 欠发达地区企业知识员工异地离职动因的实证研究: 以苏北地区为例. 管理世界, 8: 95-115.

甄红线, 张先治, 迟国泰. 2015. 制度环境, 终极控制权对公司绩效的影响——基于代理成本的中介效应检验. 金融研究, (12): 162-177.

钟甫宁. 2016. 正确认识粮食安全和农业劳动力成本问题. 农业经济问题, (1): 4-8.

朱帮助, 魏一鸣. 2011. 基于GMDH-PSO-LSSVM的国际碳市场价格预测. 系统工程理论与实践, 31(12): 2264-2271.

朱晶. 2003. 农业公共投资、竞争力与粮食安全. 经济研究, (1): 13-20.

朱满德, 程国强. 2015. 中国农业的黄箱政策支持水平评估: 源于 WTO 规则一致性. 改革, (5): 58-66.

庄子银. 2007. 创新、企业家活动配置与长期经济增长. 经济研究, (8): 82-94.

Acemoglu D. 1995. Reward structures and the allocation of talent. European Economic Review, 39(1): 17-33.

Acemoglu D, Johnson S. 2005. Unbundling institutions. Journal of Political Economy, 113: 943-995.

Achard F, Eva H D, Stibig H, et al. 2002. Determination of deforestation rates of the world's humid tropical forests. Science, New Series, 297(5583): 999-1002.

Adiyoso W, Kanegae H. 2013. The preliminary study of the role of islamic teaching in the disaster risk reduction (a qualitative case study of Banda Aceh, Indonesia). Procedia Environmental Sciences, 17: 918-927.

Aghion P, Harris C, Howitt P, et al. 2001. Competition, imitation and growth with step-by-step innovation. Review of Economic Studies, 68(3): 467-492.

Aguiar A P D, Câmara G, Escada M I S. 2007. Spatial statistical analysis of land-use determinants in the Brazilian Amazonia: Exploring intra-regional heterogeneity. Ecological Modelling, 209(2-4): 169-188.

Aidis R, Estrin S, Mickiewicz T. 2012. Size matters: entrepreneurial entry and government. Small Business Economics, 39: 119-139.

Akaike H. 1981. Likelihood of a model and information criteria. Journal of Econometrics, 16(1): 3-14.

Alizadeh F, Goldfarb D. 2003. Second-order cone programming. Mathematical Programming, 95: 3-51.

Allen D G, Renn R W, Moffitt K R, et al. 2007. Risky business: the role of risk in voluntary turnover decisions. Human Resource Management Review, 17(3): 305-318.

Andersen E D, Roos C, Terlaky T. 2003. On implementing a primal-dual interior-point method for conic quadratic optimization. Mathematical Programming, 95: 249-277.

Anderson K, Strutt A. 2014. Food security policy options for China: lessons from other countries. Food Policy, (49): 50-58.

Ang J S, Cole R A, Lin J W. 2000. Agency costs and ownership structure. The Journal of Finance, 55(1): 81-106.

Angelsen A, Shitindi E F K, Aarrestad J. 1999. Why do farmers expand their land into forests? Theories and evidence from Tanzania. Environment and Development Economics, 4(3): 313-331.

Anger N, Oberndorfer U. 2008. Firm performance and employment in the EU emissions trading scheme: an empirical assessment for Germany. Energy Policy, 36(1): 12-22.

Anselin L, Griffith D A. 1988. Do spatial effects really matter in regression analysis? Papers in Regional Science, 65: 11-34.

Antle J M. 1983. Infrastructure and aggregate agricultural productivity: international evidence. Economic Development and Cultural Change, (3): 609-619.

Arabi B, Munisamy S, Emrouznejad A, et al. 2014. Power industry restructuring and eco-efficiency changes: a new slacks-based model in Malmquist–Luenberger Index measurement. Energy Policy, (5): 132-145.

Aschauer D A. 1989. Is public expenditure productive?. Journal of Monetary Economics, (23): 177-200.

Attaviriyanupap P, Kita H, Tanaka E, et al. 2003. A hybrid LR-EP for solving new profit-based UC problem under competitive environment. IEEE Power Engineering Review, 18(1): 229-237.

Autio E, Acs Z. 2010. Intellectual property protection and the formation of entrepreneurial growth aspirations. Strategic Entrepreneurship Journal, 4(3): 234-251.

Barbieri A F, Carr D L. 2005. Gender-specific out-migration, deforestation and urbanization in the Ecuadorian Amazon. Global and Planetary Change, 47(2-4): 99-110.

Baron R M, Kenny D A. 1986. The Moderator-mediator variable distinction in social psychological research: conceptual, strategic, and statistical considerations.Journal of Personality and Social Psychology, 51(6): 1173-1182.

Battese G E, Rao D S P, O'Donnell C J. 2004. A metafrontier production function for estimation of technical efficiencies and technology gaps for firms operating under different technologies. Journal of Productivity Analysis, (21): 91-103.

Baumol W J. 1990. Entrepreneurship: productive, unproductive, and destructive. Journal of Political Economy, 98(5): 893-921.

Baumol W J, Strom R J. 2007. Entrepreneurship and economic growth. Strategic Entrepreneurship Journal, 1(3-4): 233-237.

Bawa K S, Dayanandan S. 1997. Socioeconomic factors and tropical deforestation. Nature, 386: 562-563.

Behrouz A, Emrouznejad A. 2014. Power industry restructuring and eco-efficiency changes: A new slacks-based model in Malmquist-Luenberger Index measurement. Energy Policy, (5): 132-145.

Benyamin K, Shahin R, Mahmoud O, et al. 2013. Reduction of CO_2 emission by improving energy use efficiency of greenhouse cucumber production using DEA approach. Energy, 55(6): 676-682.

Berkhout F, Hertin J. 2004. De-materialising and re-materialising: digital technologies and the environment. Futures, 36(8): 903-920.

Bernstein R, Madlener R. 2010. Impact of disaggregated ICT capital on electricity intensity in European manufacturing. Applied Economics Letters, 17(17): 1691-1695.

Bhagwati J N. 1982. Directly unproductive, profit-seeking activities. Journal of Political Economy, 90(5): 988-1022.

Bi G B, Song W, Zhou P, et al. 2014. Does environmental regulation affect energy efficiency in China's thermal power generation? Empirical evidence from a slacks-based DEA model. Energy Policy, 66(3): 537-546.

Bian Y W, He P, Xu H. 2013. Estimation of potential energy saving and carbon dioxide emission reduction in China based on an extended non-radial DEA approach. Energy Policy, (12): 962-971.

Bloom N, Genakos C, Martin R, et al. 2010. Modern management: good for the environment or just hot air. Economic Journal, 120(544): 551-572.

Bockstael N, Myrick F A, Kopp R J, et al. 2000. On measuring economic values for nature. Environmental Science and Technology, 34: 1384-1389.

Bohm P. 2002. Comparing permit allocation options: the main points. Department of Economics, Stockholm University.

Böhringer C, Lange A. 2005. On the design of optimal grandfathering schemes for emission allowances. European Economic Review, 49(8): 2041-2055.

Böhringer C, Fischer C, Rosendahl K E. 2014. Cost-effective unilateral climate policy design: Size matters. Journal of Environmental Economics and Management, 67(3): 318-339.

Bollerslev T. 1986. Generalized autoregressive conditional heteroskedasticity. Journal of Econometrics, 31(3): 307-327.

Borenstein S. 1988. On the efficiency of competitive markets for operating licenses. The Quarterly Journal of Economics, 103(2): 357-385.

Bowen H P, Clercq D D. 2008. Institutional context and the allocation of entrepreneurial effort. Journal of International Business Studies, 39(4): 747-768.

Bowman A W. 1984. An alternative method of cross-validation for the smoothing of density estimates. Biometrika, 71(2): 353-360.

Brown T L, Potoski M. 2005. Transaction costs and contracting: the practitioner perspective. Public Performance & Management Review, 28(3): 326-351.

Bunn D W, Fezzi C. 2008. A vector error correction model of the interactions among gas, electricity and carbon prices: an application to the cases of Germany and United Kingdom.Edward Elgar Publishing: 145-159.

Bunse K, Vodicka M, Schönsleben P, et al. 2011. Integrating energy efficiency performance in production management-gap analysis between industrial needs and scientific literature.Journal of Cleaner Production, 19 (6-7) : 667-679.

Burnham K P, Anderson D R. 2002. Model Selection and Multimodel Inference: A Practical Information-Theoretic Approach. Berlin: Springer.

Byun S J, Cho H. 2013. Forecasting carbon futures volatility using GARCH models with energy volatilities. Energy Economics, 40: 207-221.

Cai S, Chen X, Bose I.2013. Exploring the role of it for environmental sustainability in China: an empirical analysis. International Journal of Production Economics, 146 (2) : 491-500.

Carrion M, Arroyo J M. 2006. A computationally efficient mixed-integer linear formulation for the thermal unit commitment problem. IEEE Transactions on Power Systems, 21 (3) : 1371-1378.

Catalao J P, Mariano S J, Mendes V M, et al. 2010. A practical approach for profit-based unit commitment with emission limitations. International Journal of Electrical Power and Energy Systems, 32 (3) : 218-224.

Cazcarro I, Duarte R, Choliz J S. 2013. Multiregional input-output model for the evaluation of Spanish water flows. Environmental Science and Technology, 47: 12275-12283.

Chamkalani A, Zendehboudi S, Bahadori A, et al. 2014. Integration of LSSVR technique with PSO to determine asphaltene deposition. Journal of Petroleum Science and Engineering, 124: 243-253.

Chan K W, Wan E W. 2012. How can stressed employees deliver better customer service? The underlying self-regulation depletion mechanism. Journal of Marketing, 76 (1) : 119-137.

Chandler A D. 1991. The Functions of the HQ unit in the multibusiness firm. Strategic Management Journal, 12 (S2) : 31-50.

Chang Y T, Zhang N, Danao D, et al. 2013. Environmental efficiency analysis of transportation system in China: A non-radial DEA approach. Energy Policy, 58 (7) : 277-283.

Chaton C, Creti A, Peluchon B. 2015. Banking and back-loading emission permits. Energy Policy, 82: 332-341.

Chemin M. 2009. The impact of the judiciary on entrepreneurship: Evaluation of Pakistan's 'access to justice programme'. Journal of Public Economics, 93: 114-125.

Chen Z, Wang J N, Ma G X, et al. 2013. China tackles the health effects of air pollution. The Lancet, 382: 1959-1960.

Chesney M, Taschini L. 2012. The endogenous price dynamics of emission allowances and an application to CO_2 option pricing. Applied Mathematical Finance, 19 (5) : 447-475.

Chevallier J. 2009. Carbon futures and macroeconomic risk factors: A view from the EU ETS. Energy Economics, 31 (4) : 614-625.

Chevallier J. 2011. Nonparametric modeling of carbon prices. Energy Economics, 33 (6) : 1267-1282.

Chiang C F, Liu B Z. 2017. Examining job stress and burnout of hotel room attendants: internal marketing and organizational commitment as moderators. Journal of Human Resources in Hospitality and Tourism, 16 (4) : 367-383.

Chiu C R, Liou J L, Wu P I, et al. 2012. Decomposition of the environment inefficiency of the metafrontier with undesirable output. Energy Economics, 34 (5) : 1392-1399.

Cho Y, Lee J, Kim T Y. 2007. The impact of ICT investment and energy price on industrial electricity demand: dynamic growth model approach. Energy Policy, 35 (9) : 4730-4738.

Choi S, Sohngen B, Rose S A, et al. 2011. Total factor productivity change in agriculture and Emissions from deforestation. American Journal of Agricultural Economics, 93 (2) : 349-355.

Choi Y, Zhang N, Zhou P. 2012. Efficiency and abatement costs of energy-related CO_2 emissions in China: a slacks-based efficiency measure. Applied Energy, (10) : 198-208.

Chomitz K M, Buys P, de Luca G, et al. 2007. At loggerheads? Agricultural Expansion, Poverty Reduction, and Environment in the Tropical Forests. World Bank Policy Research Report, World Bank, Washington D.C.

Choumert J, Motel P C, Dakpo H K. 2013. Is the Environmental Kuznets Curve for deforestation a threatened theory? A meta-analysis of the literature. Ecological Economics, 90: 19-28.

Christensen L R, Jorgenson D W, Lau L J. 1973. Transcendental logarithmic production function. Review of Economics and Statistics, (1) : 28-45.

Churchill G A. 1979. A Paradigm for developing better measures of marketing constructs. Journal of Marketing Research, 16 (1) : 64-73.

Cleveland W S. 1979. Robust locally weighted regression and smoothing scatterplots. Journal of the American Statistical Association, 74 (368) : 829-836.

Collard F, Fève P, Portier F. 2005. Electricity consumption and ICT in the French service sector. Energy Economics, 27 (3) : 541-550.

Conejo A J, Nogale F J, Arroyo J M, et al. 2004. Risk-constrained self-scheduling of a thermal power producer. IEEE Transactions on Power Systems, 19 (3) : 1569-1574.

Conley T G, Hansen C, Rossi P. 2012. Plausibly exogenous. Review of Economics and Statistics, 94 (1) : 260-272.

Cooper W W, Seiford L M, Tone K. 2007. Data Envelopment Analysis: A Comprehensive Text with Models, Applications, References and DEA-Solver Softwar. Berlin: Springer.

Costanza R, Kubiszewski I, Giovannini E, et al. 2014. Time to leave GDP behind. Nature, 505: 283-285.

Cramton P, Kerr S. 2002. Tradeable carbon permit auctions: How and why to auction not grandfather. Energy Policy, 30 (4) : 333-345.

Cronsha M B, Kruse J B. 1996. Regulated firms in pollution permit markets with banking. Journal of Regulatory Economics, 9 (2) : 179-189.

Cui Q, Li Y. 2014. The evaluation of transportation energy efficiency: an application of three-stage virtual frontier DEA. Transportation Research Part D: Transport and Environment, 29 (2) : 1-11.

Culas R J. 2012. REDD and forest transition: Tunneling through the environmental Kuznets curve. Ecological Economics, 79: 44-51.

Davis S J, Caldeira K. 2010. Consumption-based accounting of CO_2 emissions. Proceedings of the National Academy of Sciences, 107: 5687-5692.

De Brucker K, Macharis C, Verbeke A. 2013. Multi-criteria analysis and the resolution of sustainable development dilemmas: A stakeholder management approach. European Journal of Operational Research, 224 (1) : 122-131.

Demailly D, Quirion P. 2008. European emission trading scheme and competitiveness: a case study on the iron and steel industry. Energy Economics, 30 (4) : 2009-2027.

Deng X, Huang J, Rozelle S, et al. 2006. Cultivated land conversion and potential agricultural productivity in China. Land Use Policy, 23 (4) : 372-384.

Desai M, Gompers P, Josh Lerner J. 2003. Institutions and entrepreneurial firm dynamics: evidence from Europe. Harvard Negotiation, Organizations and Markets Research Paper, No. 03-59.

Dickinson R E, Cicerone R J. 1986. Future global warming from atmospheric trace gases. Nature, 319 (6049) : 109.

Diebold F X, Mariano R S. 1995. Comparing predictive accuracy. Journal of Business and Economic Statistics, 13 (3) : 253-263.

Ding Z L, Duan X N, Ge Q S, et al. 2009. Control of atmospheric CO_2 concentrations by 2050: a calculation on the emission rights of different countries. Science in China Series D: Earth Sciences, 52 (1) : 1447-1469.

Disegni E. 2005. Optimal allocation of tradable pollution rights and market structures. Journal of Regulatory Economics, 28 (2) : 205-223.

Dong Z, Wei X, Zhang Y. 2016. The allocation of entrepreneurial efforts in a rent -seeking society: Evidence from China. Journal of Comparative Economics, 44 (2) : 353-371.

Douhan R, Henrekson M. 2010. Entrepreneurship and second-best institutions. Journal of Evolutionary Economics, 20 (4) : 629-643.

Dreher A, Gassebner M. 2013. Greasing the wheels? The impact of regulations and corruption on firm entry. Public Choice, 155: 413-432.

Du Y Q, Chen Q S, Ji X T. 2011. Service-oriented berth allocation and quay crane assignment. Computer Integrated Manufacturing Systems, 17(9): 2051-2060.

Duncan R B. 1972. Characteristics of organizational environments and perceived environmental uncertainty. Administrative Science Quarterly, 17(3): 313-327.

Egteren H V, Weber M. 1996. Marketable permits, market power, and cheating. Journal of Environmental Economics and Management, 30(2): 161-173.

Estrin S, Korosteleva J, Mickiewicz T, et al. 2012. Which institutions encourage entrepreneurial growth aspirations?. Journal of Business Venturing, 28(4): 564-580.

Ewers R M. 2006. Interaction effects between economic development and forest cover determine deforestation rates. Global Environmental Change, 16(2): 161-169.

Fan S, Pardey P G. 1997. Research, productivity, and output growth in Chinese agriculture. Journal of Development Economics, (57): 115-137.

Fan S, Zhang X. 2004. Infrastructure and regional economic development in rural China. China Economic Review, 15: 203-214.

Fan X H, Li S S, Tian L X. 2015. Chaotic characteristic identification for carbon price and an multi-layer perceptron network prediction model. Expert Systems with Applications, 42: 3945-3952.

Fare R, Grosskopf S, Lindgren B, et al. 1992. Productivity changes in Swedish pharmacies 1980-1989: A non-parametric Malmquist approach. Journal of Productivity Analysis, (3): 85-101.

Fare R, Grosskopf S, Norris M, et al. 1994. Productivity growth, technical progress, and efficiency change in industrialized countries. American Economic Review, (3): 66-83.

Fell H. 2016. Comparing policies to confront permit over-allocation. Journal of Environmental Economics and Management, 80: 53-68.

Feng C P, Chu F, Ding G G, et al. 2015. Carbon Emissions Abatement (CEA) allocation and compensation schemes based on DEA. Omega, 53: 78-89.

Feng K, Davis S J, Sun L, et al. 2013. Outsourcing CO2 within China. Proceedings of the National Academy of Sciences of the United States of America (PNAS), 110: 11654-11659.

Feng K S, Hubacek K, Pfister S, et al. 2014. Virtual scarce water in China. Environmental Science and Technology, 48: 7704-7713.

Feng Z H, Zou L L, Wei Y M, et al. 2011. Carbon price volatility: evidence from EU ETS. Applied Energy, (88): 590-598.

Fisher-Vanden K. 2003. Management structure and technology diffusion in Chinese state-owned enterprises. Energy Policy, 31(3): 247-257.

Fisher-Vanden K, Jefferson G H, Jingkui M, et al. 2006. Technology development and energy productivity in China. Energy Economics, 28(5-6): 690-705.

Fogel K, Hawk A, Morck R, et al. 2006. Institutional obstacles toentrepreneurship. In: Casson M, Yeung B, Basu A, et al. The Oxford Handbook of Entrepreneurship. Oxford: Oxford University Press: 540-579.

Fornell C, Larcker D F. 1981. Evaluating structural equation models with unobservable variables and measurement error. Journal of Marketing Research, 18(1): 39-50.

Fotheringham A S, Charlton M, Brunsdon C. 1996. The geography of parameter space: an investigation of spatial non-stationarity. International Journal of Geographical Information Systems, 10(5): 605-627.

Fotheringham A S, Brunsdon C, Charlton M. 2002. Geographically Weighted Regression: the Analysis of Spatially Varying Relationships. West Sussex: John Wiley & Sons Ltd.

Fournier C, Tanner J F, Chonko L B, et al. 2009. The moderating role of ethical climate on salesperson propensity to leave. Journal of Personal Selling and Sales Management, 30(1): 7-22.

Frayer J, Sun Z, Müller D, et al. 2014. Analyzing the drivers of tree planting in Yunnan, China, with Bayesian networks. Land Use Policy, 36: 248-258.

Garcia-gonzalez J, Parrilla E, Mateo A. 2007. Risk-averse profit-based optimal scheduling of a hydro-chain in the day-ahead electricity market. European Journal of Operational Research, 181: 1354-1369.

Geist H J, Lambin E F. 2002. Proximate causes and underlying driving forces of tropical deforestation. Bioscience, 52: 143-150.

George V, Spyros N, Basil M. 2014. A DEA approach for estimating the agricultural energy and environmental efficiency of EU countries. Renewable and Sustainable Energy Reviews, (12): 91-96.

Ghertner D A, Fripp M. 2007. Trading away damage. Quantifying environmental leakage through consumption-based, life-cycle analysis. Ecological Economics, 63: 563-577.

Golombek R, Kittelsen S A C, Rosendahl K E. 2013. Price and welfare effects of emission quota allocation. Energy Economics, 36: 568-580.

Gómez-Calvet R, Conesa D, Gómez-Calvet A R, et al. 2014. Energy efficiency in the European Union: What can be learned from the joint application of directional distance functions and slacks-based measures?. Applied Energy, (11): 137-154.

Grothmann T, Reusswig F. 2006. People at risk of flooding: why some residents take precautionary action while others do not. Natural Hazards, 38(1/2): 101-120.

Guo J E, Zhang Z, Meng L. 2012. China's provincial CO_2 emissions embodied in international and interprovincial trade. Energy Policy, 42: 486-497.

Guo S, Shen G Q. 2015. Multiregional input-output model for China's farm land and water use. Environmental Science and Technology, 49: 403-414.

Hafstead M, Williams R C, Golub A, et al. 2018. Effect of climate policies on labor markets in developing countries: Review of the evidence and directions for future research. The World Bank, 1-51.

Hagem C, Westskog H. 1998. The design of a dynamic tradeable quota system under market imperfections. Journal of Environmental Economics and Management, 36(1): 89-107.

Hagem C, Westskog H. 2008. Intertemporal emission trading with a dominant agent: How does a restriction on borrowing affect efficiency? Environmental and Resource Economics, 40(2): 217-232.

Hahn R W. 1984. Market power and transferable property rights. The Quarterly Journal of Economics, 99(4): 753-765.

Hahn R W, Noll R G. 1982. Designing a market for tradable emissions permits. NO.398.

Hasegawa M, Salant S. 2014. Cap-and-trade programs under delayed compliance: Consequences of interim injections of permits. Journal of Public Economics, 119: 24-34.

Hatcher A. 2012. Market power and compliance with output quotas. Resource and Energy Economics, 34(2): 255-269.

Heerink N, Bao X, Li R, et al. 2009. Soil and water conservation investments and rural development in China. China Economic Review, (20): 288-302.

Helsloot I, Ruitenberg A. 2004. Citizen response to disasters: A survey of literature and some practical implications. Journal of Contingencies and Crisis Managemen, 12(3): 98-111.

Higón D A, Gholami R, Shirazi F. 2017. ICT and environmental sustainability: A global perspective. Telematics and Informatics, 34(4): 85-95.

Hilty L M, Aebischer B. 2015. ICT for Sustainability: An Emerging Research Field. Berlin: Springer.

Hintermann B. 2015. Market power in emission permit markets: Theory and evidence from the EU ETS. Environmental and Resource Economics, 14: 1-24.

Hof A F, Den Elzen M G J. 2010. The effect of different historical emissions datasets on emission targets of the sectoral mitigation approach Triptych. Climate Policy, 10(6): 684-704.

Holland S P, Moore M R. 2013. Market design in cap and trade programs: Permit validity and compliance timing. Journal of Environmental Economics and Management, 66(3): 671-687.

Holt C A, Shobe W M. 2016. Reprint of: Price and quantity collars for stabilizing emission allowance prices: Laboratory experiments on the EU ETS market stability reserve. Journal of Environmental Economics and Management, 80: 69-86.

Hu J L, Kao C H. 2007. Efficient energy-saving targets for APEC economies. Energy Policy, (35): 373-382.

Hu J L, Wang S C. 2006. Total-factor energy efficiency of regions in China. Energy Policy, 34(17): 3206-3217.

Huang J, Rozelle S. 1996. Technological change: Rediscovering the engine of productivity growth in China's rural economy. Journal of Development Economics, 49: 337-369.

Huang N E, Shen Z, Long S R. 1998. The empirical mode decomposition and the Hilbert spectrum for non-linear and non-stationary time series analysis. Proceedings of the Royal Society of London, 454: 903-995.

Huang N E, Shen Z, Long S R, et al. 1999. A new view of nonlinear water waves: The Hilbert spectrum. Annual Review of Fluid Mechanics, (31): 417-457.

Huang N E, Wu M L, Qu W, et al. 2003. Applications of Hilbert Huang transform to non-stationary financial time series analysis. Applied Stochastic Models in Business and Industry, (19): 245-268.

Huang Q, Rozell S, Lohmar B, et al. 2006. Irrigation, agricultural performance and poverty reduction in China. Food Policy, 31: 30-52.

IPCC. 2013. Climate Change 2013: The Physical Science Basis. Cambridge: Cambridge University Press.

Ishida H. 2015. The effect of ICT development on economic growth and energy consumption in Japan. Telematics and Informatics, 32(1): 79-88.

Istiyani A, Wulan S, Diana P. 2018. The effect of compensation, work stress and career development on turnover intention with work leadership as an intervening variable. Journal of Management, 4(4): 1-18.

Ivana K, Conejo A J, James R M. 2009. Influence of the emission trading scheme on generation scheduling. International Journal of Electrical Power and Energy Systems, 31(9): 465-473.

Jabr R A. 2005. Robust self-scheduling under price uncertainty using conditional value-at-risk. IEEE Transactions on Power Systems, 20(4): 1852-1858.

Jensen J, Rasmussen T N. 2000. Allocation of CO_2 emissions permits: A general equilibrium analysis of policy instruments. Journal of Environmental Economics and Management, 40(2): 111-136.

Jerrod P, Wuyang H, Linda C. 2014. Resident and tourist preferences for stormwater management strategies in Oahu, Hawaii. Cean and Coastal Management, 98: 79-85.

Jiang X, Zhang Q, Zhao H, et al. 2015. Revealing the hidden health costs embodied in Chinese exports. Environmental Science and Technology, 49: 4381-4388.

Jin J L, Zhou D Q, Zhou P. 2014. Measuring environmental performance with stochastic environmental DEA: The case of APEC economies. Economic Modelling, (2): 80-86.

Jin S Q, Huang J K, Hu R F, et al. 2002. The creation and spread of technology and total factor productivity in China's agriculture. American Journal of Agricultural Economics, 84(4): 916-930.

Johnson P, McMillan J, Woodruff C, et al. 2000. Entrepreneurs and the Ordering of Institutional Reform. Economics of Transition, 8(1): 1-36.

Kanemoto K, Lenzen M, Peters G P, et al. 2011. Frameworks for comparing emissions associated with production, consumption, and international trade. Environmental Science and Technology, 46: 172-179.

Kanen J L M. 2006. Carbon Trading And Pricing. London: Environmental Finance Publications.

Karatepe O M, Karadas G . 2014. The effect of psychological capital on conflicts in the work-family interface, turnover and absence intentions. International Journal of Hospitality Management, 43: 132-143.

Kennedy J, Eberhart R C. 1995. Particle swarm optimization. Proc IEEE Confon Neural Networks. Perth: Piscataway: 1942-1948.

Keppler J H, Mansanet-Bataller M. 2010. Causalities between CO_2, electricity, and other energy variables during phase Ⅰ and phase Ⅱ of the EU ETS. Energy Policy, (38): 3329-3341.

Khuntia J, Saldanha T, Mithas S, et al. 2018. Information technology and sustainability: evidence from an emerging economy. Production and Operations Management, 27(4): 756-773.

Khwaja A, Mian A. 2005. Do lenders favor politically connected firms? rent provision in an emerging financial market. Quarterly Journal of Economics, 120: 1371-1411.

Kim H S, Eykholt R, Salas J D. 1999. Nonlinear dynamics, delay times, and embedding windows. Physica D, 127: 48-60.

Kim J, Heo E. 2014. Effect of ICT capital on the demands for labor and energy in major industries of Korea, US, and UK. Environmental and Resource Economics Review, 23(1): 91-132.

Kinzelman J L, McLellan S L. 2009. Success of science-based best management practices in reducing swimming banse a case study from Racine, Wisconsin, USA. Aquatic Ecosystem Health and Management, 12: 187-196.

Kleibergen F, Paap R. 2006. Generalized reduced rank tests using the singular value decomposition. Journal of Econometrics, 133(1): 97-126.

Kling C L, Zhao J. 2000. On the long-run efficiency of auctioned vs free permits. Economics Letters, 69(2): 235-238.

Kling C, Rubin J. 1997. Bankable permits for the control of environmental pollution. Journal of Public Economics, 64(1): 101-115.

Koch N G, Godefroy F, Sabine E, et al. 2016. Politics matters: Regulatory events as catalysts for price formation under cap-and-trade. Journal of Environmental Economics and Management, 78: 121-139.

Kollenberg S, Taschini L. 2016. Emissions trading systems with cap adjustments. Journal of Environmental Economics and Management, 80: 20-36.

Koop G, Tole L. 2013. Forecasting the European carbon market. Journal of the Royal Statistical Society Series A, 176(3): 723-741.

La Porta R, Lopez-de-Silanes F, Shleifer A. 2008. The economic consequence consequences of legal origins. Journal of Economic Literature, 46(2): 285 -332.

Lang G. 2002. Deforestation, Floods, and State Reactions in China and Thailand. Working Papers Series No. 21 Southeast Asia Research Center, City University of Hong Kong.

Lavigne F, De Coster B, Juvin N, et al. 2008. People's behaviour in the face of volcanic hazards: perspectives from Javanese communities, Indonesia. Journal of Volcanology and Geothermal Research, 172(3): 273-287.

Lee T, Yeo G T, Thai V V. 2014. Environmental efficiency analysis of port cities: Slacks-based measure data envelopment analysis approach. Transport Policy, (5): 82-88.

Legendre P. 1993. Spatial autocorrelation: trouble or new paradigm? Ecology, 74(6):1659-1673.

Lei W, Shahidehpour M. 2009. Financial risk evaluation in stochastic PBUC. IEEE Transactions on Power Systems, 24(4): 1896-1897.

Leiby P, Rubin J. 2001. Intertemporal permit trading for the control of greenhouse gas emissions. Environmental and Resource Economics, 19(3): 229-256.

Lenzen M. 2011. Aggregation versus disaggregation in input-output analysis of the environment. Economic Systems Research, 23: 73-89.

Leontief W W. 1936. Quantitative input and output relations in the economic systems of the United States. Review of Economics and Statistics, 18: 105-125.

Lewandrowski J, Kim C S, Aillery M. 2014. Carbon sequestration through afforestation under uncertainty. Forest Policy and Economics, 38: 90-96.

Li H, Yang Z, Yao X, et al. 2012. Entrepreneurship, private economy and growth: Evidence from China. China Economic Review, 23: 948-961.

Liang S, Zhang C, Wang Y, et al. 2014. Virtual atmospheric mercury emission network in China. Environmental Science and Technology, 48: 2807-2815.

Liang S, Wang Y, Cinnirella S, et al. 2015. Atmospheric mercury Footprints of Nations. Environmental Science and Technology, 49: 3566-3574.

Lin J, Pan D, Davis S J, et al. 2014. China's international trade and air pollution in the United States. Proceedings of the National Academy of Sciences, 111: 1736-1741.

Lin Y Y, Chen P Y, Chen C C. 2013. Measuring green productivity of country: A generlized metafrontier Malmquist productivity index approach. Energy, (6): 340-353.

Liski M, Montero J P. 2011. Market power in an exhaustible resource market: The case of storable pollution permits. The Economic Journal, 121: 116-144.

Liu X Y, Shao C, Ma H F, et al. 2011. Optimal earth pressure balance control for shield tunneling based on LS-SVM and PSO. Automation in Construction, 20: 321-327.

Longo S B, York R. 2015. How does information communication technology affect energy use. Human Ecology Review, 22(1): 55-72.

Lu C Q, Sun J W, Du D Y. 2016. The relationships between employability, emotional exhaustion, and turnover intention: the moderation of perceived career opportunity. Journal of Career Development, 43(1): 37-51.

Luo X, Levi A E. 2013. Factors influencing willingness to participate in disaster reduction. Natural Hazards, 66(2): 1243-1255.

Luo Y. 2004. An organizational perspective of corruption. Management and Organization Review, 1(1): 119-154.

Mackenzie I A, Hanley N, Kornienko T, et al. 2008. The optimal initial allocation of pollution permits: a relative performance approach. Environmental and Resource Economics, 39(3): 265-282.

Madrigal M, Quintana V H. 1999. Semidefinite programming relaxations for {0,1} power dispatch problems//IEEE PES Summer Meeting. Edmonton, Alberta, Canada: IEEE PES: 697-702.

Maeda A. 2003. The emergence of market power in emission rights markets: the role of initial permit distribution. Journal of Economics, 24(3): 293-314.

Mamatzakis E C. 2003. Public infrastructure and productivity growth in Greek agriculture. Agricultural Economics, (29): 169-180.

Mansanet-Bataller M, Pardo A, Valor E. 2007. CO_2 prices, energy and weather. The Energy Journal, 28(3): 73-92.

María E S, Francesco V, María M B. 2015. Understanding volatility dynamics in the EU-ETS market. Energy Policy, 82: 321-331.

Mather A S, Fairbairn J. 2000. From floods to reforestation: the forest transition in Switzerland. Environment and History, 6: 399-421.

Matus K, Nam K M, Selin N E, et al. 2012. Health damages from air pollution in China. Global Environmental Change, 22: 55-66.

May G, Stahl B, Taisch M, et al. 2017. Energy management in manufacturing: from literature review to a conceptual framework. Journal of Cleaner Production, 167: 1464-1489.

Miketa A, Schrattenholzer L. 2006. Equity implications of two burden-sharing rules for stabilizing greenhouse-gas concentrations. Energy Policy, 34(7): 877-891.

Misiolek W S, Elder H W. 1989. Exclusionary manipulation of markets for pollution rights. Journal of Environmental Economica and Management, 16(2): 156-166.

Montagnoli A, de Vries F P. 2010. Carbon trading thickness and market efficiency. Energy Economics, 32(6): 1331-1336.

Montero J P. 2009. Market power in pollution permit markets. Energy Journal, 30: 115-142.

Morales-Barquero L, Borrego A, Skutsch M, et al. 2015. Identification and quantification of drivers of forest degradation in tropical dry forests: A case study in Western Mexico. Land Use Policy, 49: 296-309.

Morrison C J, Schwartz A E. 1996. State infrastructure and productive performance. The American Economic Review, 86 (5): 1095-1111.

Motel P C, Pirard R, Combes J L.2009. A methodology to estimate impacts of domestic policies on deforestation: Compensated Successful Efforts for "avoided deforestation" (REDD). Ecological Economics, 68(3): 680-691.

Moyer J D, Hughes B B. 2012. ICTs: do they contribute to increased carbon emissions. Technological Forecasting and Social Change, 79(5): 919-931.

Mullan K, Kontoleon A. 2009. Participation in Payments for Ecosystem Services programmes in developing countries: The Chinese Sloping Land Conversion Programme. Discussion Paper Series Number 42, University of Cambridge.

Murphy K M, Shleifer A, Vishny R W. 1993. Why is rent seeking so costly to growth. American Economic Review, 83(2): 409-414.

National Bureau of Statistics of China. 2014. China Statistical Yearbook 2014. Beijing: China Statistics Press.

Nazir S, Shafi A, Qun W, et al. 2016. Influence of organizational rewards on organizational commitment and turnover intentions. Employee Relations, 38(4): 596-619.

Nemiroveski A. 1996. Extension of Karmarkar's algorithm onto convex quadratically constrained quadratic programming. Mathematical Programming, 72: 273-289.

Nesterov Y E. 1998. Primal-dual interior point methods for self-scaled cones. SIAM Journal on Optimization, 8: 324-364.

Nordhaus W D. 1991. The cost of slowing climate change: A survey. Energy Journal, 12: 37-65.

North D. 1990. Institutions, Institutional Change and Economic Performance. Cambridge: Cambridge University Press.

O'Donnell C J. 2008. Metafrontier frameworks for the study of firm-level efficiencies and technology ratios. Empirical Economics, (34): 231-255.

Obropta C C, Kardos J S. 2007. Review of urban stormwater quality models: deterministic, stochastic, and hybrid approaches. JAWRA Journal of the American Water Resources Association, 43(6): 1508-1523.

Ohta M. 1974. A note on the duality between production and cost functions: rate of returns to scale and rate of technical progress. The Economic Studies Quarterly, 25(3): 63-65.

Okada A. 2004. International negotiations on climate change: a noncooperative game analysis of the Kyoto protocol. Avenhaus R, William Zartman I.

Ollo-López A, Aramendía-Muneta M E. 2012. ICT impact on competitiveness, innovation and environment. Telematics and Informatics, 29 (2) : 204-210.

Onofri A, Fulginiti L E. 2008. Public inputs and dynamic producer behavior: endogenous growth in U.S. agriculture. Journal of Productivity Analysis, 30 (1) : 13-28.

Osborne P E, Foodym G M, Suárez-Seoane S. 2007. Non-stationarity and local approaches to modelling the distributions of wildlife. Diversity and Distributions, 13 (3) : 313-323.

Park C. 2015. Contemporary Engineering Economics, Global Edition. New York, USA: Pearson Education Limited.

Parlak A I, Lambert J H, Guterbock T M, et al. 2012. Population behavioral scenarios influencing radiological disaster preparedness and planning. Accident Analysis and Prevention, 48: 353-362.

Peng M W. 2003. Institutional transitions and strategic choices. Academy of Management Review, 28 (2) : 275-296.

Peng M W, Luo Y. 2000. Managerial tie and firm performance in a transition economy: the nature of a micro-macro link. The Academy of Management Journal, 43 (3) : 486-501.

Peng X. 2011. China's demographic history and future challenges. Nature, 333: 581-587.

Pesaran M H, Timmermann P. 1992. A simple nonparametric test of predictive performance. Journal of Business and Economic Statistics, 10: 461-465.

Peters G P, Minx J C, Weber C L, et al. 2011. Growth in emission transfers via international trade from 1990 to 2008. Proceedings of the National Academy of Sciences of the United States of America, 108: 8903-8908.

Piao S, Fang J, Ciais P, et al. 2009. The carbon balance of terrestrial ecosystems in China. Nature, 458: 1009-1013.

Plott C R, Grether D M, Isaac R M. 1989. The allocation of scarce resources: Experimental Economics and the problem of allocating airport slots. Westview Press.

Pope C A, Burnett R T, Thun M J, et al. 2002. Lung cancer, cardiopulmonary mortality, and long-term exposure to fine particulate air pollution. JAMA, 287: 1132-1141.

Prüss A, Kay D, Fewtrell L,et al. 2002. Estimating the burden of disease from water, sanitation, and hygiene at a global level. Environmental Health Perspectives, 110: 537-542.

Rakotoarisoa M A. 2011. The impact of agricultural policy distortions on the productivity gap: Evidence from rice production. Food Policy, 36 (2) : 147-157.

Rao X, Wu J, Zhang Z Y, et al. 2012. Energy efficiency and energy saving potential in China: an analysis based on slacks-based measure model. Computers and Industrial Engineering, (11): 578-584.

Ray S C, Desli E. 1997. Productivity growth, technical progress, and efficiency change in industrialized countries: comment. American Economic Review, (12): 1033-1039.

Reilly J M, Paltsev S. 2005. An analysis of the European emission trading scheme. MIT Joint Program on the Science and Policy of Global Change, Massachusetts.

Ren D Q, Yang S X, Wu Z T, et al. 2012. Research on end effect of LMD based time-frequency analysis in rotating machinery fault diagnosis. China Mechanical Engineering, 23(8): 951-956.

Richter C W, Sheble G B. 2002. A profit-based unit commitment GA for the competitive environment. IEEE Transactions on Power Systems, 15(2): 715-721.

Rizzoli A E, Montemanni R, Bettoni A, et al. 2015. Software Support for Sustainable Supply Chain Configuration and Management//Hilty L, Aebischer B. ICT Innovations for Sustainability. Berlin: Springer.

Rockafella R T, Uryasev S. 2000. Optimization of conditional value-at-risk. Journal of Risk, 2(3): 21-41.

Romm J. 2002. The internet and the new energy economy. Resources Conservation and Recycling, 36(3): 197-210.

Roodman D. 2011. Fitting fully observed recursive mixed-process models with cmp. The Stata Journal, 11(2): 159-206.

Rose A, Zhang Z X. 2004. Interregional burden-sharing of greenhouse gas mitigation in the United States. Mitigation and Adaptation Strategies for Global Change, 9(4): 477-500.

Rose A, Stevens B, Edmonds J, et al. 1998. International equity and differentiation in global warming policy. Environmental and Resource Economics, 12(1): 25-51.

Rubin J D. 1996. A model of intertemporal emission trading, banking, and borrowing. Journal of Environmental Economics and Management, 31(3): 269-286.

Rudel T K. 1998. Is there a forest transition? Deforestation, reforestation, and development. Rural Sociology, 63(4): 533-552.

Rudel T K, Coomes O T, Moran E, et al. 2005. Forest transitions: towards a global understanding of global land use change. Global Environmental Change, 15: 23-31.

Saber A Y, Venayagamoorthy G K. 2011. Plug-in vehicles and renewable energy sources for cost and emission reductions. IEEE Transactions on Industrial Electronics, 58(4): 1229-1238.

Sadorsky P. 2012. Information communication technology and electricity consumption in emerging economies. Energy Policy, 48: 130-136.

Sala O E, Chapin F S, Armesto J J, et al. 2000. Global biodiversity scenarios for the year 2100. Science, 287(5459): 1770-1774.

Salant S W. 2016. What ails the European Union's emissions trading system?. Journal of Environmental Economics and Management, 80: 6-19.

Salvini G, Herold M, De Sy V, et al. 2014. How countries link REDD+ interventions to drivers in their readiness plans: implications for monitoring systems. Environmental Research Letters, 9(7): 74004-74015.

Sartzetakis E S. 1997a. Raising rivals' cost strategies via emission permits markets. Raising Rivals' Costs Strategies via Emission Permits Markets. Review of Industrial Organization, 12(5): 751-765.

Sartzetakis E S. 1997b. Tradeable emission permits regulations in the presence of imperfectly competitive product markets: welfare implications. Environmental and Resource Economics, 9(1): 65-81.

Sartzetakis E S. 2004. On the efficiency of competitive markets for emission permits. Environmental and Resource Economics, 27(1): 1-19.

Schmidt R C, Heitzig J. 2014. Carbon leakage: grandfathering as an incentive device to avert firm relocation. Journal of Environmental Economics and Management, 67(2): 209-223.

Schulte P, Welsch H, Rexhäuser S. 2016. ICT and the demand for energy: evidence from OECD countries. Environmental and Resource Economics, 63(1): 119-146.

Schumpeter J A. 1934. The Theory of Economic Development. Cambridge: Harvard University Press.

Seifert J, Uhrig-Homburg M, Wagner M, et al. 2008. Dynamic behavior of CO_2 spot prices. Journal of Environmental Economics and Management, (56): 180-194.

Senjyu T, Shimabukuro K, Uezato K, et al. 2003. A fast technique for unit commitment problem by extended priority list. IEEE Transactions on Power Systems, 18(2): 882-888.

Shirley M M. 2005. Institutions and Development. Handbook of new institutional economics, Springer US, 611-638.

Shu Z P, Yang Z C. 2006. A better method for effectively suppressing end effect of empirical mode decomposition. Journal of North western Poly technical University, 24(5): 639-643.

Silva D A, Juliana P S, Ajalmar R, et al. 2015. Novel approaches using evolutionary computation for sparse least square support vector machines. Neurocomputing, 168: 908-916.

Smajo B, Mensur H, Mruis D. 2012. Unit commitment problem in deregulated environment. International Journal of Electrical Power and Energy Systems, 42: 150-157.

Smith W H. 2012. Air pollution and forests: interactions between air contaminants and forest ecosystems. New York: Springer Science & Business Media.

Smola A J. 1998. Learing with kernels. Berlin: Technical University.

Sobel R. 2008. Testing baumol: institutional quality and the productivity of entrepreneurship. Journal of Business Venturing, 23(6): 641-655.

Song M L, Zhang L L, Liu W, et al. 2013. Bootstrap-DEA analysis of BRICS' energy efficiency based on small sample data. Applied Energy, 112(12): 1049-1055.

Steen-Olsen K, Weinzettel J, Cranston G, et al. 2012. Carbon, land, and water footprint accounts for the European Union: consumption, production, and displacements through international trade. Environmental Science and Technology, 46: 10883-10891.

Steen-Olsen K, Owen A, Hertwich E G, et al. 2014. Effects of sector aggregation on CO_2 multipliers in multiregional input-output analyses. Economic Systems Research, 26: 284-302.

Stephens H M, Partridge M D, Faggian A. 2013. Innovation, entrepreneurship and economic growth in lagging regions. Journal of Regional Science, 53(5): 778-812.

Stock J H, Yogo M. 2005. Testing for Weak Instruments in Linear IV Regression//Andrews D W K, Stock J H. Identification and Inference for Econometric Models: Essays in Honor of Thomas Rothenberg. Cambridge: Cambridge University Press.

Su B, Ang B W. 2010. Input-output analysis of CO_2 emissions embodied in trade: The effects of spatial aggregation. Ecological Economics, 70: 10-18.

Su B, Ang B W. 2013. Input-output analysis of CO_2 emissions embodied in trade: Competitive versus non-competitive imports. Energy Policy, 56: 83-87.

Su B, Ang B W. 2014. Input-output analysis of CO_2 emissions embodied in trade: A multi-region model for China. Applied Energy, 114: 377-384.

Su B, Huang H, Ang B, et al. 2010. Input-output analysis of CO_2 emissions embodied in trade: the effects of sector aggregation. Energy Economics, 32: 166-175.

Sueyoshi T, Goto M. 2013. DEA environmental assessment in a time horizon: malmquist index on fuel mix, electricity and CO_2 of industrial nations. Energy Economics, (11): 370-382.

Suykenns J A K, Vandewalle J. 1999. Least squares support vector machine. Neural Processing Letter, 9(3): 293-300.

Takahashi K, Nansai K, Tohno S, et al. 2014. Production-based emissions, consumption-based emissions and consumption-based health impacts of $PM_{2.5}$ carbonaceous aerosols in Asia. Atmospheric Environment, 97: 406-415.

Teruel R G, Kuroda Y. 2005. Public infrastructure and productivity growth in Philippine agriculture, 1974-2000. Journal of Asian Economics, (16): 555-576.

Tian L H, Estrin S. 2008. State shareholding in Chinese PLCs: does government ownership always reduce corporate value. Journal of Comparative Economics, 36(1): 74-89.

Tian X, Chang M, Shi F, et al. 2014. How does industrial structure change impact carbon dioxide emissions? A comparative analysis focusing on nine provincial regions in China. Environmental Science and Policy, 37: 243-254.

Tone K. 2001. A slacks-based measure of efficiency in data envelopment analysis. European Journal of Operational Research, (5): 498-509.

Tone K. 2002. A slacks-based measure of super-efficiency in data envelopment analysis. European Journal of Operational Research,（11）: 32-41.

Tonoyan V, Strohmeyer R, Habib M, et al. 2010. Corruption and entrepreneurship: how formal and informal institutions shape small firm behaviour in transition and mature market economies. Entrepreneurship Theory and Practice, 34（5）: 803-831.

Toshiyuki S, Mika G. 2013. DEA environmental assessment in a time horizon: Malmquist index on fuel mix, electricity and CO_2 of industrial nations. Energy Economics,（11）: 370-382.

Tulkens H, Vanden E P. 1995. Non-parametric efficiency, progress, and regress measure for panel data: methodological aspects. European Journal of Operational Research, 80(3): 472-479.

Turner K, Lenzen M, Wiedmann T, et al. 2007. Examining the global environmental impact of regional consumption activities—Part 1: A technical note on combining input-output and ecological footprint analysis. Ecological Economics, 62: 37-44.

United Nations Framework Convention on Climate Change（UNFCCC）. 2007. Bali Action Plan. Conference of the Parties Thirteenth session, December 3-15, Bali, Indonesia.

United Nations Framework Convention on Climate Change（UNFCCC）. 2009. Policy approaches and positive incentives on issues relating to reducing emissions from deforestation and forest degradation in developing countries; and the role of conservation, sustainable management of forests and enhancement of forest carbon stocks in developing countries. Ad Hoc Working Group on Long-Term Cooperative Action under the Convention, Eight Session, At the Conference of the Parties Fifteenth Session, December 7-18, Copenhagen, Denmark.

van der Werf G R, Morton D C, DeFries R S, et al. 2009. CO_2 emissions from forest loss. Nature Geoscience, 2: 737-738.

van Dingenen R, Dentener F J, Raes F, et al. 2009. The global impact of ozone on agricultural crop yields under current and future air quality legislation. Atmospheric Environment, 43: 604-618.

Vapnik V N. 1995. The Nature of Statistical Learning Theory. Berlin: Springer.

Venkatesan T, Sanavullah M Y. 2013. SFLA approach to solve PBUC problem with emission limitation. International Journal of Electrical Power and Energy Systems, 46: 1-9.

Vieilledent G, Grinand C, Vaudry R. 2013. Forecasting deforestation and carbon emissions in tropical developing countries facing demographic expansion: a case study in Madagascar. Ecology and Evolution, 3(6): 1702-1716.

Vlontzos G, Niavis S, Manos B. 2014. A DEA approach for estimating the agricultural energy and environmental efficiency of EU countries. Renewable and Sustainable Energy Reviews,（12）: 91-96.

Walter I. 1973. The pollution content of American trade. Economic Inquiry, 11: 61-70.

Wang G, Innes J L, Lei J, et al. 2007. China's forestry reforms. Science, 318: 1556-1557.

Wang K, Yu S W, Zhang W. 2013. China's regional energy and environmental efficiency: A DEA window analysis based dynamic evaluation. Mathematical and Computer Modeling, 58(9): 1117-1127.

Wang K, Wei Y M, Huang Z M, et al. 2016. Potential gains from carbon emissions trading in China: A DEA based estimation on abatement cost savings. Omega, 63: 48-59.

Wang Q W, Zhao Z Y, Zhou P, et al. 2013. Energy efficiency and production technology heterogeneity in China: A meta-frontier DEA approach. Economic Modelling, 35(9): 283-289.

Wang X, Kang X N, Zhang S H. 2012. Modeling risk preference in equilibrium analysis of electricity markets with wind power. Systems Engineering -Theory and Practice, 32(8): 1850-1857.

Wang Y, Geschke A, Lenzen M. 2015. Constructing a time series of nested multiregion input-output tables. International Regional Science Review, 38: 1-24.

Watson R T, Boudreau M C, Chen A J. 2010. Information systems and environmentally sustainable development: energy informatics and new directions for the is community. MIS Quarterly, 34(1): 23-38.

Weber C L, Matthews H S. 2007. Embodied environmental emissions in US international trade, 1997-2004. Environmental Science and Technology, 41: 4875-4881.

Weber C L, Vogel P. 2014. Contingent certificate allocation rules and incentives for power plant investment and disinvestment. Journal of Regulatory Economics, 46(3): 292-317.

Wei D, Rose A. 2009. Interregional sharing of energy conservation targets in China: Efficiency and equity. Energy Journal, 30(4): 81-112.

Wei J, Guo X, Marinova D, et al. 2014. Industrial SO_2 pollution and agricultural losses in China: evidence from heavy air polluters. Journal of Cleaner Production, 64: 404-413.

Weiss P T, Gulliver J S, Erickson A J. 2007. Cost and pollutant removal of stormwater treatment practices. Journal of Water Resources Planning and Managemen, 133(3): 218-228.

Westskog H. 1996. Market power in a system of tradable CO_2 quotas. Energy Journal, 17(3): 85-103.

Wheelock D C, Wilson P W. 1999. Technical progress, inefficiency, and productivity change in U.S. banking, 1984–1993. Journal of Money Credit and Banking, (5): 212-234.

Wiedmann T, Lenzen M, Turner K, et al. 2007. Examining the global environmental impact of regional consumption activities—Part 2: Review of input-output models for the assessment of environmental impacts embodied in trade. Ecological Economics, 61: 15-26.

Williamson O. 1985. The Economic Institutions of Capitalism. New York: Free Press.

Williamson O. 2000. New institutional economics. Journal of Economic Literature, 38: 595-613.

Wu Z, Huang N E. 2009. Ensemble empirical mode decomposition: a noise-assisted data analysis method. Advances in Adaptive Data Analysis, 1(1): 1-41.

Wyman M S, Stein T V. 2010. Modeling social and land-use/land-cover change data to assess drivers of smallholder deforestation in Belize. Applied Geography, 30(3): 329-342.

Xiong T, Bao Y K, Hu Z Y. 2014. Does restraining end effect matter in EMD-based modeling frame work for time series prediction? Some experimental evidences. Neurocomputing, 123: 174-184.

Xu J, White A. 2004. Understanding the Chinese forest market and its global implications. International Forestry Review, 6: 2-4.

Yamin H, Al-agtash S, Shahidehpour M. 2004. Security-constrained optimal generation scheduling for GENCOs. IEEE Transactions on Power Systems, 19(3): 1365-1372.

Yamin H, Altawil I A, Al-ajlouni A F, et al. 2009. Risk-based self-scheduling for GenCos in the day-ahead competitive electricity markets. European Transactions on Electrical Power, 19 (1): 103-112.

Yang L, Wang K L. 2013. Regional differences of environmental efficiency of China's energy utilization and environmental regulation cost based on provincial panel data and DEA method. Mathematical and Computer Modelling, 58(9): 1074-1083.

Yang Y C, Nie P Y, et al. 2017. On the Welfare Effects of Subsidy Game for Renewable Energy Investment: Toward a Dynamic Equilibrium Model. Renewable Energy, 121: 420-428.

Yi W J, Zou L L, Guo J, et al. 2011. How can China reach its CO_2 intensity reduction targets by 2020? A regional allocation based on equity and development. Energy Policy, 39(5): 2407-2415.

Yu L, Dai W, Tang L. 2015. A novel decomposition ensemble model with extended extreme learning machine for crude oil price forecasting. Engineering Applications of Artificial Intelligence, 47: 110-121.

Yu L, Wang S Y, Lai K K, et al. 2010. A multiscale neural network learning paradigm for financial crisis forecasting. Neurocomputing, (30): 905-918.

Yuan W L, Wu Z N, Huang Q, et al. 2012. The application of study on co-evolutionary particle swarm optimization in short time cascade reservoir power generation optimized operation. Systems Engineering -Theory and Practice, 32(5): 1136-1142.

Yuan X H, Tian H, Zhang S Q, et al. 2013. Second-order cone programming for solving unit commitment strategy of thermal generators. Energy Conversion and Management, (76): 20-25.

Zetterberg L, Wråke M, Sterner T, et al. 2012. Short-run allocation of emissions allowances and long-term goals for climate policy. Ambio, 41(1): 23-32.

Zhang C, Anadon L D. 2014. A multi-regional input-output analysis of domestic virtual water trade and provincial water footprint in China. Ecological Economics, 100: 159-172.

Zhang C, Beck M B, Chen J. 2013. Gauging the impact of global trade on China's local environmental burden. Journal of Cleaner Production, 54: 270-281.

Zhang J L, Zhang Y J, Zhang L. 2015. A novel hybrid method for crude oil price forecasting. Energy Economics, 49: 649-659.

Zhang M, Chen C, Hu W, et al. 2016. Influence of source credibility on consumer acceptance of genetically modified foods in China. Sustainability, 8(9): 899-914.

Zhang N, Choi Y. 2014. A note on the evolution of directional distance function and its development in energy and environmental studies 1997–2013. Renewable and Sustainable Energy Reviews, (5): 50-59.

Zhang W, Niu P, Li G, et al. 2013. Forecasting of turbine heat rate with online least squares support vector machine based on gravitational search algorithm. Knowledge-Based Systems, 39: 34-44.

Zhang X, Lai K K, Wang S Y, et al. 2008. A new approach for crude oil price analysis based on Empirical Mode Decomposition. Energy Economics, 30(3): 905-918.

Zhang Y J, Wei Y M. 2010. An overview of current research on eu ets: evidence from its operating mechanism and economic effect. Applied Energy, 87(6): 1804-1814.

Zhang Y, Wang H, Liang S, et al. 2014. Temporal and spatial variations in consumption-based carbon dioxide emissions in China. Renewable and Sustainable Energy Reviews, 40: 60-68.

Zhao H, Zhang Q, Davis S, et al. 2015a. Assessment of China's virtual air pollution transport embodied in trade by a consumption-based emission inventory. Atmospheric Chemistry and Physics, 14: 5443-5456.

Zhao X, Liu J, Liu Q, et al. 2015b. Physical and virtual water transfers for regional water stress alleviation in China. Proceedings of the National Academy of Sciences, 112: 1031-1035.

Zhou P, Wang M. 2016. Carbon dioxide emissions allocation: a review. Ecological Economics, 125: 47-59.

Zhou P, Ang B W, Han J Y. 2010. Total factor carbon emission performance: A Malmquist index analysis. Energy Economics, (1):194-201.

Zhou X, Zhou D, Wang Q. 2018. How does information and communication technology affect China's energy intensity: A three-tier structural decomposition analysis. Energy, 151: 748-759.

Zhu B Z. 2012. A novel multiscale ensemble carbon price prediction model integrating empirical mode decomposition, genetic algorithm and artificial neural network. Energies, (5): 355-370.

Zhu B Z, Wei Y M. 2013. Carbon price prediction with a hybrid ARIMA and least squares support vector machines methodology. Omega, 41: 517-524.

Zhu B Z, Ma S J, Chevallier J, et al. 2014. Examining the structural changes of European carbon futures price 2005-2012. Applied Economics Letters, 21: 1381-1388.

附　　录

附录 1　式(14-8)推导过程

假设$\psi(x,\alpha)$连续，则有

$$
\begin{aligned}
\max G_\beta(x,\alpha) &= G_\beta(x,\mathrm{RP}_\beta(x)) \\
&= \mathrm{RP}_\beta(x) + \frac{1}{1-\beta}\int [F(x,\lambda)-\mathrm{RP}_\beta(x)]^- p(\lambda)\mathrm{d}\lambda \\
&= \mathrm{RP}_\beta(x) + \frac{1}{1-\beta}\int_{F(x,\lambda)\leqslant \mathrm{RP}_\beta(x)} [F(x,\lambda)-\mathrm{RP}_\beta(x)]p(\lambda)\mathrm{d}\lambda \\
&= \mathrm{RP}_\beta(x) + \frac{1}{1-\beta}\int_{F(x,\lambda)\leqslant \mathrm{RP}_\beta(x)} F(x,\lambda)p(\lambda)\mathrm{d}\lambda - \frac{1}{1-\beta}\mathrm{RP}_\beta(x)\int_{F(x,\lambda)\leqslant \mathrm{RP}_\beta(x)} p(\lambda)\mathrm{d}\lambda \\
&= \mathrm{RP}_\beta(x) + \frac{1}{1-\beta}(1-\beta)\mathrm{CRP}_\beta(x) - \frac{1}{1-\beta}\mathrm{RP}_\beta(x)[1-\psi(x,\mathrm{RP}_\beta(x))] \\
&= \mathrm{RP}_\beta(x) + \mathrm{CRP}_\beta(x) - \frac{1}{1-\beta}\mathrm{RP}_\beta(x)(1-\beta) \\
&= \mathrm{CRP}_\beta(x)
\end{aligned}
$$

即

$$\mathrm{CRP}_\beta(x) = \max G_\beta(x,\alpha)$$

附录 2　$R>0$，$\sum\limits_{i=2}^{n}\dfrac{\partial q_i}{\partial e_i}e_i'<0$ 以及 $\dfrac{\partial q_i}{\partial e_i}>0\ (i=2,\cdots,n)$ 证明

从式(15-16)可获得以下方程组：

$$
\begin{cases}
\dfrac{\mathrm{d}P}{\mathrm{d}\beta} = -B\left(\dfrac{\mathrm{d}q_1}{\mathrm{d}\beta} + \sum\limits_{i=2}^{n}\dfrac{\mathrm{d}q_i}{\mathrm{d}\beta}\right) \\
\sum\limits_{i=2}^{n}(B+C_{qq}^i)^{-1}\dfrac{\mathrm{d}P}{\mathrm{d}\beta} = \sum\limits_{i=2}^{n}\dfrac{\mathrm{d}q_i}{\mathrm{d}\beta} + \sum\limits_{i=2}^{n}(B+C_{qq}^i)^{-1}C_{qe}^i e_i'
\end{cases}
\tag{附录 2-1}
$$

令 $x=\frac{\mathrm{d}q_1}{\mathrm{d}\beta}$，$y=\sum_{i=2}^{n}\frac{\mathrm{d}q_i}{\mathrm{d}\beta}$，$M=\sum_{i=2}^{n}(B+C_{qq}^i)^{-1}$，从式(附录 2-1)推导出 x 和 y 的关系：

$$y=\frac{-\sum_{i=2}^{n}(B+C_{qq}^i)^{-1}(Bx+C_{qe}^i e_i')}{1+\mathrm{BM}}$$

式(15-3)对 q_1 求偏导得到：

$$\frac{\partial q_i}{\partial q_1}=\frac{-B\left(1+\sum_{i=2}^{n}\frac{\partial q_i}{\partial q_1}\right)}{C_{qq}^i+B},\quad i=2,\cdots,n \qquad (附录 2\text{-}2)$$

进而，将上述 $n-1$ 个方程相加得到 $\sum_{i=2}^{n}\frac{\partial q_i}{\partial q_1}=\frac{-\mathrm{BM}}{1+\mathrm{BM}}<0$，因此：

$$R=B\left(1+\sum_{i=2}^{n}\frac{\partial q_i}{\partial q_1}\right)>0$$

将 $\sum_{i=2}^{n}\frac{\partial q_i}{\partial q_1}=\frac{-\mathrm{BM}}{1+\mathrm{BM}}$ 代入式(附录 2-2)可得：

$$\frac{\partial q_i}{\partial q_1}=\frac{-B(C_{qq}^i+B)^{-1}}{1+\mathrm{BM}}<0$$

上述等式两边同时乘以 x：

$$\sum_{i=2}^{n}\frac{\partial q_i}{\partial q_1}x=\sum_{i=2}^{n}\frac{-B(C_{qq}^i+B)^{-1}x}{1+\mathrm{BM}}$$

根据假设有 $e_i'<0$，又 $\frac{\partial q_i}{\partial e_i}e_i'=\frac{\mathrm{d}q_i}{\mathrm{d}\beta}-\frac{\partial q_i}{\partial q_1}x\ (i=2,\cdots,n)$，将它们求和得到：

$$\sum_{i=2}^{n}\frac{\partial q_i}{\partial e_i}e_i'=y-\sum_{i=2}^{n}\frac{\partial q_i}{\partial q_1}x=-\sum_{i=2}^{n}\frac{(B+C_{qq}^i)^{-1}C_{qe}^i e_i'}{1+\mathrm{BM}}<0 \qquad (附录 2\text{-}3)$$

又因为对称性，则 $\frac{\partial q_i}{\partial e_i}\,(i=2,\cdots,n)$ 保持同号，因此 $\frac{\partial q_i}{\partial e_i}$ 为正。

附录 3　二阶条件的证明

企业 1 拍卖出清价格的二阶条件为

$$\left(2\sum_{i=2}^{n}e_i'+B\frac{\mathrm{d}q_1}{\mathrm{d}\beta}\sum_{i=2}^{n}\frac{\partial q_i}{\partial e_i}e_i'\right)+\left(\frac{\mathrm{d}q_1}{\mathrm{d}\beta}C_{eq}^1-C_{ee}^1\sum_{i=2}^{n}e_i'\right)\sum_{i=2}^{n}e_i'$$

由附录 2 证明知 $\sum_{i=2}^{n}\frac{\partial q_i}{\partial e_i}e_i'<0$，以及引理 15-1 知 $\frac{\mathrm{d}q_1}{\mathrm{d}\beta}>0$，故 $2\sum_{i=2}^{n}e_i'+B\frac{\mathrm{d}q_1}{\mathrm{d}\beta}\sum_{i=2}^{n}\frac{\partial q_i}{\partial e_i}e_i'<0$。第二个括号项：$\frac{\mathrm{d}q_1}{\mathrm{d}\beta}C_{eq}^1-C_{ee}^1\sum_{i=2}^{n}e_i'=\frac{-\Delta(1+\mathrm{BM})\sum_{i=2}^{n}e_i'}{2B+C_{qq}^1(1+\mathrm{BM})}>0$，因此二阶条件表达式必为负数。

附录 4　命题 15-3 证明

令 δ 为企业 1 的产品市场份额，那么 $\delta=\frac{q_1}{q_i}+\sum_{i=2}^{n}q_i$，$\delta$ 对 β 求导得到：

$$\frac{\mathrm{d}\delta}{\mathrm{d}\beta}=\frac{\frac{\mathrm{d}q_1}{\mathrm{d}\beta}\sum_{i=2}^{n}q_i-q_1\sum_{i=2}^{n}\frac{\mathrm{d}q_i}{\mathrm{d}\beta}}{\left(q_1+\sum_{i=2}^{n}q_i\right)^2}$$

根据引理 15-1 知 $\frac{\mathrm{d}q_1}{\mathrm{d}\beta}>0$，$\frac{\mathrm{d}q_i}{\mathrm{d}\beta}<0$，因此 $\frac{\mathrm{d}\delta}{\mathrm{d}\beta}>0$。由命题 15-2 知 $\frac{\partial\beta}{\partial e_1^0}>0$，因此再由链式求导法则可知：

$$\frac{\mathrm{d}\delta}{\mathrm{d}e_1^0}=\frac{\mathrm{d}\delta}{\mathrm{d}\beta}\frac{\partial\beta}{\partial e_1^0}>0$$

即当市场势力企业获得的免费配额越多，其产品市场份额越大，反之亦然。

附录 5　命题 15-4 证明

在纯拍卖分配方式下，若市场势力企业边际减排成本等于拍卖出清价格，则减排成本达到最低 TC^{a^*} (因为其他边缘企业是价格接受者，其边际减排成本必然等于拍卖价格）。因此纯拍卖有效总配额 $E=\sum_{i=2}^{n}e_i-Bq_1\sum_{i=2}^{n}e_i'\sum_{i=2}^{n}\frac{\partial q_i}{\partial e_i}$，而该表达式实际上是关于 E 的函数 $f(E)$，因此有效总配额 E^{*a} 可以通过求解 $E=f(E)$ 得到，该有效总配额可实现纯拍卖分配有效性。

在混合分配方式下，有效分配总额 E^* 可通过求解方程 $E=f(E)+e_1^0$ 得到，因此当 e_1^0 严格大于 0，则 $E^*>E^{a*}$。

附录 6　命题 15-5 证明

$$\begin{cases}\beta>0\\ p>0\\ E>(l+1)e_1^0\end{cases}\Longrightarrow\begin{cases}A>\frac{7}{2}e_1^0,\ l\leqslant\frac{3}{2}\\ A>(9l-10)e_1^0,\text{其他}\end{cases}$$

因此，A 恒大于 $\frac{7}{2}e_1^0$，进而 $\Delta W=\frac{16}{27}e_1^0\left(A-\frac{41}{32}e_1^0\right)$ 必然大于 0。

附录 7　社会最优排放的欧拉方程证明

将式(16-6)分别代入式(16-7)，得到最优解 e_{ij}^* 的一阶条件：

$$C_e^{ij}+D'(S_j)+\delta\sigma\frac{\mathrm{d}V_{i+1}}{\mathrm{d}S_{j+1}}=0,\forall i \tag{附录 7-1}$$

将 e_{ij}^* 代入式(16-7)后再对 S_j 进行全微分得：

$$\delta\sigma\frac{\mathrm{d}V_{j+1}^*}{\mathrm{d}S_{j+1}}=\frac{\mathrm{d}V_j^*}{\mathrm{d}S_j}-D'(S_j) \tag{附录 7-2}$$

将式(附录 7-2)代入式(附录 7-1)得到：

$$\frac{\mathrm{d}V_j^*}{\mathrm{d}S_j}=-C_e^{ij} \tag{附录 7-3}$$

故 $\frac{\mathrm{d}V_{j+1}^*}{\mathrm{d}S_{j+1}}=-C_e^{ij+1}$ 成立，将其代入式(附录 7-1)得到如下欧拉方程：

$$D'(S_j)-\delta\sigma C_e^{ij+1}=-C_e^{ij}$$

附录 8　引理 16-1 证明

情形 1：当 $\tilde{\sigma}=1$，则式(16-8)和式(16-9)可变形为

$$C_e^{i1}+D'\left(\sum_{i=1}^{N}e_{i1}\right)=0,\forall i \tag{附录 8-1}$$

$$\delta C_e^{i2}+\delta D'\left(\sum_{i=1}^{N}e_{i2}\right)=0,\forall i \tag{附录 8-2}$$

如果第二期无技术进步，那么第一期和第二期的边际减排成本函数相同。因此，当 $k=0$，则 $e_{i1}^*=e_{i2}^*$。由于 $\frac{\partial e_{i1}^*}{\partial k}=0$，$\frac{\partial e_{i2}^*}{\partial k}<0$（见命题 16-1 证明），故 $e_{i1}^*>e_{i2}^*$，$\forall i$。于是有 $\sum_{i=1}^{N}e_{i1}^*>\sum_{i=1}^{N}e_{i2}^*$，$D'\left(\sum_{i=1}^{N}e_{i1}^*\right)>\delta D'\left(\sum_{i=1}^{N}e_{i2}^*\right)$。据式(附录 8-1)和式(附录 8-2)，有 $-\delta C_{e^*}^{i2}<-C_{e^*}^{i1}$，$\forall i$。

因 p^{**} 满足条件式(16-14)、式(16-15)和式(16-16)，故 p^{**} 满足式(16-17)市场出清条件。不妨假设 $\delta D'\left(\sum_{i=1}^{N}e_{i2}^*\right)\geqslant p^{**}$，那么有 $p^{**}\leqslant-\delta C_{e^*}^{i2}<-C_{e^*}^{i1},\forall i$。因为边际减排成本随排放量递减，故 $e_{i1}^*\geqslant e_{i1}^{**}(p^{**},\mu_1)$，$e_{i1}^*\geqslant e_{i1}^{**}(p^{**},\mu_1)$，$\forall i$ 成立。因此 $\sum_{i=1}^{N}\left(e_{i1}^*+e_{i2}^*\right)>L^*$，然而这与排放总约束 $L^*=\sum_{i=1}^{N}\left(e_{i1}^*+e_{i2}^*\right)$ 矛盾，因此 $p^{**}<\delta D'\left(\sum_{i=1}^{N}e_{i2}^*\right)$，即 $p^{**}>-\delta C_{e^*}^{i2}$。

假设 $p^{**}\geqslant D'\left(\sum_{i=1}^{N}e_{i1}^*\right)$，则 $-\delta C_{e^*}^{i2}<-C_{e^*}^{i1}\leqslant p^{**},\forall i$。因此 $e_{i1}^*<e_{i1}^{**}(p^{**},\mu_1)$，$e_{i2}^*\leqslant e_{i2}^{**}(p^{**},\mu_2)$，$\forall i$，进而 $\sum_{i=1}^{N}\left(e_{i1}^*+e_{i2}^*\right)<L^*$，这同样与排放总约束 $L^*=\sum_{i=1}^{N}\left(e_{i1}^*+e_{i2}^*\right)$ 矛盾，因此 p^{**} 应低于 $D'\left(\sum_{i=1}^{N}e_{i1}^*\right)$，即 $p^{**}<-C_{e^*}^{i1}$，故 p^{**} 必然处于区间 $\left(-\delta C_{e^*}^{i2},-C_{e^*}^{i1}\right)$ 中。

情形 2：当 $\tilde{\sigma}=1$，则式(16-8)和式(16-9)可变形为

$$C_e^{i1}+D'(S_1)+\delta D'(S_2)=0,\forall i$$

$$\delta C_e^{i2} + \delta D'(S_2) = 0, \forall i$$

由于 $\delta D'(S_2^*) < D'(S_1^*) + \delta D'(S_2^*)$，故 $-C_{e^*}^{i1} > -\delta C_{e^*}^{i2}, \forall i$。类似情形 1，可用反证法证明 $-\delta C_{e^*}^{i2} < p^{**} < -C_{e^*}^{i1}$。

情形 3：$\tilde{\sigma} \in (0,1)$。若 $\dfrac{D'(S_1^*)}{\delta D'(S_2^*)} > \tilde{\sigma}$，则 $-C_{e^*}^{i1} > -\delta C_{e^*}^{i2}, \forall i$，同理可证得 $-\delta C_{e^*}^{i2} < p^{**} < -C_{e^*}^{i1}$；若 $\dfrac{D'(S_1^*)}{\delta D'(S_2^*)} < \tilde{\sigma}$，则 $-C_{e^*}^{i1} < -\delta C_{e^*}^{i2}, \forall i$，可证得 $-C_{e^*}^{i1} < p^{**} < -\delta C_{e^*}^{i2}$。若 $\dfrac{D'(S_1^*)}{\delta D'(S_2^*)} = \tilde{\sigma}$，则 $-C_{e^*}^{i1} = -\delta C_{e^*}^{i2}, \forall i$，可证得 $p^{**} = -C_{e^*}^{i1} = -\delta C_{e^*}^{i2}$。

综上所述，对于三种情形 $\tilde{\sigma} = 0$，$\tilde{\sigma} = 1$ 以及 $0 < \tilde{\sigma} < 1$，有 $\min\left\{-C_{e^*}^{i1}, -\delta C_{e^*}^{i2}\right\} \leqslant p^{**} \leqslant \max\left\{-C_{e^*}^{i1}, -\delta C_{e^*}^{i2}\right\}$。